수
치
심
과　죄
책
감

임홍빈 지음

수치심과 죄책감

감정론의 한 시도

바다출판사

감사의 글

　책을 쓰면서 내 생각을 적지 않은 동료 학자들 앞에서 소개할 수 있었는데, 이 같은 기회가 주어지지 않았다면 아마 이 책은 더 불완전한 형태로 세상에 나왔을 것이다. 책의 일부 내용들은 아래 학회에서의 발표와 논평 등을 통해 더 구체화될 수 있었다. 먼저 2003년 미국 애틀랜타에서 열린 미국종교학회에서의 발표 〈The Irrelevance of the Tragic in Korea's Religious Consciousness〉는 비극과 관련된 논의의 단초가 되었다. 이 책에서 니체에 대해 상당한 부분을 할애했는데, 그 주요 관점은 2009년 9월 영국(아일랜드) 니체학회(17차)가 옥스퍼드(St Peter's College)에서 주관한 국제학회의 분과 발표 〈Affective Economy and Self in Nietzsche's Philosophy〉, 같은 해 11월 칠레 산티아고에서 열린 니체 관련 국제회의에서의 발표 〈Aesthetic Existence and Affection in Nietzsche〉 등을 통해 모습을 갖추게 되었다. 2010년 사라예보에서 개최된 28차 국제헤겔학회에서의 발표

〈A transcultural reflexion on Guilt-Culture〉, 2010년 그리스(칼라마타)에서 개최된 22차 국제그리스철학회의에서의 발표 〈Nature and Rationalization of Guilt Culture〉, 그리고 2012년 이스탄불에서 개최된 29차 국제헤겔학회에서의 발표 〈Hegel on Emotions〉 등도 이 책에 일부 반영되었다. 여러 학회와 세미나 등이 저술에 영향을 미쳤는데, 특히 2007년 여름 독일 브레멘 대학교에서 모어(Georg Mohr) 교수와 진행한 집중세미나(주제: 〈상호 문화적 관점에서 본 죄와 수치〉)는 글의 전체적인 방향과 구도를 확정하는 데 많은 도움을 주었다. 이 세미나에 참여한 학생이─보통의 철학 강좌와 달리─대부분 여학생이었던 점이 기억난다.

또한 이 책의 원고가 상당 부분 작성된 2012년 여름까지 연구조교로 수고해 준 원신연 씨에게 특히 감사한다. 그는 전 세계의 도서관에 묻혀 있는 자료를 환상적인 속도로 확보해 줌으로써 작업이 순탄하게 진행될 수 있게 해 주었다. 원고 전체를 읽고 평해 준 동료 학자들에게도 깊이 감사한다. 김종국 교수, 소병일 교수, 고현범 교수, 성창원 교수는 원고를 모두 읽은 후, 각기 다른(!) 관점에서 논평을 해 주었다. 이들의 도움으로 책의 완성도가 높아진 것은 당연하다. 이 같은 작업 방식은 성창원 교수가 제안한 것인데, 이 점에 대해 고맙게 생각한다. 또한 인내심을 가지고 원고를 찬찬히 읽어 준 아내에 대해서도 언급하지 않을 수 없다. 수많은 인연과 만남을 한 권의 책으로 만들어 준 바다출판사 김인호 사장님과 편집부 여러분께도 심심한 감사의 마음을 전한다.

차 례

나는 왜 수치심과
죄책감을 탐색하게
되었는가

얼핏 생각하기에 수치와 죄의 감정은 지극히 자연스러우며, 누구나 이러저러한 상황에서 느낄 수 있는 것이다. 그러나 이 감정들은 더는 '자연스럽지' 않고, 더구나 나 자신의 '고유한' 선택이나 결단의 결과도 아니다.

흔히 수치심과 죄책감은 도덕적 감정으로 간주된다. 그리고 이 감정들은 자연적 진화와 사회적 학습의 합작품이기도 하다. 마음의 세계가 문화적으로 전승되고 재해석되어 온 일련의 상징체계와 함께 형성되어 왔다는 사실은 이미 잘 알려져 있다. 이 점에서 동정심과 연민도 수치심과 죄책감과 유사하다고 볼 수 있다. 그러나 동정심과 연민은, 수치심과 죄책감만큼 우리의 삶과 문화에 집요하고 심층적인 영향을 미쳤다고 보기는 어렵다. 이제 나는 지금까지 탐색한 결과를 몇 가지 소개함으로써 왜 이 두 감정이 흥미로운 탐색의 대상으로 설정되었는지 설명할 생각이다.

첫째, 감정에 대한 탐색은 국내 철학자들이나 심지어 심리학자들에 의해서도 매우 드물게 시도되었다고 해도 과언이 아니다. 최근에는 사정이 많이 달라졌지만, 국내만이 아니라 외국 학계에서도 감정에 대한 연구는 과거처럼 그다지 활발하지 못했다. 그 이유는 비교적 단순하다. 근대에서 현대에 이르는 동안 철학의 탐구는 이성, 즉 인간의 합리적 측면에 초점이 맞추어져 있었다고 할 수 있다. 그러나 철학의 오랜 역사를 돌이켜보면 감정에 대한 적지 않은 훌륭한 작업 성과들이 있었다. 이 점에서 현대철학의 이성주의적 경향은 오랜 사상의 역사에서 오히려 예외적이다. 왜냐하면 고대와 근세의 여러 사상가는 감정과 정서가 인간의 자기 이해와 관련해서 지니는 포괄적인 의미를 인정했을 뿐만 아니라, 이에 대한 체계적인 탐색을 시도했기 때문이다.

그러나 우리는 아직 인간의 정서나 감정에 관한 적절하고 심층적인 인식에 도달했다고 보기 어렵다. 이성적 질서만이 이성적으로 파악될 수 있다는 암묵적인 전제가 철학적 탐구의 방향을 결정했다고 해도 과언이 아니다. 이성적 질서가 이론에 의해서 일반화되기 용이할 뿐만 아니라, 우리가 사는 세계를 합리적 원리와 구조에 의해 변화시킬 수 있다는 기대감이 이런 이론적인 편향에 기여한 것도 사실이다. 이 같은 정황은 특히 윤리학이나 정치철학 등에도 해당된다. 서양 윤리학의 주류 이론은 어디까지나 칸트나 공리주의 그리고 이 고전적인 이론들을 지속적으로 재해석하거나 재구성하는 작업으로 일관해 왔다. 종종 정신분석학이나 존재론, 실존주의 등의 전통에 입각해서 인간의 감정과 정서, 욕망 등에 대한 이해가 시도되었지만, 결코 주류 이론으로서 위상을 점유하는 데 성공하지 못했다.[1]

또한 수치심과 죄책감 등의 감정이 철학의 역사에서 고대와 근대는 물론 19세기의 니체나 셸러(Max Scheler) 등의 고전적인 작업들을 통해서 천착된 바 있지만, 이 같은 작업들이 결코 종결되었다고 보기 어렵다. 이 이론들에 대한 비판적 분석을 통해 우리는 이들이 완성된 형태가 아닌, 일종의 기획 내지 미완성의 상태임을 알 수 있다. 특히, 특정한 감정들이 인간 정서의 다른 계기들과 어떻게 연관을 맺으며, 사회문화적인 삶의 거시적인 조건들과 개체들의 심리 현상이 어떠한 연관을 구축해 왔는지에 대해 니체나 셸러는 그다지 기여하지 못했다.

감정과 정서의 철학적 탐색은 기존의 형이상학과 인식론의 전제에 대해 비판적으로 성찰할 기회를 준다. 특히 인간적 정서는 종래 주체와 객체의 관계를 중심으로 형성된 의식철학의 한계를 극복할 수 있는 탁월한 가능성과 연결된다. 바로 이 점에서 하이데거의 이론적인 혁신이 지니는 의미가 드러난다. 즉, 인간은 현존재(Dasein)로서 어떤 사물이나 실체론적 표상에 의거해 규정될 수 없는 근원적 기분과 정서에 의해 설명되는데, 이 개념들은 모두 주체와 객체의 이원론을 넘어서는 규정들이다. 하이데거에 의해서 그 돌파구가 열린 정서론은 의식철학과는 구별되는, 인간을 이해할 새로운 가능성을 열어 주었다.[2]

그러나 나는 하이데거가 과도하게 불안과 같은 특정한 정서에 매몰된 상태에서 논의를 진행시키고 있다고 생각한다. 즉 불안과 죽음에 이르는 시간의식에 의해서 현존재의 정서들을 이해하는 하이데거의 《존재와 시간》은 하나의 인상적인, 그러나 완결되지 않은 시도이다.

20세기 철학에서는 하이데거나 셸러, 사르트르 등을 제외한 다수의 철학자가 인식능력과 언어, 과학 등의 합리성을 중심으로 '철학의 과학화'라는 경향에 충실했다. 그 결과, 감정과 정서, 욕망 등은 별다른 주목을 받지 못했다. 그러나 오늘날 21세기에 이르러 감정이론은 르네

상스를 맞이하고 있다. 이와 관련해 심리학이나 영미철학의 약진이 두드러진다. 윌리엄 제임스와 케니(A. Kenny), 솔로몬(R. Solomon) 등은 대륙의 프로이트와 구별되는 이론적 쟁점들을 부각했는데, 그중에서 가장 핵심적인 이슈는 바로 감정 자체가 느낌과 동일한 사태인가 아니면 감정에 항상 일종의 믿음이나 판단이 개입하는가의 여부이다. 나로서는 '자연주의'와 '인지주의' 모두 일면적인 관점에 불과하며, 이들이 오직 제한된 의미에서 감정의 구조적이며 경험적인 특징들을 분석하는 데 기여할 수 있다고 주장할 것이다. 또한 20세기와 21세기의 윤리학의 영역에서도 칸트의 이성주의적 윤리에 대한 비판은 감정, 특히 수치윤리를 중심으로 전개되었다. 무엇보다 수치와 죄의 감정의 구별이 지니는 의미는 윌리엄스(Bernard Williams)를 비롯한 적지 않은 현대 윤리학자들의 작업에서 중시되었다.

그러나 수치의 감정에 대한 본격적인 관심은 오히려 비교문화인류학이나 사회학에 의해서 촉발되었다고 해도 과언이 아니다. 수치심과 죄책감에 관한 이론들이 활발하게 모색된 이유는, 특히 이 감정들이 서로 다른 규범문화들 사이의 집단적 감정들을 비교하는 과정에서 유용한 탐색의 틀을 제공해 줄 수 있다고 믿어졌기 때문이다. 같은 맥락에서 우리는 왜 수치와 죄의 문제가 동일한 맥락에서 논의될 수 있는지 이해할 수 있다. 그것은 규범의식이 서로 다른 집단의 행위와 제도 차이를 설명하는 데 긴요했지만, 동시에 인간 심리의 형성 과정에서도 수치와 죄의 연관이 발견되기 때문이다. 정신분석학과 심리학은 수치심과 죄책감의 발생적 기원에 대한 상충되는 주장들을 지속적으로 제기해 왔다. 비교문화인류학에서 죄의 문화와 수치 문화의 도식적인 구별을 연구의 중요한 지침으로 설정한 배경에는 다윈주의와 프로이트 등의 통찰이 작용했다.

예컨대 프로이트는 《문명에 대한 불만》의 저술 동기가 "문명의 전개 과정에서 죄의 감정을 가장 중요한 문제로 설정하고, 행복을 희생시킬 수밖에 없었던 문명의 진보가 사실은 죄의 감정을 증폭시킴으로써 지불한 대가라는"[3] 사실을 규명하는 것이라고 술회함으로써, 개인심리학을 넘어선 문화의 관점에서 감정의 이해를 시도하게 된다. 문명화의 과정을 자연으로부터의 해방으로 간주하는 것이 허용된다면, 죄의 감정은 인간이 욕망과 본능을 통제, 조절하는 거대한 심리적 기제로 간주될 수 있을 것이다. 죄는 규범과 가치, 자기정체성에 대한 일련의 '상징적인 해석'이며 동시에 삶의 세계를 직접 규정하거나 구속하는 심리적 힘들의 세계를 이해할 수 있는 하나의 중요한 단서임이 분명하다.

프로이트와 다윈주의로부터 영감을 받은 비교문화인류학의 이론적 성과들은 이 책 후반부에서 비판적으로 분석되었다. 특히 베네딕트(R. Benedict)의 이론적 배경과 엘리아스(N. Elias)와 뒤르(Duerr)의 논쟁 등은 더 자세히 조명되었다. 문화인류학이나 문명론의 도덕감정에 대한 인식은 상당히 도식적이다. 그것은 기독교 문명과 비기독교 문명, 죄 문화의 자율성과 수치 문화의 타율성, 공간 지각과 시각적 인지의 도식적인 구별에 의존한다. 나는 이 같은 도식적인 범주들의 적용이 어떠한 한계를 보이는지 논할 것이다. 여기서 중요한 관건은 수치 감정의 권리를 회복하고, 이 감정이 지니는 긍정적인 의미를 부각하는 작업이다.

실제로 비기독교 문화권이나 고대 그리스 같은 전통적인 사회에서는 죄의 감정보다 수치심을 중심으로 도덕적 인격의 품성이 논의되어 왔다. 이때 수치의 감정은 부정적인 감정 상태를 넘어서는 보편적인 도덕적 인격의 단초로 간주되기도 한다. 이들 문화권에서 수치심은 외부의 권위에 대한 배려와 고려에 기인하는 부정적인 감정의 차원을 초월해서 인간의 인격적 자기완성을 지향하는 명예와 자긍심을 촉발하는 계기로서 이해되는 것이다.[4]

그런데 수치의 감정이 명예와 자긍심 같은 인간의 긍정적인 자기평가와 관련한다는 사실은 시대와 문화의 차이를 초월한 통속심리학의 일반적인 관점이기도 하다. 따라서 20세기의 일부 문화인류학자들의 주장, 즉 수치 문화는 타인의 시선에 반응하는 한에서 외부의 권위에 대한 순응주의의 구체적 사례라는 인식은 피상적일 뿐만 아니라, 인간의 행위에 대한 외면적 관찰에만 의존하는 인류학의 한계를 노정한 사례로 평가될 만하다.[5] 수치심은 죄보다 더 근원적인 감정이며, 단순히 과거 미드(M. Mead)나 베네딕트가 강변한 것처럼 관습적 규범이나 외부의 사회적 권위에 대한 순응적 태도에 의해서 성립하는 것으로만 이해될 수 없다.[6]

감정에 대한 이 같은 '선입견'은 분명 타율성과 자율성의 범주적 차이가 서술 논리 이상의 의미를 지닌다는 암묵적 전제에 다분히 의존한다. 그것은 도덕의 내적 관점과 외적 관점의 구별 자체가 규범적인 가치판단으로부터 자유롭지 못하다는 지적과 상통한다. 수치 문화와 죄의 문화에 관한 담론에서도 이런 서술 논리 이상의 규범적 판단이 반복되며, 그것은 시각적 경험과 청각적 경험에 대한 상이한 평가에서도 드러난다. 시각이 외적인 감각인 데 반해서 내감에 의존하는 청각은 내면의 진정성이 드러나는 방식이자, 인간의 고유한 시간의식과 밀접하게 관련을 맺는 것으로 이해된다. 도덕적 자아의 성찰 과정에서 내적 감각의 내밀함과 비밀스러움, 집요함 그리고 무엇보다 공간초월적인 편재성은 더 근원적인 정체성과 관련한다고 어렵지 않게 추정할 수 있었던 것이다.

그러나 프로이트와 미드, 엘리아스 등의 시도는 여기 간략하게 소개한 여러 이론적 결함에도 불구하고, 수치 감정과 죄의 감정이 사회문화적인 현상임을 명확하게 보여 준다. 감정들은 인간의 내부에서는 물론, 사회적으로도 상호 연관되어 작동한다. 즉 겉으로 드러낸 감정과 정서의 표현과 감정 자체는 구별되어야 한다. 우리는 수치 문화(Shame Culture)와 죄 문화(Guilt Culture)의 거시적인 개념에 의거한 인류학적 분석이 지니는 제한된 설명력을 인정하는 데 인색할 필요는 없다.

지금까지 이 같은 주제들이 심층적으로 탐색되지 못한 또 다른 이유는 감정과 욕망 등이 그 자체로서 비합리적이며, 따라서 이론을 통해서 일반화가 가능하지 않은, 그야말로 무정형의 사태라는 통념이 지배했기 때문일 것이다. 나는 이런 통념에 반해서 감정과 정서 역시 일정한 질서와 원리에 의해서 형성되고 설명될 수 있다고 전제할 것이다. 특히 수치심과 죄책감 등은 인간이란 존재의 정체성을 이해할 수 있도록 해 주는 일종의 탐침이자 단서들이다.

그러나 수치와 죄책감은 단순히 개인들의 사적인 감정이 아니다. 수치가 자아의 사회적 차원을 떠나서 이해되기 어렵다면, 죄의 감정은 그 의미와 이해 방식이 역사적으로 변화되어 왔기 때문이다. 더구나 이 두 감정 모두 '비도덕적인' 계기들을 함축하고 있다는 것은 사실이다. 이런 인식의 근본적인 이유는 감정과 정서가 욕구와 본능이라는 '도덕 초월적인' 사태와의 연관 속에 놓여 있기 때문이다. 비도덕적인 사태들과의 연계 속에서 규범과 가치에 대한 자기평가가 수행되는 것이다. 그러나 감정이 자신의 자연적 조건들에 대한 반응이나 '판단'을 동시에 수반한다고 하더라고 구체적으로 어떠한 방식으로 그 같은 활동들이 심리 세계의 내면에서 수행되는지는 구체적으로 검토되어야 한다. 만약 감정과 정서들이 반성적인 판단이나 인지적 작용과 다른 방식으로 작동한다면 그 자체의 원리들을 어떻게 이해할 수 있는가? 그리고 감정이나 정서는 본능과 욕망의 충동경제와 구체적으로 어떻게 관련하는가? 저자의 노력에도 불구하고 이 모든 흥미 있는 물음이 이 책에서 완전히 해명된 것은 전혀 아니다.

둘째, 오늘날 수치와 죄의 문제 역시 현대철학의 핵심적인 쟁점인 '자연주의' 논쟁을 비껴갈 수 없다. 감정들은 단지 신체를 지닌 인간의 느낌이며, 그것은 오직 생리학이나 신경과학이 몰두하고 있는 뇌의 물리화학적 반응만을 수반하는가? 아니면 인간의 감정들은 자신과 세계 내의 현상들에 대한 모종의 믿음을 수반하는가? 이 문제는 인간의 자유의지에 대한 물음과 마찬가지로 지속적인 논쟁의 대상이다. 그런데 죄와 수치의 감정은 전형적인 자기감정이다. 자기감정이란 말은 이 감정들이 항상 사회적인 인정의 그물망 속에 위치하는 자기의식을 수반한다는 것이다. 여기서 자기는 '타자화된 자신'을 전제하는, 즉 신체화된 사회적 자아를 모두 포괄하는 표현이다. 이 점은 특히 죄책감보다 수치의 감정을 통해서 논의되었다.

감정들의 작동 방식은 항상 그 감정의 주체에게 알려지지 않은 그리고 원칙적으로 알려질 수도 없는 여러 계기에 의해서만 이해될 수 있는데, 그 계기들은 당연히 신체의 생리적, 생물학적 조건들을 떠나서는 설명될 수 없다. 나의 의식과 사유를 통해서 스스로의 주권을 장악하는 데 실패할 수밖에 없다는 것을 일깨워 주는 것은 바로 우리의 '신체'다. 수치심은 일종의 '신체'를 통해 체화된 감정이다. "인간 그 자체는 인식하는 자에게, 붉은 뺨을 지닌 동물이다."[7]는 니체의 신체 수치에 대한 언급은 인간이 동물로부터 진화해 온 자연의 역사를 말해 준다. 역시 심리학적 관점에서 수치의 정서는 자기정체성에 켜진 붉은 신호등임이 부각된다.

그러나 수치 감정은 더 근본적인 의미에서 사회적 감정이다. 나는 신체 수치와 사회적 수치 감정이 어떻게 상호 변환되며, 인간의 공적 존재(Mit-Sein : Together-Being)가 자아 자체를 어떻게 구성하는지 규명하려고 시도할 것이다. 한편, 자기의식적 감정들(Self-conscious Emotions)은 단순한 '공포'나 '역겨움', '당황스러움' 등과 달리, 자기평가와 타자에 의한 자기평가, 즉 타자화된 자신의 인식의 차이(!)에서 발현한다. 죄와 수치의 감정이 수동적이거나 피동적인 양상을 보이는 경우에도, 이미 타자화된 자기로서 '내 안의 타자'가 관여한다. 이 감정들은 자신에 대한 타인의 '표상을 표상'함으로서 성립한다. 이 점에서 죄책감보다 수치의 감정은 '사변적인' 현상이다. '사변적'이란 말은 '반성의 반성', '표상의 표상'처럼 중첩된 고도의 사유 능력을 가리킨다. 따라서 이 감정들은 인지과학의 용어를 빌리면, 일종의 메타인지적인(Metacognitive) 사태다.[8]

셋째, 이 글은 단순한 이론적인 작업을 넘어서는 실천적인 성격을 지닐 수 있다. 감정과 정서의 이해는 단순히 이론적인 성찰에 머물지 않고, 자신의 삶과 행위, 사회적 존재양식을 종래와는 다른 방식으로 변화시킬 수 있다. 우리는 무엇보다 긍정적이며 고양된 정서의 주체로 스스로를 규정할 수도 있다.[9] 즉 감정론에 대한 심층적 탐색은 단순한 이론적 분석을 넘어서 삶 자체의 성찰, 특히 정서적 자기계몽의 가능성을 열어 준다는 사실이다. 정서와 감정의 철학은 어떻게 살아야 하는가라는 보편적인 물음을 해명할 수 있는 하나의 탁월한 가능성이다.

　나는 수치와 죄의 감정이 처음부터 그 어떤 본질적 가치를 지닌 감정이나 '도덕적인 감정'들로 규정될 수 없다고 보았다. 더구나 도덕감정론에 의해서 칸트적인 이성의 윤리가 대체되어야 한다고 주장하려는 것은 아니다. 오히려 지금까지의 탐색을 통해서 감정과 정서를 초월한 도덕적인 이성이―만약 성립할 수만 있다면―인간 정신의 가장 고상한, 이상적인 차원을 가리킨다는 결론에 도달하게 된다. 이 책에서 시도된 감정론의 성과는 다만 우리가 '자연적인' 본성의 일환으로 이해하고 있는 이 심리적인 현상이 사실은 복잡한 질서들에 의해 구축된 것이라는 인식이다. 이 인식은 단순히 우리 '정서와 감정'의 문법을 이론적으로 파악하는 데 그치지 않는다.

　우리는 이 같은 논의를 통해서 더 '자유롭고 건강한' 자기 이해에 도달할 수 있는 가능성과 연결될 수 있다. 수치와 죄의 감정이 전적으로 결여된 상태나 과잉 상태는 모두 바람직하지 못하다. 심지어 정서경제와, 감정 조절의 기제는 단순히 이론적인 인식을 통해서가 아니라, 부단한 훈련과 성찰을 통해서 비로소 성숙한 단계에 도달한다고 말할 수 있다. 이는 감정이론이 실험적인 성격을 지닐 수 있음을 가리킨다. 오직 이 경우에 우리는 자신의 정서와 감정의 흐름과 그 발생적 연원에 대해 투명하게 이해할 수 있는 것이다. 수치와 죄의 감정들은 인간의 자기 형성 과정에서, 반드시 경험해야만 하는 사태이기도 하다. 이 감정들을 배제한 정서적 성숙은 불가능하다. 실제로 고대 그리스 철학자들이나 스토아 철학자들은 감정들에 천착했으며, 감정은 그들의 핵심적인 관심사였다. 자기통제나 감정적 조절의 중요성은 힌두교나 불교와 같은 뿌리 깊은 명상 수양의 전통을 지닌 사유체계에서는 두말할 나위 없다.

넷째, 감정이 인간의 자기정체성을 직접적으로 형성하는 계기들인 한에서 수치와 죄에 대한 분석은 사회비판적인 인식의 가능성을 열어 준다. 죄와 수치의 감정은 단순히 개인심리학의 관점에서만 다루어져서는 안 된다. 그것은 이 감정들이 한 사회의 규범적 질서를 지탱해 주는 '탁월한' 수단이며 방식이기 때문이다. 수치심의 내면화는 이미 그 권위와 효력이 검증된 행위의 방식들을 법이나 여타의 다른 처벌 등을 통해서 요구할 필요도 없이 그 자체로서 스스로 사회적 규범에 적응하는, 사회 구성원을 교화하는 '보이지 않는 손'이기도 하다. 그런데 이 점에서 정서의 경제는 특정한 사회적 지배관계를 지속시키는 데 기여한다는 의구심을 불러일으키기도 한다. 또한 죄책감을 통한 인격적 교화가 기독교 문명권에서 어떠한 의미를 지니는지에 대해서는 더는 설명이 필요 없을 것이다.

다섯째, 감정론은 더 포괄적인 정서적 삶(Affective Life)의 방식에 대한 탐색으로 확대될 수 있다. 대부분의 사람이 긍정적인 감정과 정서를 선호하고, 이 같은 요인들이 행복한 삶의 결정적인 계기로 전제될 수 있는 한에서 우리는 수치심이나 죄책감이 일종의 극복되거나 지양되어야 할 사태로 간주되고 있는 경향을 이해할 수 있다. 더구나 죄는 무언가 잘못된 행동을 이미 전제하며, 수치 감정의 표현은 현대와 같은 경쟁사회에서 자신의 약점을 노출하는 것으로 간주되고 있다. 그래서 현대인들은 오히려 수치심, 죄책감과 '자연스러운 관계'를 맺지 않도록 '요구'받아 왔다고까지 말할 수 있다. 이런 자기검열은 특히 수치심의 경우 더 심하다고 볼 수 있다.

현대인들의 정서경제는 분명 죄의 감정이나 수치심과 관련해서 특이한 시대적 특징을 공유한다. 예컨대 현대인들은 자신들이 속한 공동체나 국가에 대한 의무와 권리의 균형에 대한 인식을 공유하지 않는 경향이 있다. 바꾸어 말하면 자신들이 타자에게 지고 있는 의무와 책임보다는, 타인이나 사회가 자신에게 빚지고 있는 것에 대해 더 민감하다. 이는 자신의 위험한 행위로부터 파생되는 위험을 인지하는 정도가 타인의 동일한 행위에 대한 인지보다 둔감하거나 무시되는 심리적 경향과 무관하지 않은 것처럼 보인다. 죄의 존재론적인 이해 방식이 낯설어진 또 다른 이유는 인간의 이기적인 성향에서도 찾을 수 있다.[10] 그렇다면 수치심이나 죄책감의 실체적 의미가 상실된 것은 과거의 거대한 관념 체계들이 붕괴된 것과 같은 맥락에 속한 사태들인가? 철학이나 종교 혹은 전통의 이름하에 자신의 삶을 규정하던 방식은 일부 종교공동체나 근대화의 세례를 받지 못한 사회들을 제외하면 더는 통용되지 않는 것인가? 타인의 자유와 권리를 침해하지 않는 한 거의 모든 것이 허용된 사회는 근대적인 계몽의 과정이 완결되지 못했다는 사실을 알려 주는 하나의 징표이다.

1부

죄책감의
구조와 유형

운명으로서의 죄

죄책감의 역사성

죄의 관념이 보여 주는 역사적 궤적은 이 음습한 감정을 세속화의 과정과 관련해서 살펴보도록 유도한다. 우리는 이 물음을 제기하기에 앞서 '세속화'의 개념을 먼저 짚어 볼 필요가 있다. 왜냐하면 근대의 규범문화의 한 특징을 '세속화'의 과정으로 서술할 때, 적지 않은 반론들이 예상되기 때문이다. 무엇보다 세속화의 개념 자체는 서구적인 의미의 종교, 즉 유일신교의 지배적인 위상이 성립될 수 없는 동아시아나 비서구 국가들에 그대로 적용되기 어렵다.

따라서 우리는 세속화의 과정을 포괄하는 근대성의 원리들에 의거해서 죄의식의 변화를 추적할 필요가 있다. 비록 여러 이슬람 국가나 미국 남부 등 일부 사회에서 종교 근본주의의 경향이 두드러짐에도 불구하고, 삶과 세계에 대한 해석의 방식들은 과거 그 어느 세기에서보다 다양해졌는데, 이는 단일하고 자기정합적인, 심지어 폐쇄적이기까지 한 의미론적 질서에 근거해서 삶의 방식을 정당화하기가 어려워졌음을 가리킨다. 한마디로 죄의 담론은 존재 전체와의 연관으로부터 분리된 개인들의 행위를 그 중심에 설정함으로써 종교적이고, 형이상학적인 맥락으로부터 벗어나게 된다. 그러나 이를 통해 죄의식은 소멸되거나 해체되지 않고 심리 세계의 역학관계에 의해 다른 감정과 정서로 변형되고, 새롭게 해석된다.

나는 '세속화의 과정'을 세계에 대한 해석의 분화가 진행되는 근대성의 원리하에서 파악하는 것이 타당하다고 전제한다. 규범체계의 분화 과정은 상호 분리된 사회적 제도들의 자율성이 강화되는 과정과 병행한다. 동시에 이 과정에서 무엇보다 중요한 것은 초월적인 세계와 지상의 세계에 대한 해석의 관할권이 분리된 점이다. 외적 행위와 내면적인 자기정체성의 관계에도 변화가 발생하는데, 특히 인간존재의 도덕적 내면성에 대한 물음은 행위의 결과에 대한 물음과 구별되어야 하는 것으로 간주된다. 근대 이후 등장한 공리주의의 영향력은 이 같은 거시적인 변화를 떠나서 이해될 수 없다.

즉 심리 세계의 내적 질서와 역동성에 대해 정신분석학이나 심리학 혹은 도덕철학이 제기하는 물음의 방식은 행위의 결과에 대한 평가와 구별되는데, 이는 규범적 담론들이 상이한 원리들에 의해 차별화되어가는 과정을 반영하고 있다. 이 점에서 법규범에 저촉되는 위반 행위는 인간의 내면적 정체성 자체에 대한 이해와 관계없이 법률적 평결의 대상으로 간주될 뿐이다. 실제로 우리는 종교나 정신분석학의 맥락에서 해석된 죄책감이나 죄의식에 대한 입장들이 법적 평결을 정당화하거나 설명한다고 주장할 수는 없다. 한마디로 죄책감의 현대적 논의는 기독교나 여타의 다른 종교적 전통으로부터 해방되었으며, 전자는 단지 도덕심리학이나 법철학 혹은 종교사회학적인 주제로 종종 채택될 뿐이다.

그래서 근대 이후 죄의 의미는 더는 악의 기원과 관련해서 쟁점화되지 않는다. 죄나 악과 같은 인간 실존의 의미에 대한 포괄적인 물음 자체가 전근대적인 사회의 유산으로 간주되는 경향이 있다. 죄는 단지 사회적으로 인정된 규범의 위반과 이에 대한 책임의 문제일 뿐이다. 특히 수치심과 달리 죄의식은 죄의 감정을 느끼는 주체 자체를 지향한다기보다 상처나 피해를 입은 상대방에 대한 배려와 원상 복구의 필요성에 대한 인식에 의해서 성격 지운다.[11]

그러나 나는 인간의 외적인 행위 결과에 대한 책임의 문제가 인간의 내적 정체성에 대한 이해로부터 분리될 수 있다는 근대의 관점 자체가 역사적 예외에 속한다는 점을 강조하고 싶다. 만약 자유주의 사회에서 통용되는 자기정체성의 특정한 담론, 즉 관용과 형식적인 다원주의의 주장을 여과 없이 수용하지만 않는다면, 행위와 자기정체성의 연관은 자기 이해의 중요한 의제로 설정될 수 있는 것이다.

죄의 감정은 사회적 맥락이나 문화적 조건에 의해 달리 해석되어 왔으며, 그 해석의 역사는 수치와는 그 양상이 다르다고 볼 수 있다. 다시 말해서 수치가 문화들 간의 차이를 넘어서 모든 인간이 자연적 존재로서 그리고 일정한 생물학적 진화의 결과로 지니게 된 자기방어적 표현의 한 방식으로 규정될 수 있다면, 수치심은 반드시 도덕적이거나 규범적인 의식의 영역에서만 발견되지 않을 것이다. 특히 신체 수치는 자연적인 진화의 과정에서 비롯하는 '태도'의 한 방식에 지나지 않을 것이다. 이와는 대조적으로 죄책감은 자신의 행위에서 비롯하는 책임의 물음, 즉 내면적 양심의 세계와 관련된다. 나는 이제 죄의 행위에 대한 규정만이 아니라, 우리가 느끼는 죄의 감정 자체가 문화적 구속성에 의해서 규정될 필요가 있다고 주장하려고 한다. 죄의 감정은 당연히 수치보다 더 역사적인 설명을 요구하는 현상으로도 간주될 만하다. 이는 단순히 잘 알려져 있는 것처럼 죄의 감정이 주로 기독교라는 종교의 성립 과정과 분리될 수 없기 때문만은 아니다.

죄책감과 수치심이 인간 내면의 심층에서 교차되고, 혼재한다는 사실을 가장 인상적인 방식으로 묘사한 텍스트는 바로 '성서'의 '창세기'다. 아담과 이브의 설화는 죄의식과 수치심을 동시에 주제화하고 있을 뿐만 아니라, 이 감정들이 인간적인 인식의 발현과 맥락을 같이함을 극명하게 보여 준다. 더구나 신 자신이 인간의 죄를 면제해 주기 위해 스스로를 희생했다는 예수 행적의 바울적 해석은 후에 니체의 신랄한 풍자의 대상이 되는데, 이는 유대적이며 기독교적인 상징체계가 얼마나 정서의 언어에 의존하고 있는지를 웅변해 준다. 물론 죄의 개념은 니체의 계보론적인 서술보다 더 소급해서 논의될 필요가 있다. 고대 그리스의 역사와 고대 근동의 여러 서사시적인 문헌에서 발견되는 신화적 세계관은 이미 죄의 관념이 폭넓게 논의되고 있음을 말해 준다.

자연과 인간의 거대한 교환

　인간의 탄생에 관한 고대의 신화들은 죄의 관념에 대한 흥미로운 기록들을 보여 준다.[12] 잘 알려진 대로 성서의 창세기(Genesis 3: 19)는 인간의 죄로 인한 운명을 적나라하게 펼쳐 보인다. 인간은 죄의 타락으로 인해 오직 땅을 힘겹게 갈아야만 생존을 유지할 수 있는, 땅의 '먼지'와도 같은 보잘것없는 존재라는 것이다. 따라서 인간에게 노동과 죽음은 죄로 인한 신의 저주인 셈이다.

　고대 역사가인 페티나토(Pettinato)가 많은 사람에게 친숙한 성서의 서술을 언급하는 이유는 사실 기원전 2000년 후반기부터 전승된 아카드 문명과 수메르 문명권에서 익히 알려진 인간관이 성서에서 반복되고 있음을 말하기 위해서다.[13] 실제로 유프라테스와 티그리스의 두 강을 끼고 있는 메소포타미아 지역의 문명권에서는 인간과 신의 탄생, 죽음에 대한 흥미로운 설화가 전해진다. 수메르와 아카드 문명하에서 발견되는 '신화'는 이미 죄와 면제, 처벌 등의 관념에 대한 원초적인 이해를 보여 준다. 물론 이들이 인간이 어떤 존재인가라는 철학적인 물음을 제기한 것은 아니다.[14] 그럼에도 불구하고 이 신화의 한 중요한 특징은 인간의 탄생에 관한 것인데, 인간은 그 무엇보다 신들의 고된 노동을 경감해 주기 위해 만들어졌으며, 그 배경에는 자신들의 고역을 견디지 못한 하위계급에 속하는 신들의 저항과 폭동이 있었다는 것이다.[15] 이들의 폭동을 진압한 지배자는 폭동을 일으킨 신들을 죽이고 그 피와 점토를 섞어 인간을 만들어 냈다는 것이다. 여기서 인간의 죄는 패배한 신들의 권리를 회복시켜 주기 위한 보조적 '장치'로 설정된다.

죽음에서 비롯하는 운명은 삶의 필연이라는 점에서 단연 아카드의 신화는 비관론에 경도된다. 아카드의 설형문사에 의해 진해진 신화는 수메르의 신화보다 비관적인 색채를 띠게 된다. 인간은 여기서 '창세기'의 언급처럼 창조의 완성이나 목적이 아니다. 이 점에서 수메르와 아카드 문명권에서 발견되는 인간관은 '창세기'의 목적론적인 인간관과 극명하게 대비된다. "인간은 신의 피로부터 창조되었지만, 결국 희생양으로 선택되었으며, 따라서 인간은 처음부터 악의 한 부분과 떨어질 수 없게 되었다. 인간은 결국에는 그 자신이 아닌 신들 자신에 의해 행해진 실수에 대처하기 위한 희생양이라는 것이다."[16]

존재 자체가 죄라는 관념은 모든 고대 문명권에 편재하지 않고 단지 아카드 문명의 경우에서 두드러지게 나타나는데, 여기서 우리는 인간의 죄와 악이 신들에 대한 원망과 비난으로 이어지고 있음을 알 수 있다. 그럼에도 불구하고 인간의 탄생에 관한 설화는 자기정체성에 대한 물음의 한 중요한 단초가 된다. 자기정체성에 대한 물음 자체는 인간이 자신을 자연적 개체 이상의 존재로 의식하게 되었음을 가리킨다. 그러나 이 단초가 곧바로 초월적 의미를 지니고 이성에 의해서 정당화가 시도된 도덕적 의식의 단계를 전제하는 것은 아니다. 죄로 인한 타락의 신화 역시 직접적으로 규범적인 일탈에 대한 해석이 아닌 존재 전체에 대한 원초적 관념으로부터 이해되어야 한다는 것이다. 여기서 앙게른(Angehrn)의 다음 해석은 주목할 만하다.

"죄의 타락의 신화는 자신을 보호하는 통일성으로부터 벗어나는 것, 즉 자신의 근거로부터 스스로를 해방시키는 것이라는 존재론적인 근본 관점을 함축한다. 여기서 자기 자신을 주장하는 것은 직접적으로 존재의 축소로 반전된다. 어떤 규범의 위반이 아니라, 전체로부터 부분의 분리가 자신 내부의 그 부분을 결함이 있는 것으로 만든다. 그래서 인간은 전체성을 결여한다. 즉 그는 자신 스스로의 내부와 관련해서 더는 '성스럽지' 않은 것이다."[17]

즉 전체로부터 분리된 존재 자체가 죄라는 가장 원초적인 관념이 규범적인 인식보다 선행하는 것이다. 가렐리(Garelli)와 라이보비치(Leibovici)에 의해 서술된 아카드의 신화는 적나라하게 인간이 창조의 정점이 될 수 없으며, 그 고유한 피조물로서의 과제가 무엇인지 말해 준다.

"신성한 서약의 지배자여, 죽은 자를 되살리는 주인이여,
사슬에 묶인 신들을 동정했던/
신들과 그의 적들을 옭아맨 멍에로부터 해방시키고,
그들을 구하기 위해 인간을 창조한 지배자여(VII 26-29)"[18]

또 다른 도판 VI의 인간에 대한 기록은

"창조하고자 한다, 나는 한 존재, 즉 인간을,
그에게는 신들에게 봉사함으로써 신들의 일을 경감시켜 주어야 하는 과제가 부과된다."[19]

인간의 탄생 신화와 죄의 징표에 대한 독해는 우리로 하여금 고대인들이 최소한 인간존재의 기원을 그 어떤 정의와 평능의 규범적 관점에서 이해하려고 시도하지 않았다는 점을 일깨워 준다. 여기서 신들과 인간의 거래는 분명히 불평등하다. 인간은 신들의 갈등을 해소하고 그 노역을 경감시키기 위한 '도구'이자 심지어 패배한 신, 죄를 범한 신(Kingu)의 죄를 대신 짊어져야 한다. 앙게른(Angehrn)의 표현대로 신과 인간, 즉 영원한 생명을 부여받은 존재와 사멸의 필연성을 지니고 태어난 인간 사이에는 '존재론적 단절'(ontologische Gefälle)이 가로놓여 있으며, 그 결과 죽음과 질병 등은 모두 죄의 징표인 것이다.[20]

여기서 아카드 신화와 '창세기'를 비롯한 고대 근동의 신화와 그리스 신화를 구별해야 할 필요성이 제기된다. 그것은 전자의 경우 신이 인간을 창조한 반면, 후자의 경우 인간에 의해 신들이 만들어졌기 때문이다. 이 점에서 점토를 사용해 인간을 직접 만들었다고 전해지는 프로메테우스의 신화에는 비그리스적인 요소가 개입되었음이 드러난다. 그 결과 죄에 대한 해석도 상이해진다. 이미 고대 그리스에서 인간은 자연에 맞서는 주체로 자신을 주장하기 시작했으며, 그 가장 전형적인 사례가 프로메테우스라는 것이다. 그것은 상호 화해가 불가능한 권리들 사이의 해소될 수 없는 충돌이다. 프로메테우스는 자신의 행동을 정의롭지 못한 제우스에 대한 반발로 이해하고 있는 것처럼 여겨진다.[21]

즉 제우스와 프로메테우스의 갈등은 단순한 힘겨루기가 아닌 자신의 행위에 대한 정당성의 물음이다. 프로메테우스 신화는 여기서 규범적인 의식의 전개 과정을 알려 주는 지표인 셈이다. 규범적인 의식은 무엇보다 신들의 법과 인간의 법 사이에서 전개되는 갈등에서 비롯된다. 상이한 질서와 권위를 상징하는 규범적 세계 해석 사이의 갈등은 중재나 화해 자체가 불가능해 보인다.

죄의 문제가 인간적인 행위의 결과에 대한 책임의 문제로 이해된 것은 최근의 사태로 국한되지 않는다. 현실 속에서 전개되는 행위의 결과에 대한 책임은 제도화된 형태로는 비록 근대 이후 전개된 규범체계의 변혁과 맞물려 있다고 볼 수 있으나 그 원초적 관념 자체는 고대로부터 오늘에 이르기까지 존재한 모든 공동체에서 발견된다. 반면에 비록 근대 이후 표면적으로는 이미 잊히었지만 아직도 관습으로 남아 있는 일련의 의식(ritual)과 제사, 축제, 종교적인 행사 등에서 우리는 죄 관념의 다양한 해석이 반복되고 있음을 알 수 있다. 근대화의 세례를 경험한 공동체에서 이 같은 관습의 단절은 다수의 사회 구성원에 의해서 정서적 삶 자체의 '궁핍'을 초래할 수 있다. 결국 관습적 인륜성의 해체는 새로운 형태의 대체물이나 보상을 요구하게 된다.[22]

존재론적 죄의 관념으로부터의 해방은 제사와 종교의식 그리고 인륜적 관습들의 진정한 동기와 그 발생적 원인에 대해서 설명해 준다. 이 오래된 관념은 삶과 죽음, 책임과 의무 그리고 자연과 인간의 거대한 교환의 원초적 관념과 맞물려 있다. 여기서 자연과 인간의 교환 행위는 상징적 교환의 체계가 형성되는 과정과 분리되지 않는다. 삶과 죽음의 교환 과정은 시대에 따라 달리 해석된다. 고대사회의 관습에서는 삶과 죽음의 필연적인 교체가 하나의 거시적인 필연성 속에서 통찰되었는데, 이는 죽음이라는 현상이 근대의 경우처럼 반드시 슬픔이나 애통함과 같은 부정적인 정서에 의해서만 수반될 필요가 없었음을 가리킨다. 그러나 근대 이후 죽음은 일회적인 사건이자 삶의 세계로부터의 단절일 뿐이다. 니체는 죽음으로부터의 도피에서 드러나는 낯설음을 적나라하게 서술한다.

"죽음에 대한 생각. 골목길들과 욕망과 목소리들이 뒤섞인 혼잡 속에서 나는 우울한 행복감을 느낀다. 얼마나 많은 만족감과 인내심의 결여, 욕망으로 가득한 삶이었던가, 얼마나 갈증이 심했던 인생이었으며, 얼마나 삶에 심취했었는가, 이 모든 것이 바로 그 순간 모습을 드러낸다! (…) 그런데 죽음과 죽음의 정적만이 유일하게 확실한 것이며, 모든 미래를 통해서 유일하게 공통된 것이다! 이렇게 유일하게 확실한 공통의 사태가 인간들에게 전혀 영향력을 행사하지 못한다는 것은 얼마나 기이한가! 인간들이 죽음에 대한 생각을 하지 않으려고 하는(nicht denken wollen) 모습을 지켜보는 것은 나를 행복하게 만든다."23

마지막 문장은 죽음으로부터의 '도피'가 사고에 의한 판단이나 인지적 태도가 아닌 의지의 결단임을 가리킨다. 주체 중심의 관점에 의해서 미래는 단지―니체가 위에서 지적한 대로―인간적인 기획의 대상일 뿐이다. 그 결과 인간과 자연, 삶과 존재의 거대한 교환, 즉 '즐거운 교환'은 낯설고 이상한 관념으로 남게 된다. 그러나 죄에 대한 일반적인 통념은 고대사회의 '즐거운 교환'의 관념과 극명하게 대립한다.24

'즐거운 교환'이란 낯설어 보이는 관념은 죄에 대한 이해의 방식들이 민족과 시대에 따라 동일하지 않다는 것을 보여 준다. 도대체 죄의 승계는 항상 인간이 감당하기도, 납득하기도 어려운 저주스러운 상태로만 이해되어야 하는가? 이 물음은 죽음과 운명, 비극을 관통한다. 가령 '비극적인 사태' 자체에 대한 인식도 시대에 따라 다를 수 있기 때문이다. 고전 비극은 고대인과 현대인들에 의해서 제각기 달리 인식되는데 비극은 원래 단순한 삶의 부정이 아니다. 그것은 "죄 없는 죄"의 모순을 넘어서 죄의 운명적 해소라는 "즐거운 교환"의 관념을 수반한다. 죽음을 통한 제2의 탄생은 영웅들의 존재나 행위가 삶의 과정에 필연적으로 수반되는 죄를 어떻게 해소할 것인가라는 화해의 구도와 맞물려 있음을 가리킨다.

"자연과의 연대 공동체 속에서 살아가는 사람들에게 생명이란 기능이 아니며 탄생과 죽음 사이에 팽팽하게 가로놓인 사건이며 그 한계들은 오늘날처럼 사실들로서가 아니라 권리들(Rechte)로 이해된다."[25]다시 말해서 한 존재가 태어난다는 것은 종종 자신의 어머니의 희생을 수반함으로써 획득된 권리이기에 '자연의' 죽음에 대한 속죄라는 상징적인 의식을 통해서 비로소 제2의 탄생이 성립한다. 즉 한 생명의 탄생은 그 어떤 생명체 자체가 이미 타고나는 생득적 권리가 아닌 "죽은 자들로부터 획득한" 권리다.

그러나 제2의 탄생과 같은 죄의 해소를 위한 성체의식(Sakrament)은 역사의 전개 과정에서 그 본래적 의미를 상실한 채, 관습적으로 반복되거나 아예 사라진다. 죽은 자와 산 자의 화해의 가능성은 성체의 의식이 종식됨으로써 동시에 소멸된다. 삶이 죽음으로부터 생성되어 지속될 수 있는 정당성은 제2의 탄생이나 성체의 사건을 통해서 비로소 가능해지기 때문이다. 특히 이 같은 존재의 통일성에 뿌리를 둔 시원적 관념은 기독교의 등장과 함께 변형된다. 그것은 더는 상징적 교환의 중재를 필요로 하지 않거나 새로운 형태의 중재에 의해 대체되기 때문이다.

이 점에서 그레첼(Grätzel)이 고대의 비극은 반드시 고통의 감정과 연결되지 않으며 우리가 이해하는 의미에서의 비극적인 경험과 직결될 필요가 없다고 주장하는 이유가 분명해진다. 간단히 말해서 거대한 교환과 연대의 공동체인 고대사회의 존재론적 지평 위에서만 비극의 의미가 규명될 수 있는 것이다. 이 세계는 "살아 있는 사람들"과 이들의 삶을 영위하도록 해 주는 모든 생명체 사이의 "즐거운 교환"의 장으로 표현될 만한 충분한 이유가 발견된다. "즐거운 교환"은 이중적이다. 그것은 실제 존재하는 생명체들의 정서의 상태를 넘어서 상징의 질서를 통해서 반복적으로 준수되는 일련의 공동체적 체험을 가리킨다.[26]

이에 대한 포괄적인 해석의 한 가능성은 이미 케레니(Kerenyi)의 디오니소스(Dionysos) 연구를 통해서도 수행된 바 있다. 그는 디오니소스의 비극을 파국이나 한 존재의 끔찍한 좌절로 이해하지 않는다.[27] 디오니소스의 운명은 그 자체로서 긍정과 축제의 사건이다. 그렇다면 이 같은 판단의 근거는 어디서 발견되는가. 비극적 모순이란 인식론적 아포리아의 한 유형이라기보다는 오히려 삶과 죽음의 영원한 반복과 지속적인 교환에 대한 인식이기 때문이다. 여기서 니체의 《비극의 탄생》이 《즐거운 지식》으로 이어지는 맥락이 드러난다. 그런데 존재를 긍정하거나 수용하는 방식이 모두 동일한 것은 아니다. 왜냐하면 삶의 세계에 대한 수동적인 적응이나 순응주의가 곧 존재의 긍정일 수는 없기 때문이다. 이 점에서 즐거운 교환은 필연의 운명에 대한 긍정의 정서(amor fati)가 세계의 적극적인 해석에서 비롯함을 말해 준다.

따라서 존재론적 죄의 관념이나 비극은 인간 중심의 세계관과 정면으로 대립한다. 그것은 그 어떤 목적론적인 세계관과도 일치하지 않는 것처럼 보인다. 생명과 죽음, 자연과 인간존재의 거대한 교환이라는 관념은 필연성과 자유, 목적과 수단의 분리를 애당초 허용하지 않는다. 다른 생명체들의 죽음으로부터 나의 탄생과 생명이 유지되는 존재의 섭리는 나의 죽음을 통해서 자연이 보상받는 한에서 정의롭다. 이때 우리는 교환의 정의가 존재의 차원에서 구현되고 있음을 알 수 있다. 오직 이 거대한 교환의 질서를 긍정함으로써 비극적 모순과 죄의 관념이 야기하는 어두운 그림자가 소멸된다. 따라서 고대의 비극적 관념과 죄의 편재성은 교환 관계 속에서 매 순간마다 반복 실현되는 존재의 원리를 반영하고 있다.

　이로써 문명화의 과정을 통해서 일상화된 여러 현상의 의미가 다시 드러난다. 가령, 음식의 섭취, 성적 행위 그리고 죽음 등은 거대한 자연경제의 계기들이지만 "인간적인 너무도 인간적인" 방식으로 경제 개념 자체가 재구성되면서 그 의미가 소실된다.[28] 교환경제의 위선적인 왜곡은 심리적 기만의 원인을 제공하기도 하는데, 그 한 경우가 금욕주의로 나타난다. 산 자와 죽은 자의 "즐거운 교환"은 역사와 서사를 공유하는 "연대의 공동체"가 규범적인 관념이 아닌 실존의 필연임을 말해 준다. 그렇다고 자연의 물질 교환이 중시되는 신화에서 '종교인 것'의 의미가 발견되지 않는다는 주장은 성립하지 않는다. 종교적인 것은 신화에 대한 여러 연구가 거듭 강조하는 것처럼, 지상의 행위와 사건들이 절대적인 것과 성스러운 것과의 연관 속에서 이해되는 한에서 이미 모습을 드러낸다.[29]

이 점에서 절대적 사태와 현세의 유한한 존재 사이에 복합적으로 전개되는 교환의 방식은 의식(Ritual)을 통해 반복되는 데 그치지 않는다. 앞서 거론한 앙게른(Angehrn)의 지적대로 신화의 원형적 표상은 형이상학에 의해 다만 새롭게 해석될 뿐이다.[30] 이 같은 현상은 어디서 비롯하는가? 그것은 신화와 형이상학, 종교, 도덕 혹은 과학마저도 질서에 대한 보편적인 열정에서부터 그 동기가 이해되어야 한다고 말해주는 듯하다. 무질서와 카오스가 지배하는 상태로부터 질서를 구축하려는 인간학적 동기가 바로 추상적인 상징체계의 구축을 가능케 하는 동인이라는 것이다.

그렇다면 죄책감과 수치심 역시 규범적 질서의 진화를 향한 자연의 의도에서 파생된 사태들인가? 이 같은 추정은 인간의 감정이나 정서적인 자기관계가 역사적인 관점에서도 검토되어야 한다는 사실을 말해준다. 흔히, 도덕적 감정으로 분류되는 이 감정들은 단순히 인간의 내적 자기관계나 사회적 상호작용의 차원을 넘어서 존재 전체에 대한 역사적 이해와 직결되어 있기 때문이다. 비록 그 관계가 은폐되거나 무의식의 형태로만 잔존하고 있을지라도 자연의 흔적은 인간의 내밀한 충동이나 정서경제의 동력학을 통해서 추적될 수 있다.

인간의 자기보존에 필수적인 성적 행위와 음식의 섭취 등은 필연적으로 다른 생명체의 희생과 죽음을 수반하는데, 이는 인간과 자연의 필연적인 물질 변환, 즉 신진대사(Stoffwechsel)와 함께 이에 대한 상징적 해석의 필요성을 부각시킨다. 이 같은 물질 변환은 자연적 존재로서의 자기보존의 당위성만으로는 납득될 수 없는 존재 이해의 필요성을 환기시킨다. 희생과 번제의 의식은 자연과 인간의 관계가 단순한 물질 변환의 차원을 넘어서는 상징적 교환의 복잡성을 지니게 됨을 가리킨다. 예컨대 영웅들의 희생과 "비극적인" 종말은 죄와 죄의 면제라는 존재의 포괄적인 이해를 통해서만 납득된다. 영웅들의 희생과 파국은 궁극적으로 존재의 평형 상태가 다시 도래하는 과정이며, 삶과 죽음의 교환을 운명이라는 이름으로 정당화해 준다.

이 같은 믿음은 신화와 종교를 아우르는 인간적인 정서의 보편적 특징을 말해 준다. 죄의식이란 탐침을 통해서 들여다본 정서의 교환경제에서 산 자와 죽은 자의 요구는 모두 정당하게 반영된다. 그렇다고 해서 삶과 죽음의 경계나 구별에 대한 인식 자체가 성립하지 않는 것은 아니다. 같은 맥락에서 그레첼(Grätzel)은 신화에 등장하는 영웅들의 희생이 삶을 영위할 수 있게 해 주는 근본적인 욕구에 의미를 부여해 준다고 지적한다.

"죽음은 이러한 상징적 표현을 통해서도 생명과 통합되는데 이러한 통합적인 인식은 근본적으로 생명이 죽음으로부터 분리되는 것이 아니라, 오히려 후자로부터의 선물이며 기증받은 것이라는 인식에 의해서 뒷받침되기 때문이다. 생명은 여기서 물론 단지 죽음에 의해 포섭된 것으로 표상되고 파악될 뿐만 아니라 죽음의 한복판에서 그리고 죽음으로부터 탄생한 사건으로 드러난다."[31]

정신과 자연의 교호관계는 인간적인 삶의 맥락에서 삶과 죽음, 탄생과 종말의 반복된 순환이며, 이는 특히 제사와 희생, 향유 등과 같은 교환경제의 유형으로 실현된다. 그러나 주지하다시피 교환경제의 정서적 토대는 문명 전체를 포괄하는 '합리화의 과정'이 진행되면서 유실되어 간다. 이 과성에서 제사와 관련된 모든 의식은 그 실체적 의미를 상실한 단순한 의례적 절차의 형식으로만 남게 된다. 예컨내 음식을 섭취하는 행위는 단순히 삶을 보존하기 위해 어쩔 수 없이 반복하게 되는 기계적 습관에 불과해졌으며, 이 원초적이며 시원에서부터 영원한 미래에 이르기까지 반복되는 행위의 의미에 대해 아무도 묻지 않게 되었다.

과거에 음식의 섭취는 자동적으로 단순히 미각을 만족시키기 위한 육체의 욕구에 따르기 위한 것으로만 간주되지 않았다. 음식의 섭취는 자기보존의 행위이자 동시에 자연의 긍정이며 진정한 향유의 행위이기 때문이다. 나아가 음식의 섭취는 자연의 육화, 신체화의 과정이며 또한 선물로서 타 생명체의 필연적인 죽음을 통해서만 실현되는 존재의 연속적 사건이다.[32] 마찬가지로 성행위를 통한 생명의 증식은 도덕의 관념에 의해서 원천적으로 포착될 수 없는 사건이다. 더구나 생물학적 자기보존이나 본능의 관점을 고수하는 한에서 생명의 존재론적 차원은 온전하게 파악되지 않는다.

"이제야 제대로 죄의 신화적 표상은 삶의 이야기들로 채워진 존재와 연계되며, 나아가서 개별자와 가족들, 종족들 그리고 민족들이 살아가는 삶의 이야기들을 묶어 주는 역할과도 관련하게 된다."[33]

신화적 세계에서 자손의 탄생은 생물학적 차원을 넘어서 죄의 성립과 해소가 반복되는 의미 있는 사건이다.[34] 이를 통해서 인간은 개별

자의 차원을 넘어서 모든 생명의 증식이 죄의 승계와 지속으로 이해될 수 있음을 가리킨다. 같은 맥락에서 기독교의 원죄의 관념은 존재론적 죄의 편재성과 지속성에 대한 하나의 강력한 해석으로 작용해 왔다. 그럼에도 불구하고 원죄의 신화적 기원은 통속적인 담론의 형성 과정에서 지속적으로 은폐되는 경향이 없지 않다.

죄의 면제와 해방의 필요성은 실로 유대교나 기독교적 전통에만 국한된 것은 아니다. 이를 둘러싼 서사의 담론은 고전 그리스 시대에서 오늘에 이르는 일종의 정형화된 서술의 한 방식으로 남게 된다. 자연적인 탄생에 뒤이은 제2의 탄생—이는 여러 형태의 상징적 질서의 매개를 전제한다.—이란 설정의 배경이 이와 관련한다. 마찬가지로 영웅들의 행위는 단순히 가족 내부의 사건을 넘어서 세대 간의 갈등 혹은 규범체계 사이의 갈등을 떠나서 이해되기 어려워진다.[35]

그러나 문명의 전개 과정에서 이 원초적 행위들은 반복을 통한 퇴행의 과정 속에 함몰된다. 이제 제사와 희생, 번제 등은 그 본래의 즐거운 교환의 의미를 상실한다. 또한 감사와 향유의 구체적 차원은 일상성으로부터 격리된 '성스러운 장소와 기회'로 국한된다. 후자는 단지 일부 종교의 의례적 행위로서만 남게 되는 것이다. 이러한 변화는 궁극적으로는 자연을 포괄하는 교환경제에 대한 몰이해를 수반하게 된다.

이로써 죄의 존재론적 해석은 역사 자체에 대한 인식과 무관하지 않다는 것이 분명해진다. 존재론적 죄의 의미 변화는 교환경제의 궁극적 종식을 전제하지 않고서는 이해되지 않는다. 다시 말해서 자연과 존재를 지탱하는 교환의 종식은 삶과 죽음의 주고받는 순환의 필연성이 사라지는 최후의 사태이기도 하다. 개별존재는 더는 자신의 의지와 무관하게 죄와 부채 속에서 태어나지 않으며, 다만 생득적 권리의 '주체'로 규정될 뿐이다. 이 점에서 연대와 공존의 원리는 오직 도덕적 담론을 통한 하나의 당위로만 가까스로 성립하게 된다. 반면에 존재론적 교환 경제의 원리는 인간적인 노력과 의지의 목표로 설정될 수 있는 규범보다 더 근원적인 질서를 가리킨다. 오늘날 공존과 연대에 대한 근대의 규범적 해석은 삶과 죽음의 거대한 교환의 맥락과 무관한 인간적인 세계의 이해관계를 반영할 뿐이다.

'오이디푸스'의 운명과 비극의 탄생

두말할 나위 없이 존재론적 죄의 관념은 오늘날 현대인들에게는 낯선 관념이다. 그럼에도 우리는 오이디푸스나 안티고네의 해석에서도 죄의 관념이 개별존재를 넘어서 전승되고 계승된다는 사실을 공감하는데, 그것은 일반적인 의미의 인연이나 자연적 인과관계와는 의미가 다르다. 여기서 죄가 후속 세대에게 일종의 저주처럼 부과될 수 있다는 고대인들의 관념이 생경한 체험인 것은 사실이다. 무엇보다 세대를 이어 지속되는 죄의 계승은 고대인들에 의해서도 불가해한 현상이자 동시에 정의롭지 못한 것으로 인식된다. 인륜적 질서에 균열이 발생하고 죄와 책임의 분리에 대해서 의식하는 순간, 존재론적인 죄의 계승이 정의롭지 못하다는 인식이 고개를 드는 것이다.

그러나 고전 비극이 오직 존재론적 죄의 관념에만 의존하는 것은 아니다. 가령 오이디푸스의 운명적 필연은 존재론적 죄와 수치의 감정이 중첩된 경우에 해당한다. 오이디푸스가 아이스킬로스(Aeschylos)에서 에우리피데스(Euripides)로 이어지는 고대 그리스의 고전 시기에서부터 오늘에 이르기까지 지속적인 관심을 받고 있는 이유는 존재의 부정성에 대한 다의적 해석의 가능성 때문이다. 자신의 운명적 진실을 접하게 된 오이디푸스는 주관적 차원에서의 무죄 상태에도 불구하고 스스로를 심판하게 되는데, 이는 자신의 눈을 멀게 함과 동시에 고국으로부터의 추방이라는 형식을 취한다.

오이디푸스는 이 과정에서 자신이 저지른 범죄에 대한 부담으로부터 드디어 벗어나게 되었다는 소회를 피력함과 아울러 스스로의 수치심을 고백하게 된다.[36] 오이디푸스의 행위는 결국 자신의 눈을 멀게 함으로써 스스로의 수치심으로부터 자신을 차단하려는 시도이다. 동시에 그것은 자신이 남에게 어떻게 보여지는가에 대해 의식하고 있음을 가리킨다. 타인의 시선으로부터의 단절은 극적인 방식으로 오이디푸스가 스스로의 눈을 멀게 한 행위로 귀결된다. 이는 나아가서 단지 눈으로 상징되는 감각 기관의 폐쇄와 함께 테베(Thebes)로부터의 추방이라는 공간적 격리를 통한 자폐적 제한으로 마무리된다.

"오이디푸스왕"과 달리 "콜로누스의 오이디푸스"에서는 크레온(Creon)에 대한 오이디푸스의 항변을 통해 죄와 지식 혹은 죄와 무지의 관계에 대한 새로운 관점이 가시화된다.[37] 죄와 수치의 연관이 오이디푸스의 증언에 의해 선명하게 드러나는 것이다.

"수치심도 느끼지 못하는 뻔뻔함이여!
그처럼 내가 비방할 때 너는 누구를 염두에 두고 있는가?

이 늙은 나라는 사람인가 혹은 오히려 너 자신인가?

(……)

신들은 그렇게 일이 이루어지기를 원했으며

그것은 고래로부터 이미 우리의 가족에게 가해졌던 분노다.

왜냐하면 나 스스로에게서 너는 그 어떠한 죄나 그 어떤 잘못된 행위에

대한 죄를 발견하지 못하게 될 것이다.

(……)

왜냐하면 나의 아버지에게 신탁을 통해서 신들이 말하기를

그는 아들의 손에 의해 죽음을 당할 것이라 했는데,

어떻게 너는 이것을 나의 죄로 정정당당하게 덮어씌울 수 있는가.

내가 결코 아버지나 어머니로부터 생명의 씨앗을 가지지 못했을 때,

당시에는 아직 세상에 나오지도 않았을 때에?

내가 축복받지 못한 자로 세상에 나왔다면,

내가 어떻게 세상에 나와서,

아버지와 조우하게 되어 그를 죽이게 되고,

하물며 내가 누구에게 그런 행위를 했는지도 모르는 채, …

그런데 너는 어떻게 내가 원하지 않았던 행위에 대해

법과 정의를 동원해서 비난할 수 있는가.

또한 너는 부끄럽지도 않은가.

내가 어머니, 즉 너의 누이였던 어머니와 결혼했다는 사실을 언급하면서.

(……)

나는 지금 그것에 대해 말하고 있는 것처럼 말할 것을 강요받았기에,

나는 침묵할 수가 없다.

왜냐하면 너는 너의 축복받지 못한 입으로 그것을 언급했기에.

그렇다.

그녀는 아기를 낳았다.

나를 낳은 것이다.

오 나의 불행이여.

아무것도 모르는 자들은 전혀 모를 수밖에 없으며

그녀는 나를 태어나게 했기에 수치스럽게도 나의 아이들도 만들었다.

그러나 나는 알고 있다.

너는 나를 그렇게도 비난을 하며 의도를 가지고 그녀도 비난하는구나.

그러나 나는 의도하지 않은 상태에서 그녀를 여인으로 받아들였는데,

나는 부득이하게 이렇게 외칠 수밖에 없구나.

(……)

사람들은 나에게 죄가 있다고 비난을 퍼부을 수 있겠는가.

그리고 아버지를 죽였다고 해서,

네가 되풀이해서 그다지도 심하게 나를 공박할 수 있는가.

한 가지에 대해서만 나에게 답해 보아라.

네가 너에게 묻건대,

만약에 누군가 정의로운 자인 너를 이 자리에서 공격하며 너를 죽이려고 덤빌 때, 어떻게 하겠는가.

너는 먼저 그가 네 아버지인가 묻겠는가.

(……)

내가 처했던 상황은 바로 이것이었다.

신들에 의해서 유도되었던 이 모든 것 속에서

내 아버지의 영혼이 살아 있었다면

그 역시 과연 이에 대해 반박할 수 있겠는가.

그럼에도 불구하고 너는 정의롭지 않구나.

그렇게 모든 것에 대해서 아름답게 말하기를 좋아하는 네가."[38]

오이디푸스의 비극은 이처럼 죄 없는 죄의 개념을 중심으로 전개된다. 그렇다고 행위의 의도와 결과의 차이에 대한 물음이 중요한 관건은 아니다. 종종 '죄 없는 죄'의 개념은 실체적인 쟁점으로 유도하기보다는 무죄의 조건에 대한 지루한 논쟁을 촉발시키기도 한다. '죄 없는 죄'가 주목을 끄는 또 다른 이유 중의 하나는 뒤에 살펴보게 될 기독교의 원죄 개념 때문이다. 죄의 패러독스에 대해서 잠시 눈을 감지 않는다면 다음 문장은 이해될 수 없다.

"이것은 유효하다.

제우스가 자신의 권좌에 머무는 한에서

고난이 행위를 뒤따르는데,

왜냐하면 그것은 신들의 명령이기에."[39]

이로써 그리스적 의식의 단계에서 존재의 필연성이 인륜적 의식을 압도하고 있지 않은가라는 물음이 성립한다. 유감스럽게도 행위와 고난 그리고 죄는 하나같이 존재의 운명 속에서, 즉 운명의 필연성 속에 함몰된다. 그러나 이 존재의 필연성은 너무도 보편적이기에 심지어 공허하기까지 하다.[40]

인륜적 행위는 영웅의 내적인 결함이나 심리적 장애 등을 직접적으로 형상화하고 있지 않다는 점에서 역시 고전적이며 고대의 관념을 반영하고 있다. 그것은 행위 주체의 여러 변덕스러운 감정을 주제화한 것이 아니라 더 근원적인 인간존재의 상황과 관련하기 때문이다. 인륜적 행위의 의미는 삶과 죽음의 이중성을 통해서 비로소 드러난다. 삶과 죽음의 이중성은 신화적 세계의 행위자들이 예외 없이 죄를 짊어진 존재임을 가리킨다. 따라서 신화 속의 영웅은 오이디푸스나 디오니소스의 경우와 마찬가지로 가해자인 동시에 피해자이며 축복과 저주의 대상이기도 하다.

그 결과 운명은 예외 없이 일상성의 함몰을 통해서 자신을 드러내는데, 이는 필연적으로 '폭력'을 수반한다. 즉 운명의 힘은 그 불길함이 급작스럽게 엄습함으로써 극적 양상을 지니게 되는데, 이 같은 정황은 불가피하게 아이러니로서의 성격을 보여 준다. 마치 운명적 사랑이 그 사람으로부터 멀어질수록 그로부터 헤어날 길 없는 유혹의 강제하는 힘을 체험하도록 강요하는 것처럼 이 같은 상황하에서는 일반적인 의미의 책임이나 인간의 의지가 무의미해진다. 행위의 의도와 결과의 분리 등과 같은 일상적 판단의 방식들이 그 효력을 정지당하는 것이다.

"왜냐하면 나는 나에게 그 같은 결함이 있다는 것을 발견했기에

내가 그것을 제대로 된 눈을 가지고 보아야만 하는가?

아니다.

결코 아니다.

듣기 위해서는 무언가 소리의 진원지가 있는 것처럼

귀를 막을 수 있는 장벽이 있다면,

나는 고통에 찬 내 몸을 폐쇄시켜 버려야 하지 않을까.

내가 아무것도 듣지도 못하고 보지도 못한다면,

내 생각이 나쁜 것으로부터 벗어날 수 있다면 얼마나 달콤하겠는가."[41]

일상적 상황이 함몰됨과 함께 비극적 운명은 인간의 실존을 와해시킨다. 그러나 이는 그 어떠한 구조적 특징도 드러나지 않는 무의미함과 허무로 종결되지 않는다. 저주로부터의 도피는 오히려 저주받은 행위를 스스로 감행하도록 만드는데, 이는 운명이 일종의 부메랑처럼 작동하는 구조에 의존하기 때문이다. 즉 영웅적 행위는 자기준거적 서사의 구조에 의존한다. 이 되먹임의 운명적 상황과 행위는 고향으로의 회귀와 같은 동기를 통해서도 반복되는데 이는 다음과 같은 화두로 축약된다. 왜 오이디푸스는 자신의 운명을 스스로 걸머져야 한다고 생각하고 행위 하는가?

다시 말해 어떻게 해서 어떠한 근거로 오이디푸스는 스스로의 행위에 대해 죄가 있으며 스스로를 테베로부터 추방하고 눈을 멀게 하는가를 물어야 한다. 문제의 관건은 오이디푸스가 자신의 과거의 행위들에 대해 즉 부친의 살해와 모친과의 근친상간에 대해 실제로 죄를 범했는가의 여부가 아니다. 더 중요한 것은 오이디푸스 자신의 규범적 판단에 따른 행위가 그 자신의 불행한 운명과 어떠한 연관을 보이는가이다. 다시 말해서 오이디푸스의 규범적 판단에는 일종의 심리적인 강제가 작용하고 있다는 것이다. 즉 자신의 행위에 대한 규범적 판단을 통해서 필연적으로 본인이 벗어나려고 했던 오래된 저주가 엄습하게 된

다. 이로써 운명의 체험이 함축하는 아이러니의 양상이 드러난다.[42]

오이디푸스의 죄는 오이디푸스의 행위로부터 직접적으로 도출되는 것이 아니라 자신의 행위에 대한 규범적 판단에서 비롯하는 것이다. 존재론적 죄에 대한 물음이 분명 비극적 영웅들에 대한 상투적이거나 도덕적인 평가를 통해서 만족스럽게 규명될 수 없는 것은 바로 이 때문이다.

규범적 판단은 이미 텍스트 안에서 행위자의 언어적 표명과 행동을 통해서도 가시화된다. 행위나 이를 가능케 한 행위자의 인식은 새로운 유형의 "도덕"에 대한 물음을 낳는다. 과연 옳은 판단은 곧 옳은 결과를 가져오는가?

여기서 당대 그리스의 관점에서 오이디푸스가 어떻게 이해되었는가를 살펴볼 필요가 있다. 나는 그 누구보다 비극에 대한 아리스토파네스의 관점이 주목할 만하다고 생각한다. 그것은 이미 고전시대에 분명히 운명의 패러독스에 대한 평가가 단순하지 않았다는 사실을 말해 주기 때문이다. 이 같은 딜레마는 아리스토파네스(Aristophanes)에 의해서 인상적으로 형상화되었다. 그의 《개구리들》이란 작품은 전형적인 사례에 해당된다.

"에우리피데스 : 오이디푸스는 처음에는 행복한 인간이었다.

아이스킬로스 : 그렇지 않다. 제우스에게 맹세코, 그는 가장 불행한 인간이었다. 그가 태어나지도 않았고 아직 아무것도 모를 때 아폴론 신은 그가 그의 부친의 살해자가 될 것이라고 예언했는데 어떻게 그가 처음에는 행복한 사람이었을 수 있는가.

에우리피데스 : 그렇다면 그는 사람들 중에서 가장 비참한 존재로 전락하게 된 것이다.

아이스킬로스 : 그렇지 않다. 제우스에게 맹세코, 그는 한 번도 행복한 적이 없었다. 그는 태어나지도 않은 상태에서, 어린아이였을 때, 그것도 겨울에 지저분한 대지에 놓인 채, 태어났는데, 만약 그가 성인으로 성장하지 않았다면, 그리고 그의 부친을 학살하지 않았다면, 그리고 자신의 두 발목이 창에 찔려 절름거리지 않았다면, … 아직도 젊을 때 그는 결혼을 했고 오래된 왕관을 쓰게 되었으며 그의 모친과도 결혼했다. 그런 연후에 그는 결국 자신의 두 눈을 찌르게 되지 않았는가."[43]

이 대화에서 아이스킬로스가 대표하고 있는 피의 죄(blood guilt)는 오이디푸스에게 엄습한 운명의 힘을 강조하고 있다. 운명의 압도적인 내재성은 이제 또 다른 관점에 의해서 새로운 양상으로 드러난다. 그것은 인륜적 실체와 영웅들의 행위 사이의 갈등을 통해서 드러난다. 그 대표적인 해석은 헤겔의 《정신현상학》이다. 여기서는 인륜적 행위에 초점이 맞춰짐으로써 비극적 죄의 물음이 존재 자체의 필연성으로부터 행위자와 세계의 대립을 중심으로 전개되는 것이다.

비극적 죄의 문제

비극적 죄

정신적 주체의 탄생은 비극적 인식을 바탕으로 하는데, 그 이유는 인간과 세계와의 불화가 주체성이 일깨워지는 데 불가피한 계기로 작용하기 때문이다. 그럼에도 불구하고 비극의 주인공에게 근대적인 주체의 정체성을 부여하는 것은 허용되지 않는다. 비극적 죄의 물음에 주목하게 되는 이유들 중 하나는 이를 통해서 인간의 정체성이 역사적 맥락에서만 이해될 수 있다는 사실이 드러나기 때문이다. 특히 자연의 필연성과 운명의 힘을 대신해서 인간을 스스로 구축해 가는 역사의 중심에 설정함으로써 서구의 문명은 획기적으로 전환하는데 비극적 죄의 물음은 바로 이 같은 세계관의 과도기를 상징하게 된다.

역사적인 것의 단초를 발견할 수 있는 지점이 바로 이곳이다. 다시 말해서 인간적인 생활세계는 비가 온 뒤의 버섯처럼 자연스럽게 솟아난 것이 아니다. 역사는 종종 일부 계몽된 아방가르드들에 의해 집단의 기억이 현재화됨으로써 되살아난다. 역사 자체가 인간이 구축한 세계로 자연적인 운명과 신들의 세계 사이를 비집고 들어와 고유의 질서로 등장하는 것이다.

역사의식의 탄생과 인간 주체성의 자각은 문명의 동일한 전개 과정인 셈이다. 그렇다면 비극은 이러한 역사적 물음과 어떠한 방식으로 연결되는가. 얼핏 보면 비극과 그 영웅적 주인공들은 전혀 앞의 물음과 무관한 듯이 보일 수 있다. 그리스 비극의 영웅들은 보편적인 질서 자체를 대표하며 그들에게 공동체의 법은 단순한 추상적 관념으로 혹은 외적인 강제로서 부과되는 규범으로 이해된 것이 아니다.

비극의 영웅들은 그 스스로가 공동체의 힘과 존재의 목적을 증거하고 있는 살아 있는 징표다. 비극의 영웅들이 우리가 근대 이후 오늘날에 이르기까지 자주 경험하는 행위의 주체들과 확연히 구별되는 것은, 전자의 경우 공동체 전체의 목적과 그 존재의 이유가 자신들의 행위와 철저하게 통합되어 있기 때문이다. 따라서 비록 비극적 영웅들의 존재 자체가 특이한 성격적 양상을 보여 주는 경우에도 그들의 구체적인 행위는 공동체 전체의 보편적 목적으로부터 분리된 채 이해될 수 없다.

인륜적 행위에 주목함으로써 헤겔은 당연하게도 죄의 물음을 오이디푸스가 아닌 안티고네를 중심으로 제기하게 된다.[44] 이는 단순한 철학자 개인의 미학적 취향이나 변증법적 주제로서의 적합성 때문만은 아니다. 중요한 것은 안티고네에서 인륜적 세계 자체의 내적인 전개 과정이 단순한 목적론적 구도 이상의 쟁점들로 우리를 유도하기 때문이다. 헤겔의 안티고네 해석은 앞에서 논한 운명적 서사와 비극의 차이를 여실히 보여 주기에 용이한 단초들을 제공해 준다.[45] 후자에서 반성적 주체의 물음은 궁극적으로 죄의 성격에 대한 새로운 해석을 촉발시킨다. 공동체 구성원들에 의해서 법과 권위는 인정을 받게 되나 이는 인륜적 주체의 내적 변화의 계기로 작동한다. 왜냐하면 공동체의 인정 여부는 바로 공동체의 실체성을 보장해 주는 것으로 그치지 않고 인륜적 주체의 자기소외를 그 결과로서 잉태하기 때문이다. 비극은 인간적 삶의 특수성과 보편성의 충돌을 통해서 삶이 존재로부터 소외되었음을 일깨우는 단초다.[46]

이 같은 맥락에서 비극은 아리스토텔레스의 경우처럼 하나의 문학작품이나 상연을 통한 정서적 효과의 측면에서보다 인간적인 모순의 한 전형적인 사례로 주목을 받게 된다. 비극적 죄의 관념에 대한 심층적인 이해는 죄와 법의 관념에 대한 분석을 넘어서, 인간의 유한성에 대한 포괄적인 물음들로 연결되기 때문이다. 곧 인간과 자연, 자유와 필연성, 개인과 공동체 사이에 전개되는 긴장과 파국은 삶의 부정성이 우연적인 사태가 아닌 필연적인 계기임을 말해 준다. 비극을 통해 고대의 서사에서 등장한 존재론적 죄의 관념은 완전히 사라지지 않고 단지 변형된 형태로 모습을 드러낸다. 달리 말하면 존재론적 죄의 관념이 비극의 형상화를 통해 새롭게 해석되는 것이다.

동시에 우리는 비극과 공동체적 삶이 불가분의 관계에 놓여 있다는 전제에서 출발해야만 한다. 고대의 비극 저자에 의해서 인지된 것처럼 비극의 상연과 그 관람은 단순한 예술행위를 넘어서는 그리스 사회 전체의 중요한 의식이자 공동체적 삶의 본질적 계기다.[47] 특히, 소포클레스(Sophocles)의 작품은 당대에 고개를 들기 시작한 민주주의적 지배의 규범과 신화적이며 전통적인 고대사회의 가치관 사이의 복합적인 갈등을 극적으로 드러낸다. 이는 분명히 외도된 것이다. 그는 시대의 근본적인 변화와 규범체계들 사이의 필연적인 갈등에 대한 자신의 고유한 관점을 은폐하지 않는다. 그것은 여러 형태로 극적 인물의 행위에 대한 서술과 정황에 대한 표현을 통해서 투영되고 여과되었다고 보아야 할 것이다.

비극 중에서도 특히 '안티고네'는 이미 헤겔과 횔덜린(Hölderlin), 이리가라이(L. Irigaray) 등은 물론 현대의 여러 철학자에 의해서도 주목을 받아 왔는데, 이 작품은 우리 논의와 관련해서도 적지 않은 의미를 지닌다. 우리는 안티고네의 작품을 통해서 첫째, 법에 대한 고대 그리스의 관념이 어떻게 전개되어 왔으며 그것이 특히, 죄와 책임, 운명, 필연성 등에 대한 해석과 어떻게 맞물려 있는지를 검토하게 될 것이다. 물론 이 같은 작업은 다른 역사적인 문헌들 혹은 여타의 고전 시가들에 대한 분석을 통해서 보완되어야만 할 것이다. 안티고네를 비롯한 소포클레스의 일부 작품들은 죄의식과 법 관념의 합리화 과정에 대한 분석의 중요한 단초들을 제공해 준다. 비극의 의미는 인간의 자기관계와 세계 이해의 충돌 속에서 비로소 구체화된다. 여기서 관건은 인간이 인류공동체의 한 구성원으로서 비극의 역설을 통해 더 고양된 자기 인식에 도달할 수 있는가의 여부다. 그리고 이 고양된 인식은 '화해'의 정서를 필연적으로 수반하게 된다. 규범적 인식의 지평이 확대된다는 사실은 구체적으로 비극이 죄의 문제에 대한 해명을 넘어서 법의 관념에 대한 인식을 요청함으로써 드러난다.[48]

둘째, 운명의 필연이 아닌 법이 지배하는 상태는 그 자체로서 역사의 진보로 이해될 수 있다. 그런데 자연 상태로부터 법적 상태로의 이행은 법체계 자체의 성격에 대한 주체의 인식에 의해서 비로소 '규범의식'의 진보로 간주된다. 따라서 문제의 관건은 법적 상태인가 아닌가의 단계를 넘어서 어떠한 형태의 법이념이 지배적인가의 여부이다. 법철학자이자 법사회학자인 켈젠(Kelsen)은 이와 관련해서 중요한 돌파구를 마련했다. 지난 세기 초 켈젠은 《보복과 인과율Vergeltung und Kausalität》이란 기념비적인 저작을 통해서 헤겔, 니체, 사비니(Savigny), 베버 등에 이르는 일련의 연구 전통을 통시적 관점에서 부각시킨 바 있다.[49]

켈젠의 사회학적 관점은 서구 정신의 역사를 재구성한 헤겔의 형이상학적인 시도와 구별된다. 헤겔은 인간이 의식의 주체이자 사회정치적 존재로서 자연 상태를 극복하고 법적 상태로 이행하게 된 여정을 정신 자체의 내적 모순을 토대로 펼쳐 보인다. 이 같은 차이에도 불구하고 헤겔이나 켈젠 등의 공통된 관심은 이들이 근본적인 의미에서 서구적 합리화 과정에 주목하고 있음을 말해 준다.

다른 한편으로 모든 특수한 시대적 관점으로부터 자유로운 고전 텍스트의 해석이 가능하지 않다고 볼 때, 그리스적 정신의 성격에 대한 물음은 근대의 자기정체성에 대한 물음과 직결된다. 이는 죄의식의 관념에 대한 고대 그리스적 이해를 부각시키는 작업이 근대성의 원리에 의해서 이미 변형된 자기정체성에 대한 물음과 결코 분리될 수 없음을 말해 준다. 그것은 우리가 다른 시대의 거울을 통해서 스스로를 낯설게 느끼고 인지할 때, 비로소 자기의식의 가능성에 다가설 수 있다는 일반적 믿음을 뒷받침해 준다. 이 점이 바로 인간을 역사적 존재로 설정할 수밖에 없게 만드는 요인이기도 하다.

죄는 도덕적 감정이자 동시에 모든 법적 처벌의 정당성을 보장해 주는 원리이기도 하다.[50] 또한 죄의 개념은 최소한 서구의 전통에서 수치심이나 동정심과 달리 종교, 특히 유일신교라는 맥락을 떠나서 이해되기 어렵다. 그러나 죄의 관념 자체가 역사적으로 항상 동일한 방식으로 이해되거나 수용된 것은 아니다. 이제 우리는 죄의 관념이 어떻게 그 존재론적인 맥락으로부터 벗어나 '근대적인' 세계관에 상응하는 방식으로 변형되었는지 살펴보게 될 것이다. 사실상 법이 지배하는 상태란 자연 상태에 존재하지 않는 예외적 경우에 해당한다.[51]

자연 상태에서 이성과 법의 원리가 지배하는 상태로의 이행은 로크(Locke)와 루소(Rousseau)를 비롯한 거의 모든 계약사상가의 관심사였다. 칸트 역시 역사의 발전을 가늠하는 지표는, 자연 상태에서 법이 지배하는 상태로의 이행이라고 주장했을 뿐만 아니라, 심지어 세계시민사회에서도 이성적인 법이 지배할 때 비로소 역사의 궁극적인 목적이 달성된다고 보았다.

그런데 역사적 관점에서 죄의식의 근대적 전환을 가장 포괄적으로 천착한 사상들은 헤겔과 니체, 켈젠(Kelsen) 등이다. 따라서 나는 먼저 헤겔의《정신현상학》과《법철학 강의》등을 통해서 그가 어떻게 존재론적 죄의 관념이 해체되는 과정을 이해하고 있는지 검토할 것이다. 이는 단지 헤겔 사상의 이해를 넘어서, 우리의 삶을 관통하는 핵심적인 원리들이 얼마나 역사성에 의해서 규정되는지를 말해 준다. 우리의 삶을 가능하게 해 주고, 그 의미를 부여해 주는 상징체계들은 종종 혁명적인 변화를 경험하는데, 죄의 관념 역시 그 같은 변화의 소용돌이에서 벗어날 수 없었다는 것이다.

따라서 나는 죄의식의 역사가 단지 상이하게 이해되고 수용되었다는 역사적 상대주의나 다원주의적 관점을 넘어서, 일련의 단층으로 점철된다는 주장에 동의한다. 특히 근대 이후 행위의 주체로서 그리고 자유의지의 주체로서 스스로를 규정한 개인들은 삶의 구체적 지평과 맥락을 초월하는 보편과 추상적 원리로의 비약을 통해서만 오직 자신의 권리가 정당화될 수 있다는 데 '합의'한 것처럼 보인다. 물론 종종 이 같은 합의는 퇴행적인 세력들의 작용에 의해 무시되거나 그 전복이 시도되어 왔다.

그럼에도 불구하고 행위와 그 결과에 대한 책임을 핵심으로 하는, 소위 '책임귀속의 원리'에 의해서 죄와 처벌의 제도가 정당성을 확보하게 되었다는 인식은 유효하다. 행위의 합리성에 대한 인과적 해석을 배제한 채, 규범의식의 근대적 성격을 이해하는 것은 불가능하다.[52] 존재론적 죄의 관념이 자연과 세계에 대한 일종의 유추해석과 은유의 상징 언어에 의존하는 반면에, 근대적 죄의 담론은 역학적이며 원자론적인 행위자를 전제하는 것처럼 보인다.

근대적 주체의 탄생을 예고하는 비극적 인식에 의해 드디어 '즐거운 교환'의 닫힌 세계는 해체된다. 비극은 존재와 사유, 세계와 인간 사이에 발생한 괴리를 바탕으로 한다. 따라서 비극은 인간 정신의 탄생, 주체의 등장을 알리는 서곡이다. 이 같은 맥락에서 헤겔은 비극적 갈등을 인륜적 정신의 인지적 태도를 일반화한 지식의 형식(Wissensform)으로 규정한다.[53] 헤겔이 체계 지향적인 철학자인 한에서 우리는 잠시 《정신현상학》의 의도를 살펴볼 필요가 있다. 여기서 모든 지식의 유형은 과거의 사건과 갈등으로부터 태동한 것이며 이러한 역사적 맥락 속에서 지식은 항상 생성의 과정 속에 놓여 있다. 지식의 형식은 정신의 구체적인 형상을 통해서 가시화되고 정신 자체가 성숙해 가는 과정의 일환이기도 하다. 비극적 갈등 역시 인지적 혼란을 야기하는 중대한 사건이자 그 해결을 통해서 새로운 단계의 인식이 열릴 수 있는 자기 성장의 계기다. 그렇다면 죄의 의식은 지식의 어떠한 유형으로 간주될 수 있는가.

죄의식은 도대체 어떠한 의미에서 인륜적인 체험으로 규정될 수 있는가? 혼돈과 모순을 넘어 조화로운 정신의 통일성을 지향하는 헤겔의 구도하에서 비극과 죄의 관념은 두말할 필요도 없이 정신의 자기 인식을 가능케 하는 결정적인 계기다. 《정신현상학》의 구도에 의하면 인간적인 정신은 중층적인 현실세계의 요구에 직면하는 과정에서 스스로 여러 유형의 경험에 직면하는데, 이는 잘 알려진 대로 정신의 세계가 현상들의 혼돈을 넘어서 더 질서 잡힌 단계로 성장할 수 있다는 확신에서 기인한다. 정신의 현상들은 일련의 필연성에 입각해서 정렬될 수 있으며, 이들의 연계는 단순한 평면적인 나열을 넘어서 목적론적인 질서 속에 편입된다.

다시 말해 《정신현상학》은 자연적 사태와 직접적으로 맞물려 있는 원초적 정신의 단계로부터 더 완전하고 절대적인 진리로 용해되는 정신들의 발달 과정에 대한 서술이다. 여기서 동원되고 있는 방법적 전제들은 다음 세 가지로 축약된다. 첫째, 정신의 자기 인식은 개별 정신의 부정적인 경험으로부터 도출된다는 전제를 깔고 있다. 둘째, 내적 필연성의 원리에 의해서 외부 세계의 경험은 자기 이해의 성숙과 내재적으로 연계된다. 셋째, 목적론적인 완전성의 이념에 의거, 정신의 자기 인식은 인식 대상과 주체의 궁극적인 통일성이 달성됨으로써 완성된다. 이 세 조건은 정신의 한 형상인 비극적 죄의 해석에서도 핵심적인 준거들로 설정되고 있다.

비극은 희생과 부정을 통해서만 정신이 형성될 수 있다는 예증이기도 하다. 따라서 정신이 스스로의 존재를 인식하고 자신과 통일되어가는 과정은 단순히 정신 내부의 상징체계에서 전개되는 그야말로 정신사적이며 관념적인 과정으로만 머물지 않는다. 이 점에서 정신의 삶은 개별자들의 죽음과 희생의 동기들에 의해서 뒷받침된다. 심지어 그것은—비극이 운명의 필연성을 상징하는 한에서—자연을 포괄하는 존재 전체의 사건으로 이해된다. 이처럼 현대인들이 이해하기 어려운 희생과 죽음의 동기는 흔히 디오니소스와 프로메테우스의 신화를 통해서 그리고 신의 아들의 희생이라는 기독교의 신비스러운 사건과의 유비적 해석을 통해서 반복된다. 억울하고 무죄한 자의 죽음과 희생이 새로운 생명과 약속의 전제이자 근거라는 기독교의 서사는 비극적 경험이 도처에 편재한다는 사실을 극적으로 전달하게 된다.[54] 정신과 자연의 영원한 긴장을 감안하면, 비단 고전 그리스 세계와의 대비를 통해서만 존재의 유한성과 죄의 맥락이 이해될 수 있는 것은 아니다.[55]

우리는 이제 주체의 내부에 발생한 균열을 추적하게 될 텐데, 이는 먼저 행동과 행위의 구별을 통해서 시도될 것이다.

"행동(Tat)과 행위(Handlung)의 차이 속에 죄 개념들의 차이가 놓여 있는데, 그것들은 마치 그 개념들이 *고대인들의* *비극적 서술들에* 그리고 우리의 개념들에서 나타나는 것과 마찬가지다."[56]

"*영웅적인* 자기의식(고대의 비극들과 오이디푸스 등)은 자신의 견고하고 단순한 상태로부터 아직 행동과 행위의 차이에 대한 반성으로 그리고 외적인 사건과 고의, 상황에 대한 지식으로 나가지 못했는데, 마찬가지로 결과가 여러 형태로 분해될 수 있다는 것도 알지 못했다. 오히려 그것은(영웅적 자기의식을 가리킴: 저자 주) 죄를 자신이 한 행동의 모든 범위에서 떠안는다."[57]

행위는 근본적으로 인지적 태도를 수반하는 '자유의지'와 이에 근거한 판단을 전제한다. 이성적 믿음을 수반하는 행위의 자유는 근대적 자아의 본질에 해당한다. 우리는 일단 의지에 대한 헤겔의 규정을 좀 더 자세히 살펴볼 필요가 있다.

"행위 하는 자는 범죄와 자신의 죄를 부정하지 않는다; 움직이지 않는 것을 움직이게 하는 바로 그것이 행동이다. 그리고 행동은 오직 그 가능성 속에 은폐되어 있는 것을 겉으로 드러냄으로써, 무의식적인 것을 의식적인 것과 연결시키며, 존재하지 않는 것을 존재하는 것과 연결시킨다."[58]

여기서 서술되고 있는 죄의 개념은 이미 앞에 등장한 존재론적 죄의 관념과 맥락을 달리한다. 인륜적 세계는 그 자체로 진리이며 동시에 단순한 확신의 통일된 모습으로 존재해 왔다. 그러나 영웅적이며 비극적인 존재의 행동(Tat)은 인륜적 세계의 와해를 초래한다. 이는 인륜적 의식을 지닌 '주체'의 세계와 현실 사이에 괴리가 발생했음을 가리킨다. 따라서 '행동' 자체가 죄를 범하는 것과 동일하다는 《정신현상학》의 표현은 오직 이 같은 정황하에서만 성립된다.[59]

그러나 고대의 인륜적 세계에서 자기의식의 자아는 아직 개체성 (Individualität)이나 개별성에 도달하지 못한 특수성(Besonderheit)의 단계에 속하는 것으로 간주된다. 인륜적 행위(안티고네의 경우)가 범죄적 성격을 지니게 되는 이유는 무엇보다 법이 더는 단일한 규범체계로 작동하지 못하면서 두 개의 '세계관'으로 대립하기 때문이다. 이러한 인륜적 관점들 간의 분리, 대립 상태가 해소되지 못한 채, 인륜적 행위자는 "자연적 직접성"에 속한 특정한 규범의 세계에 일방적으로 귀속됨으로써 결국 죄를 범하게 된다. 여기서 인륜적 행위자는 자율적 판단과 책임의식을 내면화한 근대적 주체와 구별되는 공동체 전체의 그림자와도 같은 존재에 불과하다. 우리는 오직 이 같은 맥락에서 인륜적 행위자들이 고대사회에서 왜 그와 같은 소박한 태도를 견지할 수 있는지 알 수 있다.

'신들의 법'과 '인간의 법'

인륜공동체가 법의 상태로 이행하는 과정에서 권력과 개체의식의 갈등은 중요한 쟁점으로 부각될 수밖에 없는데, 헤겔은 이를 고전 비극의 텍스트에 의거해서 재구성한다. 여기서 특히 오이디푸스와 안티고네의 차이가 법 관념의 발생 과정을 서술하는 데 동원된다. 또한 후자의 죄가 더 순수한 인륜적 행위로 간주될 수 있는 이유는 바로 행위자의 명료한 의식이 수반되기 때문이다. 즉 안티고네는 자신의 행위의 의미를 알고 있는 상황에서(wissentlich) 그리고 국가의 법이 정의롭지 못하다는 인륜적 판단하에 행위 하는 한에서, 우연이라는 요인이 개입하는 운명적 죄와는 근본적으로 상이한 규범의식의 단계를 반영한다.

반면에 "영웅적 자기의식"은—오이디푸스의 경우처럼—필연성의 원리에 의탁한 자기완결적인, 그러나 어디까지나 닫힌 세계를 반영할 뿐이다. 테베를 페스트로부터 구해야 한다는 엄연한 신탁에 의거해서, 라이오스(Laios)의 살인자를 테베에서 추방해야 하는 오이디푸스는 단지 공적인 의무에 충실할 뿐이다. 여기서 행위자의 의도는 합리적 인과의 틀에 의해서 설명될 수 없다. 단지 주인공은 자신의 행동에서 비롯된 모든 결과를 영웅적으로 떠안을 뿐이다.[60]

무엇보다 비극적 죄가 성립하는 계기 자체는 특정한 개인이나 주체의 일탈 행동이 아니라, 인륜적 정신 자체의 자기분열이다.[61] 그렇다면 인륜적 질서는 왜, 어떤 의미에서 '인간적인 지식'과 '신적인 지식'으로 분열되는가? 인륜성의 발생적 과정은 세계에 대한 실체적인 힘들 간의 단순한 물리적 충돌 이상의 의미를 지닌다. 《정신현상학》에서 운명과 죄는 제각기 신적인 지식(das göttliche Wissen)과 인간적인 지식(das menschliche Wissen)과 상응하는데, 이 대립의 중심에 비극적 영웅들의 인륜적 행위가 놓여 있다. 역설적으로 인륜적 행위 자체가 비극적 죄를 성립시켜 주는 결정적 요건인 셈이다.

이제 비극적 충돌의 두 계기가 공동체(Gemeinwesen)와 가족이라는 사회적 집단들 간의 갈등으로 손쉽게 정리될 수 없는 이유가 더 분명해진다. 이 갈등은 원칙적으로 양립할 수 없는 가치관들, 즉 세계에 대한 해석들 사이의 갈등이다. 비극의 두 계기는 한마디로 정당한 가치관들 간의 충돌이다. 이로써 비극적 인식은 궁극적으로 인륜공동체의 정체성의 위기를 반영하게 된다. 따라서 비극은 본질적으로 개인의 차원을 넘어서는 사태다.

두 개의 상호 충돌하는 가치들은 정치공동체(Polis)와 가족의 신화적 배경을 배제할 경우, 그 본래의 의미를 상실한다. 먼저 안티고네가 대표하는 '신적인 법'은 가족이 지닌 실체적 의미를 확인시켜 준다. '가족'은 그 구성 원리나 지속성 그리고 인륜적 실체성의 성격과 관련해서 단순히 '자연'에 속한 유기적 질서 이상의 그 무엇이다. 가족은 '사회적' 체계의 한 부분이면서 그 이상의 초월적 의미를 지니기 때문이다.

'가족'은 이 점에서 고전 그리스 시대에 "신들의 법"에 의해 관장되고, 보호받는, 성스러운 질서로 간주된다. 가족의 '자연적인 인륜성'은 그 자체로서 고유한 신성을 반영한다. 가족의 "신적인 법"이 신성한 근본적인 이유는 그 "신화적인" 배경과 설화의 권위 때문만이 아니다. 무엇보다 가족 내에서 인간은 다른 어떤 목적과 기능을 충족시키기 위한 존재가 아니라 그 자체로서, "전체로서" 이해되기 때문이다.

이 같은 관점을 확대할 때, 우리는 심지어 '안티고네'를 국가체제나 공동체에 의해 궁극적으로 포섭될 수 없는 개체존재와 가족의 불가침성을 대표하는 저항의 상징으로 여길 수 있다.

"가족의 본래적인 긍정적 목적은 그 자체로서의 개별자다."[62]

그러나 과연 안티고네를 선과 권리를 지향하는 투쟁의 상징으로 규정할 수 있는가? 실제로 좋음과 옳음, 선악과 정의에 대한 이해의 토대가 가족의 성스러운 정신에 뿌리내릴 수 있는가? 우리는 이미 근대적인 관점을 고대의 관념세계에 투영하고 있는 것 같다. 예컨대 죽은 자에게 합당한 장례를 치르는 것은 모든 정치공동체가 지향하는 사회 통합이나 갈등의 해소와 같은 목표들과 차원을 달리한다. 죽은 자는 이미 국가와 법질서에 귀속되는 인간의 세계를 초월한 영역에 귀속된다. 안티고네의 저항이 단순히 사적인 차원과 공적인 차원의 대립으로 정리될 수 없는 이유가 여기서 발견된다.

그러나 헤겔은 '안티고네'를 인륜공동체와 가족 사이에서 전개되는 인륜적 제도들 사이의 갈등으로 해석하는 경향이 없지 않다. 가령 가족에게 인륜적 공동체란 죽음까지도 요구할 수 있는 보편적 실체이자 강제적 권력의 현실로 다가온다. 그러나 관점을 바꾸면 인륜적 공동체 자체가 가족에 대해 의존적이기도 하다. 개체에 대한 공동체의 관계가 일방적인 지배와 종속에 의해서만 이해될 수는 없다.

개체존재와 공동체의 관계가 일방통행의 관계가 아니라는 점은 '안티고네'란 비극이 여주인공의 죽음으로 종결되지 않는 데서 드러난다. 안티고네의 죽음에 이은 해몬의 죽음, 이에 따른 왕후의 죽음으로 이어지는 공동체 전체의 비극적 종말은, 개체존재의 운명이 궁극적으로 인륜공동체 자체의 자기 해체 과정으로 전개되는 것을 보여 준다.[63] 다시 말해 비극적 경험은 특정 주체의 죽음으로 종결되지 않고, 보편적 실체로서의 인륜적 질서가 보여 주는 해체의 과정으로 귀결된다. 즉 여기서도 비극은—최소한 헤겔적인 구도에 의하면—개체존재와 공동체의 상호 인정을 향한 투쟁을 통해 전개된다.

같은 맥락에서 장례의식은 인정을 향한 투쟁이 인간들의 세계에 국한되지 않고 인간과 신들의 화해를 겨냥한다는 점을 분명히 한다. 장례의식을 통해서 국가와 가족, 산 자와 죽은 자 사이의 화해가 성립한다. 이는 동시에 죽은 자에 대한 공동체의 '죄'가 공동체의 이름이 아닌 신의 이름을 빌려, 대신 속죄될 수밖에 없음을 가리킨다.[64] 장례의식의 근거가 되는 신들의 법은 앞장의 '즐거운 교환'을 통해 언급한 희생과 번제의 전통이 잔존함을 알 수 있다. 인륜적 삶에 대한 인륜적 실체의 지배적 위상은 다음 시적인 문장에서 여실히 드러난다.

"인륜적 의식은 대자존재(Fürsichsein: Being-for-Oneself), 즉 자신의 목적들이 지닌 모든 일면성을 망각하게 만드는 절대적 실체의 잔을 들이켰다."[65]

인륜공동체의 실체적 보편성에 의해 모든 개체존재의 특수성이 수렴되는 과정은 '안티고네'에서도 반복되지만, 오이디푸스와 달리 여기서 공동체로서의 '폴리스(Polis)'는 인간들에 의해 인위적으로 구성된, 유한한 질서라는 사실이 더 선명해진다.[66]

가령 형제와 자매 사이의 감정은 인륜적 실체에 속한 가족의 자연스러운 감정의 표현일 뿐만 아니라, 공동체의 억압적 성격을 노출시키는 비극의 한 원인이기도 하다. 그런데 가족에 대한 안티고네의 단순한 유대감의 표현은 단순히 형제자매 간의 사랑을 넘어서는 의미를 함축한다. 이 점을 강조하고 있는 학자는 탁월한 고전학자인 샤데발트

(Schadewaldt)다. 그는 소포클레스의 '안티고네'에서 가장 핵심적인 관건이 바로 신들과 인간들의 갈등이라고 말한다. 즉 작품의 비극성을 좌우하는 갈등은 다름 아니라, 인간세계와 지하세계, 즉 신들의 세계 사이에서 전개된다는 것이다.[67]

이 경우 '국가'와 '개인', '공적인 영역'과 '사적인 영역' 사이의 갈등을 중심으로 작품을 해석하는 헤겔 이후의 시도들은 모두 본질을 벗어난 시도들로서 근대적 문제의식의 투영으로 여겨진다. 샤데발트의 관점은 크레온의 '오류'가 죽은 자의 권리를 침해했으며, 이는 곧 죽은 자들을 보호, 관장하는 신들의 권위를 침해한 것이라는 해석에 근거한다. 크레온의 결정은 결국 서로 다른 세계에 속한 질서들을 교란하는 결과를 초래한다.[68] 당연히 샤데발트 자신도 인정하고 있는 것처럼 '안티고네'와 같은 "예술작품"은 다양한 관점에서 해석될 수 있다. 그럼에도 불구하고 "가족과 국가"의 대립으로 이 작품의 핵심적인 동기를 설정하거나, 크레온과 안티고네란 주인공들의 '개인적인' 갈등 구도를 과도하게 강조하는 것은 모두 작품에 대한 단순화된 해석 혹은 왜곡에 지나지 않는다는 것이다.[69] 동시에 주인공을 둘러싼 주변적인 인물들의 등장은 일상적인 삶과 평범한 존재의 관점을 고려하는 이상의 의미를 지닌다. 이는 단순히 소포클레스가 비극의 효과를 더하기 위해 '희극적인' 요소를 반영한 것일 뿐만 아니라, 운명의 음울한 그림자로부터 비껴 있는 존재의 의미를 부각시키기 위한 것으로 해석된다. 일상성의 관점─당연히 이는 이스메네(Ismene)의 역할이기도 하다.─은 '운명'으로 내몰리는 크레온이나 안티고네와 달리 오히려 현실주의자의 모습에 충실하다. 이 점에서 오히려 안티고네는 영웅이라기보다 신들에 대한 경외심의 표징이다.[70] 안티고네란 존재가 이상주의에 의해 채색되었다는 것은 특히 그녀의 당당한 태도가 극의 후반부에서 연약하고 죽음을 두려워하는 존재로 변화되어 가는 과정에서도 드러난다는 것이다. 존재 자체의 고유한 질서가 인간의 의도와 무관하게 진행되는 필연성의 질서를 수용한다는 것이 비극의 배후 이데올로기다.

그런데 비극을 통한 주체의 탄생은 무엇보다 행위자의 언어를 통해서 드러난다. 인륜적 행위의 더 구체적 의미는 언어 행위를 통해, 즉 자신의 죄를 말로 시인함으로써 드러난다. 비극의 영웅이 자신의 죄를 시인하는 일련의 과정은 언어 행위가 어떻게 반성적인 도약의 계기가 될 수 있는지를 보여 주는 하나의 중요한 사례다. 인륜적 의식은 자신의 죄를 명시적인 언어로 인정함으로써, 법이 지배하는 세계를 수용하는 것이다. 따라서 인륜적 행위의 의미는 크레온이 충실하게 집행하려는 법 자체가 신적인 법의 관점에서 불법적이며 궁극적으로는 정의롭지 못하다는 것을 고발하는 데서 소진되지 않는다. 안티고네의 입을 통한 죄의 시인은 의식의 내부에서 전개되는 사건이 아니다. 그것은 언어적 표현의 형식을 통해서 신적인 법의 존중을 포함하는 모든 인간적인 시도와 행위가 근본적으로 유한하다는 사실을 인정함으로써 완결된다.

"우리가 고난을 겪고 있기에 우리가 좌절했다는 것을 인정한다."[71]

헤겔에 의해 약간 변형된 채로 인용된 '안티고네'의 고백은 다음 언급들에 의해 더 구체화된다.

"그런데 이런 일이 신들 앞에서도 옳다고 받아들여진다면

그렇다면 우리는 고통을 겪으면서 우리가 잘못했다는 것을 통찰하게 될 것이다.

그러나 만약 그들이 잘못했다면 그들은 그들이 나에게 정당하지 못한 방식으로 가했던 것보다 더 큰 불행으로 고통받지 않기를."[72]

죄를 인정하는 언어적 행위는 안티고네의 죄를—헤겔의 표현을 빌리면,—"더 순수하고(reiner) 더 완전한" 것으로 규정할 수 있게 해 준다는 것이다. 만약 이 같은 고백이 결여된다면 "법은 전면에 부각되지 않을 수 있으며 행위 하는 *의식*에게 그 자체의 고유한 형상으로 나타나지 않은 채 오직 그 자체로서 결단과 행위의 내면적인 죄로만 존재할 수도 있다."[73] "더 순수한 죄"에서 순수함의 의미는 행위자의 정신과 의식의 성숙함을 가리킨다. 헤겔의 용법에 의하면 더 정신적인 것은 더 순수하다. 이처럼 인륜적 의식의 보편성은 혈연으로 성격이 규정되는 자연적 필연성으로부터의 해방을 전제한다. 따라서 인륜적 실체로서의 공동체의 성격은 가족과 혈연 중심의 성격을 오직 지양함으로써만 성립하며 그것은 보편적 질서 속에 개별자들이 편입됨으로써만 존립할 수 있음을 보여 주는 것이다. "공동체는 오직 이러한 개별성의 정신을 억압함으로서만 스스로를 유지한다."[74] 개별성의 정신이 인륜적 질서의 한 본질적 계기임에도 불구하고 전자는 개인들의 개별화를 억압함으로써만 자신의 외부에 대해서 자립적일 수 있기 때문이다.[75]

분명히 인간적인 법은 보편자로 존립하는 공동체의 근간이며 그것은 또 다른 관점에서 남성성을 상징한다. 법률이 실제로 작동되는 과

정에서 국가는 정치권력에 의존하게 되는데 이때 가족을 수호하는 신들(Penaten)이 고립되거나 공동체로부터 추방되는 운명에 직면한다. 이는 곧 여성성(Weiblichkeit)으로 대표되는 가족들이 개별화되거나 파편화되는 과정들로 이해된다. 파편화된 가족들의 부정적 체험을 바탕으로 국가는 자신의 존속을 보장받는다는 것이다.[76]

여기서 결과적으로 법적 공동체와 가족 중심의 인륜적 실체가 남성성과 여성성의 대립으로도 형상화되고 있다는 사실이 드러난다. 인륜적 실체의 전개 과정은 자연적 상태로부터의 해방을 그 단초로 삼을 뿐만 아니라 불가피하게 여성성과의 갈등을 전제하기 때문이다.

그런데 비극적 갈등이 어떻게 해소되고, 이 모든 정황이 인륜적 질서에 어떠한 의미를 지니는지는, 사건에 관여한 당사자들 자신에 의해서 파악되지 않는다. 가령 비극적 죄가 규범의식에서 어떠한 흔적으로 남는지 혹은 법을 통한 형식적인 정의의 실현이 삶의 모든 측면에서 진보를 약속해 주는지는 구체적 행위자 자신들에 의해서 간파되지 않는다. 여기서 주목의 대상이 되어야 하는 것은 극중의 중요한 계기마다 등장하는 합창의 역할이다. 왜냐하면 '안티고네'에서 합창은 인륜적 질서나 특정한 힘을 일방적으로 대표하지 않기 때문이다. 합창은 운명이 인간에게 불가해한 힘들임을 상기시킨다. 안티고네가 시간을 초월해서 영원히 존재하는 운명(Moiren: V 980f)에 의해 엄습당함으로써 비극적 최후를 맞이하는 일련의 과정은 합창의 고유한 역할에 의해 드러난다. 합창은 마치 모든 사건의 '사변적인 관찰자'와 같은 위상을 지니는데, 헤겔은 이를 다음과 같이 정리한다. "비로소 이 두 측면이 동시에 굴복됨으로써 절대적 법(das absolute Recht)은 실현된다. 그리고 인류적 실체는 부정적 힘으로 이 두 측면을 잠식하게 되고 전능하며 정의로운 *운명*이 등장하게 된다."[77]

법이 지배하는 세계란?

"법적 상태(Rechtszustand)"의 차원은 모든 인격체(Personen)에 일반적 행위의 원리가 적용되는 공적 영역의 탄생을 의미한다. 그러나 공적인 영역은 자연 상태하에서 존재하지 않는 원리들에 의존하는데, 이는 곧 자연적, 혈연적 관계에 의거한 인간 상호 간의 관계맺음의 방식이 법의 추상적이며 보편적인 원리에 의해 대체된다는 것을 가리킨다. 같은 맥락에서 겔렌(Gehlen)은 "생물학적인 기원을 지니는 혈연관계들이 욕구들과 교환의 의무들로 그 형식들이 변화되는 것"이라고 주장할 수 있게 된다.[78] 드디어 복수와 원한의 감정을 넘어서 규범적인 정의의 관점으로 이행하는 순간, 법의 강제력에 의한 구속의 원리는 일반적인 효력을 지니게 된다.

인격(Person)을 지닌 모든 존재는 동등한 법의 규정에 의해 수렴됨으로써 삶의 구체적 맥락으로부터 추상된 자아로 규정된다. 추상화된 법이 전제하는 인격은 개인들의 특수성(Besonderheit)과 분명히 구별된다. 법을 통한 인류적 통합은 개별존재의 관점에서는 오직 추상적으로 다가올 뿐이다. 공적 정의는 개인적인 정의의 관념과 항상 일치하지 않으며 종종 전자는 후자와의 지속적인 갈등 속에서 스스로의 실체적 힘을 관철시키는데, 이 과정이 바로 법을 통한 불편부당성, 즉 공적

정의의 차원이 지니는 일면성과 '맹목성'을 설명해 준다.[79]

이로써 법의 추상성은 개인들의 특수한 정의감이나 가치 혹은 목적 등을 뛰어넘는 보편적 평등을 지향하게 된다. 이 추상성의 원리는 곧 법의 형식성에 기댄 절차적 정당성의 원리로 인식된다. 이와 같은 추상적 법의 상태는 규범문화의 합리화 과정이 전제하는 형식주의적 특성을 반영한다.

이를 통해서 우리는 새로운 삶의 조건하에서 절차적 보편성의 질서를 구축하게 되는 것이다. 실체적 세계관으로부터 절차적 합리성이 지배하는 세계로의 전환은 단순히 새로운 규범문화의 등장을 의미하지 않는다. 이는 곧 서구적 합리화 과정의 전형적인 사례이며, 이제 드디어 개인들의 특수한 정황과 자연적 조건들로부터 '추상된' 갈등의 조정과 해소의 새로운 방식이 관철될 수 있게 된 것이다. 그러나 이는 과연 진보이며 정신의 성숙한 자기 인식의 여정으로 서술될 수 있는가?

"법적 상태"에 대한 헤겔의 현상학적 서술은 규범의식의 진화가 역사의 필연임을 보여 준다. 이 지점에서 법적 상태로 이행해 가는 과정 자체가 세계사의 진행과 일치하는지의 여부는 중요치 않다. 다만 법이념의 실질적인 실현이 오랜, 고통스러운 역사의 과정을 전제한다는 것은 잘 알려져 있다.[80]

동시에 우리는 존재론적 죄의 관념이 완전히 사라졌는지 묻게 된다. 우리는 자신의 삶을 이해하는 과정에서 더는 운명적 세계관이나 필연성의 감각을 필요로 하지 않으며, 고대사회의 공동체적인 삶의 방식에 의존하지 않는다. 그럼에도 불구하고 고대로부터 전승된 연대의 필연성에 대한 공감은 인간이 정서공동체의 한 일원임을 일깨워 준다. 이 같은 정서적 공동체의 관념은 인간의 '집단적 무의식'의 차원에서도 발견된다. 그런데 정서직 자기 이해의 과제는 공공성의 영역으로부터 추방되어 오직 사적인 세계 속에서 설정되어야만 하는 것으로 간주되는 경향이 있다.

한 가지 분명한 사실은 공적 영역이 정립됨으로써 비로소 역사가 성립한다는 것이다. 이제 공공 현실에서 전개되는 중요한 사건들은 우주론적 맥락이나 자연의 순환론을 넘어서는 역사적 맥락에서 서술된다.[81] 우리는 자연의 흐름에서 쉽게 유추할 수 있는 순환적 시간관으로부터 역사적인 차원으로의 이행이 초래한 변화들을 목격하게 된다. 역사적인 것에 대한 인식이 병행하거나 선행하지 않은 상태하에서 법과 도덕의 초월적 위상에 대한 인식이 뿌리내릴 수 있었다고 보기 어렵다. 나아가서 '역사적인 것"의 발견은 유한성과 무한성, 내재성과 초월성의 대립에 대한 의미 있는 해석을 가능케 한다. 법의 이념은 보편과 초월에 대한 정서적 이해가 선행되어야 비로소 현실에 뿌리내릴 수 있게 된다.

죄책감의 계보론

니체는 왜 정서의 문제에 주목했는가—기독교와 유대교의 정서론적 비판

모든 도덕적 태도나 행위의 동기가 인간의 정서에 근거해서 설명될
수는 없다. 예컨대 이성적 판단에 근거한 도덕적 의무와 이에 따른 행
위 자체는 인간적인 정서나 감정과 무관한 것처럼 보이기 때문이다.
그럼에도 불구하고 우리의 삶에서 정서와 도덕이 연관되어 있다는 사
실 역시 부인할 수 없다. 심지어 인간의 지적인 능력도 정서적 감응의
정도에 비례한다고 볼 수 있다. 타인의 고통에 대한 동정심 역시 니체
의 표현대로 "강한 상상의 힘"을 요구한다.

도덕주의에 대한 니체의 비판이 정서의 문제에 주목한 것은 당연한
귀결이다. 그런데 우리는 그가 동정심과 같이 인간의 죄책감을 강요하
는 도덕적 감정을 철저하게 비판했다는 사실로부터 다른 정서나 감정
들이 도덕 자체에 대해서 지니는 의미를 간과했다고 추정할 어떠한 이

유도 발견하지 못한다. 마치 우정과 사랑이 자발적이며 능동적인 감정이자 정서로서 인간들 간의 교유와 사회정치적 통합을 가능하게 해 주는 것처럼 일부 정서의 긍정적 역할에 대한 니체의 견해는 일관된 통찰 위에 서 있다. 그러나 니체는 부정적 감정으로 간주되는 죄책감에 대해 단연코 회의적인 태도를 보인다. 그것은 이 감정이 유대교와 기독교의 규범문화를 관통하는 결정적인 의미를 지니기 때문일까? 한편 죄책감은 스피노자에 의해서 니체와는 다른 방식으로 이해된다. 스피노자는 아리스토텔레스와 유사하게 도덕감정들이 쾌감과 불쾌감, 기쁨과 슬픔과 같은 더 근원적인 감정들에 뿌리내리고 있으며 그 작동 방식은 인간의 신체의 변화를 수반하는 심적 상태 전체와 연계되어 있다고 생각한다. 도덕주의 자체를 핵심 쟁점으로 간주하지 않았던 스피노자에게 죄책감은 수치심이나 후회 혹은 미래에 대한 희망과 마찬가지로 '비본래적인' 감정에 불과할 따름이다. 그럼에도 양심의 가책에 대한 스피노자의 부정적 인식은 그가 분명 니체의 《도덕의 계보》를 선취하고 있다고 추정하게 만든다. 또한 스피노자의 정서론적 윤리에 의하면, "양심의 가책(conscientiae morsus)" 역시 좌절이나 희망, 명랑함(gaudium)과 마찬가지로 "정신의 무기력(mentis impotentiam)"을 가리킨다.[82] 다시 말해서 희망이나 공포의 감정 역시 이성의 이념에 비추어 볼 때 비본래적인 정서에 해당한다. 이는 스피노자가 오직 이성에 의해서 인도되는 삶만이 진정한 가치가 있다는 전제를 고수하기 때문이다. 더구나 슬픔이란 정서를 수반하지 않는 공포나, 공포를 수반하지 않는 희망은 존재하지 않는다는 것이 그의 논거다. 그런데 스피노자와 달리 니체에게 정서는 역사적 체험의 결과이기도 하다. 왜 니체는 동정심과 함께 특히 죄책감을 문제 삼는가? 이 물음은 단순한 답변을 허용하지 않는 것처럼 보인다.

그러나 한 가지 확실한 것은 니체의 정서론적 관점이 기독교나 죄책감에 국한되지 않는다는 점이다.[83] 예를 들어 계보론의 관점은 죄책감을 넘어서 정의감과 같은 다른 감정들에 대한 서술에서도 관철되고 있다. 《도덕의 계보》의 II권 4절에서 니체는 정의감(Gerechtigkeitsgefühl)의 기원에 대해서 말하기를, 이 감정은 흔히 우리가 추정하는 것처럼 "인간적인 판단과 추론의 정교한 형식"과 "의지의 자유 혹은 부자유"를 전제하는 것이 아니라, 잘못을 행한 아이들에 대한 부모의 '분노(Zorn)'나 가해자가 입힌 피해(Schaden)에 대한 응보적 차원의 '고통(Schmerz)'을 부과했던 고대로부터의 관행을 통해서 더 잘 이해된다는 것이다.[84]

근대 이후 발견되는 법적 정의에 대한 정당화의 방식은 오랜 역사적 경험의 소산이다. 규범의식 자체가 "인간화의 과정(Vermenschlichung)"을 겪어 왔다는 역사적 사실로부터 이해되어야 한다는 것이다. 정의의 감정은 원초적인 감정을 분출하고 표현하는 방식이 변화됨으로써(modifiziert) 성립된다. 계보론적 서술은 여기서 심리적 고찰과 포괄적인 의미의 사회(사)적 고찰과 중첩된다. 무엇보다 피해자와 가해자 사이에 일종의 등가가 성립해야 한다는 관념(die Idee einer Äquivalenz)이 자연적 정의의 원초적 관념이다.

정서개념에 대한 이해는 니체의 의도(Absicht)개념에 대한 비판에서 드러난다. 실제 수행된 행위와 구별해서 의도개념을 설정하는 태도는 분명히 하나의 "편견(Vorurteil)"에 불과하다는 것이다. 왜냐하면 어띤 행위의 의도란, 실재하는 것으로 성립할 수 없는 다른 무엇의 "증상 (Symptom)"이나 "기호(Zeichen)"에 불과하기 때문이다.[85]

반성적인 의식 이전의 심적 상태인 의지와 정서, 본능이 의도에 우선하는데, 그 결과 의도는 복합적인 정서경제의 존재를 은폐하는 경향이 있다는 것이다. 그의 도덕 비판은 행위자의 도덕성을 그 의도 (Absicht)에 의거해서 평가하는 도덕주의의 일반적인 관행에 대한 비판이자, 동시에 이 같은 사유 방식이 지배하는 도덕문화 일반에 대한 비판이다. 한마디로 행위의 성격은 결코 그 의도에 의해서만 파악될 수 없다는 것이다. "행위에서 의도가 아닌 것"은 은폐되며, 따라서 인간적인 행위의 의도나 지향성이란 개념은 행위의 피상적인 측면만을 표현해 준다는 것이다. 행위의 의도는 행위 자체를 가능케 하는 의지와 같은 심층 심리의 질서들이 어떻게 구성되고 해석되는가에 의해서 규정된다는 것이다.

니체는 구체적으로 의지의 개념에 대한 해석에 기독교 사제들의 지배 욕구가 관여했다고 주장한다. 기독교의 사제들이 자신들이 품었던 "처벌과 교정의 의욕", 즉 지배의 본능을 정당화하기 위해서, "의지의 심리학(die Willens-Psychologie)"을 고안해 냈다는 것이다. 이 경우 자유의 개념과 자유의지의 관념마저도 특정한 규범체계의 작동을 지향하고, 일탈적인 인간에게 책임을 부과하기 위해 고안된 것이라는 추정이 성립한다. "인간들은 '자유로운' 존재로 생각되어졌는데, 이는 인간들을 교정하고, 처벌할 수 있기 위해서 죄가 있는(schuldig) 존재로 만들기 위해서였다."[86] 죄의 종교와 도덕의 연관은 《도덕의 계보》의 아래 언급에서 더 분명해진다.

"만약 어떤 그렇고 그런 존재가 의지나, 의도들, 책임 있는 행위들의 주체로 환원될 경우, 생성에서 무죄의 옷이 벗겨지는 것과 마찬가지다: 의지에 관한 이론은 본질적으로 처벌의 목적으로 고안된 것이다. 다시 말해서 죄를 발견하기를 원했던(schuldigfinden wollen) 것이다."(GD 7)

당연히 이 같은 언급은 죄책감의 문화가 종교의 제도를 통해서 확실한 토대를 구축한 사회집단의 경우에 해당한다. 니체는 죄와 의무와 같은 관념들이 종교적 맥락을 벗어나 어떻게 도덕주의적 관념으로 변형되는지 언급한다. 그런데 신, 즉 채권자에 대한 믿음이 죄나 의무개념으로 변형되는 데에는 지성의 개입이 요구된다. 인간은 고난을 합리화하는 과정에서 신화적 존재를 만들어 냈으며, 인간이 참기 어려운 것은 고난 자체가 아니라, 고난이나 고통의 무의미함이라는 것이다. 이러한 고난의 심리학은 신화나 종교의 차이를 상대화한다. 종교적 고난의 해석은 근본적인 의미에서 "감정에 대한 역사 이전 시대의 논리(die vorzeitliche Logik des Gefühls)"에 의거한다.[87]

그렇다면 역사 이전 시대의 논리는 어떻게 현대에 이르기까지 반복, 재생산될 수 있었는가? 도덕에 대한 관심이 결코 소멸되거나 쇠퇴하지 않았다는 니체의 진단은 무엇을 가리키는가? 인간의 '자유의지', 즉 능동적인 이성의 사용은 도덕성을 가능하게 만들어 주는 불변의 조건이 아니다. 니체에게 '도덕'은 단지 고난에 의미를 부여하려는 '인간적인, 너무도 인간적인' 해석의 구성물에 불과하다. 여기서 도덕은 궁극적으로 인간의 자기 합리화 과정, 즉 자신의 본능을 수치스럽게 느끼는 자기정당화에 지나지 않는다. 이로써 "도덕화"(moralization)의 개념은 내면화의 과정이 상징을 통한 의미 변형의 장치를 전제한다는 것을 말해 준다. 여기서 중요한 것은 무한하고 절대적인 존재에 대한 채무를 완전히 변제하는 것이 불가능하다는 인식이며 그 결과 인간존재는 영원한 죄의 존재, 즉 신의 구원에 내맡겨진 존재로 규정된다.[88] 그러나 '도덕'이 일종의 심리적 강제로 내면화되는 과정이 이미 결정론적으로 규정되어 있다고 해서, 곧바로 '자유'나 '책임'의 토대마저 유실되는 것은 아니다. 하지만 니체의 도발적인 생각은 이성과 정서, 의지와 의식 사이의 심층적인 연관에 대해 주목하게 하는데 나는 이 점이 중요하다고 생각한다. 그리고 이 같은 정서론의 관점은 그의 '유일신교'에 대한 비판에서 더욱 강화된다.

"기독교와 정서들.─기독교로부터 역시 철학에 반하는 거센 통속적인 항의를 들을 수 있다: 오래된 지혜로운 자의 이성은 우리 인간이 정서들을 거부해야 한다고 권했지만, 기독교는 같은 것을 그들에게 되돌려주기를 원한다. 이러한 목적을 위해 그들은 마치 철학자들이 파악했던 것과 같은 방식으로 덕이─정서에 대한 이성의 승리로서─지닌 모든 도덕적 가치를 부인하고, 전적으로 그 이성적 성격을 매도하면서 정서들을 자극하며 촉발시킨다. 그들은 정서의 극단적인 힘과 화려함을 드러내도록 촉구한다: 신에 대한 사랑으로, 신 앞에서의 공포로, 신에 대한 광적인 믿음으로, 신을 향한 가장 맹목적인 희망으로."[89]

기독교의 정서적 토대에 대한 니체의 비판은 정서 그 자체가 아니라 특정한 지배권력과 결부된 정서의 해석에 초점이 맞추어져 있다. 정서는 지배와 권력, 욕망과 이성이 각축을 벌이는 교차점이다. 종교만이 아니라, 심지어 특정한 세계관이나 형이상학 역시 정서의 형성에 영향을 주는 질서들로 간주될 수 있다. 예컨대 플라톤주의는 죄의 담론에 이데올로기적 성격을 부여하는 데 기여했다고 볼 수 있는데, 그것은 삶의 구체적인 실존으로부터 인간을 소외시키는 이원론적 형이상학과 초월적 세계에 대한 독단적인 해석 때문이다.[90]

일반적으로 죄는 자신과 연결된 타자존재에 대한 책임이나 부채의식에서 비롯한다는 통념이 존재해 왔다. 그런데 죄는 분명 부채의식과 연원을 공유할 수는 있으나, 동일한 것은 아니다. 니체는 죄의 개념을 특히 기독교만의 지배적인 규범문화로 이해하지 않는다. 죄의 관념은 기독교의 모태인 유대교의 정서이자 유대인들에 의해 고안된 것이며, 기독교는 단지 이 유대교에 뿌리를 둔 관념을 '세계화'하는 전위대의 역할을 수행한다는 것이 니체의 분석이다. 이 점에 대한 언급은 무엇보다《즐거운 지식》에서 발견된다.[91] 계보론의 서술에서 죄의식의 대상은 주로 자신이 부채를 진 채권자와 공동체, 신들, 유일신과 같은 존재이다. 도덕적으로 해석되고 강화된 죄의 감정이 주로 기독교의 유일신 사상으로 인해서 발생하게 되었다는 니체의 해석은 더 자세히 검토될 필요가 있다.

"죄악의 기원(Herkunft der Sünde). 죄악, 그것이 기독교가 지배하거나 언젠가 지배하고 있던 곳의 도처에서 지금 감지되고 있는 것처럼: 죄악은 유대적인 감정이다. 그리고 일종의 유대적인 발견이며 모든 기독교적인 도덕성의 이 같은 배경에서 볼 때 실제로 기독교는 모든 세계를 '유대화'

하려고 나섰다."⁹²

죄의식과 원한의 감정 사이에 깊은 연관이 구축된 것 역시 특정한 문화, 즉 유대교의 관점에서 비롯한다. 따라서 《도덕의 계보》에서 원한의 감정에 대한 니체의 서술은 핵심적인 부분 중의 하나이다. 원한(Ressentiment)의 감정은 지배권력에 대한 심리학적인 해석을 요청하는 것처럼 보인다. 물론 니체는 계보론의 첫 번째 논문에서 노예들과 함께 유대인들이 도덕에 대한 해석의 혁명을 초래했다고 주장한다. 새로운 도덕을 무기로 한 피지배계급의 반란에서 유대인들은 선봉에 서 있다는 것이다. 이는 당연히 반유대주의에 편승한 관점이라는 혐의를 불러일으킬 수 있다. 이 주장은 한갓 인종주의적 편견인가 아니면 유대교의 후신인 기독교의 전파를 통해서 달성된 세계사적 전환과 그 허무주의적 파국을 겨냥한 근거 있는 비판인가? 여하튼 도덕적 가치들의 전복에 대한 그의 분석은 상징 조작의 역사적 결과에 대한 의미 있는 통찰을 허락한다.

"유대인들은 귀족주의적인 가치들의 등식(훌륭함=고상함=힘 있는=아름다운=행복한=신의 사랑을 받고 있는)을, 엄청나게 전율할 만한 일관성을 지니고 과감하게 전복시켰으며, 상상할 수도 없는 증오심(무기력함의 증오심)의 이빨을 악물고 다음과 같은 생각을 견지했다: 비참한 자들만이 유일하게 선한 자들이며, 가난한 자들, 무기력한 자들, 저급한 자들만이 선한 자들이다. 고통받고 있는 자들, 궁핍한 자들, 병자들, 추한 자들 역시 유일하게 경건하고, 유일하게 신의 축복을 받는 자들이다. 이들에게만 오직 은총이 있을 것이다. (…)"93

이러한 역사적 맥락에서 보면 니체가 죄책감을 수치심보다 더 중요한 도덕적 정서로 부각시키는 것은 당연하다. 그런데 선과 악, 죄와 범죄 등의 개념들은 기독교에 의해 그 해석의 독점적 지위가 확보됨으로써 비로소 보편적인 의미를 지니게 되었다는 말은 무슨 의미인가? 이는 신들의 투쟁과 그 결과에 대한 서술인가? 다만 신들의 "계보들 간의 극심한 혼란"(Genealogien-Wirrwarr)94을 뒤로하고 특정한 종교로서의 유일신교(Monotheism)가 등장했다는 주장은 진부해 보인다. 다시 말해 여러 신의 계보들 간에 전개되었던 갈등이 기독교라는 "보편적 제국"(Universalreichen)의 탄생으로 귀결되었다는 주장은 유일신사상이 관철되어 온 과정을 단순히 재구성한 것처럼 여겨진다. 신들과 이들에 대한 계보론들 간의 역사적 투쟁이 '정서의 경제'가 특정한 양상을 지니는 데 결정적인 의미를 갖게 되는데, 그것이 곧 기독교에 의해 "죄라는 감정"이 극대화되는 결과로 나타난다.

두말할 나위 없이 유대적이고 기독교적인 세계관의 특이성은 고대 그리스의 세계관과의 대비를 통해서 선명하게 부각될 수 있다. 니체는 한 걸음 더 나아가 기독교적인 세계관의 주도적인 영향력으로 인해서 고대 그리스의 '건강한' 관점이 배척당하는 결과가 초래되었다고 주장한다. 서구인들이 고대 그리스 문화에 대해 호의적인 생각으로 접근하려고 해도, 기독교에 의해 강요된 유대적인 정신이 그 같은 시도 자체를 방해하는 요인으로 깊숙이 작용해 왔다는 것이다. 유대교적이자 기독교적일 수 있는 문화의 대표적인 표징인 죄의식의 관념이 바로 그 같은 장애물의 한 중요한 요인이라는 것이다. 죄의 문화가 지닌 특이성과 '괴이함'은 특히 고대의 규범문화와 비교할 때 분명해진다는 것이다. 실제로 고대 그리스의 규범문화는 원죄의식과 같은 음습한 관념과 무관하다.

기독교의 죄의식과 고대 그리스의 규범문화의 대비는 니체에 의해 다음과 같은 간결한 물음을 통해서 시도된다. 기독교인들의 뇌리에는 "오직 네가 참회한다면, 신은 너에게 은총을 베풀 것이다."[95]로 요약되는 사고방식이 전형적으로 자리 잡고 있다는 것이며, 이 같은 물음의 형식 자체가 그리스인들에게는 유치하거나 짜증(ein Gelächter und ein Ärgernis)만을 불러일으킬 것이라는 것이다.[96]

참회와 은총의 '교환관계'를 니체가 어떻게 이해하고 있는지는 이미 짐작이 갈 만하다. 이는 유치한 단계의 '신앙(?)'에만 적용되는 설명의 방식인가? 아니면 인간과 신의 계약에 대한 하나의 진부한 설명인가? 은총과 참회의 계약은 근본적으로 불평등계약이다. 그것은 절대자와 유한자 사이의 일방적인 지배, 종속의 관계이기 때문이다. 신에 대해 인간이 가할 수 있는 모욕 중의 하나는 그 절대적인 힘을 감안한다면, 오직 신의 존재 자체에 대한—유대교와 기독교의 경우 신의 유일무이성에 대한—부정과 모독이다. 십계명의 전체적인 흐름과 의미론적 비중이 어디에 놓여 있는지는 자명하다.

따라서 "모든 죄는 (신에 대한 죄를 가리킴, 저자 첨가) 존경심을 침해하는 것이며, 그 이상의 무엇도 아니다." 궁극적으로 "죄는 인간이 아닌, 그(신을 가리킴, 저자 주)에 대한 범죄 행위인 셈이다."[97] 동방사회의 문화적 전통을 감지하게 해 주는, 유대적인 정서의 바탕에는 모든 자연적인 것에 대한 강한 반감이 작용하며, 그 결과 죄는 "오직 그 자연초월적인 결과들과 관련해서"[98] 고려된다.

　이와는 대조적으로 그리스적 정서는 파렴치한 행위라고 해서 모두 배척하거나 매도하지 않는데, 이는 불을 도둑질한 프로메테우스(Prometheus)나 질투의 광기에 사로잡힌 아약스(Ajax) 같은 신화적 영웅들의 서사에서 발견된다. 결과적으로 유대민족의 "숭고함에 대한 충동(Neigung zum Erhabenen)"이나 "시적인 재능"에도 불구하고 이들은 결단코 그리스의 '자유분방한' 규범문화를 낯설게 느낄 수밖에 없다.

　한편 유대교 신과의 계약과 달리, 채권-채무의 관계는 일반적인 거래 행위의 경우처럼 반드시 그 어떤 도덕적 의미를 함축하지 않는다. 계약의 관념에는 일종의 과부하가 걸려 있는데, 그것은 계약을 도덕적 의무와 권리로 해석한 근대의 계약사상 때문이다. 죄의식이 채권-채무의 관계로부터 비롯되었다는 주장은 마치 다양한 역사적인 조건과 우연적 상황들을 배제한 자의적인 주장으로 간주될 수도 있다. 그러나 문제의 관건은 어떻게 단순하고 형식적인 채권, 채무의 관계가 인과적인 맥락 속에서 도덕적 죄의 감정으로 전환되었는가의 여부가 아니다. 이 물음과 관련해서《도덕의 계보》II권 21절은 주목할 만하다.

"죄와 의무의 개념들을 도덕적 관념으로 변형시키는 현상과 함께, 개념들을 *나쁜* 양심으로 되몰아 넣음으로써(Zurückverschiebung ins schlechte Gewissen) 앞서 서술한 전개 과정의 방향을 *전환시키려는* 시도가 아주 본격적으로 이루어졌다. 그 같은 시도는 최소한 같은 운동 자체를 멈추게 만드는 것이어야 했다."[99]

　즉 나쁜 양심의 도덕화는 단순히 신에 대한 부채의식이 아니라, 신 혹은 채권자에 대한 부채를 되갚을 수 있는 가능성이 철저하게 차단된 인간의 한계 상황을 통해서 설명되고 있다. 다시 말해서 속죄나 채무를 해소할 수 있는 가능성으로부터 영원히 멀어짐으로써 인간의 채무의식은 전대미문의 새로운 내면 공간, 곧 양심의 가책을 수반하는 비관주의적인 영혼의 공간을 구축하는 결과를 낳는다. 나아가서 니체는 《도덕의 계보》 II권 16절에서 "나쁜 양심"에 대한 병리학적 해석을 시도한다. '나쁜 양심'은 인간이 무의식적-자기충족적 충동들"에 더는 의존할 수 없게 된 데 대한 보충 내지 보완으로서, 의식/사유/개념/인과관계 등과 같은 표상들과 함께 생성되었다는 것이다. 무엇보다 본능이 내면화됨으로써 영혼이나 의식이란 개념 역시 마치 실체적인 그 무엇으로 상정된다. 또한 영혼이 '구성'되는 과정은 순탄하게 진행된 유기적 성장이 아닌, "단절과 비약, 강제"가 수반된 자기 스스로에게 가한 잔인함의 표현이기도 하다.[100]

　따라서 죄의식의 탄생은 역설적으로 형식적인 의미의 채권, 채무의 관계가 아닌, 신에 대한 채무를 궁극적으로 변제할 수 없다는 절대적인 무기력감으로부터 이해된다. 심지어 니체는 도덕적으로 해석되고 구성된 죄의식, 즉 채무를 청산할 수 없다는 계산 불가능성(Unabzahlbarkeit)이 인간의 모태인 자연 전체에 대한 저주를 낳게 했고, 그 결과 인간은 물론 자연마저도 근본적인 결함이 있는 것으로 해석하게 만들었다고 주장한다. 궁극적으로 이는 비관적 세계관으로 나타난다. 그렇다면 죄의식으로부터의 해방은 어떻게 가능한가? 그것은 인간의 자율적 행위에 의한 것이 아니라, 오직 신이 인간을 대신해서 속죄함으로써만 가능하다. '신의 대속론'이 유일한 대안인 것이다. 기독교의 천재적인 면모는 여기서 드러난다.[101]

이러한 니체의 인식은 과연 설득력 있는 가설에서 출발하고 있는가? 부채와 죄의 인과관계에 대한 주장은 어디까지나 특정한 언어권, 즉 독일어의 죄(Schuld)와 채무(Schulden)란 개념의 어원이 동일하다는 전제하에서만 뒷받침된다고 볼 수 있기 때문이다. 물론 거래 행위나 계약, 약속과 같은 일반적 삶의 오랜 관행, 즉 약속과 그 이행에 대한 의무의 감정이 인간 자신의 도덕적 정체성을 형성시켜 주는 계기라는 생각은 납득할 만하다. 더구나 어원학적 고찰이 특정 언어에만 해당된다고 해서 니체의 논변이 성립하지 않는 것은 아니다. 문제가 되는 것은 니체가 죄의식의 관념을 책임의식 일반, 즉 양심의 기원과 분리시키지 않고 동일한 계보론적 고찰의 연장선상에서 논하고 있다는 점이다. 양심의 가책, 즉 나쁜 양심(das schlechte Gewissen)은 죄의식(Schuldbewußtsein)과 흔히 혼동되지만 이 두 개념이 동일한 심적 사태를 지칭하는 것은 아니다.

계보론과 조상에 대한 죄책감

우리는 죄의식의 기원에 대한 계보론적 서술에 서로 양립하기 어려운 서술의 다양한 차원들이 혼재한다고 주장할 수 있다.[102] 계보론

(Geneologie)은 니체가 도달했던 사유의 지평 자체를 가리키는 어떤 완성된 이론이 아니라, 미완의 기획이다. 그러나 계보론 자체가 미완성의 시도라고 해서 니체의 의도 자체가 무의미하거나 비생산적인 사변에 불과하다고 단정할 수는 없다. 왜냐하면 선악의 관념이나 죄책감, 금욕주의 등이 우연적이며 역사적인 조건들에 의해서 구성되었다는 주장을 통해서 최소한 '도덕적 가치의 도덕성'이 더는 자명하지 않다는 사실이 드러나기 때문이다. 도덕적 관념 자체가 그 어떤 인간적 본성이나 본질적 특성과 직결된 것이 아니라는 주장은, 원죄설과 같은 인간 본성의 근본적 결함에 기댄 종교적 인간관을 그 뿌리에서부터 의심하게 만든다. 같은 논리의 연장선상에서 양심은 그 자체의 본성이 아닌 경험적 조건들에 의해 구성된 것으로 간주된다. 도덕이 '고안'되고 '구성'되는 과정은 여러 복잡하고 우연적인 계기들에 의한 것임이 드러난다.

니체의 도덕 비판은 이미 1878년 《인간적인, 너무도 인간적인》이란 텍스트에서부터 본격적으로 모색되었다고 볼 수 있다.[103] 특히 주목할 부분은 〈도덕적 감정들의 역사에 대해〉에서 "선과 악의 전사(前史, Vorgeschichte)"에 관한 서술이다. 선과 악은 지배종족이나 지배계급의 권력 행사와 관련해서 그 의미가 규정된다는 것이다. 즉 자신의 힘을 행사함으로써, 선은 선으로 악에 대해서는 악으로 되갚을 수 있는 존재가 도덕적인 존재로 인정을 받은 반면 그 같은 보복을 가할 수 없는 존재들은 악한 존재라는 것이다. 여기서 《도덕의 계보》에서처럼 좋음과 나쁨(Good/Bad)의 범주가 선과 악(Good/Evil)의 범주로 교체되었다는 역사적 정황이 고려되고 있음을 알 수 있다.[104]

니체가 규범과 지배권력 사이의 포괄적인 연관에 대해 주목하는 한에서, 죄책감의 계보론은 단순히 심리학적이거나 어원학적 고찰에 머물지 않는다. 전자는 광범위한 의미에서의 사회학적 시도와도 비견된다. 예컨대 좋음(good/gut)과 나쁨(bad/schlecht)과 같은 평가적 개념들의 경우, 그 의미론적 기원은 특정한 종족의 계급적 위계질서를 떠나서 이해될 수 없다. 그 결과 이 관념들을 사회적 맥락으로부터 분리시켜 보편적 의미들을 지닌 실체적인 것으로 간주해 온 오류가 비판의 중심에 놓이게 된다. 즉 개념들의 보편적인 의미와 사용의 맥락이 분리된다는 것은 추상적인 상징체계가 시공을 초월해서 인류의 의식을 지배하는 상징적 질서로 등장한 것으로 볼 수 있는데 니체는 이러한 초월주의(Transcendentalism)를 근본적으로 부정하는 것이다.[105]

도덕의 계보에 대한 탐색에서 간과될 수 없는 것은 니체의 도덕개념이 오늘날 우리의 통상적인 이해의 방식과 다르다는 사실이다. 무엇보다 도덕관념은 법적 질서의 형성 과정으로부터 분리된 채 다루어지지 않는데, 그 이유 중의 하나는 계보론적 고찰이 원천적으로 규범체계 자체가 분화되기 이전의 전근대적인 사회를 모형으로 삼기 때문이다.

분명한 것은 '죄'와 '양심', '의무' 등과 같은 도덕적 규범의 단초가 도덕 외적인 삶의 사태들, 즉 상거래와 계약, 법적 관행과 같은 사회경제적 맥락에서 찾아지고 있다는 사실이다.[106] 니체의 관점에 의하면 도덕이나 법이 성립하게 된 원인들은 그 어떤 고상하고 초월적인 원리들에 근거해서 설명되지 않는다는 것이다. 그러나 전통적인 도덕주의자들은 도덕 발생의 우연적인 조건들을 간과하고, 마치 도덕이 본질적 필연성을 지닌 것으로 전제하는 오류를 범하고 있다는 것이다.[107]

이처럼 죄의식의 기원에 대한 서술은 그 어떤 완결된 이론의 형식을 지니고 있다고 보기 어렵다. 또한 계보론적인 관점은 인류의 규범문화가 전개된 과정을 진보나 혹은—루소의 문명론과 같이—퇴행의 관점에서 보지 않는다. 물론 니체에게 '자연 상태'란 인류 이전의 단계로서, 죄의식이 형성되지 않은 시기로 간주된다. 이 시기는 특정한 지배민족이 건강하고 현재에 충실하며 행복을 만끽하고 있는 단계다.

그런데 이와 같은 서술은 일반적인 의미의 시대 개념과 구별된다. 그것은 분명 실제로 진행된 역사의 시기가 아니다. 역사 이전의 시기에 대한 서술을 사변적인 억측으로 간주할 수는 있지만, 우리는 일단 역사 이전의 시기를 인간이 자신의 본능과 근원적인 정서의 경제에 의존한 시대로 규정할 수 있다. 즉 '자연의 역사' 속에 편입된 시기가 이에 해당한다.

역사의 단초는 "관습의 인륜성(Sittlichkeit der Sitte)"으로 간주되는데 이는 어떠한 단계의 규범의식을 가리키는가? "관습의 인륜성"의 단계에서 습속이나 전통들은 "필연적이며, 같은 것은 같은 것끼리, 규칙적인 그리고 이에 합당하게 예측 가능한"[108] 모습을 보여 준다. 이 같은 특징들이 어떠한 형태의 문화적 정체성을 가리키는지 예측하는 데 그다지 많은 상상력이 요구되지 않는 것 같다. 현대 사회에서도 관습에 기댄 상투적인 문화 전통은 도처에서 발견된다.

죄의 관념은 반드시 특정한 관습이나 제도와의 인과적 연관 속에서 설명될 필요가 없는 것처럼 보인다. 죄의 관념에 대한 도덕적 정당화는 부채 관계, 국가의 성립 그리고 종교의 제도적 정립을 전제하는가? 하르퉁(Hartung)은 도덕의 이차적 성격을 강조한다. 즉 국가에 의한 법적 강제력의 독점적인 사용을 인정하게 된 배경은 인간 상호 간의 폭력, 특히 채권자의 채무자에 대한 폭력을 제한해야 할 필요성과 무관하지 않다. 사실상 도덕이라는 담론 자체가 법적 개념과 종교적 개념이 뒤섞여 있는 역사적 경험의 결과라는 사실을 염두에 둘 필요가 있다.[109]

물론 하르통 역시 죄의 기원에 대한 서술에서 조상의 숭배나 부채의 관념을 배제하지 않는다.[110] 전통사회에 널리 유포된 조상숭배의식은 근대인들에게 "가장 이해되지 않는" 현상일 수 있으며, 조상숭배는 확실히 "현재성" 속에 몰입된 근대인의 개인주의적이며 합리화된 세계관에 비추어 볼 때, 생경한 먼 시대의 구습으로 간주될 수도 있다. 그럼에도 불구하고 조상숭배는 죄의 관념의 이해와 관련해서 필연적으로 논의될 수밖에 없는 문화 초월적 현상이다.

조상에 대한 부채의식과 죄책감의 연관은 구체적 삶의 현실 속에 뿌리를 박고 있다. 그런데 채권자와 채무자 사이에 성립하는 사법적 권리 관계(das privatrechliche Verhältnis)가 어떻게 조상에 대한 부채의식으로 '해석'될 수 있었는가의 문제가 제기된다. 여기서 해석을 통한 의미의 변형에 단순한 의미의 전달을 넘어서는 자의적이고 폭력적이기까지 한 과정들을 수반하지 않았는가라는 의구심이 고개를 들 수 있다. 조상에 대한 의무가 단순한 혈연관계나 기타 환경적 여건에서 비롯하는 정서적 연대만으로 설명될 수 있는지 의심스럽기 때문이다. 우리는 역설적으로 조상에 대한 부채의 의식과 희생을 수반하는 관습들이 오히려 종족공동체의 결집력을 강화해 주는 기제로 작용했다고 추정할 수도 있다.

제사와 같은 의식적 절차의 딜레마는 조상으로부터 비롯하는 은덕과 부채가 원칙적으로 되갚아 줄 수 있는 성격의 시태가 아니라는 데서 연유한다. 여기서 논란의 대상은 단지 조상을 기리는 번제(燔祭)나 사당의 건립과 같은 전래되어 오는 관습들 자체의 기이함이나 생경함이 아니다. 자신의 첫아들이나 살아 있는 인간을 번제의 제물로 제공해야 한다는, 근대인들에게 기괴하게 비추어질 수밖에 없는 관습들의 겉으로 드러난 '비합리성'을 설명해 내는 것이 우리의 관건이 아니다. 중요한 것은 이 같은 조상에 대한 부채가 도저히 극복할 수 없는 딜레마, 즉 시간의 비가역성에서 비롯한다는 인식이며, 이는 궁극적으로 죄의식이 좌절감과 함께 죄의 감정을 내면화하는, 즉 자책감을 불러일으키는 계기로 작용한다.

　종교가 조상에 대한 공포의 관념에서 비롯했는지의 여부는 경험적인 탐색과 지루한 검증을 거쳐야 밝혀질 수 있는 사안처럼 보이기도 한다. 일단 분명한 것은 니체가 초월에 대한 관심과 같은 형이상학적 욕구로부터 종교의 기원이 비롯되었다고 보지 않는다는 사실이다. 그러나 조상의 힘에 대한 공포심이 조상숭배를 낳았고 이는 다시 유일한 절대적 존재로서의 신이라는 관념을 성립시켰다는 니체의 견해 역시 다분히 사변적이다. 번제와 감사의 제물, 희생과 같은 행위 자체가 근본적으로 감지될 수 없는 존재와 기억을 대상으로 하고 있다는 점에서 '초월'에 대한 욕망이 전적으로 배제되었다고 주장하기 어렵기 때문이다.

　더구나 공포와 보복에 대한 두려움 등과 같은 부정적인 감정 못지않게, 감사와 경외심 역시 조상이나 절대자에 대한 정서적 태도의 한 고유한 방식이다. 그럼에도 불구하고 조상에 대한 부채는 감사나 제사의 행위를 통해서 원칙적으로 되갚을 수 있는 것이 아니며, 결국 이 일련의 과정들은 유한과 초월, 산 자와 죽은 자 사이의 관계가 오직 '상징적 교환'의 방식에 의존하고 있음을 말해 준다. 조상이 신들로 '변형되었다'는 말은 곧 상징적 해석의 역할을 가리킨다. 상징의 힘은 강력한 종족과 그 배후에 자리한 조상의 힘에 대한 공포심이 추상적 관념에 불과한 신성(Gottheit)이 아닌 초월적 실체인 '신'의 존재로 구체화되는데 기여한다. "신성에 대한 부채"[111]란 니체의 표현은 이 같은 정황에서 비롯한다.

그러나 "조상과 그 힘에 대한 공포 그리고 조상에 대한 부채의 의식은 … 필연적으로 종족 자체의 세력이 증가할수록 강화된다."[112]는 니체의 주장은 다분히 논란의 여지가 있어 보인다. 부채와 죄의 관념은 역설적으로 자기 종족의 성공이 보장되거나 확실시될수록 강화된다는 것이다. 그런데 여기서 감사와 연대의 감정을 애써 배제하는 이유는 무엇인가? 조상에 대한 죄책감이 종족의 성공적인 자기보존이나 세력 팽창과 비례한다는 것은 유대교나 기독교 문명의 전개 과정에 대한 니체 자신의 인식이 반영된 것이다. 니체의 논점은 다분히 심리학적 통찰에 근거한다. 또한 다른 종족과의 투쟁을 통한 "성공"의 체험이 오히려 조상에 대한 부채의 관념에 집착하고 강화하도록 만들었다는 집단적 동기의 분석은 죄책감이 반동적이며 이차적인 감정임을 가리킨다.

죄의 문화에 대한 부정적인 시각의 한 원인은 무엇보다 그것이 인간의 온전한 인격, 즉 인격적 자기통합성(personal integrity)에 미치는 부정적인 효과 때문이다. 예를 들어 죄의식은 단순히 인간의 내면세계에 대해—사제들의 해석에 의해 촉발되어—가해지는 폭력으로 해석되기 때문이다. 그뿐만 아니라 죄의식은 사회적 차원에서 다양한 형태의 부정적인 의식과 관행을 정당화하고, 공고하게 만드는 역할을 수행하기도 한다. 특히 여러 형태의 종교적 희생과 번제의식은 소박하게 신에 대한 감사와 보답의 관념을 넘어서는 부채감과 공포심을 수반함으로써 비로소 성공적으로 제도화될 수 있었다.[113] 한마디로 제사의식은 이러한 견지에서 죄의식의 집단적 표현이다.[114] 그러나 제사로 제도화된 죄의식은 단순한 내면적 폭력성의 원초적 형태로부터 벗어나, 시대적 변화에 따라서 죄의식이 탈색된 조상에 대한 단순한 부채의식이나 감사 혹은 회상과 같은 기억의 재생산을 통한 집단적 정체성을 재확인하는 하나의 관습으로 화석화되기도 한다. 한편 제사와 종교적 의식에 의해서 희생되는 제물의 유형은 역사적으로 변화되어 왔다.

《선악의 저편》은 희생의 대상이 어떻게 대체되어 갔는지 적나라하게 보여 준다. 살아 있는 '인간들'을 희생과 번제의 대상으로 삼던 시기는 곧 '장자를 포함한 최초로 탄생한 것들(Erstlings-Opfer)'을 희생물로 삼는 시대로 이행하게 되었지만, 곧이어 "도덕적 관점"이 지배하면서 인간 자신의 본능(Instinkte), 즉 자연적 본성을 희생물로 삼게 되었다는 것이다.[115] 드디어 '금욕주의'가 등장한 것이다. 따라서 '금욕주의'는 단순히 기독교와 같은 특정 종교에 의해 설파되는 삶의 형식일 뿐만 아니라, 도덕 시대를 가리키는 일종의 시대정신의 표징이다.

금욕주의의 문제

금욕주의적 이상에 대한 비판이 요청되는 이유는 무엇인가? 굳이 에피쿠로스의 쾌락주의나 공리주의를 지지하지 않더라도 욕망의 절제에 대한 칭송에는 무언가 납득할 수 없는 점이 있다. 이 반자연적인 관념이 그렇게도 오랫동안 적지 않은 인간의 의식을 지배해 온 이유는 과연 무엇인가? 막스 베버(Weber) 역시 프로테스탄티즘의 금욕주의는 서구 자본주의의 규범의식을 이해하는 첩경이라고 주장한 바 있다. 비록 베버의 가설은 일부 경험적인 예외에도 불구하고 북구 유럽이나 미국의 청교도 정신에 기초한 자본주의의 팽창을 설명해 줄 수 있는 유력한 관점인 것이 사실이다. 그는 금욕주의의 윤리와 이윤의 추구를 궁극적인 목적으로 삼는 자본주의가 어떻게 양립할 수 있는가에 대해 집요하게 물었던 것이다. 이와는 대조적으로 니체의 금욕주의에 대한 이론적 관심은 근대사회의 저변에서 감지되는 허무주의의 문제와 맞닿아 있다. 금욕주의는 대지와 인간의 신체, 즉 자연에 대한 특이한 해석과 맞물려 서구 문명의 토대를 잠식하는 원리로서 병리학적 관심의 대상으로 설정된다.

금욕주의적 이상들은 다양한 얼굴로 나타나는데, 그 결과 여러 집단에 의해서 각기 다른 의도하에 활용된다. 가령 예술가들에게 금욕주의적 이상들은 무의미하거나 별다른 의미를 지니지 않지만, 철학자에게는 금욕주의가 명확하게 자신의 삶의 방식을 정당화해 주는 역할을 수행해 왔다는 것이다. 금욕주의는 여기서 속죄의 의미와 분리될 수 없다. 즉 죄의 인정과 고백에서 목격할 수 있는 일련의 과정은 일종의 도덕적 자기 정화 장치다. 반면에 수치의 문화에서는 속죄의 의식이 존재하지 않거나 전혀 그 같은 속죄와 고백의 '상치'가 등장할 필요조차 없다.[116]

그런데 '금욕주의'의 범주에 속하는 모든 문화적 행태와 상징체계가 좁은 의미의 '속죄' 개념으로 포섭될 수는 없다. 금욕주의 역시 절대적 존재에 대한 의무감이나 존재의 의미를 발견하려는 다른 동기들로부터 설명될 수 있지만, 종교적 금욕주의에는 무언가 특별한 요인이 개입하고 있다는 것이다. 이는 금욕주의적 행태에 대한 니체 자신의 선별적인 접근에서 이미 감지된다. 니체가 철학자와 예술가, 과학자, 사제들 중에서 오직 후자만이 금욕주의적 이상을 자신들의 권력을 강화하는 무기로 활용한다고 주장하는 것도 이 때문이다.

금욕주의적 이상은 일종의 메타포로 간주될 수 있다. 상징이자 은유로서의 금욕주의는 대부분의 죽음을 면할 길 없는 존재들, 즉 "생리학적으로 불운하고 기분이 상해 있는 존재들"을 표현한다. 즉 금욕주의의 죄의식은 건강한 정서의 상태와 대비되며, 이 일련의 정서적 상태들은 특정한 도덕적 태도와 발생적 연관을 같이한다. 다시 말해서 일반 대중의 도덕적 금욕주의는 자신들이 직면한 권태와 서서히 스며드는 고통에 대한 일종의 해답이자, 자신에 대한 망상을 반영하기도 한다.

그러나 니체 자신이 금욕주의 자체의 의미를 전적으로 부정한 것은 아니다. 다시 말해서 엄격한 죄의식과 연계된 극단적인 금욕주의와 달리 삶의 가치를 고양시키는 '금욕적 태도'는 강한 실존의 관념을 위한 필수적인 과정으로 정당화된다. 그러나 역사 속에 등장한 실제상의 금

욕주의는 대부분 삶의 부정으로 이해된다. 금욕주의의,

> "해석은—이는 의심의 여지가 없다.—자살적인 허무주의보다 더 깊이
> 있게, 더 내면으로 파고들며, 더 독성이 강한, 삶을 갉아먹는 새로운 고난
> 을 가져왔다: 그것은 모든 고난을 죄의 관점하에 설정했다."[117]

무엇보다 금욕주의는 삶의 무의미에 대한 해석의 필요성을 간파한
기독교에 의해서 고안된 정서의 억압적인 기제다. 결국 금욕주의는 삶
자체의 의미에 대한 해석(Auslegung)의 결과라는 것이다. 금욕주의는
더 나은 목표를 발견할 수 없는 상황("faute de mieux")[118]에서 인간이
채택할 수밖에 없는 도덕적 관념이 구체화된 것이다. 그렇다면 죄의식
은 본질적인 존재의 물음과 관련해서, 해석하는 존재로서 살아갈 수밖
에 없는 인간의 속성이 발현한 것에 불과하다. 그것은 삶의 의미를 추
구하지 않고는 견디지 못하는 인간의 속성이 여러 우연적 조건하에서
특정한 관념을 '발견'한 결과다. 그리고 그 결과물로 도출된 여러 도덕
적 가치의 위계질서 중에서 강력한 위상을 점유한 관념이 바로 금욕주
의다. 여기서 금욕주의에 대한 니체의 비판은 '전도된 이상'으로 등장
한다. 이 개념이 또 하나의 새로운 '이상'인지 아니면 그것은 '이상' 자
체의 허구성에 대한 비판적 인식 자체인지의 여부는 명확하지 않다.
이와 관련해서《선악의 저편》에서 "전도된 이상"의 의미에 대한 흥미
로운 단서가 등장한다.

> "누군가 진정으로 언젠가 아시아적인, 아시아를 넘어서는 눈으로 세계를

가장 극단적으로 부정하는 모든 가능한 사고의 방식들을 그 내면 깊숙이 그리고 그 밑바닥까지 들여다보았다면, ─ 선과 악의 저편에서, 그리고 더는 붓다와 쇼펜하우어처럼, 도덕의 마력과 광기에 사로잡혀 있지 않다면 ─ 그 사람은 아마도 바로, 그가 그것을 원래 원하지 않더라도, 전도된 이상에 대한 눈을 뜨게 될 것이다."[119]

여기서 "전도된 이상"이란 바로 삶과 세계에 대한 적극적인 긍정과 용기를 수반하는 것으로서 자신의 과거와 현재를 감내하는 단계를 넘어 궁극적으로 동일한 운명이 반복되기를 강렬하게 희구하는 태도를 가리킨다. 그러나 삶과 대지와 세계에 대한 긍정과 자신의 운명이 영원히 반복되기를 원하는 의지 자체가 그 어떤 이상으로 규정될 수 있는가? 그것은 고정된 관념이나 신과 같은 주체로 설정될 수 있는 성격의 것인가? 아니면 '전도된 이상'은 오히려 모든 형태의 '이상'에 대한 지속적인 '전복의 결단과 행위'를 통해서 실현되는 삶의 과정 자체가 아닌가?

신의 죽음으로 원죄와 같은 개념들이 불필요해졌음에도 불구하고, 우리는 이상의 해체나 우상파괴가 궁극적으로 무엇을 지향하는지 궁금해진다.[120] 여기서 우리는 《그래서 이렇게 말했다, 차라투스트라는》의 첫 번째 권에 등장하는 '어린아이'의 비유를 주목하게 된다. '어린아이'란 그 어떤 선형적인 발달 단계의 마지막이나 처음이라는 시간적인 의미만이 아니라, 죄의식으로부터 해방된 자유로운 유희하는 존재를 가리킨다. 이것은 유희 자체가 그러하듯 영원히 반복되는 자기 극복이자 자신으로의 귀환을 의미한다.[121]

어린아이는 문화적 편견이나 사회의 통념으로부터 자유로운 미지의 가능성이자, 미래를 향해 열려 있는 인간존재의 표징이다. 어린아이는 누구나 돌아가고 싶은 영원한 고향이며 이 점에서 영원회귀의 관념은 자연의 순환이나 우주적인 의미 못지않게 실존적인 맥락에서도 읽혀질 수 있다. 동일한 사태의 영원한 반복이란 메타포 역시 구체적인 삶과 세계에서 반복되는 성공과 좌절의 반복 운동을 동시에 함축한다.

금욕주의의 지양은 실존의 또 다른 차원을 가리킨다. 즉 도덕적 삶의 형식이 규칙준수적인 데 비해서, 미적 실존의 방식은 관점주의적 다양성을 지향하는 것처럼 보인다는 것이다. 우리는 예술가들이 사물들을 다수에게는 차단된 특이한 방식으로 관찰하고 이해할 수 있다는 것을 알고 있다. 그런데 니체는 이러한 시각이 예술가들에게만 허용되는 것이 아니라고 생각한다. 우리 스스로가 "삶의 시인"[122]이 될 수 있다는 것이다. 그런데 인생의 시인이란 구체적으로 무엇을 가리키는가? 그것은 어떤 거창한 삶의 기획이라기보다, 삶 자체를 스스로에게 솔직한, 진성성이 구현된 예술작품과 같은 방식으로 이해하는 태도를 말한다. 그런데 이는 근대적 삶의 조건하에서 도대체 가능한 것인가?

예술과 삶이 분리되지 않는다는 것은 무엇을 말하는가? 일상과 소소한 경험 속에서 예술가의 관점이 실험적으로 모색되고 감행되는 의지적 힘의 관념은 니체적 사유의 핵심에 놓여 있다. 그런데 도덕감정에 대한 심층적인 분석은 우리의 삶과 관련해서 어떠한 결과를 초래하는가? 우리가 일반적으로 수용하거나 일종의 당위로서 받아들이는 도덕적 '가치들의 가치' 자체에 대해 묻는 것은 도덕 자체에 대한 자기 계몽의 작업으로 간주될 수 있다.

그렇다면 "가치들의 가치"에 대한 평가는 궁극적으로 어떠한 기준에 의해서 수행될 수 있는가? 예술작품과 삶의 창조가 반드시 행복이나 도덕과 같은 관념을 목적으로 설정하고 지향하는 것은 아니다. 오히려 자기 발견의 충동, 즉 '진리에의 의지'는 비극적인 것의 수용을 전제하기 때문이다. 그것도 적극적으로! "도덕"으로부터의 해방은 그 어떤 도덕적 일탈로 치달리는 것이 아니라, 새로운 차원의 인간해방이며 이 같은 통찰의 바탕에는 인간적인 '정서의 경제'가 어떻게 왜곡되어 왔는지에 대한 계보론적인 비판이 놓여 있다.

이상의 논의에도 불구하고 해명되기를 기다리는 적지 않은 문제들이 남아 있다. 니체의 '도덕 외적인 시대'는 궁극적으로 죄의식은 물론 금욕주의로부터의 결별을 의미하는가? 그렇다면 그 같은 사회는 어떠한 형태의 규범적 질서에 의존하는가? 혹은 삶을 고양시키면서도, 금욕주의적인 문화는 불가능한가? 니체 자신은 금욕주의적 삶의 방식을 고수하면서도 그가 보인 금욕주의에 대한 비판적 태도는 무엇을 말해 주는가?[123]

약속과 등가교환, 잔인함의 정서

죄책감이나 양심과 같은 도덕적 감정의 분석은 너무도 당연한 인간학적 조건, 즉 인간이 약속을 주고받는 존재라는 진부한 사실에서부터 그 단초가 마련된다. 이 점에서 기억과 망각, 약속에 대한《도덕의 계보》제2권의 서술은 주목할 만하다. "약속을 하는 것이 허용된" 동물을 양육하는 자연의 과제는 니체가 보기에 실로 '역설적'이다. 이 유명한 표현은 기억과 망각이 반복되는 인간의 심리적 역학관계와 함께 이를 중심으로 형성된 사회적 권력의 기제에 대한 분석으로 이어진다.[124]

우리는 먼저 양심과 책임을 지닌 존재의 훈육이 과연 자연의 '역설적 과제'일 수 있는가에 대해 의문을 제기할 수 있다. 만약 니체가 실제로 자연적 과정과 규범적 차원의 구별을 간과하고 있다면, ―니체는 의도적으로 이 같은 시도를 하고 있다고 판단된다. ―자연주의적 오류란 비난에 직면할 수 있다. 즉 규범 자체의 정당성과 그 발생적 기원에 대한 물음은 서로 구별되어야 한다는 지적이 가능하다. 하지만 이성이나 도덕의 초월적 지위를 부정하는 니체에게 이 같은 비판은 무의미하다.

약속과 망각의 역학관계를 통해서 본 죄의식은 금욕주의나 기독교 전통의 이원론적 초월에 대한 집착과 다른 의미로 이해된다. 망각은 수동적인 의미에서 단순히 정보와 기억의 상실이 아니다. 망각은 능력이자 '행위'이기도 하다. 기억 역시 무조건 정보를 저장하고 과거를 회상하는 데 동원되는 무차별적 능력이 아니라, 선택의 능력이다. 많은 사실이 뇌리에서 사라지는 반면, 일부는 뇌리에 제각기 다른 방식과 강도로 각인되는데, 여기에는 주체의 의지만이 아니라, 특히 정서와 본능의 경제가 작용한다. 기억과 정서, 기억과 의지의 연관은 더 심층적인 이해를 요구하는데, 니체는 여기서 일단 의지의 차원에 주목한다. 왜냐하면 처음부터 논의의 초점이 인간이 약속을 할 수 있다는 사실에 놓여 있기 때문이다. 약속의 주체가 의존하는 알려지지 않은 전제 조건들은 무엇인가?

약속은 자신을 일정한 의무관계 속에 설정한다는 것을 의미한다. 약속의 주체는 의지의 연속성을 스스로 보장할 수 있는 주체이자, 미래와 현재, 목적과 수단을 구별할 수 있는 계산적 합리성의 주제이기도 한다. 합리성이나 이성은 의지와 정서에서 비롯하는 마음의 이차적 산물인가?

같은 맥락에서 기억이 단순한 인지적 학습의 차원을 넘어서 정서적 단련과 혹독한 자기희생, 처벌적 조치 등을 전제해야 하는 이유가 밝혀진다. 그런데 기억에의 의지는 주어진 재능인가 아니면 후천적인 단련의 결과인가? 여하튼 기억에의 의지가 내면화되는 과정은 마치 동물의 양육에 비견된다. 그렇다면 누가 왜 양육한다는 것인가? 만약 기억과 망각이 진화론적 관점에서 이해될 수 있다면 자연의 '의도'는 도대체 무엇인가?[125]

인류 역사의 초기 단계에서 비교적 동등한 개인들 간의 거래 행위가 실제로 채무, 죄, 법, 의무, 계약, 교환 등의 관념을 정립하는 계기가 되었다는 것은 여기서도 의미 있는 단초를 제공한다. 무엇보다 우리는 여기서 비규범적인 사태들, 즉 삶의 구체적이며 일상적인 사태들로부터 규범의식과 가치의 관념이 발현한다는 사실을 수용하지 않을 수 없다. 여기서 도덕과 법, 경제적 거래 행위 등과 같은 사회적 행위의 근저에는 등가교환의 원리가 작용한다는 점이 중요하다.[126]

나는 등가교환의 원리가 단순한 교환 행위를 규범적인 행위로 변환시키는 일종의 '자동번역기계'와 유사하다고 생각한다. 인간은 이 점에서 도덕과 법의 주체이기에 앞서, 교환의 주체들이다. 교환의 필연성은 나아가서 인간을 계약과 약속의 주체로 규정하도록 요구한다. 따라서 인간이 약속을 할 수 있는 존재란 사실은 도덕 외적인 사태로서의 교환의 필연성에 부합된다. 같은 맥락에서 계약 당사자들 간의 원초적인 의무감과 함께 저당권을 중심으로 고대로부터 지켜져 온 법적 제도의 엄중한 관행이 이해될 수 있다. 저당권의 대상에 재화나 토지는 물론 생명과 신체의 일부 혹은 자유권까지도 모두 포함되었다는 것은 고대사회의 거친 성격을 반영하는 것이 아니라 등가교환이란 원리의 일관성을 표현할 뿐이다.[127]

그런데 계약의 법적 제도화의 배경에는 채무자에 대한 채권자의 잔인한 '폭력'을 배제하려는 의도가 깔려 있다. 더구나 채권자의 계급적 지위가 낮을수록 채무자에게 체형과 같은 보복을 함으로써 쾌감(Wohlgefühl)이 증가한다는 니체의 언급은 정의 감정의 기원이 비도덕적인 사태로부터 설명될 필요가 있음을 말해 준다. 여기서 니체의 서술에는 심리학적 관점과 사회학적 관점이 교차되고 있다. 니체에게 잔인함에 대한 쾌감은 인간적 정신의 승화와 섬세함의 정서를 이해하는데 중요한 의미를 지닌다. 왜냐하면 후자는 바로 잔인함에 대한 쾌감이 인간의 상상과 상징적 표상 작용을 통해 '번역'되고 '장식'됨으로써, 비로소 "가장 부드러우면서도 위선적인 양심(das zarteste hypokritische Gewissen)"의 형태로 변형되기 때문이다. '등가교환의 원칙'에 대한 정서론적 이해는 법적 체계의 등장을 권력과 욕망의 비규범적인 사태로부터 이해하도록 유도한다.

실제로 채권자와 채무자 사이에 성립하는 계약의 관계는 더 심층적 차원에서는 채권자의 원한의 감정에 뿌리를 두고 있다는 것이다. 그렇다면 등가교환 원칙은 형식적, 표면적 수준에서만 정의감을 설명해 주는가? 물론 보복과 원한의 감정에 의해 후자가 해석된다고 해서 직접적으로 등가교환의 원칙이 상대화되거나 훼손되는 것은 아니다. "그러므로 보상(Ausgleich)은 잔인함에 대한 지침과 권리를 통해 성립된다."[128]

한편 잔인함에 대한 니체의 서술은 죄책감이 단순히 부정적인 감정으로 이해될 수 없음을 보여 준다. 죄책감은 단지 부정적이며 반동적인 감정인가? 이 같은 물음 자체는 계보론적 시각에서 볼 때 지극히 피상적일 뿐이다. 왜냐하면 니체의 정서론은 긍정과 부정과 같은 양가적 가치를 넘어서 그 발생적 계기를 탐색하는 데 주력하기 때문이다. 굳이 프로이트의 승화(Sublimation)를 거론하지 않더라도 부정적 감정이 긍정적 세계 해석으로 변형될 수 있다는 사실은 이미 잘 알려져 있다.

잔인함의 양가적(bivalent) 가치는 다음 문장에서 발견된다. 여기서 "능동적인 '나쁜 양심'"은 다름 아니라, 인간이 스스로에게 가하는 '폭력'이자 종종 쾌감을 수반하는 잔인함인데, 이와 같은 변형의 과정은 마치 "예술가의 잔인성(Künstler-Grausamkeit)"과 유사하다는 것이다.[129] 이로써 죄책감이나 죄의식 자체가 '나쁜 양심인가'라는 물음은 큰 의미를 지니지 못한다. 인간이 스스로에게 가하는 '폭력'의 잔인함을 통해서 바로 "이상적인 그리고 우리가 상상할 수 있는 사건들의 본래적인 모태"이자, "아름다움 그 자체(die Schönheit)"를 산출할 수 있기 때문이다. 니체는 잔인함과 쾌감, 인간적인 추함과 아름다움이 비록 상호 모순되는 현상들이지만, 그 발생적인 계기들이 필연적인 연계를 구축한다고 말한다.[130] 다시 말해서 이타적인 행위나 감정은 인간이 스스로의 내면에 가한 폭력, 다시 말해서 자아의 희생과 부정을 통해서만 가능한 사태로 간주될 수 있다는 것이다.

죄와 고통에 대한 니체의 해석은 다분히 심층 심리학의 인식을 연상시킨다. 부채에 대한 보상이 채무자에게 고통을 가함으로써 가능하다는 발상은 인간의 잔인함에 대한 욕망이 이를 통한 쾌감과 연관이 있음을 가리킨다. 다시 말해 겉으로 보기에 '정상적인' 감정이 실제로는 '잔인한' 감정의 표현이라는 것이다.

"얼마나 순진하게, … 얼마나 죄의식 없이 잔인함에 대한 욕구가 드러나는가, 얼마나 원칙적으로는 전혀 무관심한 악의가 … 인간의 정상적인 특징으로 간주되곤 하는가: 그래서 양심이 마음으로부터 *그렇다*라고 승인하게 되는!"[131]

그러나 잔인함과 보복, 원한 감정의 사회적 기원에 대한 물음은 심리학적 고찰로는 포착되기 어려운 정서론의 계급적 성격을 보여 준다. 니체는 무엇보다 '노예들'의 관점에서 왜 '정신'이 스스로를 계몽시키고 의식할 수 있었는지를―헤겔의 '주인과 노예의 변증법'과 유사한―설명의 모형에 기대어 부각시키고 있다. 여기서 요점은 그 누구보다 약자가 오히려 진화의 과정에서 강자에 대항하기 위해 자신의 정신(Geist)을 계발하는 데 성공했다는 것이다.[132] '정신'은 다름 아니라, "조심성, 인내, 술책, 가장(Verstellung), 엄청난 자기통제 그리고 모방 혹은 위장술(mimicry)"[133]로 간주되는 생존의 기술이자 동시에 철학, 특히 형이상학을 자신의 엄폐물로 치장한다.

따라서 니체의 관점에서 기존의 도덕철학은 '정서적 정체성'에 혼란을 초래할 뿐이다. 가령 루소(Rousseau)의 동정심은 자연과 역사의 본성에 반하는 '도덕주의'를 표방함으로써 죄의 감정을 인간의 내면에 이식시켜 정서적 혼란과 사기모순을 초래한다는 것이다.[134] 교활한 루소적인 '정신'에 감염된 칸트는 마치 이성에 의해 엄호될 수 있는 도덕의 초월적인 세계가 구축될 수 있다는 확신에 사로잡히게 되었다는 비판이다.[135] 여기서 어떤 도덕이냐의 여부가 아니라, '도덕' 자체의 극복이 문제인가?

그런데 어떻게 해서《도덕의 계보》가 "도덕의 극복"이자 심지어 "도덕의 자기극복(Selbstüberwindung)"일 수 있는가? 구체적으로 도덕을 초월한 존재란 무엇을 가리키는가? 그런데 니체는 자신과 자연, 타자를 통제할 수 있는 존재를 주권적 개인(The Sovereign Indivisual)으로 형상화한다. 죄책감으로부터 해방된 '주권적 개인'이 궁극적인 의미의 니체의 대안이며 이 존재가 바로 '초인'이란 말인가?[136] 일단 주권적 개인이란《도덕의 계보》에서 특정한 계층적, 계급적 존재들(예: 귀족, 전사, 사제 등)을 직접적으로 가리키지 않는 것처럼 보인다. 이는 약속을 하는 것이 허용된 매우 드문 존재에 대한 관심의 연장선상에 있다.

중요한 것은 단순히 약속 그 자체가 아니라, 약속의 형태다. 약속을 할 수 있는 것이 허용된 계급이 따로 존재해야 하는 것인가? 주권적 개인은 계급을 떠나서 도덕 이후의 세계에 등장하는—죄책감으로부터 해방된—미래의 개인들인가? 최소한 니체가 계층이나 계급과 같은 집단주의적인 발상으로부터 벗어나 있는 것은 확실해 보인다. 그렇다면 도덕 이전의 단계에서 죄의 관념과 원한의 감정이 배제된다고 볼 때, '주권적 개인'은 원초적 자연의 상태와 더 잘 부합되는가? 그렇지 않다. 앞의《도덕의 계보》에서 "인륜성으로부터 다시 해방된" 존재들이

'주권적 개인'들로 규정되는 한에서 그는 새로운 시대의 양심, 약속을 오랜 기간 지킬 수 있는 책임의 주체를 가리킨다. 그 같은 존재는 '죄'로부터 해방된 주체인가? 그렇다면 '주권적 존재'는 죄의 단계를 상정하는 사회화의 과정으로부터 자유로운가?

'생성의 무죄'

"나의 친구들에게 전하는 말

나는 생성의 무죄(Unschuld des Werdens)를 스스로에게 입증하기 위해서 항상 노력해 왔다;

그리고 아마도 나는 거의 확실하게 완전한 "무책임"의 감정을 지니길 원했다.

나를 칭찬과 비난으로부터 자유롭게 만들기를 원했다.

특히 오늘과 이전의 모든 시간으로부터 자유로워지기를 원했던 것이다.

이는 인류의 미래와 연관된 목표를 추구하기 위해서이다.

나에게 첫 번째 해결책은 현존재의 미적인 정당화였다.

그러나 '정당화한다는 것' 그 자체가 필요 없어야 한다!

도덕은 현상의 영역에 속하는 것이다.

나에게 두 번째 해결책은 모든 죄의 개념이 객관적으로 무가치하다는 것,

그리고 인생들이 주관적이며 필연적으로 정의롭지 못한, 비논리적 성격을 지니고 있다는 통찰이었다.

나에게 세 번째 해결책은 모든 목적을 부정하고 인과율들이 인식 불가능하다는 통찰이었다."[137]

주로 니체의 후기에 들어와서 명시적으로 드러나는 '생성의 무죄'라는 생각은 스스로를 비도덕주의자(Immoralist)로 명명한 후 더 구체화된다.[138] 여기서 우리는 고대 그리스의 생성의 관념(Herekleitos)이 어떻게 확대, 변형되는지 알 수 있다. 그러나 '생성의 무죄'란 관념의 의미는 단지 도덕 비판이라는 동기에 국한되지 않는다. '생성의 무죄'는 존재의 연속성, 자연과 문화, 사실과 당위의 구별에 의존하는 상징체계의 한계에 대한 근원적인 통찰과 연결된다. '생성의 무죄'는 당연히 신학적 체계에 대해 적대적이다. 그러나 '생성의 무죄'가 기성 종교와 도덕에 대한 부정으로만 일관하는 것은 아니다. 이 고대적인 관념은 오히려 존재의 필연성, 즉 운명에 대한 미련과 집착으로부터 해방된 실존을 전제한다.

"모든 것은 필연성이다— 이렇게 새로운 인식이 말한다: 이 인식 자체가 필연적이다. 모든 것은 무죄이다: 그리고 인식 자체는 이러한 무죄에 대한 통찰로 이르는 길이다."[139]

니체는 무죄를 인식하는 순간, 비로소 지혜의 단계에 도달한다고 주장한다. 기존의 도덕이 "쾌락, 이기주의, 자만심"에 의해 필연적으로 등장했다면, 처벌과 보상을 통해서 "정의를 실현하려는 의도 역시"[140] 현실적인 동기에 의해 고안된 것에 지나지 않는다고 볼 수 있는데, 이 모든 사태의 통찰이 지혜의 전 단계에 해당하기 때문이다. 지혜는 따라서 '완전한 무책임의 이론'을 철저하게 수용할 것을 전제한다. 그런데 죄와 처벌, 도덕과 정의의 통념이 지배하는 단계를 벗어나 지혜로 이행하는 과정은 고통스럽다. 그것은 도덕의 관점에 길들여진 자신의 습관, 체화된 해석과 관행을 거부하고 파괴적인 '가치전복'의 결단을 필연적으로 수반하기 때문이다. 누구에게나 자신의 오류, 그것도 태생적인 통념을 거부하는 것은 고통스럽다. 즉 필연성의 인식은 당연히 전통적인 선악의 구별을 '상대화'하게 된다. 설혹 선과 악의 '차이' 자체가 체험되더라도 그 방식은 근본적으로 새로운 것이다.

"훌륭한 행위들과 나쁜 행위들 사이에는 그 어떤 류(Gattung)의 차이가 존재하는 것이 아니라, 기껏해야 정도(Grade)의 차이만 있을 뿐이다. 훌륭한 행위들은 승화된, 악한 행위이며, 나쁜 행위들은 거칠고, 멍청하게 훌륭한 행위이다."[141] 그런데 니체는 여기서 "판단력의 정도(Grade der Urteilsfähigkeit)"에 의해 여러 동기 중의 한 특정한 동기에 의해 행위의 방향이 결정된다고 말한다. 그렇다면 이 "판단의 정도"는 다른 형태의 선과 악을 초월하는, 그러나 역시 '규범적인 상위의 원리'를 가리킬 수밖에 없다.

《선악의 저편》에서는 그 어떤 초월적 도덕이 작용하거나 명시적으로 제시되고 있지는 않는데, 그 이유는 진정한 지혜가 인간에게 원칙적으로 허용되는지 불투명하기 때문이다. 이 점에서 '도덕'의 단계에서 지혜로운 인류로의 도약은 '실험'이자 '모험'이며, '고통'이기도 하다. '새로운 복음'은 결국 위에서 말한 삶의 필연성에 대한 확신의 연장선상에 놓여 있다. 필연성의 인식은 자기 함축적이며, 자기준거적이다. 이 문장의 배후를 캐묻는 것 자체가 더는 허용되지 않는 종결의 사태에 도달한 것이다. 그리고 필연성의 인식이 비로소 '생성의 무죄'를 가능케 한다. 반면에 통상적인 의미의 도덕은 일종의 "유전된 습관(vererbte Gewohnheit)"에 불과하다.

무죄의 지혜는 "차라투스트라"에 등장하는 명시적인 메시지이며 니체 철학의 정점에서 모색된 사상이다. 정신의 마지막 발달 단계에 등장하는 '어린이'의 메타포는 경외심과 복종을 상징하는 '낙타'의 정신과 그 두 번째 변신인 자유와 도덕의 정신, 즉 '사자'의 단계를 넘어서, 긍정의 실존을 말한다. "무죄는 어린이며, 망각, 새로운 시작, 유희, 스스로 돌아가는 바퀴, 최초의 운동, 성스러운 긍정의 말(Ja-Sagen)이다."[142] 긍정의 실존은 필연성의 인식으로부터 "필연적으로" 도출된다.

"그가 포착한 것은, 바로 생성 속에서 작용하는 법과 필연성 속에서의 유희에 대한 가르침이다."[143]

반면에 죄의 문화는 세계의 진정한 모습인 생성과 변화를 부정한다. '생성의 무죄'는 그러나 생성 개념 자체에 대한 어떠한 고정된 표상에 의존하지 않는데, 이는 다음 인용문에서 더 분명해진다.

"이 세계에 죄, 부정, 모순, 고통이 존재하는가? … 생성과 소멸, 건설과 파괴 그리고 그 어떠한 도덕적 책임을 지우지 않는 영원히 동일한 무리 속에서 이 세계에는 오직 예술가와 어린이의 유희만이 존재한다."[144]

존재의 필연성에 대한 인식은 단지 죄 개념의 통상적 이해를 벗어날 뿐만 아니라, 관습적인 도덕관념에 대한 니체의 도발로 이어진다. 니체의 도발은 일견 철저하면서도 당연히 급진적인 필연성의 관념에 의해 규정된다. 이 같은 정황은 니체가 유희와 생성처럼 본질적으로는 예술의 영역에 위치한 개념들에 의존하는 데서도 드러난다. 이제 우리는 죄와 책임의 통속적 이해를 거부한 니체의 태도를 어떻게 받아들여야 하는가? 철학자의 관점과 일상적 관점은 일치할 수 없는 것인가? 철학은 일상으로부터의 초월을 통해서만 가능한가? 니체가 이러한 물음들에 대해 어떻게 답변하리라는 것은, 헤라클레이토스를 비롯한 다른 고대 철학자들에 대한 평가나, 다분히 정서적 감흥을 불러일으키는 표현들을 통해서 충분히 짐작할 수 있다. 그것은 외로운 존재로서 대중의 인정과 거리가 먼 고독하고 심오한 철학자인 헤라클레이토스의 형상을 빌어서 표현된다. 죄의 담론을 지탱해 주는 개념의 그물망에서 씨실과 날실에 해당하는 범주들은 더는 효력을 지니지 못하게 된다. 이는 더 구체적인 방식으로 다음 문장에서 반복된다.

"그렇다. 완전하고도 결정적인 무신론의 승리가 인류를, 이 모든 감정, 원초적인 것에 대한 부채, 그 최초의 원인(causa prima)으로부터 풀려난 사태를 충분히 전망해 볼 수 있다. 무신론과 일종의 제2의 죄가 없는 상태(eine Art zweiter Unschuld)는 서로 함께 속한다."[145]

그러나 니체의 희망대로 "기독교의 신들에 대한 믿음"이 사라진다고 해서 자동적으로 죄의 감정이 종식을 고하고 '제2의 무죄 상태'가 도래하는가? 우리는 '생성의 무죄'에 대한 인식을 통해서 죄책감이 소멸된다기보다 변형되고 왜곡된 형태로 다시 등장할 것이라고 예상해 볼 수 있다.

《인간적인 너무도 인간적인》에서 발견되는 '생성의 무죄'에 대한 니체의 서술은 분명히 정서의 경제에 대한 인식에서 출발한다. 특히 "무책임과 죄책감의 결여(Unverantwortlichkeit und Unschuld)"에 대한 서술은 종교적인 죄책감과 죄의식에서 해방된 새로운 인류에 대한 기대감으로 마무리되고 있는데, 이 역시 도덕과 종교의 이름하에 오랜 기간 순치된 인간들의 허약해진 정서적 결함을 겨냥하고 있다.

> "아마도 우리 내부에서 오류가 있는 평가와 사랑, 증오의 유전된 습관이 계속해서 지배할 수도 있을 것이다. 그러나 점증하는 인식의 영향 아래 그러한 것들은 약화될 것이다: 새로운 습관, 즉 파악의 능력, 사랑하지 않는 것, 증오하지 않는 것, 포괄적으로 전망하는 것 등과 같은 것들이 점차로 우리 내부에서 동일한 토양 위에 뿌리내리고 수천 년이 지난 후에 아마도 그것은 충분히 힘이 강해져, 인간에게 현명하고 죄 없는 (그리고 무죄를 의식하고 있는) 인류에게 힘을 줄 수도 있을 것이다."[146]

억압적인 정서경제로부터의 해방과 죄가 없는 새로운 인류의 등장은 동시적 사건이다. 정서의 관점에서 죄의 문화와 도덕 이후의 세계는 대비된다. 인간이 "도덕의 단계"를 넘어 더 "지혜로운 인류(eine weise Menschheit)"로 변화될 때, 자연과 도덕, 이성과 정서의 인위적인 대립은 소멸된다. 즉 존재의 필연성에 대한 인식은 "쾌락, 이기주의, 허영심"과 위선적인 도덕주의가 공생하는 현상들의 종식을 의미한다. 그 결과 기존의 '도덕'과 함께 종교의 죄책감으로부터 해방된 지혜로운 인간의 탄생에 대한 희망이 고개를 들 수 있다는 것이다.

이러한 인식은 니체의 자연주의적 관점으로부터 비롯한 것으로 볼수 있다. 왜냐하면 "건강한 도덕"은 어디까지나 "삶의 본능들"에 의해서 지배되는 경우에 해당한다고 볼 수 있기 때문이다.[147] 더구나 "자연에 반한 도덕(widernatürliche Moral)"은 삶과 모순되는 거짓 처방일뿐이다. 반자연적인 도덕은 신이 인간의 내면을 감시, 통제한다는 생각을 강요하고, 나아가서 동정심의 대상에 대한 죄책감을 강제하는 등의 '부자연스러운' 방식에 의존함으로써 실재하지 않은 '도덕의 왕국'에 대한 원한만을 부추기는 결과를 낳을 뿐이기 때문이다.

앞에서 '삶의 본능들'에 대한 언급은 단순히 본능들이 문명의 과정을 통해서 완전히 사라지거나 극복될 수 없다는 사실을 강조하기 위한 것이 아니다. 본능의 승화는 일종의 '변증법적 지양'과 같이 그 자체의 흔적을 남길 뿐만 아니라, 여러 형태로 변형됨으로써 도덕이라는 위선적인 사태를 은폐하는 데 기여한다. 동일한 논리의 연장선상에서 선과 악의 선택을 철학적으로 설명하고 정당화하기 위해서 동원된 '자유의지'나 "인간의 절대적인 자발성"은 자연적 실재나 존재 자체의 성질을 가리키는 것이 아닌, 전형적인 철학자의 "그렇게도 대담하고, 그렇게도 끔찍한 결과를 초래한 철학자의 발견"에 지나지 않는다고 니체는 주장한다.[148]

같은 논리의 맥락에서 도덕과 종교, 예술과 같은 상징적 체계들은 그 어떤 고상한 의도와 목적하에 등장한 인간적인 이상의 산물이 아니라, 인간이 감내하기 어려운 "무의미한 고난"에 대한 해석을 통해서 산출된 것이다.[149] 《우상들의 황혼》에서 니체가 도덕을 한마디로 "반자연(Widernatur)"으로 규정하는 것도 이 때문이다.

그런데 자유의지를 비롯한 도덕적 범주들에 대한 니체의 비판적 관점은 수치심에 대해서도 일관되게 적용된다. 니체는 "인간을 뒤덮은 하늘은 항상 인간의 인간에 대한 수치심이 성장하는 것과 비례해서 점차로 어두워지기 시작했다."[150]고 말함으로써 수치심 역시 죄책감과 같은 피고석으로 몰아넣는다.

당연히 이 같은 주장의 배경에는 도덕을 통한 정체성의 형성이 결과적으로 인간을 유약하고, 영리하게 만들었다는 데 대한 부정적인 인식이 자리한다. 그뿐만 아니라, 도덕적 감정의 비판에는 궁극적으로 인간적인 존재의 온전성(integrity)이 실현될 수 있다는 암묵적 전제가 바탕에 깔려 있다고도 볼 수 있다. 수치심은 자신과 일치될 수 없는 자기소외의 원인을 제공한다. 즉 인간이 자신의 본능에 대해 수치심을 느끼는 시점부터 우리의 삶에 그림자가 드리워진다는 것은 낯선 내면의 공간이 탄생했음을 가리킨다. 이렇게 보면 니체는 거시적인 문명화의 과정에서 형성된 자기소외의 폭력성을 냉소적으로 기술하고 있는 것처럼 보인다. "능동적이고, 공격적이며, 지배하는 인간은 항상 정의에 백보나 가까이 놓여 있다."[151]는 주장은 정의 개념 역시 자연주의적인 필연성의 맥락에서만 이해될 수 있다고 보는 것이다.

또한 니체의 '영원회귀' 사상은 단순히 역사의 목적에 대한 진보주의를 비판하기 위한 것이 아니다. 그것은 삶의 구체적 현상을 넘어서 초월적 세계나 그 어떤 본질이 존재한다는 플라톤(주의)적 망상에 대한 비판이기도 하다. 현상과 초월, 현실과 이상의 괴리에 의거하는 본질의 형이상학은 불가피하게 삶의 구체적 실존에 충실하지 못하게 함으로써 소외된 삶을 촉발시킨다는 것이다. 자기 스스로를 새롭게 창조하는 삶은 그 어떤 정형화된 삶의 방식이나 밖으로부터 강요된 삶의 목적으로부터 자유롭다. 그런데 여기서 하나의 의미 있는 반론이 제기될 수 있다. 창조하는 삶, 주권적인 삶 자체는 비록 전통적인 도덕이나 종교와는 구별되나, 이 역시 또 다른 규범적인 목적이 아닌가라는 의문이 제기된다. 논리적인 자가당착에 빠지지 않으면서 어떻게 니체는 스스로의 전범, '너 자신이 되어라(Become, who you are!)'를 존재의 필연성과 구별되는 삶의 목표로 정당화할 수 있는지 의심스러운 것이다.[152]

이제 우리는 포괄적인 맥락에서 니체적 시도의 의미를 정리할 필요가 있다. 예컨대 니체의 계보론적인 비판은 스스로를 정당화할 수 있는가? 아니면 그 의도는 철저하게 자가당착의 차원에 머물고 있는가? 그는 표면적으로 드러나지 않는 자신의 고유한 규범적 전망을 은폐하고 있지 않은가? 우리는 니체가 급진적 계몽주의의 연장선상에서 이해될 수 있다고 생각한다.

계보론은 단순히 도덕관념의 역사적 전개 과정에 대한 가치중립적인 서술이나 분석이 아니다. 죄의식과 책임의 기원에 대한 계보론적 서술은 인류가 마치 규범의식과 관련해서 진보나 퇴행의 양상을 보인다는 '목적론적인' 전제에 의존하는 것처럼 오해될 수 있다.[153] 인류 이전의 단계에서 인륜성으로, 그리고 이는 다시 초인륜적인 단계로 이행한다는 니체의 서술 방식은 다분히 규범의식의 전개 과정에 대한 사변적인 서술이다. 확실히 니체의 《도덕의 계보》는 죄책감의 역사적이며 발생론적인 이해를 넘어서 비판적 작업으로 전개된다. 이는 무엇보다 죄의 감정으로부터 해방된 자유로운 인간존재의 가능성을 탐색하기 위한 인상적인 시도다. 이 점에서 죄는 더는 존재의 숙명이 아니다. 비록 니체의 《도덕의 계보》가 완성되지 못한 밑그림에 지나지 않는다고 하더라도, 그의 인식이 근대 이후 근본적으로 변화된 인간의 정체성을 탐색하고 있다는 것은 분명하다. 죄책감이 기독교 문화권의 성격을 말해 주는 특이한 관념인 한에서 《도덕의 계보》에서 시도된 죄책감의 분석은 서구적 규범의식의 비판임과 아울러 존재론적 죄의 관념이 더는 설 땅이 없다는 것을 전제하게 된다.

이로써 죄의 감정에 대한 니체의 분석은 다분히 문명비판적인 차원을 보여 준다. '계보론'은 분명 전통에 대한 급진적인 비판을 넘어 근대성의 위기에 대한 진단이다. 죄의 감정의 기원에 대한 내재적 고찰은 필연적으로 기존의 역사 속에서 배태된 질서들, 예를 들어 국가와 종교, 도덕 혹은 이를 지탱하고 그 존속에 대해서 염려하는 기성의 이데올로기와 불화할 수밖에 없다.

동시에 정서와 감정에 대한 니체의 이해는 실천적 함축을 지닌다. 니체의 계보론은 '도덕'이 인간의 삶에 대해 지니는 의미가 필요 이상으로 과대평가되고 있다는 생각을 촉발시킨다. 특히 죄책감의 기원에 대한 분석은 도덕주의로부터의 해방된 충일한 실존의 가능성을 지향한다. 그런데 이미 서술한 대로 자연주의적 도덕 비판 자체가 어떠한 규범적인 기준을 전제하는지 항상 분명한 것은 아니다.[154] 다만 계보론은 사회의 규범적 통합이 어떠한 심리적 기제에 의존하고 있는지를 보여 준다. 다시 말해《도덕의 계보》의 '탈도덕주의'는 자아의 내면세계가 더는 투명하지 않다는 점을 의식하게 만든다.

도덕주의에 대한 비판은 궁극적으로 내면세계에 대한 심층적 독해를 통한 자기계몽의 가능성과 직결된다. 죄책감과 수치심의 작동 방식이 역사적으로나 사회적으로 조건 지운다는 인식은 그 초기 단계의 당혹감을 넘어선 새로운 의미의 해방과 자유로운 실존을 가능케 하기 때문이다. 이 점에서 니체의 죄책감에 대한 분석 역시 고대로부터 철학이 추구해 온 영혼의 치유라는 목표에서 벗어나지 않는다. 플라톤에서 스토아주의, 스피노자 등으로 점철된 인간학적 이해는 정서와 감정에 대한 심층적인 탐색과 직결된다. 도덕 자체의 도덕성에 대한 니체의 문제 제기는 바로 이 같은 맥락 위에서 이해된다.

그러나 인간적인 감정과 정서에 대한 이해와 관련해서 니체적인 관점은 인상적인 여러 관점 중의 하나일 뿐이다. 니체의 사유 역시 그 자신의 시대적 특징을 반영하고 있다. 가령 잔인함과 죄로 인한 고통의 문제는 시대적인 차이에 대한 뚜렷한 의식, 즉 근대적 삶의 방식 전반에 대한 비판적인 의도와 직결된다. 그의 근대인들의 위선(Tartüfferie)과 가식에 대한 부정적인 서술은 단순히 문화적 행태나 관행에 대한 것을 넘어서, 근대적 삶의 구조적 조건들인 자유주의나 인권의 이념, 보편적인 도덕 등에 의해 길들어진 취향의 섬세함(Delikatesse)을 겨냥한 것이다. 이 '불온한' 사유가 지향하는 것은 무엇인가? 그것은 쉽게 표현해서 정서적 깊이의 상실에 대한 고발이며, '공리주의'와 '자유주의'의 천박함에 대한 비판이기도 하다. 근대 이후 심화된 정서경제의 통제는 자본과 권력이라는 두 축을 중심으로 전개된다. 니체의 기획이 아직 미완성의 단계에 놓여 있다면, 그 이유는 근대 자체가 삶의 불안정성을 오히려 증폭시키기 때문인 것이다. 근대를 살아가는 존재, 즉 실존의 불안은 그 누구보다도 키르케고르에 의해 심층적으로 분석된다.[155]

죄와 불안
-죄의 관점에서 본《불안의 개념》

"죄와 죄악의 관념은 심층적인 의미에서 비기독교적인 세계에서는 발현되지 않는다. 만약 그 같은 관념이 발현되었다면, 비기독교의 세계는 누군가가 운명에 의해 죄에 빠질 수밖에 없다는 모순으로 인해서 멸망에 이르고 말았을 것이다. 이것이 바로 최고의 모순이다. 그리고 이 모순으로부터 기독교가 탄생한다. 비기독교 세계는 이러한 모순을 파악하지 못한다."

—키르케고르《불안의 개념》

키르케고르의 유혹

규범이나 가치가 실재하는가의 여부는 필경 형이상학적인 논쟁으로 치달리게 된다. 그리고 이 같은 사실은 대부분의 현대철학자에게 잘 알려져 있다. 가치의 실재성을 둘러싼 논란이 어떻게 귀결되는가에 관계없이 사람들은 보통 생명이 죽음보다 행복이 불행보다 더 추구할 만하다고 생각한다. 사람들이 추구하는 가치들이 개인적인 취향에 의해 좌우된다는 진부한 사실 또한 잘 알려져 있다. 그런데 자신들의 삶을 어떻게 이해하고, 삶의 근본적인 가치를 어떻게 받아들이는가의 문제는 현대철학의 관심 영역에서 손쉽게 배제된다. 왜냐하면 우리는 가치의 다원주의와 자유주의가 만연한 시대의 주체들로 스스로를 규정하고 다양한 가치 간의 우열이나, 위계질서를 확정하려는 시도 자체를 시대착오적이라고 여기기 때문이다. 그리고 이는 더 중요한 변화로부터 파생된 결과로 이해된다. 다시 말해서 진리와 확신, 자기 확신과 객관적 진리 사이의 불일치가 당연한 것으로 수용되고, 오히려 이를 권장하는 사회가 바로 근대적 질서인 셈이다. 이제 살펴보게 될 키르케고르는 이러한 경향에 대해 철저하게 비판적이다.

실제로 죄의 물음에 대한 근대적인 해석은 이미 근세 초에서부터 발견된다. 그것은 기독교의 교리에 대해 근본적인 회의를 품은 스피노자에게서 극명하게 나타난다. 죄의 실체성에 대한 그의 의심은 이에 대한 담론을 중심으로 규범체계를 유지해 온 사회 전체에 충격으로 받아들여질 수밖에 없었다. 따라서 죄가 오직 특정한 공동체 안에서만 실체적 개념으로 이해될 수 있다는 스피노자의 주장은, 17세기의 기독교 문화권에서 실로 도발적인 언급으로 받아들여질 수밖에 없었다. 스피노자의 죄에 대한 해석은—그의 다른 급진적인 주장들에 못지않게—최소한 우리 논의의 맥락에서 충분히 주목할 만하다. 그는 간단히 말해서 죄의 실체성에 대해 의심하고 있는 것이다. 한마디로 죄는 인위적으로 구성된 관념이다. 죄는 일반적으로 자연 상태에 존재하는 현상이나 사물의 특성이 아니기 때문이다. 여기서 언급된 원죄나 죄는 주로 유대적이며 기독교적인 죄의 관념에 가깝다. 얼핏 보면 진부한 철학적 주장처럼 들리지만, 유럽의 정신사를 뒤흔든 급진적 계몽주의의 싹이 여기서 움트게 된다.

스피노자에게 '죄'의 의미 있는 논의는 신학적인 해석으로부터 해방된 국가의 법적 질서와 관련해서만 성립한다. 즉 사회적 행위의 옳고 그름에 대한 판단의 권위가 국가에 양도된 법적 질서하에서 개인들의 죄에 대한 처벌의 권한이 오직 국가에게만 부여된다는 생각은 의문의 여지가 없어 보인다. 즉 죄는 행위를 통해서 외적인 사태로 드러나는 것일 뿐이며 결코 "정신"의 "속성들(attributa)"일 수는 없다는 것이다.[156] 그러나 시대를 앞선 스피노자의 근대적 관념은 서구 유럽에서 지속적으로 관철되지 못했는데, 그것은 간단히 말해서 기독교의 지속적인 영향력 때문이다. 키르케고르나 하이데거 역시 기독교적 죄의 관념을 근대적 지평 위에서 새롭게 해석함으로써 복권시키려고 시도하게 된다.

자연주의적인 기획에 의존하고 있는 스피노자의 이 같은 회의적 시각과 달리 키르케고르는 죄의식의 심층적인 이해를 통해서 이성의 차원으로 격상된 자유와 정신의 초월적 의미를 그 뿌리에서부터 흔들어 놓는다. 이제 불안과 죄는 인간존재가 개체존재로서 스스로를 인식하는 과정에서 해명되어야 하는 긴박한 실존적 사태다. 개체성(Individuality)과 주체성(Subjectivity)은 단순히 인식론적인 맥락에서 대상들의 세계를 마주 대하고 있는 의식적 존재의 특성이 아닌 절대자 앞에서 스스로를 책임져야 하는 '단독적인 존재자'로 간주된다. 그렇다면 도대체 죄는 어떤 의미에서 기독교적인가?[157]

죄와 불안, 자유

키르케고르에게 죄와 불안은 같은 뿌리에서 파생된 존재의 사태들이다. 실존의 내적 깊이와 불안이 상응한다는 사실은 '천재'에 대한 키르케고르의 특이한, 그러나 매력적인 해석에서도 관철된다. '무'의 불안으로부터 그 단초가 제공되는 죄의 인식의 차이는 동일한 문화권에 속한 사람들 간의 차이에서 드러나는데, 이는 "위대한 천재일수록, 그는 심각하게 죄를 발견한다."는 주장의 근거이기도 하다.(BA 110쪽)[158] 천재의 특징은 타인에 대한 경시나 우월감이 아니라, 자신의 내면성, 즉 주체성의 본질에 대한 깊은 관심을 통해서 드러난다. 여기서 다시 키르케고르의 죄의식이 개인의 행위나 사회적 상호관계에서 파생하는 일련의 일탈적 행위가 아닌 주체성의 심층적 본질에 대한 성찰에서 비롯됨을 알 수 있다. 또한 이는 키르케고르의 존재론적인 죄의 관점이 고대의 운명론적인 해석과도 구별된다는 것을 말해 준다. 고대 그리스의 '죄의식'처럼 세계와의 부조화나 운명적인 필연성에 따른 존재론적 관념이 아닌, 주체성의 자기 인식에 의해 철저하게 매개된 죄의 관념이 그의 주된 관심인 것이다.[159]

내면성의 깊이에서 길러진 죄의 인식이 곧 자유의 본질이다. 운명의 필연성으로부터 자유로의 이행은 최소한 키르케고르에 의하면 죄의 발견을 통해서만 가능하기 때문이다.

"그는 내면으로 전환함으로써 자유를 확인한다. 그는 운명을 두려워하지 않는다. 왜냐하면 그는 자신의 외부에서 과제를 발견하는 것이 아니라, 자유가 자기에게 축복이기 때문이다. 그의 자유는 세상에서 이러저러한 일들을 처리하는 행위나, 왕이나 황제가 되거나 거리 모퉁이에서 떠들어 대는 허수아비 대리인이 되는 것이 아니라, 그가 곧 자유로운 존재라는 것을 스스로 인식하는 그런 자유이다. 그런데 개인은 더 높이 올라갈수록, 그만큼 그가 겪게 될 희생은 클 수밖에 없다. 순서에 입각해 보면, 자유 그 자체(Ansich der Freiheit)와 함께 다른 형상, 죄가 등장한다. 그것은 운명이 그러했던 것처럼 그가 두려워하는 유일한 것이다: 그럼에도 불구하고 그의 두려움은 앞의 경우에서 가장 큰 두려움을 불러일으킨 것, 즉 죄가 있다고 보여지는 데 대한 두려움이 아니라, 죄가 있는 존재라는 사실 그 자체에 대한 두려움이다."(BA 110-111)

죄가 주체적 실존의 자유이자 진정성의 본질에 대한 체험이라면, 자유는 근본적인 의미에서 행위와 선택의 자율성으로 설명되지 않는다. 한마디로 단독자로서의 실존적 체험을 떠난 자유는 성립하지 않는다. 그런데 키르케고르는 한걸음 더 나아가서 자유의 박탈에 대한 염려 역시 죄가 있다는 사실에서 비롯된다고 말한다. 그러나 신의 의지에 대한 저항이 곧 죄의 원인이 될 수는 없다.

키르케고르의 이 같은 해석은 성립할 수 있는가? 만약 자유가 죄와 대립하며 그 결과 자유의 가능성을 통해서 비로소 죄가 등장할 수 있다고 주장한다면, 기존의 죄의 통념은 뒤집어지는 것이 아닌가? 이에 대한 해명은 죄의 이중성 혹은 변증법에서 찾아진다. 예컨대 자유와 죄의 '관계'가 불안으로 간주될 수 있는 궁극적이며 '유일한' 근거는 이들이 곧 실존의 가능성이기 때문이다. 불안은 여기서 자유로운 실존이 죄와 맺고 있는 이중적 관계를 반영한다.

자유는 죄로부터의 해방을 추구하지만 죄의 가능성을 벗어날 수 없는 스스로에 대해 불안해 하는 것이다. 가능성의 범주가 곧 실존을 엄습하고 실존의 자유를 불안정한 사태로 밀어 넣는다. "죄의 결과"로서 간주되는 불안에 대한 키르케고르의 고찰은 단독자로서 죄의 실존에 대한 의미심장한 서술로 이어진다. 죄의 실존이 철저한 내재성의 원리에 근거하는 한 행위의 잘못된 결과와 관련하는 근대적인 죄의 관념이 여기에 개입할 여지는 전혀 없어 보인다.

"죄는 구체적 표상이다. 그것은 자유로의 가능성과 관련할 때, 더욱더 가능해진다. 마침내 그것은 모든 세상의 죄가 그를 죄인으로 만들기 위해 뭉친 것처럼, 그리고 같은 말이지만 마치 그가 죄인이 됨으로써, 모든 세상의 죄에 대해서도 죄를 짊어져야 하는 것처럼 말이다. 죄는 곧 변증법적 성격을 지니는데, 그것은 양도할 수 없는 것이다. 그러나 죄를 지게 되는 경우, 그 사람은 그것으로 인해서 (자신이 다른 사람들에게: 저자 첨가) 죄를 유발시킨 데 대해 죄를 같이 지게 되는 것이다. 왜냐하면 죄는 결코 외부의 원인에 의해 촉발되지 않기 때문이며, 유혹에 빠지는 자가 스스로 유혹에 대한 죄를 걸머지는 것이다." (BA 112)[160]

결국 불안은 죄의 결과로서 나타난다. 또한 불안의 죄가 구체적 실재로서 아담 이후 동일하게 지속되는 한에서, 불안의 대상은 형체가 없는 비규정적인 '무'가 아니라, 더 구체적인 방식으로 "실재하는 그 무엇"이다.(BA 114) 그것은 "선과 악의 구별"이다. 선과 악의 구별은 키르케고르에게 당연히 그 어떤 추상적인 차원의 도덕적 관념의 차이가 아닌 구체적 의미의 자유를 통해서 규정된다. 한마디로 "선함이 곧 자유"이다.[161] 물론 죄와 함께 선과 악의 구별이 가능해진다. 그 결과 자유는 죄와 마찬가지로 자기 규정성이며, 그 이유는 자유가 그 어떤 다른 선행하는 무엇으로부터 파생된 것이 아니기 때문이다. 이런 한에서 "자유는 무한하며, 무로부터 발생한다."(BA 116)고 말할 수 있는 것이다. 선과 악은 우리가 임의로 선택할 수 있는 "자유로운 의지(lieberum arbitrium)"의 선택 대상으로 간주될 수도 없다.

따라서 "악 앞에서의 불안"(BA 116)은 하나의 실재하는 위협이다. 일단 현실 속에서 체험되는 인간의 죄는 그 어떤 추상적인 의미의 죄가 아닌 구체적인 결과로서 등장하는데, 그렇다면 불안으로부터의 해방은 어떻게 가능한지 묻지 않을 수 없게 된다. "실로 불안의 궤변을 무장 해제시킬 수 있는 유일한 것은 믿음이다. 정체된 상태 그 자체가 새로운 죄라는 것을 믿을 수 있는 용기, 불안을 느끼지 않으면서 불안을 좌절시킬 수 있는 용기, 이것만이 오직 믿음이라 할 수 있다. 그 믿음은 그렇고 그런 이유로 불안을 소멸시키지 않으며, 스스로 영원한 젊음을 유지하면서, 지속적으로 불안에서 비롯된 죽음을 벗어난다. 왜냐하면 믿음 안에서만, 영원히 그리고 매 순간에 종합(Synthesis)이 가능하기 때문이다."(BA 120-1)

죄로 인한 후회의 정서를 통해서 불안은 극에 달하며, 그 결과 "죄가 승리하게" 된다. 그 결과 인간은 스스로를 처벌하는 저주의 상태로 전락한다. 스스로에 대한 처벌은 급기야 후회를 거의 광기의 수준으로 몰고 가는 것이다. 그러나 무엇보다 후회나 참회는 인간의 자유와 무관한 것으로서, 결코 "죄를 제거하거나 면제해 주는 것이 아니라, 단지 죄에 '고난'을 추가로 덧씌울 뿐"이다. 가책의 극단적인 경향에 대한 비판과 관련해서 키르케고르는 피히테와 함께, 가책이 수반되는 후회는 행동이 요구되는 윤리에 반한다고 보는 것이다. 과도한 "양심의 가책"에 대해 니체가 신랄하게 비판한 것처럼 키르케고르 역시 '후회'의 감정에 대해 부정적이다.[162]

선과 악의 구별이 단순히 개념적 차원이 아닌 실존의 구체적 실재를 지칭하는 한에서, 인간은 항상 선한 상태에 있거나 아니면 악한 상태에 놓여 있다. 그리고 이 두 경우 모두 실존하는 개인들은 상호 대립하는 악과 선에 대해 '불안해' 한다. 따라서 인간 개개인은 악한 상태에 처한 경우에도 "선한 것에 대해 불안해 한다."(BA 131) 이러한 존재의 형상을 키르케고르는 악마적인 것의 의미로 해석한다. 악마적인 것의 외적인 모습은 대개 동정심을 불러일으키는데, 그는 니체와 함께 "동정심"에 대해서도 부정적이다. 그것은 단지 동정하는 사람의 이기심만 만족시킬 뿐이며, 고통받는 자에게 좋은 결과를 가져다주지 못하기 때문이다.

무엇보다 악마적인 것은 필연적으로 스스로의 존재를 은폐하는데, 이같은 자폐적 증상은 자유가 근본적인 의미에서 소통(Kommunikation)의 성격을 지니는 것과 대비된다.[163] 물론 그에게 소통은 신과 함께하는 신앙의 공동체 내에서 스스로를 고백하는 성찬(Communion)의 종교적 의미를 지닌다. '성찬'으로 간주되는 소통의 의미에도 불구하고, 그 의미는 단순한 종교적 차원을 초월한다. 키르케고르는 뚜렷하게 이

지점에서 "악마적인 것"이 부자유함, 즉 소통의 거부와 동일하다고 확신한다.

악마적인 것은 그 어떠한 연관성도 보이지 않는 급작스러운 상태에서 스스로가 부자유하다는 것을 드러낸다.[164] 키르케고르는 일견 상치되는 것처럼 보이는 악마적인 것의 여러 현상, "내용의 결여, 즉 지루함, 급작스러운 등장과 소멸,"(BA 137) 등을 통해서 악마적인 것이 근본적으로 삶의 일상 속에서 모습을 드러낸다는 사실을 부각시킨다. 실제로 "악마적인 것"에 대한 그의 서술이 지향하는 지점은 자유의 상실에 대한 논의로 귀결된다. 무엇보다 "악마적인 것"은 부자유함을 통해서 이해되기 때문이다.

선에 대한 불안은 자기폐쇄적인 증상으로 나타나며, 이로써 자유와 정신, 선함의 언어적 차원이 동시에 드러난다. 언어를 통한 자기표현은 여기서 단순한 의사전달의 기능적인 의미를 넘어서 인간적 실존의 자유를 실현하는 결정적 계기로 이해된다.[165]

따라서 악은 형이상학적 맥락에서는 "부정하는 것"으로, 그리고 윤리적 관점에서는 자기폐쇄적인 존재로 이해된다. 그러나 악마적인 것 역시 "선에 대한 불안"을 감지하고, 나아가서 "자유가 부자유의 근거에 놓여 있는 한에서"(BA 127) 불가피하게 스스로의 존재, 즉 부자유한 상태를 벗어나려고 한다. 즉 스스로의 진정성을 회복할 수 있는 여지가 악마적인 것에게도 주어진다.

무죄의 상태가 정태적이 아닌 역동적인 지향성을 보이는 이유는 인간의 실존이 상호 대립적인 계기들 간의 "종합(Synthesis)"이기 때문이다. 몸과 영혼, 가능성으로서의 자유와 필연성의 종합을 통해서 실존이 성립된다. 그런데 여기서 '종합'은 단순히 움직일 수 없는 실존 이상의 의미를 지닌다.

특히 정신 개념은 여기서 신체적인 것과 영혼적인 것의 '종합'을 통해서 설명되는데, 이는 단적으로 헤겔의 인간학에서 빌려 온 것이다.[166] 확실히 여기서 키르케고르의 서술은 다분히 헤겔이 자신의 '인간학적인 서술'에서 제시한 개념의 틀을 차용한다. 정신은 육체와 영혼을 묶어 주는 제3의 권위이며 실체다. 헤겔에서 정신의 직접적인 현존재는 의식으로 규정되는 반면에 영혼의 상태는 정신이 의식화되기 이전의 상태로 자연과의 직접적인 통일성으로 간주된다.[167] 영혼의 상태에 머물고 있는 정신은 아직 자연으로부터 해방되지 못한 것으로 여겨지기 때문이다. 키르케고르는 죄가 없는 상태의 인간이 정신일 수 없음을 전제함으로써 영혼과 의식을 서로 상이한 심적 상태들로 이해한다. 바로 이 지점에 이르러서 분명히 헤겔의 인간학과 구별되는 키르케고르의 독특한 인간학적 관점이 가시화된다.[168]

그러나 키르케고르의 근본적인 사유는 인간학이 아닌 불안의 존재론에서 드러난다. 불안은 잘 알려져 있는 것처럼 구체적 대상을 지향하거나, 전제하는 공포심과 달리 "가능성의 가능성"이자 자유의 현실성이다.(BA 40) 키르케고르는 하이데거보다 앞서서—물론 서로 다른 동기에서 비롯하지만—불안과 공포를 구별해야 한다고 생각한다. 예컨대 불안은 "가능성에 대한 가능성으로서 자유의 현실성"임과 아울러 변증법적으로 "이중적인 의미를 함축하기 때문에 … 공감을 수반하는 반감 그리고 반감을 수반하는 공감"이기도 하다.[169] 하이데거 역시 불안을 "현존재의 탁월한 해석의 가능성"으로 설정하고 공포심은 단순히 인간적인 정서의 한 양태로 규정하는데 이는 실상 키르케고르의 논의를 바탕으로 한 것이다.[170] 다만 하이데거에서 불안은 "존재 자체가 자기 자신의 고유한 존재의 가능성"을 드러내는 계기로 이해되는 반면에, 키르케고르의 경우 불안은 메타적인 정신의 자기관계를 가리킨다. 따라서 불안은 어떤 특정 대상에 대한 직접적인 위협의 감정이 아니라, 존재 전반의 성격에 대한 자기반성의 계기이며 나아가서 세계 안에서 존재하는 자신의 정체성에 대한 물음이기도 하다.[171]

이제 죄 없는 죄에 대한 물음은 그리스 고전비극의 저자들과 달리 상호 충돌하는 가치들의 갈등이나 대립하는 인륜적 질서들 간의 모순이 아닌, 정신 자체의 내적 모순에서 그 해명이 시도된다. 따라서 죄의 문제는 흔히 거론되는 것처럼 부정적인 감정이나 인격적 도야의 과정에서 극복되어야 할 그 어떤 것이 아니라, 인간적 존재의 본질에 대한 이해와 직결된다.

이로써 인간적인 자유와 책임 역시 죄의 불안에서부터 규명되어야 한다는 주장이 이해된다. 이처럼 키르케고르에서 불안과 죄의 관념은 인간의 모순적 존재 상황 그 자체로부터 설명된다. 인간의 존재 상황은 근본적으로 인간이 자연적 존재이면서 동시에 정신적 존재인 한에서 모순적이다. 그리고 모순의 체험은 불안을 통해서 가시화된다. 이로써 불안은 인간을 이해하는 첩경이자 지렛대이며 인간됨의 징표이기도 하다. 그것은 정신을 각성시키는 좌절과 유혹의 중심에서 작동하는 심리적 힘의 원천으로 이해될 수 있는데, 이때 불안의 매력은 오히려 인간을 그 고유의 자유로움과 종교적 열정으로 인도한다는 데에 있다. 이를 더 자세히 파악하기 위해서 일단 우리는 다시 그의 《불안의 개념》에서 가장 핵심적인 '불안의 개념적 규정'에 주목할 필요가 있다.

"이 무죄 속에서 인간은 정신으로 규정되지 않고 자신의 자연성과의 직접적인 통일성 속에서 영혼의 상태로 규정된다. 정신은 인간 안에서 꿈꾸는 상태에 놓여 있다. 이러한 관점은 성서의 관점과 완전히 일치한다. 성서에 의하면 무죄의 상태에서 인간은 선과 악의 구별을 할 수 없다는 것이다. … 이 같은 상태에서 평화와 안식이 존재한다. 그러나 여기서 동시에 무언가 다른 것이 존재한다. 그것은 불화나 평화롭지 못한 상태는 아니다. 왜냐하면 투쟁해야 할 그 무엇이 존재하는 것은 아니기 때문이다. 그것은 도대체 무엇인가. 무(nothingness)다. 그러나 무는 어떠한 결과를 지니는가. 그것은 불안을 낳는다. 이것이 무죄의 가장 심오한 비밀이다. 그것은 동시에 불안이다. 꿈을 꾸면서 정신은 자기 자신의 현실성을 투사하지만 이 현실성은 무다. 무죄는 이 무를 항상 자신의 바깥에 있는 것으로 바라본다."(BA 39-40)

불안은 그 자체로 변증법적이다. 왜냐하면 불안은 '공감적인 반감 혹은 반감적인 공감'으로서 양립할 수 없는 두 감정의 일시적 공존 상태이기 때문이다. 나아가서 키르케고르에게서 불안은 죄의 불안인데, 여기서 문제의 관건은 무죄의 상태에서 죄의 상태로의 이행이 어떻게 가능한가이다. 죄의 상태로의 "질적 도약"을 통해서 인간은 무죄의 상태를 벗어나서 비로소 죄의 상태에 놓이게 된다.[172] 심지어 무죄의 상태가 사라질 수 있다는 데 대한 불안 역시 죄의 불안을 구성하는 핵심적인 계기다.

불안의 변증법은 불안을 의식하는 인간이 자신의 내부에서 서로 밀고 당기는 이중적인 모호함에 의해 좌우된다는 것을 가리킨다. 불안을 통해서 그리고 불안 속에서 인간은 자신의 존재에 대한 이중적이며 복합적인 감정을 느끼게 된다. 이로써 불안은 일반적인 의미에서의 부정적인 심리 상태를 의미하지 않는다. 왜냐하면 불안의 정서가 깨어나는 것이 곧 인간이 자연의 원초적 상태로부터 해방되어 가는 그야말로 "현기증 나는 유혹"을 상징하기 때문이다.

불안의 개념은 "금지가 쾌락을 환기시키는"(BA 42) 심리적 기제와 관련해서 그 발생적 원인이 제시된다. 불안에 대한 인식은 '자유의 가능성'에 대한 인식과 같은 차원에서 진행된다. 이는 지식의 탄생이 호기심을 수반하는 유혹과 함께한다는 신화를 반영한다. 그러나 금지와 쾌락의 유혹만으로는 무의 불안이 성립할 수 없다. 금지와 유혹은 처벌의 경고와 함께 아직 도덕적으로 각성되지 않은 존재의 무지, 즉 무와 불안을 야기한다.

인간에게 자유로운 삶의 가능성은 단순히 기회가 아닌 위기의식과 직결된 상황을 의미한다. 자유로운 실존의 두려움은 불안에 대한 공포의 또 다른 얼굴이며, 후자는 실존적인 도약의 계기를 제공하게 된다. 이로써 키르케고르는 죄가 그 상위의 규범을 위반하고자 하는 유혹의 감정이나 외적 강제의 터부 등의 통속적인 관점에서 이해될 수 없다고 주장한다. 유혹과 금지의 관점에서 죄를 해석하는 것은 피상적 관찰에 불과하기 때문이다.[173]

동일한 맥락에서 키르케고르는 죄의 불안에 대한 해석에서 성서의 관점 즉 타락과 원죄의 맥락을 추종하지 않는다. 죄악을 통한 인간의 타락은 어떤 외부의 권위나 폭력의 개입이 아닌, 정신 자체의 자기 형성 과정에서 강제 없이 진행된 내적 사건이라는 것이다. 결국 무죄에서 죄에로의 이행은 정신 자체의 질적 도약이다. 이 지점에서 키르케고르는 정신과 죄가 동일한 근원에서 발생한다는 점을 시인한다. "죄악은 죄악을 통해서 이 세상에 존재했다."[174](BA 29) 죄악은 자기 스스로를 전제한다는 이 주장은 죄의 불안이 결국 인간의 자기관계, 정신의 자기준거적 속성에서 비롯된다는 사실을 말해 준다.

키르케고르는 무죄의 상태를 창세기의 해석에 의거, '무지'의 상태로 이해한다.[175] 죄로의 이행은 곧 질적인 비약이며 이는 곧 전락을 초래하는 원인 그 자체다. 키르케고르가 '성서'에 근거해서 서술하는 무지의 개념은 기본적으로 선과 악을 구별할 수 있는 능력과의 대비를 통해서 서술된다. 사실상 선악의 구별이 불가능하다고 해서 곧바로 "평화와 평온"의 상태가 자동적으로 실현되는 것은 아니다. 우리는 '불안의 개념'에서 전통적인 형이상학의 구별, 가령 자연과 정신의 대립적인 구도가 관철되고 있음을 발견한다. 그리고 여기서 '무'의 상태는 다름 아니라 그 어떤 갈등이나 대립 자체가 존재하지 않는 상태이며, 이것이 "무지의 가장 심층적인 비밀"(BA 39)이라는 것이다. 무지의 성격은 인간의 정신이 지니는 자기관계 그리고 그것이 영혼과 육체의 관계 자체를 성립시키기거나, 교란시키기도 하는 과정을 통해서 드러난다. 그러나 이는 정신적 존재가 무지할 수 있는가라는 물음을 야기한다.

"그것(무죄)은 무지이다. 그러나 그것은 그 어떤 동물적인 조야함이 아니라, 정신에 의해 규정된 무지다. 하지만 그것(무지)은 바로 불안인데, 그 이유는 그 무지의 상태가 무와 관련되기 때문이다. 여기서 그 어떤 선과 악에 관한 지식과 같은 것들이 성립하지는 않으며, 지식의 모든 현실성은 불안에서 무지 상태의 엄청난 무에 의해 발현된다."(BA 42) 이로써 '무'는 "불안의 무(das Nichts der Angst)"일 수밖에 없으며, 실존의 존재 상황에서부터 이해될 수밖에 없다. 불안 속으로 우리를 몰아가는 것이 바로 자유의 가능성이다. 이로써 불안은 자유의 가능성이면서 동시에 가능성과 필연성의 중간 규정이다. 달리 표현하면 불안의 변증법적 성격을 고려할 때, 그것은 곧 '억제된 자유' 혹은 '모순'이기도 하다. 실제로 죄의 등장 자체가 의지의 결과도 아니며, 신의 직접적인 개입도 아닌 한에서 인간이란 존재는 불투명한 정황에 휩싸여 있다고 키르케고르는 술회한다.

무지의 상태에서 죄의 상태로의 이행은 불안이 모습을 드러내는 과정이다. 키르케고르는 인간의 정신 속에서 무가 모종의 무엇으로 이행해 가는 과정이 곧 죄가 형성되는 과정이라고 말하고 있는데 이 점에서 불안의 유혹과 자유의식의 대두는 동시적인 과정이다. 따라서 키르케고르에서 자유는 이성에 의해서 규정될 수 없다. 자유는 더는 투명한 인간의 자기 확신을 수반하는 이성의 실현으로 이해될 수 없다. 자유의 본래적 의미는 자기규정이나 자율성 혹은 결단의 조건이 아닌, 이중적 불확실성을 직감하는 불안하고도 유한한 존재로서의 자각이 수반된 죄의 실존에서 드러난다.

이로써 칸트에서 헤겔에 이르는 자유의 이성주의적 해석은 최소한 키르케고르에게 더는 설득력을 지니지 못한다. 자유 개념의 근본적인 재해석은 단순히 신학적 사유의 개입에 의해 요구된 것이 아니다. 키르케고르는 죄의식과 자유의식의 연관이 바로 인간의 정신 속에서 발견된다고 말한다. 정신 자체는 자연적인 질서의 구속으로부터 해방될 수밖에 없는데, 바로 이러한 정황을 정신 자체가 감지함으로써 죄의 상태가 도래한다는 것이다.

지금까지 살펴본 '불안의 개념'은 철학적이면서 동시에 '심리학적'이다. 그리고 죄의 문화에 대한 해석은 다분히 서구 기독교의 텍스트는 물론 당대와 고전적인 문예 작품을 재구성함으로써 구체화된다. 이 같은 서술의 역사적 한계에도 불구하고 키르케고르의 철학은 매혹적이며 시대를 초월한 통찰들을 함축하고 있다. 무엇보다 그의 장점은 현상적인 서술의 저편에서 감지되는 인간 실존의 구체적이면서도 보편적인 물음, 즉 불안과 자유, 죄의 상호 연관을 천착하는 부분에서 드러난다. 자유와 불안의 연관에 대한 그의 인식은 무엇보다 독일 고전철학의 자유에 대한 담론들과 확연한 차이를 보여 준다.—물론 여기서 나는 주로 셸링보다는 칸트와 헤겔, 피히테 등을 염두에 두고 있다.—후자에서 자유는 이성을 통해서 그 정당성이 부여되는 경험 초월적인 이념으로 이해된다. 자유는 그 자체로서 이성의 내적인 필연성이며 최소한 칸트의 경우, 자율적 도덕 법칙의 필연성으로 정당화되고 있다. 다시 말해서 자유는 개인의 자의적 차원을 넘어서는 보편적인 이념의 진리를 구체적으로 표현한다. 키르케고르는 이와 달리 진리의 주체성을 변호한다. 이로써 종래 기독교적 전통 이래로 존중된 등식, 자유와 진리의 근원적인 통일성이 새로운 생명력을 부여받는다.[176]

여기서 자유는 더는 개인의 선택과 관련된 자율성의 의미로 이해되지 않는다. 키르케고르는 개별자의 총체적 실존을 통해서만 감당 가능한 실존의 의미를 염두에 두고 있는 것이다. 이제 순수한 정신의 자기 인식이 아닌 단독자의 실존적 확신이 관건이기 때문이다. 근세 이후 실제로 진리에 대한 철학적 논의가 무성해진 것과 달리 인간의 자기 확신의 진정성은 지속적으로 약화되고 있으며, 오히려 이는 자유의 개인주의적 해석에 힘입어 찬양의 대상이 되기도 한다. 자기 확신의 결여는 따라서 이론적 논거라기보다는 사상사적 정황에 대한 일종의 '병리학적 진단'의 결과로 도출된다. 불안은 악마적인 것을 대상으로 삼는 것이 아니라, 단지 확신의 결여이다. 그것은 부자유의 한 유형으로 실존을 진리의 실천으로 이해하는 것을 집요하게 방해한다.

악마적인 것은 바로 자유의 실현이 방해받는 순간 이미 존재한다.[177] 악이 확신의 결여, 즉 불안의 근원적인 정서에서 비롯한다는 것을 키르케고르는 사소해 보이는 인간의 즉흥적인 혹은 의도된 행동들을 통해서 펼쳐 보인다. 가령 냉소적인 태도나 조롱 섞인 비난을 즐겨하는 사람들의 자기중심적인 성격에도 이미 악마적인 것이 관여한다는 것이다.

"불신이 가장 최고 수준에 도달했음에도 겉으로는 가장 자유로운 표현은 조롱(der Spott)이다. 그런데 조롱에는 바로 확신이 결여되어 있다. 때문에 그는 조롱한다. 따라서 그렇게도 자만심에 가득하면서 조롱하는 자만큼 순간의 박수에 집착하는 경우를 찾아보기 어렵다는 것은 특기할 만한 현상이다."(BA 145)

결국 키르케고르에게 주체성이나 확실성은 반성철학의 이론적 범주가 아니라, 철저한 구체적 실존을 통해서, 매 순간 실존의 행위를 통해서 실현되는 "생성"이다.(BA 149) 따라서 내면성, 확신, 확실성 등은 자아의 그 어떤 상태가 아닌 매 순간 실존의 행위를 통해 구현되는 것이다. 반면에 의식의 통일성이 구현되지 못하는 순간 바로 그 순간에 "악마적인 것의 한 형식"이 모습을 드러내 보인다. 우리는 궁극석으로 그가 칸트와 헤겔에 이르는 자유의 이성주의적 기획을 포기했다기보다 더 급진적인 방식으로 재구성했다고도 주장할 수 있다. 무엇보다 그의 통찰은 기독교 세계에서 발원한 주체성의 해석이 어떻게 근대의 변화된 질서하에서도 하나의 의미 있는 인식으로 확장될 수 있는지를 보여 준다.

더 구체적으로 확신이나 내면성은 키르케고르에게 심각한 진정성(Ernst)으로 표현된다.[178] 이로써 내면성이 단순히 정적인 마음의 차원이 아니라 실천적 함축을 지닌 표현임이 분명해진다. 따라서 그가 이 내적 확신을 "감정과 자기의식의 통일성"(BA 154)으로서 파악한 정서(Gemüt)로부터 구별되어야 한다고 말하는 것은 당연하다. "진정성과 정서는 서로 다른 방식으로 상응한다. 진정성은 정서가 대표하는 것보다 더 상위의 심오한 표현이다. 정서는 직접성의 규정인 데 반해 진정성은 정서의 습득된 근원성이다."(BA 154) 진정성이 정서보다 더 근원적인 실존인 까닭은 자유를 책임지기 때문이다.[179] 책임의 진정성은 인간이 자신의 내부에서 그리고 자신의 행위를 통해서 발현되는 영원성에 대한 확신을 함으로써 비로소 구체적이 된다. 반면에 '악마적인 것'은 실존 안의 영원성을 부정하고 이에 대해 불안해 한다. 그것은 단지 특정 개인만이 아닌 시대의 표징일 수도 있다. 시대 그 자체가 영원성의 실존에 대해 적대적이거나 냉소적일 수 있기 때문이다. 영원성은 여기서 결코 형이상학적인 초월의 의미로 이해될 수 없다.

불안의 실존은 곧 자기 존재의 가장 깊은 심연을 마주 대하고 스스로를 단련하는 자기 해부의 과정이다. 그것은 인간이 근본적으로 영혼과 육체의 종합인 정신적 존재로서 내적 불안정성의 극단적인 과정을 체험함으로써만 비로소 인간적 성숙함을 달성하기 때문이다. 불안에 의해 단련된 개별자는 스스로의 영원성, 무한성의 극단에 이르는 가능성의 실험에 내던져짐으로써, 자신을 도야시킬 수 있다.[180] 죄는 여기서 음습한 부정적인 관념이 아니라, 인간이 스스로의 실존에 대해 무한 책임을 지고 있음을 일깨워 주는 내면적 초월의 계기이다.

수치의 불안과 정신

키르케고르는 죄와 수치심을 별개의 도덕적 감정으로 간주하지 않는데, 그 이유는 성적인 것에 대한 정신의 태도가 죄와 수치를 매개시켜 줄 수 있는 계기로 설정되어 있기 때문이다. 죄와 수치의 불안이 함께 논의되어야 하는 이유는 정신이 처한 고유의 상황을 통해서 설명된다.

"수치 속의 불안은 정신이 스스로를 낯설게 느끼는 데에 있다. … 정신은 성적인 것을 낯선 것으로 그리고 우스꽝스러운 것으로 본다. 이 같은 정신의 자유는 수치를 자연스럽게 받아들일 수 없다. 성적인 것은 저 엄청난 모순이다."(BA 69)

앞서 거론한 창세기의 설화처럼 키르케고르의 불안은 결국 "불안의 수치(Scham der Angst)"에 초점이 맞추어져 있는데, 이 역시 창세기에 등장하는 신체의 성적 체험과 무관하지 않다.

> "수치를 통해서 불안이 성립하는데, 그 이유는 정신이 종합에서 가장 극단적인 차이의 정점에 도달하기 때문이다. 여기서 우리는 순수하게 몸으로 규정되어 있는 것이 아니라, 오직 성적인 차이를 통해서만 존재하는 그러한 몸으로만 규정되기 때문이다."(BA 68)

성과 수치의 연관에 대한 키르케고르의 인식은 그의 '인간학적 이해'가 특정한 문화권에만 국한될 수 없음을 보여 준다. 성적 수치는 유대교나 기독교의 맥락에서 죄의 물음과 분리되기 어려운 것처럼 보인다. 성적 수치는 단지 불편한 상황 속에서 우연히 체험되거나, 가급적 발생하지 않았으면 하는 부정적 감정을 넘어서 인간의 근원적 존재 상황에서 비롯되는 현상이다. 성적 수치는 자연과 정신, 남성성과 여성성이 교차됨으로써 발현되는 자기정체성의 지표이기 때문이다. 여기서 성적 충동 그 자체가 아닌 정신의 발현이 수치심의 궁극적인 원인이라는 사실이 중요하다.

구체적으로 정신이 성적 차이와 관련해서 "종합의 극단적인 정점에 처해 있음을 솔직하게 인정할 수 없다는"(BA 69) 바로 그 불확실성, 즉 비규정성 때문에 수치심이 "불안"과 동시에 발생한다. 이처럼 수치 속에서 감지되는 불안을 통해서 정신은 스스로가 성적 차이를 "낯설고 우스꽝스러운 것으로" 이해한다. 같은 맥락에서 성적인 것은 결코 충동과 동일시될 수 없다. 정신에게 성적인 차이는 그 자체가 모순일 뿐이다. 즉 무한한 초월의 영역에 속한 정신이 성적 특수성의 한 계기에 의해 규정되어 있다는 사실이 불가해한 것이다.

수치심은 결국 정신의 자기모순인 '불안'과 함께 나타난다. 수치의 불안에서 정신의 모순은 우스꽝스러움과 함께 에로스적인 것으로 표현되기도 한다. 즉 아름다움은 에로스적 모순, 정신의 모순적 불안에 의해 설명된다. 그렇다면 수치와 분명히 구별되는 수줍음에 대한 인간의 반응은 동일한 방식으로 설명될 수 있는가? 정신의 모순적 불안과 아름다움의 인간학적 연계는 분명히 의식 이전의 사태로 간주된다. 즉 무의식적 정서와 연계됨으로써 수줍음과 다른 수치의 유형들 사이에 근원적 소통이 가능해진다.[181] 또한 수치의 불안은 기독교 문명과 '이교도' 문명의 차이를 이해할 수 있는 단초이기도 하다. 비기독교 문명과 달리 기독교는 감성에 반하는 대립적인 계기로서 "자유와 가능성"을 관철시킬 수 있었는데, 여기서 불안의 정신이 중요한 역할을 담당한다는 것이다. 아래 인용문에서 우리는 키르케고르의 통찰이 다분히 심리학적 고찰 위에서 수행되고 있음을 알 수 있다.

"개인은 죄에 대한 불안으로 죄를 범한다. 다시 말해서 개인은 불안 속에서 불안에 직면해서 죄의 상태로 전락하는 것이 아니라, 죄가 있다고 간주되기에, 죄의 상태에 빠진다."(BA 75)

"그러나 불안은 … 그 모든 것 중에서 가장 고유한 자아의 특성에 해당한다."(BA 61)

밀치고 당기는 것, 끌림과 주저함이 서로 엇갈리는 모순적 불안은 인간의 내면 속에 자연석인 상태로부터의 일탈과 회귀의 이중성이 실재한다는 것을 가리킨다. 즉 정신과 육체의 직접적 통일성의 상태를 벗어남으로써 정신은 스스로의 존재의 위기를 감지하며, 이는 반감(Antipathie)의 원인이 된다. 즉 자기실현에 대한 공감, 자유의 가능성이 방해받게 되는 것이다. 이로써 불안의 정신은 지속적인 긴장 속에서 상충되는 정서들의 소용돌이에 직면한다. 키르케고르의 관점은 이론적 분석이라기보다는 실존적 주체의 심리적 상태에 충실하다. 그래서 자유의 가능성은 단순한 논리적 양태 이상의 자유로울 수 있는 능력을 함축한다.[182]

이로써 몸과 영혼의 '종합'은 오직 삶의 특정한 순간에서만 실현 가능하며 불안을 '정복'하거나 '제거'하는 것은 실존의 기획에 애당초 포함되지 않는다는 사실이 드러난다. 불안을 실존 자체의 역량을 통해서 극복하는 것이 불가능할 때 비로소 불안은 좌절(Verzweiflung)로 이어진다. 그러나 실존의 내적 경험이 형성되는 일련의 과정이 제시된다고 해서 죄의 기원 자체가 규명된 것은 아니다. 따라서 그가 '죄'의 기원에 대해 불가피하게 순환논변에 의존하는 것은 심리학적 분석에 의한 것이 아니라 일종의 '고백'에 가깝다고 볼 수 있다. "죄는 죄를 통해서 이 세상에 찾아왔다."(BA 29)는 주장은 단순히 죄의 필연성에 대한 언급을 넘어서 죄의 실재가 인간적인 혹은 이론적 반성 이전의 사태임을 가리킨다.

이로써 정신의 '전락'이라는 키르케고르의 관념은 신학적인 발상에서 출발한다는 한계에도 불구하고, 분명 헤겔철학이 외면해 온 새로운 논의와 접목된다. 그것은 정신이 단순히 감성에 의해 매개될 뿐만 아니라, 철두철미하게 성적 특성에 의해서 규정되고 이해되어야 한다는 주장에서 기인한다. 정신은 더는 중성적인 주체가 아니다. 정신은 성적인 차이로부터 추상된 초월적 실체가 아닌 여성과 남성의 구체적인 성적 차이 속에서 스스로의 정체성을 형성한다. 이는 단순히 정신의 인간화를 통해서 구체적인 현존재가 체험되는 지점이다. 정신의 활동성에 의해 비로소 감성의 극단적인 자기표현인 성적 차이가 구체적 실존으로 등장하고 이는 곧 죄의 불안이자, 수치심의 발생적 계기로 간주된다.(BA 47) 즉 성적 차이가 구체화되기 전에 인간은 온전한 의미의 인간이나, 정신적 존재일 수 없다는 것이다. 물론 성적 특징을 지닌 한에서 인간은 자신의 자연적 감성과 함께, 동물적인 성향에 대해서도 인지하게 된다. 즉자(Being-in-itself)로서 존재한다는 것은 곧 동물적 본능과 일치된 상태가 아닌, 자신을 동물적 본성을 지닌 바로 그러한 존재로 인식하는 것이다. 그런 한에서, 인간은 의식을 지닌, 스스로의 존재가 지닌 특성을 의식하는 고유의 지향성을 보인다.

정신의 형성 과정에서 성(Sexuality)과 감성(Sense)의 역할은 부정할 수 없는 사태로 부각된다. 정신은 더는 헤겔의 경우처럼 순수한 사유의 활동성이나 순수 사유의 자기 인식으로만 간주될 수 없다. 순수한 정신의 자기 인식은 정신 자체의 형성 과정(Bildungsprozess)에 대한 자기기만에 지나지 않는다. 감성과 성을 비롯한 자연의 모든 요소와 원리가 이미 정신의 형성 과정에 선행하는 계기들로 설정되어 있는 한에서 비로소, 참된 '정신의 현상학'이 성립하는 것이다. 우리는 여기서 키르케고르의 이론적 정합성에 대해서 의심하거나 보완해야 할 필요성을 인정할 수는 있지만, 그 의도 자체의 타당성에 대해서는 수긍할 수 있을 것이다. 정신은 더는 과거 전통적인 형이상학에서 주장해 온 초감성적 실체로 이해될 수 없는 것이다.

그러나 헤겔의 경우 자연은 정신의 토대이자 정신이 다른 형식으로 존재하는 것이다. 감성의 세계 자체에 정신의 발현을 지향하는 계기들이 존재한다. 간단히 말해서 정신 자신이 스스로를 외적인 사태로 드러냄으로써 자연이 성립한다. 그러나 인간의 삶 속에서 정신과 자연은 서로 대립하는 계기들이기도 하다. 예컨대 자연과 정신의 긴장은 성적인 수치감을 통해서 표현되는데, 이는 창세기의 핵심적인 주제이기도 하다. 그러나 기독교의 텍스트에 대한 키르케고르의 해석은 신학적인 틀에 머물지 않는다. 키르케고르의 독자적인 행보는 이브의 해석에서 드러난다. 이브가 '불안'의 감정에 더 취약한 이유를 그는 여성의 성적 차이에 의해서 설명하는데, 이는 무엇보다 유혹자로서의 이브의 역할에 대한 해석을 통해 구체화된다. 이 같은 해석의 배경에는 죄의 생물학적 계승이라는 관념이 작용한다. 이브 역시 아담으로부터 만들어진 존재인 한에서, 아담과 같이 죄가 없는 존재이나, 종족 번식을 통해서 죄를 계승시키며, 이 점에서 전자와 구별되기 때문이다.(BA 45)

이로써 키르케고르에서 죄와 불안의 연관은 이성적 주체의 관념론을 넘어선다. 왜냐하면 위에서 드러난 것처럼 인간의 자기 형성 과정에 이미 죄와 수치의 의식이, 정서의 상태나 감정 표현에 '선행하는' 정체성의 계기들로 설정되어 있기 때문이다. 또한 그는 정신이 "성적 특수성이 발현된 상태의 몸"(BA 68)으로 규정될 수 있으며 수치의 인지적 계기 역시 고려되어야 한다고 말한다. 그런데 수치는 성적 차이에 대한 지식을 전제하지만, 후자와 일종의 표면적인 관계만을 맺고 있는 것은 아니다. 수치와 함께 수치의 불안은 성적 차이에 따라 서로 다른 양상으로 발현되기도 하는데, 그 결과 여성은 남성과 달리 성적 차이에 대해 더 섬세하게 반응한다. 무엇보다 그는 수치가 단순한 심리적 충동과 구별되어야 한다는 점을 부각시킨다.[183] '수치의 불안'이 주체성의 내면에서 진행되는 '사건'이자 '심리 과정'이라는 점은 수치의 불안을 타인, 즉 다른 존재와의 연관을 전제한 '충동'과 구별하는 데서 알 수 있다.

이로써 자신의 사회적 체면이나 공적 인정의 맥락 속에서 설정된 '수치'의 통상적인 관점은 단지 수치 현상의 표피적인 이해로 간주된다. 수치의 불안은 후자보다 더 근원적이다. 그것은 인간이 자신 스스로의 정체성을 내면에서 형성할 때 감지되는, 충동 이전의 심리적 사건이다. 또한 이는 우연적인 사태가 아닌 인간의 자기 형성 과정을 구성하는 계기이기도 하다. 그렇다고 키르케고르가 수치의 불안이 모든 개별 인간에 의해서 직접적인 의식의 내용으로 경험될 수 있다고 단정하는 것은 아니다. 이 심리 내적 과정은 의식 이전의 사태로 이해될 수밖에 없기 때문이다.

이제 원죄에 대한 논의를 통해서 성적 수치와 악의 연관을 살펴볼 필요가 있다. 정신의 어떠한 속성이 단순한 감성이나 성적 본능을 악을 향한 충동으로 전환시키는가? 키르케고르는 성적인 본능 자체를 죄악시할 수는 없다고 단언한다. 성적 본능은 몸과 대립적 관계에 있는 정신의 개입으로 인해서 죄의 타락을 초래하지만 정신과 몸의 대립만으로 정신의 악을 설명할 수는 없다. 우리는 이를 다음과 같은 물음으로 요약할 수 있다.

즉 불안은 죄의 선행하는 계기로만 간주될 수 있는 것인가? 기르케고르는 이와 같은 유형의 물음을 예상한 듯, 전락 이전의 불안과 전락 이후의 불안을 구별한다. 전락 이후의 불안은 '무'에 대한 의식에서 비롯하는 것이 아니라, 더 구체적으로 영혼과 성적 정체성에 의해 규정된다. 정신과 자연 사이의 긴장과 대립은 유한성과 무한성 사이의 갈등과 함께 이미 죽음에 대한 인식을 수반한다. 동시에 이는 '자유'의 가능성과 그 좌절에 대한 불안이다. '불안'은 인간을—후에 하이데거가 현존재의 분석에서 시도한 것처럼—지속적으로 비본질적 행위나 습관을 통해 비본래적인 삶으로 유도한다. 다시 말해 실존은 자기 스스로의 본질과의 대면을 회피하는, 일종의 강박증을 경험한다. 이런 한에서 실존의 일상성이 왜 그렇게 강력하게 반복적으로 지속되는지 이해된다.[184] 정신과 몸의 동거는 물리적 사태로 전자가 환원되지 않는 이상, 일상의 의식에서 분리된 별도의 관념으로 재현되며, 이는 항상 자아의 정체성에 균열을 일으키는 진원지로 작동한다. 불안의 기원에 대한 물음은 여기서부터 제기되는 것이다.[185]

원죄에 대한 해석

실제로 성서의 '창세기'에 서술된 죄의 개념은 그 어떤 도덕적인 의미를 넘어서는 일종의 '형이상학적인' 해석을 요구하는 것처럼 보인다. 사탄과 아담의 자유로운 선택적 행위, 즉 선과 악을 구별하려는 의

지적 행위에 대한 처벌은 그 자체로서 철학적 화두를 던지기에 충분하다. 따라서 신적인 영원성과 인식의 자유를 맞바꾼 '최초의' 행위가 어떤 의미에서 죄를 성립하는가의 물음은 단순히 근동을 유랑하던 민족의 설화에 대한 이해를 넘어서는 해석을 요구한다.[186]

키르케고르와 비교해 보면 분명히 성 아우구스티누스(St. Augustine)의 논의는 더 전형적인 '신학적인' 담론에 경도되어 있다. 그에게 죄는 신에 대한 불복종과 마찬가지다. 죄는 단지, 최초의 인간—이는 단수건 복수건 관계없다.—에게 일종의 법적 평결과 같은 의미로 내려진 죽음의 선고다. 예컨대 그는 《신국The City of God》의 8권에서 '죽음'이 자연스러운 현상이 아닌 신의 징벌이라고 강조하는데, 오직 이 같은 전제하에서 신의 은총에 의해 죄의 상태로부터 벗어난 사람의 죽음이 신학적인 쟁점으로 제기될 수 있는 것이다. 이로써 은총과 원죄, 구원의 역사는 하나의 통일성을 갖춘 텍스트로 읽힐 수 있는 것이다.[187]

성 아우구스티누스는 신학의 역사에서 그 누구보다 열정적으로 인간이란 존재의 근거와 의미에 대한 물음을 원죄의 관점에서 추적한다. 즉 죄는 앞서 논한 행위의 결과에 대한 책임 이상의 그 무엇이다. 죄는 단순히 외적 행위의 인과관계를 초월하는 인간존재 자체의 모든 것을 말해 주는 본질적 사태다.

물론 죄의 물음이 감정이론의 일반적인 방식을 통해서 규명될 수 없는 쟁점들을 함축한다고 해서 반드시 신학적인 전제들에 의존해야 하는 것은 아니다. 인간이 역사적 존재라는 사실 역시 신학을 전제하지 않은 논의들을 통해서 제기되어 왔다. 더구나 신(들)에 대한 번제 의식이 그리스 문화와 유대교, 기독교 등에 의해 어떻게 변형되고 재해석되었는지를 파악하는 작업이 반드시 기독교 신학적인 차원에서 진행될 필요는 없다. 죄와 마찬가지로 불안 역시 절대자로부터의 분리와 같은 신학적 맥락을 전제하지 않고 이해될 수 있는 가능성이 없지 않다. 불안은 최소한 인간학적 관점에서 무엇보다 인간의 모태인 자연과의 관련하에 그 발생적 기원이 설명될 수 있다. 불안은 자연과 자유의 괴리를 체험할 수밖에 없는 반성적 존재로 살아가는 인간존재의 불가피한 속성이기 때문이다.

우리는 성 아우구스티누스 못지않게 셸링에게서 실존의 포괄적인 의미에 대한 선구적인 작업을 발견하게 된다.[188] 선과 악, 자유와 죄의 불안을 하나의 맥락 속에서 파악한 점에서 셸링은 그 누구보다도 키르케고르와 가까운 지점에 놓여 있다. 악에 대한 셸링의 인간학적 작업은 칸트와 달리 인간적인 자유가 악의 가능성의 조건이라는 선험철학적 지평에 머물지 않는다. 셸링의 문제 제기는 곧 키르케고르의 것이기도 하다. 이 두 사상가에게 자유의 본래적 실존 가능성은 존재의 근거에 대한 물음과 분리되지 않는다.

창세기에 서술된 아담의 죄를 원죄와 동일시할 수 있는가? 전승된 원죄(Erbsünde)와 죄(Schuld)를 동일시할 경우 우리는 곧 모순에 직면하게 된다. 그 이유는 전자가 자연적인 범주인 데 비해서, 후자는 정신의 세계에 속한 윤리적 범주이기 때문이다.[189] 무엇보다 인류가 아담의 죄와 무슨 연관이 있다는 것인지 의심스럽다. 모든 개인이 다른 모든 개인의 역사와 어떤 의미에서 본질적인 연관을 공유한다고 볼 수 있는가? 그러나 한 개인의 역사와 운명에 대해서 인류 전체가 무관심할 수 없다는 인식은 '종교의 본질'과 맞닿아 있다.[190] 이때 내가 지금

이 순간에 한 인간, 즉 개인으로 존재한다는 것은 나 자신의 투명한 자기관계에 의해서 하나의 통일된 자기의식을 통해 만족스럽게 실현되거나, 경험될 수 없다.

키르케고르가 "최초의 죄의 개념"에 대한 서술에서 원죄를 부정하는 펠라기우스파(Pelagianism)를 비판적으로 서술하는 것은, 바로 인류의 역사가 모든 개체의 탄생에서부터 다시 시작한다는 그들의 발상 자체가 허구적이라고 생각하기 때문이다. 이 점에서 모든 원죄의 논의는 인간의 역사성에 대한 인식에 근거한다. 동시에 우리는 이 같은 관념이 고대 그리스의 운명적 죄의 관념에서 이미 감지된다는 사실을 상기할 필요가 있다.

특히 원죄와 관련해서 우리는 키르케고르의 서술이 지나치게 기독교의 교의에 기대고 있다는 인상을 받는다. 그리고 이 같은 정황은 죄의 관념만이 아니라, 불안과 자유를 비롯한 여타의 핵심적인 주제들의 논의에서도 간과될 수 없다. 우리는 그가 원죄의 근거를 정당화하는 과정에서 기독교 내재적인 논리에서 벗어나지 못하고 있음을 알 수 있다. 실제로 객관적 불안과 주관적 불안이라는 다소 도식적인 구별 역시 작위적인 시도로 여겨질 법하다.

이를 통해서 키르케고르가 부각시키고자 하는 것은 객관적 불안이 단순히 "무죄의 불안"과 동일시될 수 없다는 주장이다. 마찬가지로 주관적 불안은 자신의 죄로 인해 개체 속에 설정된 불안으로, 그와 상응하는 대표적 사례가 바로 아담의 불안이라는 것이다. 반면에 객관적 불안은 "세대와 세대를 거쳐 죄가 반영되는"(BA 56) 경우를 가리키는데, 이는 역사 속에서 아담 이후 전개된 죄의 연속적인 귀결이 특정한 개인(Individuum)의 차원을 넘어선다는 사실을 설명하기 위해 도입된 장치처럼 여겨진다. 즉 죄가 세상으로 들어오게 되었다는 초개인적인 사태의 의미를 "객관적 불안"으로 규정할 수 있기 위해서 그가 전개한 일련의 논거는 지나칠 정도로 경직된 양상을 보인다.

예컨대 그는 "창조에서의 불안은 객관적 불안이라고 말하면서, 그 이유는 '후자'가 창조에 의해 직접적으로 존재하기 시작한 것이 아니라."(BA 58) 아담의 죄에 의해 감성이 억압받기 시작했기 때문이라고 주장한다. 하지만 이 역시 의심스러운 감성의 관념에 근거하고 있다. 즉 감성 그 자체를 죄와 동일시할 수 없다는 인식에 대해 문제를 제기하지만, 이는 그가 인류의 역사 자체를 선입견 없이 고려하고 있지 않다는 사실을 감안할 때, 수용되기 어렵다.

그러나 그의 서술은 취약한 논거에도 불구하고 나름대로 흡인력을 지닌다. 특히 키르케고르는 불안의 깊은 심연을 내려다볼 때의 상황을 "현기증(Schwindel)"(BA 60)으로 비유하는데, 이는 더 자세히 논의할 필요가 있다. "자유의 현기증" 속에서 "자유" 그 자체는 침몰에 직면한다. 자유의 정신은 자신의 가장 고유한 자아의 가능성이 무한하다는 사실 앞에서 오히려 무기력함을 느끼고 좌절한다는 것이다. 그것은 개별존재가 "질적 도약"을 통해 죄의 상태에 처하게 될 때, "무"가 더 구체적인 모습으로 가시화되면서 동시에 무죄의 무지가 어떤 상태인지 그리고 그 본래의 의미가 무엇인지 확실해지기 때문이다.[191]

죄의 문화와 비기독교 세계

수치의 불안과 죄의 관념은 개체의 심리 세계에 대한 차원을 넘어서 기독교적 규범의식의 지표로 설정된다. 키르케고르의 관점은 단순히 성서의 원죄와 타락, 구원의 역사가 타문화권에 적용될 수 없다는 상투적인 생각에 그치지 않는다. 기독교와 비기독교 문명권의 윤리관을 구별하기 위해서 우리는 후자를 일종의 '윤리적 낙관주의'로 간주할 수 있는데, 이 같은 세계관은 사실상 시작과 종말, 전락과 구원이라는 인간존재의 극적인 세계 해석과 확연히 구별된다. 자연에 뿌리를 둔 인간학적 사태들과 정신적 특징 간의 극단적인 대립을 전제하는 사도 바울이나 그노시스(Gnosis)적 전통은 실제로 비기독교 문명의 정서와 선명하게 대비된다. 키르케고르는 그리스인들의 경우, 불안의 정서가 근본적인 의미에서 주체성의 심층적 내면세계 속에서 고개를 들고 일어날 필요조차 없었다는 것이다. 그에게 그리스적인 것은 단순한 관찰의 대상이 아니다. 그리스 세계는 기독교적인 세계를 이해할 수 있는 대조적인 준거로서의 의미를 지니기 때문이다.

이 점에서 그리스 문화에 대한 키르케고르의 이해가 그 미적 특징에 대한 분석에서 출발하는 것은 우연이 아니다. 왜냐하면 죄의식의 발생과 정신의 발생사적 연관을 고려할 때, 그리스의 아름다움은 죄의식의 그림자로 덧칠해지지 않은 순수한 자연의 본래적 특징을 반영하고 있기 때문이다. 정신이 불안의 양태를 통해서 "원죄" 이전부터 존재했다는 사실은 기독교의 세계가 근본적인 의미에서 유한성과 무한성, 영원성과 시간성의 긴장을 그 속성으로 지닌다는 것을 가리킨다.

기독교의 전통에서는 정신과 그 전락의 역사에 앞서 '무'와 '불안'의 개념이 선행한다. 그리스적인 아름다움이 '부'와 '불안'의 징시를 표현하고 있는 것은 사실이지만, 그 대신에 정신과 감성의 교합을 통해 성립하는 성적 차이는 무시된다. 따라서 남성과 여성의 '무차별적 표현'은 기독교의 정신과 확연하게 대비된다.

이로써 예술정신과 헤겔주의에 대한 논의는 단순히 미학적인 쟁점을 초월하는 의미 있는 '인간학적인' 전망과 연결된다. 키르케고르는 "아름다움이 지배적인 위상을 점해야만 하는 곳에서 그것은 종합을 산출해 내며, 여기서 정신은 배제된다."(BA 65)고 말한다. 이로써 아름다움은 정신의 이념이 직관의 형태를 통해서 드러난 것이라는 헤겔철학의 핵심적인 전제가 정면으로 부정된다. 미의 본질은 스스로를 현상하도록 필연적으로 규정되어 있으며, 예술은 절대정신의 한 고유한 유형이라는 헤겔의 예술철학은 더는 타당하지 않다는 것이다. 사변철학의 전제들을 부담스럽게 생각하는 키르케고르의 관점은 예술철학에 대한 비판적 태도에서도 일관성을 보여 주고 있다.

한마디로 아름다움과 정신의 이념은 서로 별개의 원리에 의해서 이해되어야 한다는 것이다.[192] 우리는 정신과 아름다움의 구별에 대한 키르케고르의 집착을 그리스 신들의 조각에 대한 서술에서 뚜렷하게 확인한다. 예컨대 그리스적 아름다움이 "조용한 장엄함(Stille Feierlichkeit)"을 지닌다고 묘사할 때, 그는 분명 조각과 같은 고전적 조형작품을 염두에 두고 있는 것처럼 보인다.

"비너스는 비록 그녀가 잠들고 있는 모습으로 표현될 때에도 마찬가지로 본질적으로 아름답다. 그렇다. 그녀는 아마도 바로 그 같은 모습으로 있을 때 가장 아름다울 것이다. 동시에 잠든 상태는 정신이 부재중에 있음을 표현한다. 따라서 사람은 늙고 정신적으로 계발될수록 잠든 상태에서 덜 아름답다. 반면에 어린아이는 잠들었을 때 가장 아름답다."(BA 65)

만약 그가 '비극'이나 '희극'과 같은 작품을 그리스적인 예술의 범형으로 삼았다면 그리스적인 아름다움은 "근심, 걱정이 없는" 그리고 "정신"이 배제된 상태의 단순한 아름다움으로 서술될 수 없을 것이다. 키르케고르는 그리스적 아름다움이 정신을 결여하고 있음에도 불구하고 "일종의 설명할 수 없는 슬픔"을 표현한다고 주장한다. 이로써 그는 그리스적 아름다움이 불안과 '무'의 정서에 의해서 포섭될 수 있다는 주장의 논거를 발견한 듯하다. 그는 나아가서 아폴로 신을 잠자는 모습으로 형상화한 것은 아름다울 수 없으며, 잠자는 주피터 역시 우스꽝스럽다고 단언한다.

이 같은 도식적인 대비는 그 적절성의 여부를 떠나서 키르케고르가 정신의 발전 단계에서 불안과 죄의식이 지니는 위상을 중요한 계기로 설정하고 있음을 보여 준다. 그리스적인 아름다움은 단연코 헤겔의 주장처럼 미적 이념의 형식과 내용이 통일된 고전적인 조화의 상태와는 거리가 멀다. 조화와 균형이 아닌 실존의 불확실성이 주체성의 형성 과정에서 결정적이며, 죄와 '무'에 대한 불안은 내면적인 깊이를 더해 주는 요인이 된다.

기독교 세계의 특징은 고전 그리스 시대의 이상적이면서도 소박한 윤리와의 대조를 통해서 드러난다. "사랑스러운 그리스적 소박성"(BA

14)은 '음울한 원죄'의 담론과 대비되는데, 이는 서구 규범문화의 내적인 균열을 반영한다는 것이다. 기독교의 교리(Dogmatik)는 '죄'의 이념적 가능성(ideelle Möglichkeit)을 통해서 실존을 가로지르는 의식의 심연을 형성하는 데 기여한다는 것이다. 그리고 그리스의 고전적인 윤리는 죄의 궁극적 사태 앞에서 더는 설명력을 지니지 못한다.(BA 21)

"최초의 윤리학은 개별자의 죄 앞에서 좌초해 버렸다."(BA 18)

기독교 세계와 그리스의 고전시대가 상이한 규범의식을 반영한다는 사실은 키르케고르가 제1 윤리학과 제2의 윤리학을 구별하는 데서 드러난다. 제1 윤리학은 앞서 말한 대로 죄의 물음 앞에서 무기력한데, 이는 곧 인류 전체로 원죄가 확대되는 한에서 더욱 분명해진다는 것이다. 그러나 "첫 번째 윤리는 죄를 무시하지만 두 번째 윤리는 죄의 현실성을 스스로의 영역 내에 지닌다."는 그의 언급은 당연히 도식적이다.

과연 그리스 윤리학을 죄에 대해 무관심한 소박한 윤리로 간주할 수 있는가? 실제로 키르케고르의 서술은 그리스 철학자들의 특정한 윤리를 지칭한 것이라고 보기 어렵다. 여기서 그는 단지 그리스로 대표되는 비기독교 세계의 규범문화를 피상적으로 이해하고 있는 것처럼 보인다. 예컨대 앞서 살펴본 고대의 신화나 그리스 고전 비극에서 발견되는 존재론적 죄의 개념은 심각한 고려의 대상에서 배제된다. 예술과 달리 최소한 고대 그리스의 윤리에 대한 이해는 여기서 다분히 헤겔적인 시각을 반영하고 있다. 헤겔과 당대의 그리스 문헌학자들에게서 발견되는 고전시대의 표상은 당연히 이상주의에 경도되어 있다. 이 점에서 키르케고르가 미적이며 감성적인 관점에서 고전 그리스의 윤리를 이해하려고 시도한 것은 자연스러운 귀결이다.[193]

그런데 이 같은 시대적인 한계에도 불구하고 키르케고르의 시각은 일련의 의미 있는 통찰을 보여 준다. 그것은 유대교적이며 기독교적인 죄의 관념이 인간의 자기정체성에 대한 해석과 관련해서 하나의 중대한 차이를 드러낸다는 인식에서 나타난다. 죄의 관념을 철저하게 기독교적인 맥락에 국한시키는 키르케고르의 단정적인 언급은 바로 이 같은 차이에 대한 인식과 무관하지 않다. 그것은 절대자 앞에 마주 선 단독자의 '불안'과 관련된다. 이는 단순히 원죄로 표현하기에 적절치 않은 존재 자체의 사건을 가리킨다.

이처럼 죄와 불안의 문제에 대한 키르케고르의 인식은 개인의 심리분석을 넘어서 동시에 비교인류학에 근거한 사유의 일단을 보여 준다. 그는 죄악의 개념 자체가 가장 심층적인 의미에서 기독교 이외의 세계에서는 발견되지 않는다고 주장하는데, 그 같은 언급의 배경을 짐작하기는 어렵지 않다.

심지어 그는 만약 그 같은 개념이 등장했다면 이교도들의 세계는 바로 그 죄의 모순적 상황에 처해서 자멸하고 말았을 것이라고 주장한다. 이 같은 주장의 근저에는 기독교 세계와 구별되는 이교도들의 정신적 발달 단계에 대한 가치판단이 자리한다. 그는 기독교의 세례를 받지 않은 문화권에서는 아직 정신이 자기 스스로를 규정하지 못한 상태에 놓여 있으며 이는 비기독교권이 정서적으로 감성의 단계에 머물고 있음을 가리킨다.[194]

인간과 자연, 유한성과 무한성, 정신과 육체의 극적인 대립을 가로지르는 죄와 불안의 감정은 인간의 자기정체성에 '도덕적 내면성'의 영역을 확장시키는데, 이는 유대교적 전통이나 이를 변형시킨 기독교의 규범문화를 설명해 주는 중요한 특징으로 부각된다. 주체성의 인식은 단순히 개별존재를 압도하는 운명의 필연성이나 갈등을 주제로 한 신화적 태도나, 스토아주의 등을 넘어서야 비로소 이해 가능하다. 그럼에도 불구하고 우리는 이미 유한성과 무한성의 대립을 통해 형성된 형이상학적 긴장이 인간의 자기 이해에 아무런 영향을 미치지 않았다고 단정할 수 없다. 과연 죄의 불안을 기독교나 유대교의 문화에만 해당하는 것으로 제한할 수 있는가? 이 물음은 시간관념에 대한 고찰을 통해 검토될 수 있다.

죄의 관념은 유대교적이며 기독교적인 세계에서 발견되는 특유의 시간관념과 관련해서 이해될 수밖에 없는데, 이 점이 전자의 규범의식이 보여 주는 특징을 선명하게 드러낸다. 《불안의 개념》 3부에서 키르케고르는 인간이 상호 대립적인 계기들, 즉 시간적인 차원과 영원의 계기들의 종합이며, 이는 정신에 의한 영혼과 몸의 통합과는 달리 이해되어야 한다고 주장한다.[195] 그런데 여기서 그는 왜 시간의 문제를 거론하는가? 그것은 기독교에 의해서 비로소 본질적 의미의 순간(Augenblick)의 의미가 실존적으로 파악되기 때문이다. 기독교의 화해는 "그림으로 형상화된 표현(ein bildlicher Ausdruck)"(BA 88)에 의존한다는 한계를 지님에도 불구하고 순간을 "시간의 원자가 아닌 영원성의 원자"(BA 90)로 이해하도록 만들어 준다.[196] 즉 정신이 설정되자마자 순간이 그곳에 존재한다. 이 순간과 영원성의 논의는 궁극적으로 역사성의 물음과 직결된다.

이와는 대조적으로 그리스인들에게는 근본적으로 시간의 의식이 결여되어 있기 때문에, 그들에게 감성은 직접적인 방식으로, 즉 정신에 의해 매개되지 않은 방식으로 수용되고 표현된다는 것이다. 여기서 한 걸음 더 나아가 키르케고르는 정신 자체의 규정이 그리스인들에게 결여되어 있었다는 것은 곧 그리스 문화를 죄의식에 의해 규정할 수 없다는 것을 의미한다고까지 주장한다.[197] 그리스인들에게 시간관념은 기본적으로 지나가는 흐름이며 이는 그들이 과거의 회상을 통해서만 '영원성'을 이해한다는 사실을 통해서도 뒷받침된다.

반면에 죄가 현실세계 속에 등장했다는 것은 바로 "시간성 자체가 죄로 존재한다."(BA 95)는 것과 마찬가지다. 이러한 정황을 고려할 때 기독교가 지배적인 문화로 등장하기 이전의 비기독교 문명에서는 서구와 같은 방식으로 죄의 문제를 논할 수 없다는 추정이 가능하다. 그러나 비기독교 문명은 '정신' 자체를 완전히 결여한 상태가 아니라 단지 정신과—모종의 외적인—관련을 맺고 있을 뿐이다. 여기서 정신은 '정신' 그 자체로서 설정, 감지되는 것이 아니라, 단지 불안, 즉 '무'의 불안이라는 형태로만 감지된다는 것이다.

"사람들은 일반적으로 비기독교 세계가 죄에 빠져 있다고 말한다. 그런데 오히려 그 세계가 불안 속에 놓여 있다고 말하는 것이 더 옳을 것이다. 비기독교의 세계는 전체적으로 감성의 세계다. 그러나 그것은 정신과의 어떤 연관을 지니고 있는 감성인데, 이때 정신은 심층적 의미에서 정신으로 설정되어 있지 않다. 그러나 이 가능성이 바로 불안이다."(BA 98)

이로써 불안의 개념이 종교나 역사적 차이를 초월하는 실존의 사건으로 설정되어 있음이 분명해진다. 그렇다면 불안이 무의 불안인 한에서 비기독교 세계의 인간들이 지닌 불안은 구체적으로 어떻게 나타나는가? 키르케고르는 이를 '운명'의 의식이라고 단언한다. 정신의 자유 혹은 자유로운 정신과는 대조적으로 운명은 필연적이며 동시에 우연적이다.

키르케고르가 운명을 "필연성과 우연성의 통일"로 규정하고 있지만, 여기서 통일성의 규정은 형식적인 범주로 설정되고 있다는 인상을 준다. 그것은 운명의 냉엄한 실상을 비인간적인 철학적 범주로 포장한 것처럼 보인다. 근세 이후 도식화된 자유와 필연성의 대립적 구도와 달리 키르케고르는 '가능성의 가능성'을 자유의 단초로 삼는다. 반면에 근세적 자유의 개념은 필연성의 단순한 대립으로 설정되는 경향이 있다. 이 세 범주의 구도 속에서 이원적 대립의 우위가 확정되는 순간은 곧 선과 악의 대립이 의지의 선택 가능한 범주로 '인간화되는' 순간과 동일하다. 이로써 죄의식은 문명의 합리화 과정을 통해서 그 존재론적 지평을 상실하게 된다. 몸과 정신, 유한성과 무한성, 필연과 자유의 대립은 종종 선과 악의 심연이 드리우는 그림자와 중첩되어 그노시스주의(Gnosism)의 다양한 유형을 산출한다.[198]

비기독교의 세계에서 불안을 초래하는 '무'가 '운명'으로 간주될 수 있는 한에서 '무'는 일종의 '암호' 혹은 '한계개념'으로 이해될 수도 있다. 신탁은 항상 완전하고 투명한 이해가 불가능하다는 점에서 미래의 불확실성에 대한 이교도들 자신의 인식을 반영한다. 비극 역시 삶의 우연과 필연이 빚어내는 불확실성과 운명적 상황에 대한 이해의 한 방식이다. 비기독교의 세계에서는 그 결과 신탁에 대한 정서적 반응이 공감과 반감이 교차되는 양상으로 전개된다. 이 지점에서 키르케고르는 우리의 세기에 이르기까지 지속되고 있는 규범문화의 차이에 대한 거시적 진단의 단초를 제공한다.

"죄와 죄악의 관념은 심층적인 의미에서 비기독교의 세계에 발현되지 않는다. 만약 그 같은 관념이 발현되었다면, 비기독교의 세계는 누군가가 운명에 의해 죄에 빠질 수밖에 없다는 모순으로 인해서 멸망에 이르고 말았을 것이다."(BA 100)

여기서 키르케고르의 서술은 적지 않은 당혹감을 불러일으키기에 충분하다. 비기독교 세계가 본래적인 의미의 죄의식을 결여하고 있다는 주장은 오직 그들이 아예 대결할 필요가 없었던 규범적 상황을 전제할 때만 타당한 것이 아닌가? 더구나 오늘날 일부 전근대적인 전통 사회나 기독교 공동체를 제외할 경우, 죄의 관념이 지니는 규범적 구속력이 지속적으로 약화되는 현상을 감안할 때, 죄의식의 규범문화가 상당히 제한적이며, 특정한 역사적 맥락에서만 타당하다고 주장할 수 있을 것이다.

따라서 불안의 '변증법'이 곧 죄로 간주된다는 주장이 성립하기 위해서는 인간학의 보편적인 관점에서 다른 설득력 있는 논거들이 제시되어야 한다.[199] 만약 죄의 발생적 연원이 실존의 불안이며, 불안 자체의 내적 자기모순이 곧 죄의 궁극적인 원인이라면, 인간의 실존 그 자체는 구조적으로 불안의 모순을 그 자체의 내부에 항상 잉태하고 있다는 추정이 성립된다. 그러나 키르케고르는 이 물음을 철학적 인간학의 차원이 아닌 구체적인 역사의 맥락에서 전개한다. 그는 일단 유대교의 불안이 비기독교 문명에 속하는 그리스 고전 세계에서처럼 운명적 사태로 경험되지 않는다는 점에 주목한다. 그러나 유대교와 그리스 세계와의 비교를 통해서 도달한 결론이나 추론 과정이 타당한지는 불투명하다.

운명과 행복의 소박한 관념에 의존하는 고대 그리스 세계가 상대적으로 유대교 문화보다 규범적인 반성의 낮은 수준에 처해 있다는 추정은 그 근거가 불확실하다. 무엇보다 상이한 문화들에 대한 키르케고르의 해석 자체가 이미 규범적 판단에 의존하고 있다는 사실이 드러난다. 그는 유대교의 '번제' 의식이 비기독교 세계의 '신탁'에 상응한다고 말한다.[200] 유대교에 비극적 깊이를 부여한 의식이 바로 합리적인 설명 자체가 불가능해 보이는 번제와 희생의 의식이다. 그러나 이미 알려진 것처럼 고대 부족에서 광범위하게 유포된 번제와 희생의 의식은 정치적 지배권의 확립이라는 의도하에 더 잘 파악된다. 그러나 여기서는 불안의 정서가 어떻게 처리되고 해석되는가의 여부가 역사적 고찰의 준거로 설정되어 있다. 불안은 단순한 분석의 대상으로 정서나 감정이 아닌 비교문화론의 준거로 설정된다. 불안으로부터 종교와 문화, 제도 등의 실제적, 상징적 체계들이 해석되는 것이다. 불안과 죄에 대한 물음은 곧 인간에게 종교적인 삶이 무엇인가에 대한 물음으로부터 분리될 수 없다. 기독교 세계에서 선과 악에 대한 의식이나 도덕적 관념에 대한 해석은 근본적으로 종교적 삶에 대한 이해의 중심에 놓여 있다. 그러나 '종교' 자체나 '종교적인 삶'에 대한 해석 자체가 단순하지는 않다. 이 같은 사태들은 단지 문명의 차이에 따라서만 설명되지 않는다.

실존의 새로운 지평들

두말할 나위 없이 키르케고르의 인간학적 통찰은 철저하게 기독교적 전통의 연장선상에 서 있다. 이는 그가 덴마크 사회에서 공식적인 제도로서의 기독교에 대해 철저하게 비판적인 태도를 견지했다는 사실에도 불구하고 타당하다. 그렇다면 이러한 문화적 맥락의 특수성을 감안하더라도 그의 실존 해석이 주목을 받는 이유는 무엇인가? 키르케고르는 인간 실존이 처한 보편적인 존재 상황의 해석을 통해서 자기정체성의 연원을 새롭게 해석한다. 근대성의 원리는 인간 실존을 몰개성적인 개체로 강제하려는 힘들로 규정될 수 있다. 비본래적 삶의 방식이 일반화되는 근대에서 키르케고르의 인식은 예외적이다. 개성의 함몰과 차이의 상실은 이미 현실이 되었으며, 이는 결코 부인할 길이 없다는 것이다. 그리고 이 같은 비판적 시각은 아직도 유효하다. 단독자의 개념은 단순히 개인들의 심리 분석이나 통속적인 의미의 실존철학의 한계를 넘어서 시대 초월적인 비판의 잠재력을 지닌다.

이처럼 키르케고르에서 죄의 관념은 도덕적 규범을 위반한 행위와 그 결과에 대한 '죄책감'이 아닌, 실존의 총체성에 대한 자기 이해의 방식과 관련한다. 단독자로서 실존의 구체적 의미는 어떤 특정한 상황에서 일시적으로 혹은 예외적인 결단을 통해 스스로를 내던지는 행위나 태도가 아니다. 그것은 삶의 일관된 자기 이해에 근거한다. 삶 전체에 걸쳐서 관철되는 죄의 의식은 자신의 "실존적 열정"을 표현하는 가장 결정적인 방식이며, 이를 통해서만 비로소 인간은 영원성의 이념을 이해할 수 있다는 것이다. 그러한 한에서 죄의식의 주체는 언어를 초월한 절대적 사태 앞에 직면한 침묵의 실존이기도 하다. 같은 맥락에서 침묵과 말의 의미를 뢰비트(Loewith)는 다음과 같이 간결하게 묘사한다.

그는 무엇보다 말과 침묵 사이에 존재하는 본질적인 차이가 유실되어 버림으로써 말 자체가 수다와 같은 것으로 전락하게 되었다고 진단한다. 또한 "사적인 것과 공적인 것의 차이"[201]마저도 무의미해짐으로써, 공적 존재의 의미는 평판이나 홍보(Publicity)의 대상으로 변질되었다는 것이다. "은폐와 드러냄"[202]의 본질적 차이는 자신을 공중 앞에 드러내는 행위로, "본질적 사랑과 감성적 탐닉"[203]의 차이는 열정이 결여된 사랑 놀음으로 평준화됨으로써, 삶의 깊이가 사라진 뻔한 일상의 세계만이 남게 되었다는 것이다.

키르케고르의 죄와 실존, 불안에 대한 이해는 후에 야스퍼스의 분석에 의해 새롭게 조명된다. 그 역시 윤리적인 죄의식이 인간이 진정한 단독자로 스스로와 대면할 때 발생한다고 간주한다. 즉 외면과 침묵을 수반하는 죄의 체험을 인간이 윤리적 판단의 준거로서 설정하고 이를 스스로에게 적용할 때 비로소 단독자로서의 자기 대면이 가능하다는 것이다. 이와는 대조적으로 스스로에게 실존의 윤리 기준을 적용하지 않고 주저앉을 경우, 자기변명이나 자기기만의 양상이 초래된다. 동일한 방식으로 윤리적 기준을 타인에게 적용하는 것은 불가능하며, 부적절하다. 스스로와의 고독한 대면을 기피할 때, 사람들은 자연히 외부

세계의 지침에 수동적으로 의존하게 된다.[204]

야스퍼스의 심리학적 관찰에서도 중요한 쟁점은 죄의 체험에 대한 심리적 반응이다. 죄는 윤리적 한계 상황이다. 우리는 역사의 현실 속에서 종종 자신에 대한 증오심에 의해 스스로를 통제하지 못하는 인물들을 목격하는데, 이는 죄의식의 한계 상황 앞에서 좌절당한 존재의 반동적 심리에 해당한다. 야스퍼스의 이러한 관찰은 타인에 대한 폭력성을 이해할 수 있는 단초이기도 하다. 야스퍼스는 자신의 이 같은 관점이 키르케고르에게서 연유한 것임을 부인하지 않는다. 키르케고르의 실존에 대한 해석은 성 아우구스티누스의 경우처럼 종교적인 체험의 전통에서 비로소 이해될 수 있다는 것이다.[205]

모든 단독자는 스스로와의 전면적인 대결 속에서 체험하는 죄를 상기함으로써 영원한 '은총'과 연계될 수 있다는 것이다. 죄로부터 멀어질수록 인간은 스스로의 존재 상황에 대해 무관심해지는데, 이와 달리 죄는 실존의 주체성을 극명하게 드러낸다. 그렇지만 야스퍼스는 "주체적 실존"의 맥락에서 죄의식을 절대화하는 것은 문제라고 지적한다.[206] 기독교적 실존의 심리적 긴장은 유일신 사상에 기댈 필요성을 느끼지 못하는 문명권의 '느슨한' 자기정체성, 즉 절대적 존재에 대한 무관심과 확연히 대조된다. 우리는 심지어 후자를 '아름답고, 단순한 인륜성'의 단계로 혹은 스토아의 경우처럼 낙관주의적 윤리관으로 규정할 수 있을 것이다.

한편 키르케고르의 실존적 죄의 물음은 하이데거에 의해서도 '현존재의 해석학'으로 재구성된다. 죄와 실존적 불안의 연관에 대해 본격적으로 주목한 하이데거는 키르케고르와 시대정신을 일부 공유하면서도 이 물음을 존재론적 물음의 포괄적인 맥락 속에서 재해석한다. 20세기 철학자들 중에서 하이데거처럼 죄의 물음을 실존의 여러 현상과 관련해서 심층적으로 물은 경우는 드물다. 키르케고르의 단독자가 체험하는 죄의 의식은 하이데거의 존재론적 지평 위에서 전개되는 '양심의 부름'에 의해 되살아났다고 볼 수 있다.[207]

그러나 하이데거의 문제의식은 이미 셸링의 문제이기도 하다. 그가 설정한 물음의 근본적인 의미는 인간존재의 선과 악의 물음을 떠나서 자유의 의미를 규명할 수 없다는 발상에서 비롯한다. 실존에 대한 셸링의 이해는 보편성과 특수성의 두 계기로 특징지우는 삶에 대한 욕망과 불안, 균열의 의식으로부터 그 단초가 제공된다. 혼돈 그 자체는 인간적 실존의 본래적 사태다. 정신의 분열과 괴리가 인간적인 자유의 기원으로 설정될 수 있다는 관념은 자유와 불안이 동일한 근원에서 파생한 사태임을 일러 준다. 셸링은 이를 자신만의 표현을 사용해서 '근거(Grund)'와 '실존(Existenz)'의 분리로 파악한다. "인간적 자유의 본질"은 셸링의 자유개념이 칸트나 헤겔과는 다른 지평에서 이해되고 있음을 보여 준다. "근거와 실존"의 분리는 인간의 선악이 무엇보다 의지 자체의 내적 모순에서 초래되었음을 가리킨다.[208] 그런데 우리가 이 지점에서 실존적 단독자의 길을 유일한 대안으로 채택해야만 하는지는 의심스럽다. 설혹 자유로운 실존이 요청된다고 하더라도 그것이 오직 절대자 앞에서의 자기정당성을 인정받음으로써만 가능한지는 의심스럽기 때문이다. 이 점에서 다음 문장은 자유로운 실존의 해석이 항상 새롭게 시도되는 서사적인 방식을 통해서도 가능할 수 있음을 보여 준다.

"자유는 자율적이 아니며 오직 정당화를 통해서 주어질 수 있다. 현존재의 정당화는 죄의 깨달음을 통해서 성립하는데, 그것은 스스로나 타인이 아닌, 대리하는 존재를 통해서 가능하다. 대리하는 자는 죽음과 삶 사이를 매개할 수 있으며 이로써 역사는 그 연속성을 이어 간다. 이 전이(Übertragung)는 오직 상징적이거나 시적으로 역사를 통해 성립된다. 실재적인 전이는 이미 광기다. 그것은 타자 혹은 자신을 죄로 부담 지우거나 부담이 있는 것으로 바라본다. 실재적이거나 관념적, 이상적이 아닌, 오직 설화적인, 그리고 서사적인 정체성만이 죄로부터 해방시키고 자유로의 길을 허용한다."[209]

흔히 허구로 폄하되어 온 설화와 모든 삶의 이야기는 삶의 일회적 사건들을 존재의 지평 위에서 전개되는 하나의 의미 있는 사태들로 변화시키는 마법이자 주술인 셈이다.

죄와 양심

존재로부터의 사유, 정서와 기분

자유의 가능성을 그 뿌리에서부터 뒤흔들고 있는 것은 단지 전통적인 유물론이나 오늘날 갈수록 그 영향력을 확대시켜 가고 있는 물리주의적 결정론만이 아니다. 삶의 운명적 필연성과 원죄의 기독교적 관념은 이제 하이데거의 '존재로부터의 사유'에 의해 새로운 전기를 맞는다. 존재로부터의 사유는 키르케고르에서 발견되는 죄와 불안, 자유와 책임의 물음을 새로운 지평에서 더 급진적인 방식으로 제기한다. 여기서 말하는 '새로운 지평'이란 다름 아니라 자유와 필연성, 의식과 대상의 이원론적 구별을 자명한 것으로 받아들이지 않는 존재로부터의 사유를 가리킨다. 동시에 존재로부터의 사유는 인간 중심주의적인 세계 해석에 대해서도 비판적이다. 후자는 인식의 주체가 세계를 별개의 분리 가능한 대상들의 집합으로 설정할 수 있으며, 주체와 객체, 의식과 대상의 이원론적 구별이 모든 인식의 궁극적인 전제임을 의심하지 않는 태도를 가리킨다.

그러나 하이데거의 현존재가 자신의 존재에 대해 염려하는 유일한 존재자로서 규정되고, 나아가서 죽음에 이르는 존재자로서 불안의 정서를 궁극적인 자기 이해의 가능성으로 수용하는 한에서, 존재로부터의 사유는 세계에 대한 염려, 세계에 대한 불안의 의식으로부터 자유롭지 못하다. 나는 일상적인 삶의 세계에 대한 하이데거의 비판에 근대 세계에 대한 그의 부정적인 시각이 작용한다고 생각한다. 이는 사실 이미 그노시스의 전통에서도 발견된다. 실제로 그노시스적 전통과 신플라톤주의, 실존주의 등은 하나의 공통된 관심을 갖고 있는데 그것은 다름 아니라 자유와 세계에 대한 이원론적 해석이다.[210] 즉, 뵈메(Böhme), 셸링, 키르케고르 그리고 하이데거 등은 죄와 불안, 자유의 존재론적 심연에 대한 이해의 전통을 공유한다. 이들이 한결같이 이성주의적 계몽에 기댄 역사의 진보에 대해 회의적인 이유도 여기서 비롯된다. 그 결과 이들은 이상주의적인 인간학의 전제들에 대해서 비판적이다. 따라서 하이데거가 죄와 불안에 대한 물음을 단순한 도덕심리학이나 감정이론의 경우처럼 물상화된 대상이나 특정한 현상으로 분리해서 다루지 않는 것은 당연하다. 한마디로 하이데거의 존재로부터의 사유는 다분히 '정서론적 전환'에 의해서 뒷받침되고 있는데, 이를 사이몬(Simon)은 다음과 같이 적절하게 정리하고 있다.

"하이데거의 요점은 사물들에 대한 지적인 관점과는 다른 길들이 있다는 것이다. 사물들에 대한 이론적인 규명에 앞서, 정서적이거나 감정에

준한 해명이 시도될 수 있는데, 이는 기분들(Stimmungen) 속에서 발생한
다."211

물론 여기서 독일어 Stimmung을 '기분'으로 번역하는 데에는 적지
않은 문제가 수반될 수 있다. 무엇보다 기분은 주체의 내적인 상태나
주관적 정서 상태를 넘어서는 표현이며, 그런 한에서 기분은 주체와
객체의 구별을 뛰어넘기 때문이다. 여하튼 하이데거에서도 '정서의
문제'는 단순히 하나의 철학적 주제가 아니라 주지주의나 인지주의적
세계 이해에 대한 근본적인 비판의 단초로 받아들여지고 있음이 드러
난다.

불안과 죄, 양심

현존재의 일상성에 대한 현상적 분석은 역사성의 차원과 분리되지
않은 삶만이 그 '본래성'을 주장할 수 있다는 인식으로 귀결된다. 따라
서 일상성의 분석은 근본적으로 비본래성의 분석이다. 본래성과 비본
래성의 구별은 존재론적 분석으로부터 파생된다. 비본래성의 한 특징
은 수다스러움(Gerede)으로 거론된다. 그런데 이 구별은 단순히 근대
적 삶의 방식에 대한 도덕적 비난을 겨냥한 것이 아니다. 본래적 실존
의 한 방식인 양심의 부름(Gewissensruf) 역시 도덕적 차원을 넘어서
는 존재로부터의 사유와 맞닿아 있다.212
양심의 목소리(Stimme des Gewissens)는 인간이란 특이한 존재자

가 본래적으로 존재할 수 있는 하나의 움직일 수 없는 사태(Faktum des Gewissens)(SZ 269)를 가리킨다. 이는 동시에 현존재가 스스로를 드러내 펼쳐 보이는(Selbstauslegung) 현상적 계기이기도 하다. 우리는 여기서 기분(Stimmung)과 목소리(Stimme)가 우리말에서와 달리 독일어에서는 어원적으로 가깝다는 사실에 주목할 필요가 있다. 언어의 발생적 맥락이 동일하거나 유사하다는 것은 그 의미론적 전개 과정과 구별된다. 그렇다면 양심(Gewissen)이 목소리와 연관된다는 것은, 부름과 응답(Antwort), 즉 책임(Verantwortung)의 어원적인 의미에서 이해되어야 한다. 즉 근본적으로 묻고, 답하는 존재 자체의 언어적 차원에서 양심이 이해될 수 있는 것이다. 간단히 말해서 양심의 부름은 이론적인 명제로 객관화될 수 없는 모든 실존적 개체의 체험이 전개되는 사회적이며, 언어적인 차원을 가리킨다.

그러나 '양심의 목소리'는 일상적 인간(Man)의 수다스러운 언어 행위와 달리 침묵 속에서만 감지된다. "양심은 오직 그리고 지속적으로 침묵의 방식으로 말한다."(SZ 273) 침묵을 통해 양심에 귀를 기울일 때, 현존재는 자신이 스스로 존재할 수 있는 가능성(Selbstsein-können)과 만나게 된다. 여기서 자신 스스로 존재할 수 있는 가능성은 단순한 '양태'나 불확실한 미래의 존재가 아닌, 현존재의 능력이기도 하다. 그러나 본래적으로 존재할 수 있는 가능성은 일상적 자아(Man-Selbst)에 의해서 닫혀 있다.(SZ 288) 죄는 이로써 인간의 본래적인 진정성과 관련된 핵심적인 주제들과 연관된다. 그것은 단지 인간적인 결함의 회복이나 자신의 오류를 되갚는 등의 소극적인 의미를 넘어서기 때문이다. 여기서 제기되는 물음은 인간이 자신의 역사성에 대해 지니는 관계와 무관하지 않다. 그런데 인간이 원래부터 무성(Nichtigkeit : Nothingness)에 외해서 그 실존의 방식이 규정되어 있는 한에서, 유한성, 즉 역사성의 긍정이 자동적으로 본래성의 회복을 의미하지는 않는다.

현존재의 무성(無性)은 이상적인 인간에 미치지 못할 수밖에 없는 자기 존재의 결함이 아니라, 현존재의 고유한 존재 가능성을 말해 준다. 이로써 플라톤주의가 대두된 이래 칸트에 이르기까지 지속된 당위와 존재의 괴리에 기반을 둔 이원론적인 인간 이해의 틀이 유지될 수 없게 된다. 따라서 이상적인 자아와 현실적인 자아의 대립과 함께 이에 상응하는 형이상학적 이원론 역시 그 근거를 상실하게 된다.[213] 인격적 존재는 오히려 이 같은 비본래적 실존을 넘어서 스스로의 제한된 한계 속에서 진행되는 결단을 존재의 가능성으로 감당함으로써 실현된다. 현존재의 본래성은 양심의 부름에 응함으로써 열리게 된다.

양심의 부름(Ruf des Gewissens)을 통해서 드러나는 현존재의 본래성은 여러 방식으로 등장한다. 그것은 현존재로서의 인간이 실존적 상황에서 택하는 결단(Entschlossenheit)이나 자신의 본래성을 회복하는 존재의 가능성 혹은 능력(Selbstseinkönnen)을 통해서 드러난다. 그러나 양심의 부름에 응한다는 것은 인식론적 전환 이상의 의미를 지닌다. 예컨대 플라톤의 동굴의 비유처럼 양심의 부름은 곧 존재의 전회를 가리키며 이는 의식적인 행위나 자유로운 선택과 구별되는―하이데거의 모호한 표현을 빌리자면―존재로의 귀속을 기꺼이 수용하는 것이다.

따라서 하이데거의 '전회'는 헤겔의 《정신현상학》의 서문에서 전개되고 있는 반성적 의식의 자기 인식의 과정과 구별된다.[214] 존재로 돌아간다는 것은 단순히 그 어떤 의식적 존재의 상기나 회상, 기억이 아닌, 실천적 결단이며, 이는 궁극적으로 죽음을 자신의 가장 본래적인 가능성으로 이해하는 존재의 불안을 통해서 드러난다.[215] 비록 여기서 양심의 부름이 현존재 이외의 다른 초월적 권위나 존재에 의존할 필요가 없다고 전제되지만, 어쩔 수 없이 존재로부터의 사유는 신학적이며 기독교적인 은유로부터 자유롭지 못하다.

다만 하이데거의 특이성은 양심의 부름이 초래하는 정서의 근본적인 전환에 대한 서술에서 가시화된다. 그는 양심의 부름이 필연적으로 현존재를 낯설고 두려운 상태로 몰아넣는다고 말하면서, 일상적 삶에 대한 '자기소외'의 정서가 낯선 느낌(Unheimlichkeit)의 차원을 넘어서 존재의 망각이나, 고향의 상실과 같은 뿌리 뽑힌 현존재의 존재 상황을 수반한다고 주장한다. 이로써 우리는 왜 하이데거가 키르케고르의 전철을 밟아 공포의 감정과 구별되는 불안의 정서를 부각시키는지 이해하게 된다. 후자는 불길한 사태나 대상에 대한 공포심과 같은 단순히 부정적인 감정이 아닌 현존재의 존재와 역사성, 죽음을 대면하게 해 주는 본래적 인식의 단초이기 때문이다.

다시 말해서 신의 존재를 전제한 타락과 구속의 역사를 대신해서 죽음으로 치달리는 현존재의 역사성이란 배경하에 양심의 요청은 죄의 물음으로 확장된다. 그런데 죄를 양심의 부름으로 간주할 때, 부름의 주체를 어떻게 이해해야 하는가? 부름의 주체는《존재와 시간》에서 비규정적이다. '그것이 부른다.(Es ruft)'는 비인칭 주어는 결국 양심의 주체가 현존재 자체의 내적인 목소리일 수 있는 가능성을 열어 놓는다.

이때, 양심의 부름은 그 어떤 구체적인 행위를 촉구하기보다 현존재가 가장 본래적인 의미의 죄의 가능성 속에 처해 있다는 인식을 전제한다. 하이데거의 현존재에 대한 이해는 이처럼 양심과 죄의 연관을 통해서 구체화된다.

> "양심을 지니고자 하는 의욕을 통해서 현존재가 규명될 수 있는 것은 불안에 처해 있기(Befindlichkeit der Angst) 때문이다. 즉 자신의 가장 고유한 죄가 있는 존재로 실존한다는 스스로의 기획에 대한 이해를 통해서 그리고 침묵으로서의 말을 통해서 구성된다. … 결단을 할 수 있는 가능성을 현존재가 지닌다는 것은 현존재 자체를 규명하고, 그것을 드러내는 매우 탁월한 방식이기도 하다."[216]

결단은 바로 현존재가 스스로의 삶을 죄의 상태에 놓인 침묵과 불안의 방식을 통해 스스로 기획하는 것(Sichentwerfen)이다. 그런데 이 기획은 일단 그 어떤 다른 유형의 초월이나 유아론적 주관주의와도 구별된다. 자신의 고유한 존재에 대한 결단은 오히려 스스로가 세계 내적 존재임을 적극적으로 수용하고, 이를 인정함으로써만 가능하기 때문이다. 결단은 전적으로 존재론적 지평 위에서 구체적인 의미를 지닌다. 왜냐하면 죄가 있다는 것은 인간이 현존재로서 단지 실제로 실재한다는(faktisch) 사실로부터 성립하기 때문이다. 여기서 분명 하이데거는 죄에 대한 통속적 표상들에 대한 비판을 통해서 스스로의 관점을 명확하게 할 필요성에 직면한다.

통속적 표상들은 인간을 모두 무엇인가를 필요로 하는 결핍의 존재로 간주하는 경향이 있는데, 하이데거는 이를 염려(Sorge)라는 표현으로 갈무리한다. 염려의 차원은 일차적으로 사람들 사이에 필요한 물건, 재화, 용역 등의 교환 및 거래, 계산이 이루어지는 행위에서 드러난다.[217] 그렇다면 "현존재의 존재"인 '염려'는 죄와 어떠한 연관을 지니는가? 현존재는 단순한 '존재자'로 실존하는 한에서 자신이 그와 같은 존재자로 내던져졌다는 사실 그 자체(Geworfenheit)를 더 심층적인 근거에서부터 이해할 수 있는 길이 차단되어 있다. 그뿐만 아니라, '염려'는 현존재의 "존재할 수 있는 가능성"과 관련해서 이해된다.

"자아는 바로 그러한 것으로 자신의 근거를 스스로 설정해야만 하나, 그것을 결코 압도할 수 없다. 그럼에도 불구하고 실존하면서 근거로의 자신의 존재를 떠맡아야 한다. 스스로 내던져진 근거로 존재한다는 것은 곧 존재의 능력이며, 이는 곧 염려의 관건이기도 하다. ··· 염려 자체는 그 본질에서 철저히 무성(Nichtigkeit: Nothingness)에 의해 관철된다."(SZ 284-285) 이로써 염려는 불안에 이어 통속적인 일상의식의 불안정함이나 인간학적 차원에 국한되지 않는 존재론적 물음, 즉 포괄적인 의미의 허무주의의 근거에 대한 물음이기도 하다.[218]

하이데거는 '부채를 지니고 있음(Schuld haben)'이란 표현 역시 죄와 염려의 표현과 어원적으로 가깝다는 사실을 부각시킨다. 혹은 "누군가에게 부채를 지니고 있음(Schuld haben an…)"이란 표현은 염려 혹은 걱정의 의미를 동시에 함축하는 표현(즉 Besorgen)이다. 후자는 즉물적 필요성, 즉 특정 유형의 재화, 도구 등의 교환을 가리키는 것이 아니라, 행위자의 행위에 그 초점이 맞추어지고 있다. 반면에 전자는 일반적인 의미의 '어떠한 사태나 상태에 대해 책임이 있는' 경우로 간주된다.

그러나 우리가 반드시 독일어의 어원에 대한 분석이나 해석에 기대서 죄의 관념을 이해할 필요는 없는 것처럼 보인다. 더구나 우리가 일반적으로 함축하는 죄의 관념은 독일어의 부채(Schuld/Schulden)의 표현과 일치하지 않는다. 즉 부채의 관념은 법적, 윤리적 영역에서 통용되는 인륜적인 죄(Sittliche Schuld)의 개념에 해당한다.[219] 이 개념은 자신으로부터 비롯한 모종의 사태에 대한 인과적 책임의 문제를 포함해서 더 구체적인 의미를 지닌다. 인과의 관념은 법률적, 도덕적 의미를 모두 포괄하는 '부채감'의 근저에 놓이게 된다.

이 같은 어원론적 분석의 한계에도 불구하고 죄의 관념(Idee der Schuld)이 법적 규범의 영역을 넘어서, 대체로 무언가 있어야 할 것의 "결핍 혹은 결함"과 관련한다는 하이데거의 서술은 타당하다. 또한 하이데거는 (무엇이) 눈앞에 놓여 있다는 현전성(Vorhandenheit)의 개념과 구별되는 '실존'의 근본적인 의미를 부각시킨다. 무엇보다 실존은 최소한 하이데거의 규정에 따르면 본질적으로 그 어떤 결핍이나 결함을 지니지 않는다. 그 이유는 무엇인가? 당연히 실존 자체가 자족적이며 완전하기 때문으로 볼 수는 없다. 더 가까운 이유는 실존하는 존재의 성격이 모든 현전성으로부터 구별될 경우에만 성립한다는 데서 찾아진다.

근원적인 실존의 유한성에 대한 통찰은 죄의 본질에 대한 인식으로 이어진다. 죄의 본질은 이제 무(das Nichts)의 고유한 성격에서 비롯한다는 점이 명확해진다. "'죄가 있다(schuldig)'는 관념에는 무(Nicht)의 성격이 놓여 있다."[220] 실존의 규정으로의 죄의 존재는 존재론적 무의 의미를 실존과 관련해서 규명해야 할 필요성을 제기한다. 이 지점에서 죄의 본래적 의미가 더 구체적으로 다가오는 것이다.《존재와 시간》에서 무의 물음이 제기되는 지점은 바로 '불안'이다.

여기서 무의 물음을 통해서 죄와 불안이 동일한 존재론적 지평 위에 놓여 있음이 드러난다. 이 개념들은 일반적인 표상과는 정반대로, '세계 내'의 어떤 존재자의 존재 여부가 아닌, '세계'의 '세계성(Weltlichkeit)'에 대한 물음을 제기하도록 만드는 현존재의 정서적 단초들인 셈이다. 죄와 불안 그리고 나아가서 양심의 부름 등은 모두 현존재의 세계 내 존재(das In-der-Welt-Sein)를 가리키는 근본 존재론의 지표이자, 현존재의 존재성이 드러나는 계기들이다. 이로써 키르케고르와는 다른 방식으로 죄와 불안의 연관은 서구 형이상학의 한 핵심적인 물음으로 우리를 이끈다. 그것은 바로 고대에서 라이프니츠(Leibniz)에 이르기까지 대부분의 형이상학자를 사로잡았던 물음, "왜 도대체 무엇이 존재하고 오히려 무가 아닌가"라는 물음이 그것이다.[221]

무는 '이론적인' 인식 대상으로 설정된 존재자의 논리적인 대척점에 놓여 있는 개념이 아니라, 이에 '선행하는' 현존재의 불안의 정서에 근거해서 이해된다. 오직 이 같은 맥락에서 무(Nichts)는 아무것도 아닌 것(Nicht)과 부정(Verneinung)보다 더 근원적이라는 주장이 이해될 수 있다.[222] 무의 존재론적 본질이 곧 현존재의 근본 정서에 의해 체험된다는 것은 무가 단순히 '존재'와의 논리적 상응관계를 통해서 이해될 수 없다는 것을 가리킨다. 존재 사유의 관점에서 보면 헤겔의 변증법적 개념체계의 일정한 틀 속에서 그 개념의 사용 방식이 정당화되고 있는 무의 개념은 '논리적 범주'일 뿐이다. 즉 그것은 합리적 사유의 틀을 전제한 인간적인 관점에 의존하고 있을 뿐이다. 결국 헤겔의 이성적 낙관주의는 무에 대한 물음에 처해서 이를 단순한 부정성이나 결핍의 관념으로 간주해 버리는 결과를 낳았을 뿐이다.[223]

무의 존재론적 해석에 근거할 때 비로소 왜 죄의 실존이 선과 악, 즉 '도덕' 자체의 가능성보다 더 근원적인 의미를 지니는지 이해할 수 있다.(SZ 286) 다시 말해 선과 악 이전에 이미 죄가 전제되는데, 이는─하이데거의 의도와 관계없이─불가피하게 죄와 전락을 둘러싼 기독교적인 설화를 연상시킨다. 그리고 다음 인용문은 우리의 그 같은 추정이 전혀 근거가 없지 않다는 것을 말해 준다.

"그렇다면 죄가 있는 존재로의 부름(Aufrufen)은 존재할 수 있음(Seinkönnen)을 미리 요청(Vorrufen)하는 것을 의미한다. 후자는 내가 이미 항상 현존재로 존재한다는 것을 의미한다."(SZ 287)

'죄가 있는 존재로의 부름'이란 표현은 죄가 어떤 일탈적 행위나 도덕에 반하는 행위의 동기를 통해서 이해될 수 없음을 분명히 한다. 여기서 현존재가 존재와 양심, 죄의 부름에 응한다는 것은 무엇을 말하는가? 이는 어떤 객관적 사태나 현상에 대한 언어적 명제가 아니다. 부름에 응하는 현존재는 모든 구체적인 실존을 가리킨다. 또한 죄의 관념은 무성의 근거가 되는 존재(Grundsein einer Nichtigkeit)로 이해되는데, 이 무성(無性)이 바로 죄의 실존적 근거를 가리킨다. 죄의 실존적 존재에서 비로소 구체적인 죄의 행위(Verschuldung)가 성립하는데, 이로써 죄와 책임 그리고 부채의식의 연관이 규명되는 것이다. 즉 일반적인 의미로 이해되는 인륜적 책임 역시 존재론적 물음에 의해서 비로소 그 의미가 드러난다고 볼 수 있다.

이제 하이데거가 죄나 양심이 아닌 불안을 근본 정서(Grundbefind-lichkeit)로 설정하는 이유가 분명해진다. 도대체 무와 불안은 어떤 의미의 기분이며 정서인가? 하이데거의 《존재와 시간》(SZ § 40)에서 '불안의 개념'은 무엇보다 그 불가해한 비밀스러움과 섬뜩한 낯설음과 관련해서 이해된다. 한 가지 확실한 것은 불안이 무의 물음을 전개하는데 적합한 정서적 단초라는 사실이다. 무에 대한 물음은 단순히 삶의 일상성을 전복시키는 부정성 이상의 체험을 수반하는 것처럼 보인다. 《존재와 시간》에서 무의 관념이 죄로 서술되고 있는 것은 이 같은 물음이 존재론적 차원과 관련되기 때문이다.[224]

그는 같은 맥락에서 키르케고르의 '불안의 개념'이 원죄의 물음을 심리학적 관점에서 제기하고 있으며, 그 결과 그의 논의는 다분히 신학적인 틀을 전제한다고 평한다. 따라서 '무'와 본질적으로 연관된 것이 바로 '불안'이지만 이 개념들은 하이데거의 주장대로 '신학적 지평'에 국한되지 않는다.

그러나 우리는 하이데거의 서술을 액면 그대로 수용할 수 있는가? 죄와 불안, 특히 앞서 논한 죄의 존재론적 이해는 기독교적이며 유대교적 표상을 떠나서 이해되기 어렵다. 아무리 양보한다고 하더라고 하이데거에서 죄의 불안은 곧 형이상학적 불안이며, 이는 행위와 그 결과의 인과관계를 중심으로 거론되는 근대적인 의미의 죄의 담론과는 거리가 멀다. 후자는 단지 죄의 비본래적인 이해에 지나지 않는다. 그런데 형이상학적 불안은 죄의 물음과 어떻게 연관되는가? 분명한 것은 죄와 불안이 여기서 특정한 개인의 결함과 결핍 혹은 한계만을 가리키지 않는다는 것이다.[225]

'양심의 부름'과 실존

궁극적으로 죄와 불안은 상호 분리될 수 없는 '현존재'의 실존적 계기들이다. 나아가서 현존재의 불안은 유한한 존재자가 역사적으로 구속되어 있다는 운명적 필연의 정서를 수반한다. 존재의 부름은 《존재와 시간》에서 양심의 부름으로 구체화된다. 불안을 비롯한 현존재의 근본 정서들(Grundbefindlichkeiten)은 주체와 객체, 의식과 대상의 이원론적 틀에 의존해서는 파악될 수 없는 현상들인데, 이는 분명히 하이데거의 영향하에 놓여 있는 사르트르에 의해서 새롭게 해석된다.

수치에 대한 사르트르의 논의를 중심으로 우리는 하이데거의 불친절한 존재의 언어로 장식된 실존의 해석이 어떻게 변형되는지 살펴보게 될 것이다. 존재 개념에 대한 신비주의적 언어의 유혹으로부터 해방된 자기존재와 타자존재의 관계는 사르트르에 의해 사회적 존재론으로 재구성된다. 한 가지 분명한 사실은 하이데거와 키르케고르, 나아가서 사르트르 모두에게서 의식과 대상의 이원론적 구도를 넘어선 '정서'가 새로운 철학적 사유의 계기들을 제공하고 있다는 점이다.

야스퍼스 역시 하이데거와의 연관 속에서 함께 언급될 필요가 있다.

하이데거에서 양심과 죄, 불안을 통해 이해된 현존재는 야스퍼스에 의해서 일련의 한계 상황들로 재편성된다. 죽음과 불안, 양심과 죄 등은 야스퍼스에서도 인간 실존의 한계 상황을 알려 주는 지표들이다.[226] 이 실존의 지표들은 한결같이 삶의 고통과 좌절을 표현하지만 동시에 인간이 살아 있는 생명적 존재임을 확인시켜 준다. 더구나 성숙한 실존적 존재는 이 같은 한계 상황을 대면함으로써만 실현된다. 야스퍼스를 통해서 우리는 죄와 불안, 심지어 죽음이 단순히 부정적인 사태로만 이해될 수 없으며, 오히려 개인과 사회, 문명화의 과정에서 새로운 지평을 열어 가는 가능성임을 확인한다.[227]

다시 말해 죄와 불안, 죽음의 의식은 삶에 깊이와 굴곡을 부여하는 심층적 체험이다. 더구나 죄는 단순한 우연적인 사태로 빚어지는 불운이나, 불행과 구별되는 삶의 구조적 특성이다. 죄는 이 점에서 인간의 실존을 구속하는 사건이면서 동시에 존재의 가능성을 열어 주는 역설(paradox)이다.[228]

2부

수치심의
구조와 유형

수치, 그 신체성과 '가면'

"모든 사람은 잘 살기 위해서, 자신의 전 생애에 걸쳐 필요로 하는 일정한 지침이 있다: 그리고 그 어느 것도 이 지침을 주지 못한다. 고상한 친족들도 아니며, 공적인 명예도, 부도 아니다. 그 어느 것도 사랑만큼 인생의 안내가 되는 지침을 제공하지 못한다. 어떤 지침을 의미하는가? 나는 치욕적인 행위를 하는 것에 대한 수치의 감각과 훌륭하게 행위 하는 것에 대한 자긍심을 말한다. 이들이 없다면 그 어느 고상하고 위대한 것도 공적으로 혹은 사적으로 성취될 수 없다."(Plato, Symposium, 178c-e)

"그들은 둘 다 벌거벗었다. 남자와 그의 아내, 그리고 그들은 부끄러워하지 않았다. …… 그 두 사람의 눈이 떠졌다. 그리고 그들은 자신들이 벌거벗고 있다는 것을 알았다. 그리고 그들은 무화과 잎들을 모아 스스로 자신들의 앞가리개를 만들었다."(Bible, Genesis 2:25)

간략하게 살펴본 수치의 개념사

수치심을 이해하려는 시도는 죄책감의 경우와는 달라야 하는 것처럼 보인다. 무엇보다 수치심은 죄책감과 달리 특정한 종교나 문화적 전통에 의해서 달리 해석해야 할 필요성이 없어 보인다. 그러나 이같은 가정은 타당한가? 수치의 감정은 특정한 지역과 시대를 초월해서 누구에게나 잘 알려진 현상이기에 죄책감보다 더 보편적인 인간학의 탐구 대상으로 설정될 수 있다고 여겨져 왔다. 더구나 수치의 감정은—나중에 다윈(Darwin)과 관련해서 다시 논의하겠지만—자연적인 진화의 역사에서 죄책감과는 구별되는 위상을 지닌다. 실제로 죄의식과 수치심을 구별해 주는 가장 중요한 특징은 후자가 인간이란 종(種)의 자연 발생 과정과 관련해서 검토되어야 한다는 사실이다.

수치심은 인간이 자연적 존재라는 사실을 원하지 않는 방식으로 일깨워 주는 흥미로운 사례에 속한다. 우리는 수치심을 의식 이전의 신체성이나 성적 충동과 관련해서 이해하려고 시도해 볼 수 있다. 따라서 뒤에 살펴보게 될 다윈과 프로이트 등이 자신들의 자연주의적 기획에서 수치심을 중요한 문제로 인식한 것은 당연한 귀결이다. 수치심의 이해와 관련해서 우리는 다윈과 프로이트 등의 작업이 단순한 역사적인 의미 이상의 통찰들로 인도한다고 가정할 필요가 있다. 또한 나는 근현대에 모색된 이론들을 검토하기에 앞서 잠시 이 개념의 어원에 대해 언급할 것이다. 종종 한 표현의 역사적 뿌리는 그 표현의 통속적인 이해를 넘어서는 본질적인 의미들을 재확인시켜 주기 때문이다.

클루게(Friedrich Kluge)에 의해 1883년에 처음 간행된 독일어의 어원학 사전은 수치(Scham, Shame)란 말이 인도게르만어로부터 비롯하며, 그 어근 kam/kem이 본래 성징(性徵)과 관련한다는 사실을 명백히 밝혀 준다. 즉 신체의 성징이 나타난 부분을 은폐하거나 덮어씌우는 행위나 동작이 수치(Scham)의 개념으로 변형되었다는 것이다. 어원의 역사에 대한 고찰은 최소한 서구의 경우, 수치스러운 신체의 부분(Schamteile, Pudenda)에 대한 고대인들의 해석이 오늘날과 동일하며, 수치심이 근본적으로 성적인 차원과 관련함을 보여 준다.[229] 흔히 수치심과 구별되지만 동시에 혼동되기도 쉬운 수줍음(Shyness) 역시, 단순히 자긍심과 같은 사회적 감정이기에 앞서 성적인 매력의 표현 혹은 그 은폐와 관련됨을 알 수 있다.

수치심이 단순한 부끄러움에서부터 치욕에 이르는 다양한 양상과 정도로 경험된다는 사실은 분명하다. 이는 곧 수치심이라는 총괄적 개념하에 여러 유형의 감정이 귀속된다는 사실을 가리킨다. 그러나 여기서 우리는 수치심과 수줍음, 치욕과 같은 표현이 모든 경우에 신체성에 대한 분석을 요구한다고 단정할 수 없다. 더구나 인지적 구별을 위해서 통용되는 표현들과 실제 심리 세계의 질서가 상응한다는 가정 자체가 종종 성립하지 않기 때문이다. 이미 고대 그리스의 문헌들은 수치의 감정이 신체의 성적인 차원을 넘어서 사회적이며 정신적인 차원과 관련한다는 것을 보여 준다.

고대 그리스의 신화는 수치 감정이 더 복합적인 정서의 질서와 관련되어 있음을 말해 주는데, 특히 그리스어로 수치심을 의미하는 아이도스(aidos)란 표현은 사회적 터부와 관련한다. 그 대표적인 사례는 헤카베, 즉 헥토르의 어머니가 스스로의 가슴을 드러낸 채, 호소했던 감정의 표현에서 드러난다. 헤카베의 일화는 "수치의 규범"이 터부에 대한 인식의 바탕에 깔려 있음을 말해 준다. 사회적 금기와 비밀의 유지와 같은 규범이 수치의 궁극적인 배경이며, 이를 어길 경우 그것은 곧 신들의 저주와 처벌을 초래한다는 것이다.[230] 이로써 수치가 동일한 심적 내용이나 표현 방식을 지칭한다는 가정이 잘못된 것임을 알 수 있다.

개념사적인 고찰은 한 개념의 의미가 구체적인 맥락에서 사용되는 일상적 언어 행위에 의해 다양하게 이해될 수 있음을 보여 준다. 더구나 수치 감정이 인간의 심리 세계 내부에서 다른 감정들과 유기적인 연관을 구축한다는 것은 이미 알려져 있다. 예를 들어 극도의 수치 감정은 자기 자신에게나 타인에 대한 공격적 태도와 분노로 표현될 수 있는 한에서 실제로 발현되는 감정과 표현되는 감정은 항상 일치하지 않는다. 수치심은 분노의 감정은 물론 당혹감이나 불안 등의 정서들과 연계되어 표현된다.

감정들의 연관은 수치의 또 다른 그리스어에 해당하는 aischron이 수치심과 추함을 동시에 표현한다는 점에서도 드러난다. 여기서 수치심은 자연적인 감정의 표현이자 동시에 평가적인 감정임이 분명해지는데, 후자의 경우는 플라톤의 유명한 〈대화〉 편,《향연Symposium》을 통해서 부각될 수 있다.[231] 특히 고대 그리스에서 수치의 위상과 의미는 자긍심과 함께 개인의 사적 영역과 공적 영역을 모두 아우르는 포괄적인 맥락에서 이해되는데, 이는 다음 대화에서 여실히 드러난다.

"모든 사람은 잘 살기 위해서, 자신의 전 생애에 걸쳐 필요로 하는 일정한 지침이 있다: 그리고 그 어느 것도 이 지침을 주지 못한다. 고상한 친족들도 아니며, 공적인 명예도, 부도 아니다. 그 어느 것도 사랑만큼 인생의 안내가 되는 지침을 제공하지 못한다. 어떤 지침을 의미하는가? 나는 치욕적인 행위를 하는 것에 대한 수치의 감각과 훌륭하게 행위 하는 것에 대한 자긍심을 말한다. 이들이 없다면 그 어느 고상하고 위대한 것도 공적으로 혹은 사적으로 성취될 수 없다."[232]

이 〈대화〉 편의 주제는 선의를 지닌 성인 남자와 소년 사이의 '애정'을 가리키지만, 그것은 어디까지나 수치와 자긍심이라는 정서에 토대를 두고 있다. 즉 수치심과 자긍심은 그 자체로서가 아니라, '사랑'에 의해서 매개될 때 비로소 실질적인 효용을 지닌다는 것이다. 즉 가장 사랑하는 사람의 면전에서 느끼는 강렬한 수치의 감정만이 젊은 사람들을 명예롭고 훌륭한 존재로 만들어 준다는 것이다. 수치심은 여기서 단순히 부정적인 감정이 아니며, 그 이유는 이 감정이 인격적인 성숙의 계기로 작용할 수 있기 때문이다.

일견 파이드로스는 이 〈대화〉 편에서 '사랑'의 신을 찬미하는 것처럼 보이지만, 실상 그의 의도는 강렬한 고통의 정서인 수치심의 이면에 명예에 대한 자긍심이 작용한다는 사실을 부각시키는 데 있다.[233] 이 점에서 수치심은 치욕의 감정과 중첩되거나 전자가 후자의 형태로 전환되기도 한다. 이와는 대조적으로 니체는 치욕과 수치심이 인간의 내면화된 도덕이 아닌 외적 행위 중심의 규범문화에서 발견되는 현상이라고 주장한다.

그런데 니체가 수치와 치욕의 감정을 단순히 사회적 적응의 관점에서만 이해하고 있는 것은 아니다. 종종 과장된 수사의 유혹에 넘어가

곤 하는 니체의 다음 문장을 통해서 우리는 이 감정에 대한 내밀한 해석을 접할 수 있다.

"중심(Centrum)―저 감정, 나는 세상의 중심에 놓여 있다는 바로 그 감정이 매우 강하게 나타난다. 이때 우리는 부서지는 파도의 격랑 속에서 마치 마비되는 듯 서 있게 된다. 그리고 모든 측면에서 우리를 지켜보고, 우리를 관통해서 지켜보는 하나의 거대한 눈에 의해 장님이 된 것처럼 느끼게 된다."[234]

"치욕"에 대한 니체의 서술에서 등장한 "하나의 거대한 눈"은 뒤에 논의하게 될 사르트르의 '타자의 시선'과 함께, 시선을 통한 정서경제의 교란과 혼돈을 선명하게 서술하고 있다. 또한 치욕이나 수치심은 주관적이며 내적 감성의 차원으로 환원해서 설명될 수 없다는 점에서 일종의 사회적 감정으로 분류될 수 있다. 그러나 모든 수치의 감정이 인간 상호 간의 비대칭적 관계를 전제하는지는 불분명하다.[235]

권력관계에 의해서 수치심이나 치욕감이 전적으로 설명될 수 있는가? 이 문제는 감정의 기원에 대한 물음과 분리될 수 없다. 만약 수치의 감정이 사회정치적 권력관계나 압도적인 전통의 위력 혹은 헤어날 수 없는 운명적 필연성에 의해서 형성된 제2의 감정이라면, 이 감정은 본래적인 의미의 '도덕적 감정'으로 간주될 수 없을 것이다. 과연 '수치심'은 오늘날 도덕심리학자들의 분류 방식대로 '도덕적 감정'인가 아니면 이는 자연주의적인 관점에서 분석되어야 할 '병리적 심리 현상'이거나 '비규범적인 심적 사태'에 지나지 않은가? 고대 그리스의 플라톤은 앞의 견해에 경도된 것처럼 보인다. 반면에 스피노자에서 프로이트에 이르는 전통에서 수치심은 자긍심과는 별도로 해석되는 경향이 있다.

스피노자는 수치를 느끼는 사람은 기본적으로 슬픔을 느낄 수밖에 없다고 전제한다. 무엇보다 기쁨과 슬픔을 기본적인 정서로 설정한 스피노자는 인간의 자기 계몽에서 심신 관계뿐만 아니라 정서의 이해가 지닌 결정적인 중요성을 일찍이 간파했다. 뿐만 아니라, 그는 신과 실체, 자연의 동일화를 통해서 급진적이며 근본적인 의미의 자연주의를 설파하게 된다.

"내적 원인의 관념에 의해 수반되는 기쁨을 우리는 명성(gloriam)이라고 명명하기를 원하며, 이와 대립하는 슬픔(tristitia)을 수치로 명명하려 한다."[236]

특기할 만한 것은 그가 수치(pudor)와 수치의 감정(verecundia)을 구별한다는 점이다.

"여기서 …… 수치와 수치 감정의 차이를 언급할 필요가 있다. 수치는 부끄럽게 느끼는 행동에 수반되는 슬픔인 데 비해, 수치의 감정은 공포심 혹은 수치에 선행하는 심한 불안이 섞인 초조함이다. 불안 앞에서 인간은 어떤 적절치 못한 행위를 하지 못한 채, 뒤로 움츠러든다. 수치의 감정은 통상적으로 수치심이 결여된 상태(impudentia, Schandlosigkeit)와 반대되는 것으로 간주되는데, 이는 사실 실제로는, 내가 더 적절한 장소에서 소개하기를 원하는 그 어떤 정서(Affect)가 아니다."[237]

스피노자 역시—앞서 거론한 플라톤이나 아리스토텔레스와 마찬가지로—수치가 덕 자체는 아니지만 이 정서가 인격의 형성에 미치는 긍정적인 역할을 전적으로 간과하지 않는다.

"수치에 대해 언급할 만한 것은, 손쉽게 공감이나 후회에 대해 말했던 것으로부터 간취할 수 있다. 단지 하나 첨언할 것은 수치가 비록 그 어떤 덕목은 아니지만 동정심과 마찬가지로 (좋은 감정이라고: 저자 첨가) 볼 수 있는데, 그 이유는 수치감에 휩싸인 사람이 분별 있는 삶을 영위하기 위한 의지를 지니고 있다고 보기 때문이다. 이는 마치 고통 역시 상처받은 부분이 아직 소멸되지 않았다는 좋은 의미를 지니고 있다고 말할 수 있는 것과 마찬가지다."[238]

위에서 언급한 대로 그의 정서론에서 슬픔은 기쁨과 함께 특정한 감정이나 정서를 가리킬 뿐만 아니라, 인간 정신이 겪게 되는 감정적 변화의 두 방향성을 가리킨다. 즉 기쁨의 정서가 정신의 더 완전한 상태를 지향하는 반면, 슬픔은 이와 반대된다는 것이다. 그리고 이 기쁨의 정서에는 제각기 쾌감과 명랑함이, 슬픔에는 고통과 우울함이 속한다. 그런데 스피노자가 기쁨과 슬픔을 주축으로 인간의 정서를 이해하려는 이유는 무엇인가? 그것은 그가 인간의 심리적 질서와 힘이 코나투스(Conatus)에 근거해서 설명되어야 한다고 생각하기 때문이다. 자기보존의 원리는 사실상 아래 인용문에서 자연주의적인 관점의 한 중요한 축으로 이해된다.

"모든 사물은 그 자신의 존재를 유지하려고 노력하는 지향성(Conatus)을 지니며, 이는 바로 그 같은 사물의 현실적 본질에 지나지 않는다."[239]

따라서 슬픔이 부정적인 이유는 인간의 자기보존을 향한 노력이 저항과 한계에 직면할 때 발생하기 때문이라는 설명이 타당해진다.[240] 동시에 슬픔이 부정적인 한에서, 그리고 코나투스를 제한하는 한에서 수치심 역시 다른 부정적인 정서들과 마찬가지로 치유의 관점에서 조명될 수 있다. 수치심 역시 슬픔과 마찬가지로 진정한 인식에 의해 극복, 지양되어야 하는 것이다. 스피노자의 인지주의적 처방은 다음 문장에서 명백해진다.

"우리는 바로 무언가 가치 있는 것을 상실했다는 슬픔이 완화될 수 있는 것을 발견하는데, 이는 그것을 상실한 인간이 바로 그 가치 있는 것이 그 어떤 경우에도 확보, 유지될 수 없다는 것을 명백히 함으로써 가능하다."[241]

수치심의 복합적인 특성은 헤겔의 인간학적 고찰에도 반영된다. 수치심은 인간이 자연적 존재로부터 분리되어, 정신적이며 규범적인 정체성을 지니는 존재로 이행하는 과정에서 발현되는 감정으로 규정된다.[242] 수치심은 이 점에서 자연과 정신이 교차되는 기점에 놓여 있다. 다시 말해서 이 감정은 자연에서 정신으로의 '이행'을 심리적 세계에서 구체적으로 확인할 수 있는 지점이자 계기인 셈이다. 그런데 모든 인간적인 감정의 발현은 근본적인 의미에서 정신 자체가 스스로를 소외시키고, 외적인 실재로 변화시키는 자기외화(Selbstentäusserung)의 과정이며, 정신의 자기외화는 자연이 곧 '정신'의 또 다른 즉자적 존재(Being-in-itself)이기 때문에 성립한다. 오직 이러한 일원론적 형이상학의 구도에서만 자연과 정신이 교직된 수치 감정의 복잡성이 이해될 수 있다. 이로써 수치심은 '정신의 현상학'이 아닌, 자연과 정신이 공존하는 '인간학'의 주제로 간주된다. 간단히 말해서 수치심은 자연/정신의 교차점에 놓여 있는 것이다. 수치심의 자연적 계기는 자기방어의 본능과 성적 충동 등과 같은 다양한 양상으로 구성되지만 본능에 대한 정서적 반응이나 인간적인 자기 이해의 방식이 항상 동시에 발현하지는 않는다. 한 가지 간과할 수 없는 사실은 본능과 욕망, 충동이 항상 사회문화적으로 형성된 상징적 질서들이나 의미론적 해석에 의해 매개된다는 점이다.

구체적인 삶의 세계에서 인격이나 성격은 일반적인 의미에서 개개인이 자신의 본능과 욕망 등을 어떻게 통제하고, 또한 표현해야 하는가에 대한 학습과 훈련을 통해서 형성된다. 이 점에서 감정이나 정서는 사회적 학습의 결과인 셈이다. 따라서 프로이트가 같은 논리의 연장선상에서 본능과 욕망, 충동의 조절 과정에 강제나 억압 같은 심리적 기제가 개입한다고 추정한 것은 당연하다.[243] 니체 역시 수치심 자체는 '자연'의 본성이나 본능이 아닌, 사회적 학습을 통해서 습득된 제2의 형질임을 말하고 있다. 죄의식과 본능에 대한 수치심이 개체존재의 생명력을 억압할 수 있다는 사실은 앞서 살펴본 니체에 의해서 거듭 강조된 바 있다. 그 같은 기제는 종종 자신과 타인에 대한 잔인함으로 귀결되기도 한다. 자살이나 타인에 대한 분노는 '수치의 가면'들로 간주될 수 있는 것이다. 한마디로 수치심은 사회성과 인간의 본성이 중첩된 심적 사태이며 다른 정서들과의 유기적인 맥락에서 비로소 그 의미와 위상이 드러나는 것이다.

신체 수치와 성적 충동

수치의 감정이 신체의 변화에 의존하고 있거나 이를 수반한다는 전제에서 우리는 죄의 감정과 수치가 어떻게 구별되는지 이해할 수 있을 것이다. 우리는 아래 언급한 단계들을 통해서 수치감이 '신체 언어적' 특징을 지닐 수밖에 없는 이유들을 가늠할 수 있다. 신체의 지각을 수반하는 수치는 첫째, 대상화의 과정을 전제한다. 이는 자기의식을 지닌 주체 자신이 관찰 대상으로 설정되고 대상화되었다는 인식을 수반한다. 달리 말하면 주체는 더는 주체가 아닌 객체 혹은 대상으로서 타자에 의해 표상된다는 사실 자체의 인식이 성립해야 한다.

둘째, 개체존재는 더는 신체/정신의 전일적(holistic) 존재가 아닌 하나의 부분이나, 분절화된 방식으로 타인에 의해 지각되는데, 이는 종종 부정적인 '가치판단'을 수반한다. 즉 신체의 일부 혹은 신체 전체가 성적인 욕망의 대상으로 전환되거나 인격적 존재가 아닌 존재로서 타자에 의해 평가절하되고 있다는 인식을 수반한다.

셋째, 이는 인격적 존재들 상호 간의 대칭성이 와해됨으로써, '권력 관계'의 변화가 발생했다는 신호로 인지된다. 즉 자신과 타자의 이 같은 비대칭적 관계는 수치심을 '신체 정치적(body-political)'인 지배권의 변화에 대한 반응이자 해석으로 간주할 수 있게 해 준다.

신체의 수치는 신체의 여러 부위 중에서도 분노의 표정과 마찬가지로 특히 얼굴의 홍조를 통해서 가시화되는데, 이는 다윈이 가장 주목한 현상이다. 그는《인간과 동물에서 감정들의 표현》이란 주목할 만한 저술을 통해서 당연히 진화론에 근거한 감정이론을 전개한다.[244]

"얼굴이 붉어진다는 것은 모든 표현의 형식 중에서 가장 고유하고 인간적인 것이다. 원숭이들은 격정으로 인해서 붉어진다. 그러나 어떤 동물의 얼굴이 붉어질 수 있다는 것을 믿도록 만들기 위해서는 엄청난 양의 증거가 필요할 것이다. …… 그것은 정서적인 영향을 받도록 되어 있는 정신이 존재해야 하기 때문이다."[245]

짐멜(Simmel) 역시 자아의 의식과 얼굴의 긴밀한 연계성을 강조한다.

"얼굴은 개인성의 현상이자 각인이다. 얼굴이 드러나지 않음으로써 자아도 사라지며 따라서 수치 감정의 원천도 소멸된다."[246]

한편 다윈에 의하면 습관적으로 얼굴이 붉어지는 현상 자체는 타인에 의해 촉발되는 자기 자신의 감정을 스스로 주목함으로써 나타난다.[247] 또한 그는 수치와 죄의 감정이 모두 도덕적인 사태와 관련된다고 해서 수치심이 죄의식을 수반할 수 있다고 보지는 않는다.

수치심과 성적 충동 기제의 관계는 본격적으로 프로이트에 의해서 심층적인 분석의 대상으로 설정된다. 일반적으로 수치에 대한 프로이트의 입장은 당연히 심층 심리의 이론적 전제들에 의해서 좌우된다고 볼 수 있다. 일단 우리는 그가 당대의 학문적인 제약을 감안할 때, 수치심의 사회적 맥락이나 비교인류학적인 연구들에 대해 정통할 수 없었던 점을 이해해야 할 것이다. 그럼에도 불구하고 심층적인 정신분석은 예기치 않은 방식으로 철학적 인간학의 통찰로 이어질 수 있다. 무엇보다 수치심이 성적 충동과 관련해서 이해되어야 한다는 통념은 프로이트의 《성에 관한 세 에세이들》에 의해 구체화된다. 여기서 그는 수치심이 형성되는 시기가 성적 충동이 형성되는 시기와 일치하며 후자에 대한 억압과 견제가 수치심과 같은 일반적인 감정을 형성한다는 전제로부터 출발한다. 이 점에서 수치심은 도덕적 정서의 한 하위 유형이 아니라 별개의 감정으로 간주되는 것이다.

수치심은 따라서 자연스러운 감정의 표현이 아닌 정서적 부조화의 결과다. 그러나 정서적 부조화의 원인 자체가 심층 분석의 대상인 내면세계의 심리 기제에 의해서 전적으로 설명될 수 있는 것은 아니다. 가령 프로이트에 의하면 남성의 여성에 대한 성적 태도의 성숙함은 다음 두 가지 요건이 구비되어야 가능하다. 구체적으로 말해서 부드러움과 감성의 조화로운 통일성이 실제상의 행위와 표현을 통해서 드러날 때, 비로소 남녀 간의 사랑은 정상적인 방식으로 작동한다는 것이다. 수치심은 이 같은 통일성이 유지될 수 없다는 데에 대한 심리적 반응이라는 것이다. 그것은 어떤 능동적인 자기표현이 아니다. 심리적인 억압(Verdrängung)이나 반응자극(Reaktionsregung)으로 간주되는 수치심은 일정한 양적 단위로 표시할 수 있는 심적 에너지의 표현이기도 하다.[248]

심적 에너지가 유동적인 흐름과 정지에 의해 표현된다면 그것은 은유 이상의 의미를 지닌다. 심적 에너지의 존재는 수치심의 표현에 선행하는 물리적 실재로 설정되어 있는 것이다. 그런데 프로이트가 이 같은 물리적 개념에 의존해서 수치의 감정이나 도덕적 특징 등을 설명하는 것은 타당한가? 가령 남녀 간의 관계에서 기대되는 섬세함이나 부드러움 또는 감성의 원만한 조화가 지탱되지 않는 경우 '자동적으로' 수치심이 유발되는가라고 물을 수 있다. 심리적 에너지의 흐름이 교란되거나 억압된다면, '수치'를 넘어서 ─ 셸러가 지적한 대로 ─ "공포와 불안"의 감정이 수반된다.[249]

우리는 또한 물리적 조건들이 수치심을 만족스럽게 설명해 주는 요인으로 설정될 수 있을지라도, 이 계기들 사이의 (불)균형 상태를 바로 그러한 것으로써 감지하거나 인지할 수 있는 중추적 자아가 설정되지 않을 경우 프로이트의 이론 모형에서 수치심의 발현 과정이 만족스럽게 설명될 수 없다고 여길 수 있다. 이는 프로이트의 전제를 떠나서 별도의 심리적 원리나 이 원리를 중추적으로 관장하는 자아의 존재가 설정되어야만 한다는 사실을 가리킨다. 이 같은 추정은 사실상 이미 부드러움이나 섬세함 혹은 감성들이 구별될 수 있는 근거이기도 하다.

또한 성적 대상에 대해 우리가 지니는 상이한 태도들을 이해하려고 시도할 때, 규범적인 표상에 전혀 의존하지 않는다는 것은 불가능해 보인다. 실제로 프로이트에서 성적 충동은 단순히 인간의 심리적 기제에 의한 일반적인 현상으로만 다루어지지 않는다. 수치심에 대한 이론적 서술에서도 병리학적 관심이 명백하게 드러난다. 그것은 유년기의 성적 억압에 근거해서 수치심을 분석해야만 하는 이유를 설명해 준다.

여기서 설명이 필요한 부분은 우리가 성인이 된 후 왜 종종 성적 행위에 대해 모종의 불결함을 느끼는가이다. 즉 프로이트의 물음 역시 도대체 성적 행위에 대한 가치판단이나 다른 관념들이 어떻게 수반되는지를 겨냥한다. 이로부터 유년기의 금지된 성적 만족에 대한 분석의 결과를 도출해 내는 것은 그다지 어렵지 않다. 프로이트의 정신분석학에서 수치심은 근본적으로 부정적인 체험으로 규정된다.

무엇보다 그에게 수치심은 죄의식과 마찬가지로 리비도에 대한 저항의 한 방식이다.[250] 성적 결합은 짝짓기(Begattung)로 지칭되는 행위를 통해서 성적 긴장의 이완과 충동이 일시적으로 해소되는 일련의 과정을 가리킨다.[251] 또한 수치심은 경우에 따라 자기 몸의 일부를 숨김으로 인해서 성적 호기심을 촉발시키거나 증폭시킬 수도 있는 심리적인 기제의 일환이다. 즉 숨김과 드러냄의 관계는 당연히 미적 관점과 아울러 이와 연관된 성적 충동의 작동 방식을 말해 준다. 우리는 이를 동물적 차원의 연장선상에서 해석할 수 있다. 성적 행위와 충동이 진화의 연속적 과정이라는 사실은 배제한 채 수치심을 이해하려는 모든 시도는 다윈이나 프로이트의 의도에 반하는 것이다.

그러나 프로이트는 수치감이 생물학적 차원 이상의 '해석'의 여지를 지닌다고 주장한다. 특히 프로이트는 문명화의 과정이 숨김과 드러냄의 상호운동을 통해 수치에 대한 해석의 공간을 만들어 냈으며, 이로써 이 감정은 자연/정신의 교차점에 위치하게 된다. 촉감 역시 시각과 마찬가지 방식으로 성적 충동을 가장 빈번하게 일깨우는 방식인데, 바로 이러한 계기들을 수단으로 삼아 성적 대상은 아름다운 존재로 변화된다는 것이다. 반면에 "문명과 함께 신체를 은폐함으로써 성적인 호기심이 일깨워지는 것도 사실이지만, 그 호기심은 성적 대상이 은폐하고 있는 신체의 부분을 지속적으로 벗기려는 의도로 대처한다. 그러나 그 같은 시도는 '승화됨으로써' 기교적인 것으로 그 방향이 뒤틀려진다."[252]

　프로이트는 여기서 수치 감정과 함께 아름다움과 호기심의 복합적인 감정을 촉발시키는 일련의 과정을 마치 "목적론적인" 구도에서 진행된 사건인 것처럼 묘사한다. 그 자신이 이 같은 서술 방식의 무리함에 대해 인식하고 있음에도 불구하고 그는 불가피하게 성적 충동과 성적 대상의 아름다움, 수치심의 감정적 변화를 하나의 통합적인 구도하에 배치하고 있다. 한마디로 수치의 성적 차원은 시각적 자극과 충동, 호기심의 상호 연관 속에서 작동한다.

　그러나 수치심은 역겨움(disgust)과도 불가분의 관계 속에 놓여 있는데 이 점을 프로이트는 역시 성본능과 관련해서 분석한다. "여기서 극복하게 되는 고통은 역겨움과 수치로 정렬된다. 그것들은 리비도에 대한 저항들로 대립적으로 설정되었다."[253] 여기서 무엇보다 주목할 만한 문제는 수치심이 사디즘이나 마조히즘 같은 비정상적인 성적 도착의 약한 경우로 분류될 수 있는가의 여부다. 성적 본능에 대한 프로이트의 과도한 의미 부여로 인해서 수치심은 그 본질적인 측면보다는 성본능의 부수적인 현상으로 다루어진다. 수치심의 발현 여부는 본능에 의해서 좌우되는 것처럼 보인다. 즉 수치심은 성적 본능의 강도 여하에 따라서 발현될 수도, 안될 수도 있다는 것이다. 더구나 수치심은 역겨움과 함께 성적 본능을 억제하는 심적 기제로서의 역할도 수행한다. 여기서 비로소 수치심의 발현에 정신이 개입할 수 있는 여지가 성립하는 것이다.

"도착을 연구해 보면 다음과 같은 사실을 알 수 있게 된다. 즉 성적인 충동은 영혼의 일정한 저항하는 힘에 맞서는 투쟁 대상이 된다. 여기서 수치와 역겨움이 가장 명확하게 투쟁해야 할 대상으로 등장한다. 추측컨대 정상적이라고 간주되는 한계 내에 충동을 묶어 놓는 데 바로 이 힘들이 관여하는 것처럼 여겨진다. 그리고 만약 성적 충동이 완전한 힘을 지니기 전에 이 힘들이 계발될 경우, 그것들은 아마도 성적 충동이 전개되는 과정에 방향을 제시한 것으로 간주된다."[254]

이 인용문에 대한 추가 설명에서 프로이트는 역겨움과 수치심에 병행하는 것으로 도덕성을 추가한다. 그러나 동시에 그는 성 본능과 대립하는 정신적인 힘의 발달 과정과 관련, 개인에 미치는 교육의 결과보다는 자연적 성향의 결과에 대해 더 주목하고 있음을 드러낸다. 간단히 말해서 유전적으로 규정된 자연의 조건이 더 핵심적이다.[255] 즉 교육의 성공은 오직 유기체의 수준에서 사전에 그 잠재적 구조가 가능성으로서 존재해야 실현된다. 수치는 도덕성이나 역겨움과 함께 인격체가 문명인으로 승화하는 데 결정적인 계기로 간주된다. 심리적 방패로써 수치심은 "성적 충동(이는 본능과 상이하다)"의 승화로 다른 심리적 반응의 형성과 구별된다. 즉 승화의 방식이 항상 수치심과 도착, 역겨움 같은 반응이나, 충동에만 유일하게 의존하지는 않기 때문이다.[256]

우리는 여기서 인간의 심리 세계는 무의식적 힘으로 작용하는 도착의 경향에 노출되어 있다는 '정신분석학'의 일반적인 전제가 관철되고 있음을 확인한다. 비정상적인 성적인 일탈과 정상적인 성행위는 서로 다른 개인들의 개별 성향이 아닌 모든 인간에게 확인되는 발달사적 계기들로 재구성된다. 즉 모든 개인은 '비정상적으로 간주되는' 상태에서 '정상적인 상태로' 이행해 가며, 여기서 도덕 · 연민 · 역겨움은 수치심과 함께 중요한, 그러나 자연스러운 계기로 작용한다.[257] 수치심은 단순히 성적 본능에 대해 수동적으로 작동하는 이차적인 감정이나 정서의 표현이 아니라, 본능 자체를 통제, 조율하는 정서의 고유한 경제이자 기제로 설정되어 있는 것이다. 이로써 프로이트가 성적 본능이나 충동에 의거한 결정론적인 자연주의로부터 거리를 두고 있음이 드러난다. 수치는 그 자연적 규정성에도 불구하고 죄의 감정과 함께 인간의 인격성을 말해 주는 직접적이며 구성적인 계기이기 때문이다.

신체 수치는 규범의식의 발생적 기원인가

"그들은 둘 다 벌거벗었다. 남자와 그의 아내 그리고 그들은 부끄러워하지 않았다."[258]

"그 두 사람의 눈이 떠졌다. 그리고 그들은 자신들이 벌거벗고 있음을 알았다."[259]

이 흥미진진한 이야기는 규범적 의식의 발생과 인식의 단초에 대한 물음을 동일한 맥락에서 전개하고 있다. 성서의 전언은 단순히 신의 권위를 차용한 명령을 초월해서 철학적 화두를 던지고 있다. 우리의 물음은 얼핏 보기에 단순하다. 신체 수치―여기서는 일단 벌거벗은 몸이 관건이다―는 규범의식이 발생하는 단초인가? 본격적인 논의에 앞서 우리는 무엇보다 인간의 자기정체성과 신과의 관계에 대한 이해가 화두의 형태로 던져져 있다는 사실에 대해 경탄하게 된다. 앞의 인용문이 함축한 그 의미의 복합적인 상징성은 항상 새로운 해석을 촉발시키기에 충분하다.

이 텍스트에서 또 하나의 중요한 물음은 나체 상태에 있는 자신을 발견한 아담과 이브가 왜 부끄러워해야 하는지가 분명치 않다는 것이다. 만약 무화과 잎으로 만든 앞가리개가 생식기만을 가린 것이라면, 생식기 그 자체에 대한 수치심이 아담과 이브가 느낀 감정이라고 해석할 수 있을 것이다. 또한 당시 본격적인 의미의 사회가 형성되지 않은 상황에서 최초의 인간이 느낀 수치심과 함께 이들이 앞가리개를 걸쳐야 한다고 생각한 것은 이 두 남녀 간의 관계에 대한 이해를 요구한다. 이들은 분명 서로를 '성적인 타자'로 인식한 것이다. 수치심에 대해 계속되는 논의 역시 결국 성적 차원과 타자성의 두 관점에서 진행된다. 물론 원초적인 단계에서 성적 차원과, 타자성이란 최소한의 사회적 관계를 구별하는 것은 불가능하거나 무의미할 수도 있다.

이와 관련해서 아감벤(Agamben)은 뱀이 거짓을 말하지 않았다는 의심스러운(?) 전제하에서 신적인 지식의 성격을 문제 삼는다. 선악의 인식이 자신들이 벌거벗고 있다는 사태 자체를 인지함으로써 성립한다고 볼 때, 벌거벗고 있다는 사태의 인식은 도대체 어떤 의미를 함축하고 있는가?[260] 신학자들의 지칠 줄 모르는 해석의 역사에 덧붙여 아감벤은 이 '설화'가 단순한 설화 이상의 물음을 제기한다고 주장한다.

최소한 벌거벗었다는 것은 단순한 무방비 상태의 '나'를 드러내는 이상의 의미를 지닌다고 볼 수 있다. 우리는 종종 여성, 특히 사춘기에 달한 처녀들이 왜 남성들보다 더 심한 수치심에 휩싸이는지 궁금해 할수 있다. 특히 여성의 수치심을 짐멜은 아래와 같이 묘사하는데, 이는 수치의 체험이 성적인 차이를 통해 가장 극적으로 전개된다는 사실을 보여 주기 위한 것이기도 하다.

"만약 우리가 수치의 감정에서 특별히 난처한 사태를 겪게 되고, 이를 추상적인 개념으로 분석한다면 자아의 과장된 표현과 자기비하의 사이에서 진행되는 혼란스러운 요동 속에서 그것은 드러난다. 자아의 과장된 모습은 자신이 주목을 받는 중심에 놓여 있다는 데에 기인하며 자기비하는 완전하고 규범적인 자신의 이념에 비추어 볼 때, 자신이 동시에 결함이 있다고 느끼는 데에 기인한다. 만약 여성들이 남성들의 눈앞에 존재하는 상황에서 성적 영역에 대한 모든 형태의 접촉에 대해 그처럼 적극적으로 반응한다면 그것은 자아의식의 강조와 억제가 바로 이곳에서 본래적으로 합치된다는 사실에 놓여 있다."[261]

수치심은 자신의 벌거벗은 몸에서 사라진 아름다움의 신비에 대한 당혹감과 분리될 수 있는가? 우리는 베일이 벗겨진 상태에서 아름다운 대상의 의미가 불투명해지면서 감추어진 신체가 지닌 후광의 상실에 대해 안타까워할 수도 있다. 여기서 베일이 벗겨진다는 것은 단순한 피복의 제거나 자신의 육체가 보호받지 못한다는 사태의 인식을 넘어서, 가시성과 아름다움 그리고 해석의 가능성이 소진되는 것을 가리킨다. 한마디로 신체를 감싼 '빛'이 소멸되는 것이다. 실제로 아름다움의 한 차원은 감춤과 드러냄의 절묘한 균형에 근거하며, 이는 동시에 에로스의 본질을 가리킨다.[262] 벌거벗었다는 것은 단순히 의복을 제거하는 행위의 '신학적인 해석'을 촉발시키는데, 이는 은총과 죄악의 연관 속에서 전개되는 사건이다. 벌거벗었다는 상태는 이 점에서 해석이 요구되는 모호한 사태로 간주된다.[263]

실제로 성서의 창세기에서 묘사된 아담과 이브의 이야기는 단순한 인류의 탄생에 대한 설화를 넘어서 선과 악에 대한 반복되는 물음의 한 원형을 제시한다. 창세기는 왜 인간이 의복을 걸치게 되었으며, 그 행위가 단순히 사회적인 규범이나 특정 문화권의 외적 강제가 아니며, 일종의 자연적 필연으로 이해되어야 한다는 사실을 증언한다.[264] 수치를 현대 도덕심리학에서는 "반성된 자기평가의 감정(an emotion of reflected self-assessment)"으로 규정하는데, 벨만(Velleman)은 이와 달리 그 발생적 연원이 먼저 검토되어야 한다고 주장한다.[265] 수치심의 발생적 연원은 창세기가 말하는 '성에 대한 지식'의 성격을 이해함으로써 규명될 수 있다.

이로써 아담과 이브가 뱀으로부터 간취할 수 있었던 중요한 것은 다름 아닌 "성에 대한 지식"이라는 주장이 제기된다. 그 내용은 곧 성적 탐닉에 몰두해서는 안 된다는 관념이며, 그 결과 자신들의 나체 상태가 때와 장소에 따라서 부적절할 수 있다는 인식이 필연적으로 수반됨으로써 수치심이 발동한다는 것이다.[266] "성과 관련된 자유"가 곧 수치심의 기원이라는 주장이다. 이 같은 해석은 수치심이 자연적인 본능과 충동을 지양한 최초의 규범의식임을 가리킨다. 물론 '수치심'이 규범의식의 등장을 알려 주는 유일한 지표인지의 여부는 아직 모호하다.

"수치로 인해서 자신의 벌거벗은 몸을 덮어야 한다는 충동은, 그 첫째 이유가 몸을 드러냄으로써 사회적 거부 반응이 촉발될 수 있는 그 무엇인가를 숨기려는 충동이 아니다. 그것은 오히려 자신을 표현하고 스스로의 능력을 지키려는 충동, 즉 사회적 행위자로서의 자신의 위상을 보호하려는 충동이다."267

여기서 제기되는 의문은 성적 차이에 대한 인식이 직접적으로 성적 욕망의 인식과 동일시될 수 없다는 데 있다. 즉 스스로가 다른 성이 욕망하는 대상이 되었다는 사실은 자신의 성적인 특징에 대한 인식을 전제할 수는 있으나 반드시 이 두 형태의 인식이 동일한 체험일 필요는 없기 때문이다. 벨만(Velleman)은 뱀에 의해 상징되는 금지의 위반이 일반적인 의미의 성적 지식을 가리키는 것이 아니라고 본다. 만약 이를 인정할 경우, 왜 신이 아담과 이브에게 자손을 낳고 번성하라는 축복을 하게 되었는지 전혀 이해될 수 없다는 것이다. 이 상징은 특수한 유형의 성적 지식이며 그것은 바로 "사적인 것의 관념(the idea of privacy)"이라는 주장이다. 벨만은 성적 충동이나 욕망, 성적인 매력 등을 그 자체로서 거부하거나, 신의 금지 대상에 포함시킨 것이 아니라, 그 같은 자연적인 충동이 행위로 표현되는 것이 허용되는 시간과 장소가 문제라는 것이다. 이로써 수치의 기원과 관련해서 최소한 사적인 것과 공적인 것의 구별이 의미 있는 하나의 준거로 제시된다.268

그런데 성에 대한 지식은 인지적인 언어에 의존하는 것처럼 보이지 않는다. 우리는 과거 신학적인 논쟁의 물꼬를 연, 성 아우구스티누스 (St. Augustine)의 해석을 통해서 '성에 대한 지식'의 성격을 다시 검토할 필요가 있다. 물론 교리에 충실하려는 성 아우구스티누스가 이 문제를 신에 대한 불복종과 관련시키려는 것은 충분히 납득할 만하다. 그는 "만약 신의 은총이 많은 사람을 구원하지 않았다면, 최초의 인간의 불복종이 모든 인간을 무한정으로 두 번째 죽음으로 몰고 갔을지"[269] 모른다고 추정한다. 이제 중요한 관건은 불복종의 해석이다. 불복종의 대가는 다름 아니라 우리 육체가 우리의 의지에 복종하지 않는 데서 드러난다는 것이다. 인간의 불복종에 대한 신의 처벌은 궁극적으로 자연의 통제 불가능성이라는 관념에 의거하게 되는데, 이 같은 정황은 반드시 특정한 종교의 텍스트에 의지하지 않더라도 수용될 수 있다. 그런데 여기서 단지 신체의 일부가 '자의적으로' 작동함으로써, 주체의 통제를 벗어났다는 것을 의미하는가? 아니면 욕망과 의지, 의지와 의식의 분리는 수치심이 결여된 생식기 그 자체의 고유한 생리적 기능에 의해서 설명되어야 하는가?

신체의 수치는 정서를 매개로 한 사회적 소통의 한 방식이라고 할 수 있다. 따라서 수치의 표현과 이해의 능력은 인격의 자율적인 공간이 형성되고 보호받을 수 있는 가능성이기도 하다. 무엇보다 자신의 공적인 역할에 상응하는 정체성의 형성은 항상 일정한 태도, 몸짓, 어투, 심지어 복장과 외관에 이르기까지 일련의 외향적인 계기들이 앙상블을 구축하고, 나아가서 공적인 차원과 사적인 차원의 차이를 자아가 의식함으로써 가능해진다. 신체의 외관에서 비롯하는 수치가 일종의 자의적인 기표(signifié)로서 작동하는 또 하나의 사례는 유명한 '심리 전문가', 도스토옙스키의 《카라마조프의 형제》에서 발견된다.

"모든 사람은 옷을 입고 있었다. 그러나 그는 벌거벗은 채였다. 그리고 이렇게 말하는 게 좀 낯설긴 하지만 그는 자신이 옷을 벗고 있다는 것을 알아챘을 때 뭔가 그들 앞에서 죄의식을 느꼈다. 그리고 거의 그는 자신이 그들보다 열등한 존재였다고 믿기 시작했다. 그리고 지금에는 그들이 자신을 경멸할 수 있는 완벽한 권리를 지니고 있다는 것도 믿기 시작했다. …… 모든 사람이 옷을 벗고 있었을 때는 우리는 무언가 부끄러워할 필요가 없지만 한 사람만 유독 옷을 벗고 있고 모든 사람이 응시한다면 그것은 모욕적이다라고 그는 거듭거듭 되풀이해서 반복했다. 그건 마치 꿈과 같다. 나는 가끔 그처럼 모욕적인 상황에 놓여 있는 상황을 꿈꾸곤 했다. 그가 양말을 벗어야만 한다는 것은 비참한 일이었다. 그것은 매우 지저분했고 그의 내복 역시 마찬가지였다. 그리고 이제 모든 사람이 그것을 볼 수 있게 되었다. 그리고 더 심각한 것은 그가 자신의 발을 싫어했다는 것이다. 그의 모든 인생은 그의 커다란 발가락이 말해 주고 있는 것 같았다. 특히 그는 거칠고 평평하고 꾸부러진 오른쪽 발톱에 대해 한탄을 했다. 이제 그들은 모두 그것을 보게 될 것이다. 그 감정은 참을 수 없을 정도로 그를(단숨에, 의도된 방식대로, 거칠게) 수치스럽게 만들었다."[270]

이 인상적인 묘사는 수치심과 죄의식이 상호 변환될 수 있음을 선명하게 보여 준다. 위의 사례는 이상적인 자아나 도덕적인 정체성에 대한 의식만이 수치심의 발현을 가능하게 해 주는 조건일 수 없음을 말해 준다. 도덕과 무관한 존재 상황의 특정한 조건들도 강렬하게 전신을 휘감는 수치심을 발동시키기에 족한 것처럼 보인다. 《카라마조프의 형제》는 가령 오히어(O' Hear)가 제시한 사례처럼, 예술에 종사하는 작가나 공예품의 제작자가 자신의 작품에 대해 느끼는 자괴감의 경우와도 무관한 것처럼 보인다.[271] 이 경우들은 모두 수치라는 인지적 표지를 통해서 동일한 범주에 속하는 것처럼 보이게 만들지만, 그것은 일종의 언어적 마술에 우리 스스로를 가두어 놓는 것과 마찬가지의 결과를 초래할 뿐이다.[272]

그런데 자신의 밖으로 드러난 모습이 항상 의도된 결과이거나 예측 가능한 결과를 초래한다고 보기는 어렵다. 공적/사적 구별은 심리 내적 과정이지만 그 경계는 유동적이다. 왜냐하면 심리 내적 '공간'에서 진행되는 공적/사적 구별들은 상당한 정도로 '사회'에서 통용되고 수용되는 규범과 관련해서 항상 새롭게 조율될 필요가 있기 때문이다. 수치심이 결여된 외설적인 표현과 행위가 도발과 저항, 반사회적 행위로 간주될 수밖에 없는 까닭은 사회 전체의 상호 기대와 감당 가능한 표현의 방식에 대한 합의가 명시적이거나 암묵적인 구속력을 지니기 때문이다.

특정한 신체의 부위는 일종의 '사적' 영역에 속하며, 사적 영역과 공적 영역의 경계가 그 자체로서 수용, 존중되어야 한다는 사실은 너무도 자명해서 거론될 필요조차 없어 보인다. 물론 공과 사의 경계가 무시 혹은 간과되어도 무방한 경우들을 둘러싼 관행적인 해석들도 공유될 수 있다. 이 같은 사회적 관행의 인지와 준수는 사회적 상호 인정의 그물망 속에 행위자들이 존재하며, 그 결과 '수치심'은 한 개인의 내면적인 심리의 사건 혹은 상태의 변화를 넘어서 사회적 문법의 표현임이 드러난다. 이로써 수치가 다른 도덕적 정서나 의식으로부터 발생적으로 분리되어 있다는 전제 자체는 성립되기 어렵다. 그러나 수치의 지속적인 발동과 반복, 강화의 과정을 통해서 자율성의 원리가 내면화된 도덕적 자기정체성이 자동적으로 형성되는 것은 아니다.

수치의 정서는 결국 인간이 사회적 존재로 변화되어 가는 과정의 한 필연적인 단계를 가리키며 이는 단순히 본능의 조절을 통해서만 가시화되지 않는다. 무엇보다 수치를 비롯한 정서들은 본능의 경제를 넘어서, 이성적인 인지체계의 작동이나 문화적 상징 등을 고려한 통합적인 맥락에서 해석될 필요가 있기 때문이다. 실제로 수치심은 문화적 인지능력에서 비롯하는 상징체계의 영향으로부터 독립한 인간화의 과정을 역으로 추적할 수 있는 단초를 제공해 준다. 역시 이 같은 추정의 연장선상에서 우리는 공적 정서의 감응체계의 일환으로 수치심을 분석할 수 있을 것이다. 반면에 죄는 그것이 감정의 형태로 감지되거나 명료한 의식의 형태로 등장하는 것과 관계없이, '인간화의 과정(Becoming Human)'을 관장하는 발생적인 기원과 직접적으로 연결되어 있지 않은 것으로 보인다.

신체 수치의 표현에서도 우리는 문화적 차이를 감안하지 않을 수 없다. 수치의 표현이 반드시 성적 상징이 드러나 있는 부분에만 집중되는 것은 아니다. 가령 얼굴은 성적 상징보다 더 중시될 수도 있는데, 그렇다고 이 같은 현상이 체면과 같은 '규범적 자기 해석'에 의한 것인지는 명확하지 않다. 실제로 카차두리안(Katchadourian)은 리비아나 베이루트 등지에서 목격한 여인들의 수치 표현이 생식기보다 얼굴에 집중되어 있다는 인류학적 관찰에 의거해서 수치 표현의 문화적 차이를 부각시킨다. 그러나 이 같은 경험적인 사례들을 언급하는 것만으로는 어떻게, 왜 그 같은 수치 표현의 다른 방식이 가능한지 해명되지 않는다.[273]

위에서 거론된 문제는 신체의 노출에 대한 해석의 다양한 층위에 대한 이해를 요구한다. 벨만(Velleman)이 언급한 대로 사적인 것의 경계가 항상 고정되어 있는 것은 아니며, 자신의 의식적인 판단에 의해 수치심을 수반하지 않는 사적 부분의 노출(가령 모델들의 경우)과 같은 사례들을 상정할 수 있다.[274] 벨만은 의도적인 자기노출의 문제를 거론하면서 왜 벗은 몸을 노출시키는 남성의 행위가 여성의 나신을 노출시키는 것보다 더 문제시되는가에 대해 묻는다. 그가 이렇게 물을 수 있는 것은 남녀의 나신에 대한 통념을 염두에 두고 있기 때문이다. 남성 중심의 문화가 지배적일 때, 여성을 성적 대상으로 바라보는 것이 더 잘 용인된다는 관념이 항상 타당한 것은 아니다.

더 중요한 관건은 무엇보다 남성의 벗은 몸이 단순히 미적 관점 이상의 해석을 초래한다는 사실이다. 남성의 나신은 여성과 달리 직접적으로 노출된 생식기관을 통해서 인간의 본능, 성욕 등을 연상시킨다. 더구나 살아 있는 남성의 생식기관이 노출된다는 것은 종종 남성의 의지와 생식기관의 본능적 작동이 상호 일치하지 않는다는 사실의 '폭로'이기도 하다. 몸과 정신의 불일치에 대해서는 이미 성 아우구스티누스가 원죄의 관념을 정당화하는 과정에서 언급한 바 있다. 이는 정신의 무기력함을 보여 주는 적나라한 사례이다. 이때 벌거벗은 몸은 '성(Sex)'의 표현이 아닌 자연에 대한 '통제'의 차원으로 설정된다.

벌거벗은 몸의 해석과 관련된 층위의 이동이 반드시 사회적 맥락에서만 가능하지는 않다. 왜냐하면 이 같은 무기력감은 단지 자신의 벌거벗은 몸의 일부가 스스로의 의지에 반한다는 사실 자체가 타인에 의해 목격되었을 때만 발생하지 않기 때문이다. 그것은 종종 수치심의 전 단계로 간주될 만한 당혹감의 원인이 되기도 하며, 이 같은 체험은 홀로 있는 자기만의 공간에서도 발생할 수 있다. 또한 생물학적 조건에 의해 이 같은 당혹감이 여성보다는 남성에 의해 체험될 수 있는 여지가 풍부하다. 자연적 본능 앞에서의 무기력감은 스스로의 충동이나 본능이 적절하지 못하다는 판단을 가능케 할 때 항상 발생할 수 있으며, 이는 근본적으로 인간이, 키르케고르의 표현을 빌리자면, 육체와 영혼의 '종합'으로써의 정신의 주권적인 존재, 즉 주체일 수 없음을 자인하게 만든다. 이 점에서 죄로의 '질적인 도약'은 어떤 의지적인 행위의 결과이기 이전에 '아담' 이후 모든 개인에서 반복되는 사건이며 현상이다. 수치와 죄의 감정이 착종되는 현상은 인간의 몸과 의식의 착종과 무관하지 않다. 특히 남성의 경우 신체의 일부가 전혀 그 '주인'의 의지에 복종하지 않는다는 사실이 노정됨으로써 은폐되어야 할 '사적' 영역이 공개될 때, 남성의 주체로서의 주권적 지위는 위태로워진다. 게다가 생식기의 노출은 역겨움과 함께 무엇보다 '우스꽝스러운' 양상으로 가시화된다. 이제 우리는 남성과 여성의 차이를 고려한 신체 수치의 문제를 셸러(Scheler)의 관점에서 살펴볼 텐데, 그의 논리는 어쩔 수 없이 도발적으로 느껴진다.

수치에 대한 셸러의 인간학적 이해

　신체 수치에 대한 특유의 현상학적인 해석을 시도한 철학자는 막스 셸러(Max Scheler)이다. 그러나 그가《수치와 수치 감정에 관하여》라는 제목의 유고집에서 전개한 일련의 생각들은 단순히 감정이나 정서에 대한 분석을 넘어서, 철학적 인간학의 한 중요한 시도로 간주될 만하다. 수치에 대한 셸러의 해석은 인간의 실존 방식에 관한 것으로 당대의 관념론적인 문제 설정의 방식에서 벗어난다. 그는 수치 감정의 생물학적 연관에 근거한 인간학을 추구하는데, 여기에는 수치가 인간의 심적 세계에서 상충되는 요소들 사이의 모순이나 충돌로 체험된다는 전제가 깔려 있다. 이러한 체험은 인간의 본질에 해당되는 심리적인 요구 조건과 심리적 행위의 본래적인 의미 사이의 충돌을 가리키는데, 이 현상에 대한 이해가 인간의 실존 양식을 규명할 수 있는 첩경이라는 것이다. 즉 심리 세계의 내부에서 진행되는 충돌체험의 특정한 형식이 수치 감정의 매우 특이하고도 모호한 기원과 관련한다는 것이다. 그것은 존재해야만 하는 사태와 실재 사이의 대립에 대한 체험이기도 하다. 이러한 체험 역시 혼란스러움이나 당혹감의 방식을 통해서 구체화된다. 그는 창세기의 전락에 대한 신화적인 서술에 대해서도 상당한 의미를 부여한다.

　"인간은 자신의 정신적 인격을 …… 신체와의 내밀한 연관 속에서 혹은 본질적으로 독립적인 사태로서도 체험할 수 있기 때문에, 수치심을 느낄 수 있는 상태에 놓일 수 있다."[275]는 것이다. 따라서 당연하게도 셸러는 동물이나 신이 아닌 오직 인간만이 수치의 감정을 느낀다는 점을 강조하는데. 이는 수치의 감정을 통해서 인간의 실존 양식이 본질적으로 드러날 수 있다는 주장의 단초를 제공해 준다.

> "그러나 인간은 이러저러한 '근거들(Gründe)'에서가 아니라, 그리고 무엇보다 이러저러한 이유에 '맞서서'가 아니라 끊임없는 운동 속에서 파악된 이행 그 자체로서 존재해야만 하기 때문에, 최종적으로 자기 자신과, 자신 안에 존재하는 신 '앞에서' 수치스러워 한다."[276]

그는 나아가서 신체 수치의 전 발생 과정을 인간의 유기체적 조건들로부터 추출하는데, 여기서 우선적으로 인간이 하나의 생명체로서 어떠한 개체화의 과정(Individualisierung)을 경험하는가가 중요하다. 그는 무엇보다 종족 번식의 양적 측면과 질적 측면의 분화 과정을 통해서 그리고 나아가서 남성적인 것과 여성적인 것의 구별을 통해서 수치의 문제에 접근한다.

> "전체적으로 보았을 때 이 같은 분화는 순수하고 순전한 종족 번식 과정을 저해하는 일련의 사태로 표현될 수 있는데, 그렇기 때문에 생명의 본질에서 가장 저급한 단계가 앞서 진행된 종족 번식 과정에 제한적으로 적용되는 것처럼 보이는 것이다. 바로 이 같은 분화로부터 더는 단순하게 종족의 보전(Arterhaltung)이 아니라 생명을 생성시키는 힘들이 점증하는 질적 변화의 과정을 통해서 생성되며, 이를 통해 존재의 개체화의 과정이 더 풍부하게 전개될 수 있도록 하는 데에 초점이 맞춰지게 된다."[277]

여기서 문제의 관건은 개체화의 과정에 달려 있다. 개체화의 과정은 삶의 전체 흐름 속에서 필연적으로 성적인 차원을 종속시키는 방향으로 진행되는데 이것이 객관적인 수치 현상을 설명해 주는 단초를 제공해 주는 것이다. 여기서 셸러의 서술 방식은 다분히 목적론적이다. 그는 정신의 발현과 같은 현상을 정당화하기 위해 수치의 감정을 부각시키고 있다는 혐의로부터 자유롭지 못하다.

"우리는 여기서 다음과 같은 사실에 대해 놀랄 필요가 없다. 그것은 인류학자의 경험에 의하면 거의 일반적으로 남성이 먼저―여성이 아니라― 자신의 성기에 해당되는 부분을 의복으로 감춘다는 것이다. 이는 우리의 앞선 주장과 일치한다. 수치는 그 최종적인 근거에서 살펴볼 때, 더 상위의 의식 단계가 저급한 충동적인 의식과 서로 접촉하는 과정에서 생성된다는 것이다. 왜냐하면 남성이 더 분열되어 있으며 더 이원적인 존재 일반이라는 사실로 인하여 (여성보다: 저자 주) 앞서 언급한 대립을 더 심층적으로 체험하고 '자연에 대하여' 더 풍부하게 느끼기 때문이다."[278]

셸러의 주장은 도발적으로 간주될 만하다. 이 같은 주장에는 여성과 남성이 자연적 본성과 맺는 친화적 관계의 성격이 다르다는 인식과 함께 이 인식이 정서의 형성 과정에서 핵심적인 역할을 담당한다는 전제가 개입한다.[279] 그렇다면 여성이 남성보다 본성적으로 더 수치심을 많이 느끼며 여성의 수치가 사회적으로 더 폭넓게 용인될 수 있다는 일반적인 통념은 근거가 없는 것일까? 그 같은 통념은 사회문화적으로 형성된 일종의 집단적인 자기기만에 지나지 않는가?

우리는 셸러의 명백해 보이는 '반여성주의적인' 시각의 이면을 좀 더 자세히 들여다볼 필요가 있지 않을까? 셸러는 앞선 인용문의 주석을 통해서 통상의 관념과는 반대로 바로 여성이 본성상 남성보다 덜 수치심을 느끼기 때문에, 즉 한계효용의 법칙에 의해서 그와 같은 전도된 통상적 관념이 뿌리내리게 되었다고 주장한다. 이로써 셸러의 반여성주의적 입장은 실상, 남성과 여성의 관계를 동물과 여성의 관계를 통해서 유추하는 과정에서 좀 더 명확하게 드러난다.

일견 셸러가 여기서 자신만의 독특한 생물학적 자연주의의 기획에 충실한 것처럼 보이지만 이 같은 인상은 잘못된 것이다. 그는 수치가 전적으로 성적인 차원으로 귀결되지도 않으며, 그렇다고 전적으로 '사회적 수치'로 환원해서 설명될 수도 없다고 보기 때문이다. 이 점에서 그는 흔히 제임스-랑게(James-Lange)의 자연주의적 정서론에 대해서 전혀 동의하지 않는다. 뒤에서 더 자세히 논할 예정이지만 수치는 근본적인 의미에서 자아감정들(Selbst-Gefühle)의 영역에 속하기 때문이다.[280] 여기서 자아는 자기반성의 사유 능력을 배제할 경우 전혀 이해될 수 없으며, 당연히 그것은 인지능력을 포함하기 때문이다.

수치와 자기감정의 연관에 주목할 때, 자연주의적 설명은 더욱더 곤혹스러운 상황에 몰리게 된다. 무엇보다 신체 수치의 경우 "개인의 자기보호"란 인간학적 조건과 관련해서 이해될 수 있다.[281] 여기서 생물학적 자연주의의 관점을 고집할 경우, 가치의 갈등과 같은 규범적 차원을 설명할 수 있는지 의심스러워진다.[282] 수치의 감정에 대한 짐멜의 심리학적 해석 역시 다윈의 진화론적 관점에 대한 불만에서 출발하는 것처럼 보인다. 그는 단순한 성적 충동과 그 표현의 차원을 넘어서, 인간 개개인이 체험하는 "자아감정을 강하게 강조"한다는 점에서 셸러의 입장과 유사한 양상을 보여 준다.[283] 그런데 수치와 관련된 자아의 감정은 실제로 하나의 통합된 형식으로 정리하기 곤란할 정도로 여러 복합적인 동기를 총괄하는 관념이기도 하다.

짐멜 역시 모든 인간이 개인적으로 침해당할 수 없는 고유의 사적인 세계가 존재하며, 다만 이 사적인 영역의 경계와 그 표현의 방식이 지니는 한계 등에 대해서는 일련의 문화적 해석들이 고려되어야 한다고 말한다.[284] 신체에 대한 해석에서 사적인 세계와 공적 세계는 교차된다. 신체에 대한 해석은 자아에 대한 관점들의 충돌이 전개되는 '장소'이기도 하다. 사적인 영역이 수치심의 발생 지점인 한에서, 그리고 상처받기 쉽다는 느낌을 수반하는 한에서 불안이나 당혹감과 같은 감정들과 수치심은 동일한 '심리 공간'을 공유한다고도 볼 수 있다. 따라서 이와 같은 감정들의 지형도를 고려할 때 원한, 복수심이나 사적 영역을 침입한 자에 대한 공격성으로 수치심이 반전될 가능성은 충분하다.

한편 사적 영역에 대한 침입의 여부는 개인이나 사회 혹은 문화, 상황에 따라 달리 해석될 수 있다. 그런데 이 같은 감정의 인지에 수반하는 문화적 차이와는 대조적으로 수치심이 일종의 '자기감정'으로 자기정체성의 본래적인 계기인가라는 질문이 대두된다. 짐멜은 사람들이 타고날 때부터 자신이 지니고 있는 신체적 결함에 대해서는 수치를 느끼지만, 우발적인 사고로 인한 신체상의 결함에 대해서는 그렇지 않다는 사례를 들어, 수치감이 자기정체성과의 긴밀한 발생적 연원을 공유한다고 주장한다.[285]

이 같은 주장이 의미 있는 이유는 수치심이 단순히 자기보존이나 자기보호의 본능만으로는 설명이 되지 않기 때문이다. 즉 신체를 포함하는 온전한 의미에서의 인격적 전일성에 대한 의식과는 다른 인지의 유형이 이 같은 체험에 관여하고 있는 것처럼 여겨지기 때문이다. 수치의 감정은 그 문화적 표현의 상이성에도 불구하고 체화된 자아감정이며, 이 점에서 규범적 의식 자체의 형성 과정에 이미 '성에 대한 지식'과 '공과 사의 구별에 대한 인지 과정' 등이 개입한다고 하더라도 놀랄 일이 아닌 것이다.

셸러 역시 "성적인 충동이 그 자체로서 리비도와 수치, 공감(Sympathiegefühl)의 세 가지 서로 독립적으로 성립하는 힘에 의해서 만들어지는 구성체"[286]라고 말함으로써 수치 감정에 대해 부정적인 해석을 비판한다. 다시 말해서 수치의 감정은 과도하거나 난잡한 혹은 불규칙한 성적 충동으로부터 인격적 존재의 정체성을 보호해 주는 감정이 아니라, 오히려 성적 충동 자체를 성립시켜 주는 '가능성의 조건'이라는 것이다. 인간은 근본적으로 정신과 육체의 분리에 따른 내적인 긴장으로부터 자유롭지 못하며, 이를 가장 섬세하게 감지하게 해 주는 감정이 바로 수치라는 주장이다. 이로써 왜 수치가 성적인 충동을 사랑으로 승화시켜 주는지 그리고 인간성의 형성에 기여하는지 드러난다. 이처럼 수치심은 본능과 욕망, 충동과 욕망의 사이에서 활시위와 같은 팽팽한 긴장감을 조성하는 매개의 역할을 담당한다. 이로써 우리는 왜 성적인 특징이 신체에서 구체화되는 시점과 수치 감정이 섬세하게 계발되는 시점이 거의 일치하는지를 이해할 수 있는 가능성에 다가서게 된다.

셸러는 수치의 감정이 정신적 성숙과 자유의 실현에 기여할 수 있는 측면이 종래의 해석에 의해서 간과되었다고 지적한다. 수치의 감정은 그 이중적 성격으로 인해서 성적 충동의 구성적 계기이자 동시에 리비도적인 충동을 억제할 수 있는 감성적 촉매의 역할을 수행하는 것이다.[287] 그러나 진정한 수치가 '긍정적 자존감'에 의해서 포섭될 수 있기 위해서는 앞에서 언급한 자기감정의 정신적 기반이 실체가 있어야 한다. 여기서 흔히 일부 도덕심리학적 관점이 견지하고 있는 상투적인 관점, 즉 수치는 죄의식과 함께 부정적인 감정이라는 통념이 더는 관철될 수 없다는 사실이 분명해진다. 이는 수치와 아름다움의 연관을 통해서 우회적으로 드러난다.

수치심은 특히 여성의 경우, 아름다움의 감정을 불러일으키는 신체 언어로 인지되는데, 셸러는 '수치의 미'가 어떤 의미에서 성적인 충동과 관련하는지 묻는다. '수치의 미'는 성적 충동과 무관하게 그 자체로 고유한 상징적 가치를 지니는데, 그 이유는 전자가 인간의 희망과 환상에 가장 순수한 의미를 부여해 주기 때문이라는 것이다.[288] 수치에 함축된 신체적 표현은 다른 형태의 인지적 판단이 개입할 여지가 없는 그 자체로 직접적인 미의 발현이기 때문이다. 즉 그것은 어떤 인위적인 의도와 무관한 순수함의 이미지다.

그런데 의도하지 않은 아름다움이 더 큰 만족을 제공해 준다는 것은 꾸미거나 위장하지 않은 자연스러움에 대한 가치의 관념이 인간의 본래적 성향으로 존재하기 때문이 아닌가라고 자문할 수 있다. 자연스러운 수치의 아름다움, 즉 수줍음의 표현은 죄의식을 수반할 필요가 없는 미적 호기심, 즉 '비밀스러움'에 대한 순수한 관심과 그 관심의 유동적인 떨림을 통해서 드러난다. 수치의 미는 지각하는 존재의 내적 긴장을 촉발시키기 때문이다.

　수치의 아름다움에 의해 촉발되는 내적 긴장은 드러냄과 감춤의 유
희적 상황을 통해서 몸과 마음이 동시에 관여한다는 것을 의미한다.
그런데 이 같은 감정은 반드시 여성의 외적이며 성적인 매력에 의해서
만 촉발되지 않는다. 셸러는 겉으로 보기에는 추한 여성도 그녀가 부
끄러움이나 수치스러움을 의도하지 않은 방식으로 드러내 보임으로
써, 자신의 추함을 망각하도록 유도할 수 있다는 것이다. 추해 보이는
여성의 아름다움을 통해서 셸러가 전하고자 하는 것은 우리가 일상적
으로 지각하는 존재자―그것이 사람이든, 자연현상이든―가 지니는
'가치들'이 은폐되어 있을 수 있다는 인식이다. 수치의 표현은 바로 이
숨겨져 있는 '존재자'의 이면을 살며시 들추어 보임으로써, 존재의 깊
은 차원을 의도가 배제된 방식을 빌려 일별하도록 허용한다. 그런데
여성들이 자신의 수치스러움을 감추려는 시도들은 오히려 본능적인
표현의 일부로 간주해야 하는 것이 아닌가?

　셸러는 이 지점에서 더는 성적 충동에만 의존해서 이 물음을 해명할
수 없다는 것을 잘 인식하고 있다. 수치심을 감추려는 본능적 태도는
'수치 반응(Schamreaktion)'으로 이는 바로 수치심의 노출에 저항하는
심리 내적 구조가 작동하기 때문이며, 이 후자는 다름 아닌 '사랑의 능
력'이라는 것이다. 다시 말해 사랑의 온전한 확인이 필요한 이유는 오
직 이 경우에 수치심이 촉발된 여성―혹은 남성도 전적으로 배제될 수
없다―의 자신에 대한 가치의 감정과 함께 자신의 존재를 보존하려는
코나투스(Conatus)가 이미 항상 작동할 수밖에 없기 때문이다. 즉 자
기보존과 자신의 가치에 대한 존경심은 수치심의 표현 방식에서 자기

방어적인 기제가 작동하게 되는 배경이다.

사랑에 대한 확신이 없을 때 사람들은 자신이 느낄 수도 있는 성적 충동이 아무 저항 없이 발각되는 것을 스스로 거부, 차단하려는 성향을 갖고 있으며, 이는 곧 수치심을 통한 자기방어의 기제가 존재함을 알려 준다. 그러나 진정한 수치의 감정을 지닌 경우 우리는 이를 단순히 외적 상황에 대해서 반응하는(reaktive) 감정으로 규정할 수 없으며, 그것은 '수치스러울 수 있는 상황' 자체의 다가옴을 사전에 예감하는 정신의 발현으로 간주되어야 한다는 것이다.

이로써 수치 반응은 수치 표현의 여러 유형 중에서 '저급한' 단계에 속하며, 따라서 정신의 진정한 활동성이 충분히 발현되지 못한 경우에 해당한다. 이 점에서 역시 셸러의 수치에 대한 현상학적 분석은 정신 철학의 고전적 전통으로부터 완전히 벗어나지 못한 것처럼 보인다. 그럼에도 불구하고 수치의 감정과 표현 사이에 불가피한 간극이 존재한다는 인식은 타당하다. "수치의 가면(The Mask of Shame)"은 수치 감정에 본질적이다.[289] 수치는 인간이 정신적이며, 동시에 육체적 본능과 충동을 지니고 있을 뿐만 아니라, 이 두 계기의 균형이 어느 한쪽의 절대적인 우위에 의해 완전히 무너지지 않은 상태에 있어야만 성립하는 것처럼 보인다. 그런데 이 같은 형식적인 서술은 좀 더 구체화될 필요가 있다. 우리는 여기서 다시 셸러의 프로이트 비판을 토대로 이 문제를 더 구체적으로 다룰 필요가 있다.

충동이론에 대한 프로이트의 '편향성'은 이미 잘 알려져 있다. 프로이트를 셸러가 비판하는 이유도 여기에 있다. 나아가서 셸러는 심층 심리학적 설명의 효용성에 대해서도 그다지 전적으로 신뢰하지는 않는 것처럼 보인다. 물론 성적 수치심에 대한 정신분석학의 서술이 프로이트 자신의 계급적인 성격이나 그 자신의 사회적 편향성을 반영하고 있다는 지적은 다소 편파적이며 본질을 벗어난 언급이다.[290] 프로이트의 사례에 등장하는 환자들의 세계관이나 가치관 그리고 그 사회적 배경은 성적 망상이나 성행위에 대한 그들의 체험이 근본적인 의미에서 사회문화적으로 규정될 수 있는 여지를 남겨 놓는다.

그러나 셸러의 비판에도 불구하고 유년기의 성적 체험이 인격체로서의 성장 과정에서 지니는 의미는 완전히 부정될 수 없다. 다만 유년기의 성적 충동을 어떻게 체험하는가에 따라서 인격이 규정된다는 주장은 결국 유년기의 체험을 지나치게 확대 해석하고 있다는 인상을 준다. 유년기의 성적 체험은 수치심이 어린아이에게 지니는 영향력과 관련해서 이해되어야 한다. 왜냐하면 유년기의 체험 전반에 걸쳐서 이미 수치심의 맹아(template)가 형성되어 있기 때문이다. 그러나 성인이 된 후 우리가 느끼는 수치심과 근친상간의 성적 욕망에 대한 유년 시절의 억압 혹은 성적 터부 등과 같은 전제들은 주로 노이로제 환자들을 표본으로 하는 충동이론에 의존한다. 유년기의 성에 대한 프로이트의 인식은 결혼과 사랑에 대한 그의 또 다른 주장과 마찬가지로 어디까지나 특수한 임상적 사례와 관련해서 이해되어야 할 것이다.

심지어 프로이트는 근친상간의 관념이 모든 남성이 유년기에 체험했을 어머니의 권력을 회상함으로써 지속적으로 반복된다고 주장한다.[291] 그러나 권력과 수치의 연계성을 근본적으로 성적 충동의 맥락에서 분석하는 프로이트의 관점은 수정이 불가피하다. 권력과 수치심의 관계에 대한 의미 있는 논의는 최소한 프로이트 등의 '고전적인' 관점

을 넘어서야만 가능한 것처럼 보인다.[292]

여기서 우리는 더 온건한 관점에서 성적 충동을 분석하고 있는 파울 (A. Paul)의 연구를 주목할 필요가 있다. 그 역시 유아의 발달 과정에서 수치가 지니는 의미를 간과하지 않는데, 그는 유아가 자신을 보살피는 사람과의 관계에서 실제로 체험하는 "거듭된 좌절"의 결과를 일종의 "실존적 수치(existentielle Scham)"로 간주한다. 이 경우에 유아가 반드시 자아의 뚜렷한 의식을 지니고 있는 것은 아니다. 단지 유아들이 생후, 몇 달이 지나면서부터 이미 자신의 감정을—단순한 본능이나 충동의 해소와 같은 차원을 넘어서—표현할 수 있다는 것이다.[293] 특히 두 살 정도 된 아이들은 앞에 있는 상대방의 시선과의 접촉을 통해서, 명백한 형태는 아니지만 "자아와 자기표상 사이에 성립하는 비동일성"을 감지한다는 것이다.[294] 파울의 해석은 정서의 경제에 속하는 수치심이 전적으로 성적 충동의 억압에 의해서만 설명될 필요가 없음을 가리킨다. 유아기에 대한 심층적인 이해를 통해서 우리는 수치와 자기표현 사이의 긴장이 인간적인 정서경제의 한 본질적 특성임을 알 수 있다.

초자아(Überich: Superego)의 기원 역시 유아기에 자신이 환경으로부터 분리되어 있다는 사실을 자각하는 현상으로부터 설명된다. 그런데 자신의 욕구나 희망에 의해서 이해될 수 없는 세계의 존재를 인지함으로써 직접적으로 자기반성적인 의식이 형성되는지는 불투명하다. 따라서 모든 인식이 차이의 인식인 한에서 타자, 즉 세계와의 구별이 자기 존재의 의식과 병행한다는 브릭맨(Brickman)의 해석은 논란의 여지가 있다.[295] 자신과 세계의 차이에 대한 인식만으로 '초자아'의 차원이 성립하는 것은 아니기 때문이다.

　문제는 외부 세계의 사물이나 현상이 단지 거추장스럽고 불쾌한 그 무엇으로만 체험되지 않고 자신에게 무엇인가를 요구하고 나아가서 특별한 태도의 변화를 촉구하는 그런 사태로 인식될 수 있는지의 여부다. 자신을 '두 사람 사이의 관계' 속에서 일종의 사회적 존재로서 체험한다는 것은 별도의 설명을 요구한다. "즉 객체와의 만남은 단순히 낯선 것에 대한 불안을 넘어서 '하나의' *의지적* 존재가 '다른' 의지적 존재와 부딪치는 것이다."[296] 즉 타자존재와 사회적 인식이 병행한다는 것이다.

　"주체의 자아가 구성(Selbstkonfiguration des Subjekts)되는 과정은 이미 낯선 것에 대해 불안해 할 때 더 잘 이루어진다. 자신과 마주 선 것 그리고 그 무언가 '의지'를 느낄 수 있는 것과 마주하고 있다는 것, 즉 이미 인격적인 존재로 설정된 그런 존재(타자: 저자의 주)에 대한 불안이"[297] 오히려 자아 형성의 긍정적인 계기로 작용한다. 자이들러(Seidler)는 이 같은 관점을 타자성(Alterity) 이론으로 명명하는데, 이 때 "객체에서 인격적 존재로, 즉 또 하나의 다른 주체로 지각 대상이 변형되었다는 사실보다, 두 존재 사이의 '관계' 자체가"[298] 더 결정적인 의미를 지닌다. 자신과 마주 선 관계는 나름대로의 질서를 구현하고 있는 세계이자 그 자체로의 온전성(Integrity)이 유지되는 세계이기도 하다. 그리고 이 온전성의 파괴는 곧 퇴행적인 반응을 촉발시키는 원인으로 작용한다.

　초자아의 방어기제에 의해 퇴행의 충동은 영향을 받게 된다. 같은 맥락에서 자이들러는 수치 정서의 구성 요소로 죄를 전제하면서, 수치가 "죄의 초기 형태"가 아니라고 주장한다.[299] 여기서 제기되는 물음은 우리가 죄와 수치심을 일종의 일란성 쌍둥이로 간주할 필요가 있는가의 여부다. 그런데 타자에 대해 불안을 느끼는 상황에서 수치는 직접 자신의 대상과의 일치를 지향하지만, 죄는 타자에 대한 불안을 단지 한 발생적 계기로 전제할 뿐이다. 이는 자신이 모종의 부정적인 상황에 놓여 있다는 체험과 유사하며 그 체험은 인지적으로 해석된다. 그리고 자신의 "나쁜 감정"을 떨쳐 버리려는 시도, 즉 방해가 되는 대상을 제거하려는 시도가 행해진다. 그러나 이 의도는 기대와는 정반대되는 결과로 '죄의 감정'을 더 강화함으로써 심리적인 강제와 억압이 초래된다는 것이다.[300]

이와 관련해서 메를로퐁티(Merleau-Ponty)의 억압에 대한 관점은 특기할 만하다. 메를로퐁티의 현상학적 분석이 지니는 중요한 특징은 그가 수치심을 불러일으키는 시간의식에 초점을 맞추고 있다는 것이다. 그는 자기정체성의 배후에 수치심이 실재하며, 이는 시간의식 특히 기억의 흐름과 관련해서 설명되어야 한다고 말한다.[301] 그의 현상학적 분석은 수치심의 한 원인으로 작용하는 성적 충동의 억압이 기억으로의 시간의식과는 다른 방식으로 형성된다는 점을 분명히 한다. 일반적인 의미의 기억은 불가피하게 현재화되거나 망각의 저편으로 사라질 수 있는 반면에, 억압은 일종의 심리적 기제로서 심적 상태를 전자와는 상이한 방식으로 조건 지운다는 것이 그의 논거다. 다시 말해서 성적 수치심을 가능하게 하는 요인은 개인의 시간의식이 특이하게 구조화된 경우이며, 개인의 시간의식은 물리적 시간과 다른 방식으로 일정한 정체 상태를 보이거나 억압에 의해 연속적인 흐름이 아닌 분절적이거나 단절적인 양상을 보인다는 것이다. 여기서 정체된 시간은 다름 아니라 동일한 유년기의 성적 체험이 인격의 성장이나 계몽된 자기 학습을 거부하고 과거의 유형을 반복하게 되는 심리적 기제의 특징을 가리킨다. 이 같은 특징은 성적 체험에 의해서 습관적으로 체화된다.

따라서 여기서 중요한 것은 심리적 기제가 하나의 습관화된 시간의 식으로 뿌리내리지 않는 한에서 성적 충동의 억압 역시 강제성을 지닐 수 없다는 주장이다. 반복되는 습관화의 과정은 체화된 관성의 형태로 작동한다. 이로써 왜 성적 억압과 같은 심리적 억압으로부터의 해방이 용이하지 않은지 분명해진다. 그것은 단순한 인지적 차원의 자기 분석을 통해 달성되기 어렵다. 무엇보다 "지연된 시간"의 구조적 틀로부터 해방되기 위해서는 의식의 통제 자체를 거부해야 하기 때문이다. 앞서 논한 일련의 물음들은 수치 감정의 더 심층적인 이해가—프로이트의 고유한 지평인—'개인심리학'의 차원을 넘어서야만 가능하다는 점을 말해 준다.

사회적 감정으로서의 수치

수치심은 사회적 감정인가

"결국에는 감정들의 세 번째 유형이 등장하는데, 그것은 역시 *사유로부터* 발생하며, *법적인 것과 도덕적인 것, 인륜적인 것 그리고 종교적인 것*의 실체적인 내용이 감정을 느끼는 의지에 의해 수용됨으로써 가능해진다. 이로써 우리는 감정들을 다루게 되는데, 이 감정들은 제각기 고유한 *내용*들에 의해 서로 구별된다. 그리고 이 내용들에 의해서 그 감정들은 정당화된다. 같은 종류에 속하는 것으로써 수치와 후회가 속한다; 왜냐하면 이 둘은 일반적으로 인륜적인 토대를 지니기 때문이다."[302]

헤겔은 정신철학에서 '수치' 감정을 "단지 형식적이며 실천적인 감정이 변형된 것"으로 규정하는데, 이 점에서 그가 수치 감정의 사회적 맥락을 감안하고 있음을 알 수 있다. 헤겔이 정신개념을 "타자 속에서 스스로 존재(Im-Anderen-Bei-Sich-Selbst-Sein)"하는 주체로 규정하는 한에서 수치심을 포함하는 자기감정은 개인의 내적 심리 세계의 반영을 넘어서는 사회적, 문화적 차원과 관련해서 이해될 필요가 있다. 정서나 감정의 발현 과정에는 존재와 당위, 자연과 인위 사이의 부적합성 때문에 발생하는 심리적 긴장이 개입하는데, 이 같은 긴장은 정신적 영역 이전에 이미 생명, 즉 생물학적/유기적 단계에서부터 발생한다.[303]

헤겔은 감각과 감정은 물론, 인간의 영혼과 의식, 직관, 표상, 의지 등과 같은 모든 사태를 정신이 스스로를 인식하는 일련의 필연적인 과정으로 규정하고, '수치심' 역시 이와 같은 정신철학의 전체적인 구도에서 파악한다. 심지어 헤겔은 "객관정신"이란 개념하에 법과 인륜과 같은 사회정치적 영역을 포괄하는데, 이는 제도화된 형태로 기능하는 질서들을 사회적 상호작용의 조건이자 결과로 파악하기 때문에 가능한 발상이다. 따라서 그는 수치와 후회 같은 감정들을 개인 심리적 차원을 넘어서는 인륜성의 맥락에서 이해해야 한다고 주장하게 된다. 그러나 수치심 자체가 도덕적 감정으로 간주되고 있지는 않다. 그리고 감정 자체의 발생적 토대가 '사유'라는 점에서 헤겔은 마치 인지주의적 감정 해석을 지지하는 것처럼 보인다. 다시 말해 수치 감정이 형성되는 과정에 이미 '사유'의 활동이 개입한다는 것이다.[304]

수치심이 자아의 의식과 감정을 수반한다는 사실은 인간적인 의식의 지향성에서 드러난다. 우리는 이 현상을 셸러처럼 자기반성적인 행위로 이해할 수도 있을 것이다. 그런데 인간의 심리적 지향성이 수치심의 형성을 설명해 주는 핵심적인 요인이라고 해서 의식 자체의 사회적 차원이 간과될 수는 없다. 단지 타인에게 자신이 보여지고 있다는 사실이 중요한 것이 아니라 자신에 대한 타인의 관점 자체가 자신 스스로의 예상이나 기대와 어긋났을 때 비로소 수치심이 발동한다는 일반적인 통념은 더 자세히 검토될 필요가 있다.[305] 수치심은 의도와 의도 사이에 발생한 간극, 다시 말해서 자기 자신에 대한 이해와 타인의 자신에 대한 인식 사이에 차이가 발생했을 때, 바로 이 차이를 인지함으로써 발현한다. 셸러 역시 같은 주장을 반복하고 있는데, 이는 수치심에 필연적으로 인지적 계기(cognitive moment)가 선행한다는 사실을 확인시켜 준다. 나아가서 수치심을 느끼는 자아의 반성적 행위는 셸러에 의하면 인지적 판단을 매개로 진행되는데, 그는 이를 일종의 "공공성(Öffentlichkeit)"[306]에 대한 반성으로 간주한다.

공공성의 영역은 곧 공적인 차원과 사적인 차원의 차이가 심리 세계 속에서 하나의 실재하는 사태로 인지된다는 것을 의미한다. 성적 행위나 성적 표현의 경우에도 이 같은 인지가 수치심을 발현시키는 계기로 작용할 수 있다. 우리는 이 경우 단순히 "수치심을 당혹감의 한 특수한 경우"[307]로 보기 어려워진다. 수치심이 인격적 자기평가의 감정과 깊이 관련하는 반면, 죄책감은 행위자의 외적 행위에 대한 책임의 의식과 직결된다는 관점은 수치심이 단순히 외부의 시각적 이미지에 대한 수동적인 반응과 함께 발생한다는 주장에 반하는 것이다. 죄책감만이 구체적 행위에 대한 책임의식과 함께 내면적인 양심의 가책을 수반한다는 통념 역시 재고되어야 한다. 이 같은 논란은 단순히 죄책감에 대한 개념사적인 논의나 개인심리학적인 차원의 수치의 해석에 의존해서 해결될 성격의 물음이 아닌 것처럼 보인다. 수치에 대한 통념들은 대개 수치와 죄 감정의 표현을 통해서 드러나는 차이에 의존하는데, 헬러(A. Heller)는 이를 수치 감정 자체의 여러 유형을 구별함으로써 해결하려고 시도한다.

헬러의 논점은 비교적 단순하다. 그녀는 수치를 두 가지 유형으로 구별함으로써 수치가 내면화되지 않는다는 일반적 통념을 비판한다.[308] 수치는 외재적인 처벌이나 금지와 관련하며, 죄는 어디까지나 내재적 처벌이라는 통념은 경험적으로 뒷받침될 수 없다고 강조한다. 헬러는 뉴기니 원주민들의 예를 통해서 피상적인 수치(shame on the skin)와 심층적인 수치(deep shame)를 구별하는데, 전자는 타인에게 보이기 난처한 생리적 행위들, 즉 자신의 의도가 그 행위에 전제될 필요가 없는 행위에 해당한다. 이와 달리 후자의 경우, 자기 조상의 영혼을 모욕하는 경우처럼 개인들이 믿고 있는 규범들과의 연관이 결정적인 의미를 지닌다. 결국 후자의 경우 수치는 외적인 권위에 대한 반응으로만 해석될 수 없다. 또 다른 문제는 앞에서도 간헐적으로 제기된 것인데, 수치와 죄의 감정이 상호 변환의 가능성을 보여 준다는 것이다. 한마디로 수치 감정이 죄책감으로 전환되거나 후자를 전제한다면, '수치 감정'만을 별개의 심리 현상으로 분리해서 대상화하는 모든 시도는 재고되어야 한다.

나아가서 헬러를 지지해 주는 논거로 우리는 수치의 감각(a sense of shame)과 수치스러움(ashamed)의 차이를 주목할 수 있다. 전자는 덕스러움의 한 방식으로 이해될 수 있으나, 후자는 아니라는 것이다. 오히려 수치심이 결여되어 있는(shameless) 인간은 단순히 수치심으로부터 자유로운 상태(free of shame)로부터 구별될 뿐만 아니라, 부도덕하거나 반인륜적인 심적 태도를 가리킨다.[309] 이 경우에 수치심은 도덕적 정체성과 직결된다. 그러나 수치감의 당사자가 직접적으로 이 같은 심적 동요를 유발한 원인을 정당하다고 생각하거나 인정하는 것은 아니다. 그는 단지 규범의 존재를 사실적 권력으로 간주하고 이 실재 그 자체에 대한 반응을 보일 뿐이다. 이는 사회적 금기와 같은 여러 유형의 터부와 규범이 항상 행위자에 의해 도덕적 관점에서 해석되지 않는 경우와 비견된다.

이로써 우리는 사회적 수치와 도덕적 수치를 구별해야만 하는 상황에 직면한다. 물론 두 가지 경우에 모두 외적인 강제가 내면화되는 과정에서 당사자는 물리적으로나 생리적으로 동일한 심적 긴장과 동요를 체험할 수 있다. 소위 행태주의나 자연주의적 결정론은 이 두 경우를 동일한 사태로 간주할 것이다. 도덕의 관점에서는 인격적 존재가 스스로를 통제하는 경우와 외부의 권위에 대한 타율적인 수용을 구별할 필요가 있다.

결국 죄나 수치의 의미는 사회화의 과정에서 이 감정들이 개인들에게 어떠한 의미를 지니는지의 여부를 통해서만 파악될 수 있는 것처럼 보인다. 그렇다고 이 조심스러운 언급을 사회문화적 차원이 심리 세계의 이해와 관련해서 간과되어도 무방하다는 주장으로 이해할 수는 없다. 그런데 수치심과 죄의 감정에 관여하는 사회적 차원은 그 양상이 다를 수 있다. 죄나 수치의 감정들은 내면화의 방식을 통해 사회 구성원이 집단적 규범문화를 수용하는 고유의 방식들이다. 종종 감정은 법이나 사회적 신뢰 등과 함께 공동체의 통합을 달성할 수 있는 포기할 수 없는 사회적 자산으로 강조되는 경향이 있다.

예를 들어 수치 문화의 퇴조와 죄의 관념에 대한 합리화된 해석은 근대성의 원리가 세계에 확산되는 과정과 일치하며, 이 과정에서 '도덕적' 자산의 성격도 변화한다. 이처럼 죄책감과 수치심의 위상에 대한 이해는 역사적 변화를 초래한 제도나 관행과 같은 삶의 구체적 조건들에 대한 이해를 요구한다. 그런데 감정 자체가 사회 구조와 제도, 관행 등에 의해서 구성된다고 해서, '집단적 감정(collective emotion)' 자체가 실체가 있는 개념으로 사용될 수 있는 것은 아니다.

감정의 집단성이 실체가 있는 개념인지의 여부는 분명 논란의 여지가 있다. 흔히 감정은 분위기에 의해서 좌우된다고 말할 경우 그 같은 표현 역시 실체가 있는 것인가? 특정한 분위기나 상황에 처한 대부분의 사람이 동일한 정서나 감정 상태에 놓이게 된다고 해서 우리는 집단감정(collective emotion)이란 개념을 정당하게 사용할 수 있는 것은 아니다. 나아가서 감정이나 정서의 집단성(collectivity)을 실체적인 개념으로 인정하고 정당화할 수 있는가의 여부는 단순히 이 개념의 성격에 대한 논의의 차원을 넘어선다. 먼저 감정과 정서의 집단성을 인정하기 위해서는 개별 감정들의 양적인 총합을 넘어서는 다른 구조적인 요인들이 고려되어야 할 것이다.[310] 또한 모든 감정이 집단적으로 경험되었다고 해서 동일한 방식이나 강도로 표현되지는 않는다. 가령 자신이 응원하는 스포츠 팀이나 정치적 선거 등의 승리에 대한 기쁨은 혼자서 체험할 때보다 다른 지지자들과 함께할 때 일반적으로 증가하는 반면에 수치심이나 죄책감은 집단적인 체험을 통해서 더 증가한다고 보기 어렵다. 오히려 공동으로 행해진 일탈 행동에 의해 촉발될 수 있는 수치심이나 죄의 감정은 집단적 익명성의 엄호하에 약화되는 경향이 있다. 우리는 이 같은 현상을 어떻게 이해해야 하는가? 란트베어는 집단적 수치심이 성립하기 어려운 이유를 수치심의 신체성에서 발견한다.[311]

무엇보다 수치심의 집단성이 검증되기 위해서는 그 감정이 어떤 형태로든 표현되어야 한다. 그러나 수치심은 잘 알려져 있는 것처럼 이를 은폐하고 싶은 심리적 충동과 직결되어 있기 때문에 수치심의 공개적 표현은 예외적으로 강요된 경우를 제외하면 논리적으로 상충되는 것처럼 보인다. 수치심이 신체 주체의 직접적인 체험을 전제하는 한에서 수치심의 공적 표현은 지극히 제한적일 수밖에 없는 것처럼 보인다. 따라서 란트베어는 수치심의 공적 표현은 오직 자신의 그같은 표명에 포함되는 타인의 잘못을 비난하거나 지적하려는 '수사적 (rhetorical)' 신체언어로 국한된다고 말한다.

그러나 그 구성원들이 긴밀한 공감(Sympathy)을 보이는 가까운 가족의 경우는 다를 수 있다. 가까운 가족 구성원의 일탈 행동에 대한 수치심의 공개적이며, 공적인 표현은 이익과 효용성을 원리로 삼는 조직 구성원이 타 구성원이나 자신이 속한 조직의 일탈에 대해 느끼는 수치심과는 다르다. 구체적으로 같은 조직의 구성원이나 국가의 시민으로서 느끼는 공적 수치심은 자신의 자녀들이나 부모들의 일탈 행동 혹은 동일한 직업에 종사하는 동료들에 대해서 느끼는 수치심과 단순히 감정의 강도와 관련해서만 구별되지 않는다.

즉 감정의 분류와 관련해서 공적인 영역과 사적인 영역을 구별하는 방식 자체가 논란의 여지가 있음을 보여 준다. 공적, 사적 영역의 구별 그 자체가 해당되는 문화나 관습, 상황에 따라서 다른 방식으로 이루어져야 한다는 가정이 성립할 수 있을 것이다. 분명한 것은 친족이나 가까운 가족 구성원의 일탈 행동에 대한 수치심의 공적 표현은 비난의 의도를 함축하는 수사적 행위가 아니라는 점이다. 수치심의 특수한 경우는 공감의 강한 연대성에 의해 영향을 받는 한에서―비록 공적인 감정은 아니지만,―집단적 감정의 한 방식으로 간주될 수 있다. 그것은 가장된 감정이나 수사적인 의도하에 도구화된 감정이 아닌 집단적 정체성의 한 표현 방식일 수 있다.

수치심의 사회성과 그 집단적 성격은 최근 네켈(Neckel)의 연구에 의해서 더 체계적으로 탐색되었는데, 그는 독일적인 경험에서부터 논의의 단초를 풀어 간다.[312] 독일이 통일된 이후 구동독인과 서독인 사이의 심리적 긴장은 여러 측면에서 흥미로운 분석을 가능케 했는데, 이는 역사적 변혁이 집단적 심리나 정서의 변화에 어떠한 영향력을 행사하는지를 보여 준다. 단적으로 구동독의 구성원들이 품을 수밖에 없었던 열패감 혹은 열등감은 집단적인 수치감의 한 전형적인 사례인데, 이는 역사적 과도기에 형성된 정서적 변화를 통해서 수치심이 개인적 수준을 넘어서 집단적으로 형성될 수 있음을 보여 준다.

이 같은 사례는 과연 수치심에만 국한되는 것인가? 집단적 수치심은 개인들이 자신들의 신체와 의식, 행위들을 통해서 직접적으로 그리고 나름대로의 고유한 방식으로 경험하게 된다. 사회적 위상의 전락이나 경제적인 빈곤 등으로 인한 자신의 평가절하는 모멸감을 사회적 공통 감정(common sense)의 한 유형으로 간주하게 만들어 준다. 사회적 수치의 의미는 개개인 스스로에 대한 존경심과 관련해서도 이해될 수 있다. 만약 일반적인 관행에 따라서 수치심을 도덕적인 감정으로 분류해야만 한다면, 타인과의 사회적 관계를 포함해서 개인들이 자신에 대해서 느끼는 가치나 자기 해석의 고유한 관점은 함께 고려되어야 할 것이다. 수치의 감정이 사회적으로 구성된다는 네켈의 인식은 자명해 보인다.

"모든 수치는 사회적이다. 왜냐하면 그것은 규범들과 관련되어 있으며, 이는 오직 사회적 삶 속에서 생성될 수 있기 때문이다; 모든 수치는 사회적이다. 왜냐하면 이를 통해서 나의 타자에 대한 관계가 반영되기 때문이다. 그것은 타자에 의한 지각 속에서 형성된다."[313] (Neckel 18)

집단 감정으로의 수치는 도덕 외적인 조건들에 의존하는 것처럼 보인다. 집단 감정은 공통감정의 한 유형이며, 이 감정이 도덕적 관점을 초월해서 이미 실재하는 사회적 토대라는 주장은 이미 뒤르켐(E. Durkheim)에 의해서 제기된 바 있다. 이 전제가 성립하지 않고서는 사회 자체가 유지될 수 없다는 것이다. 공통감정이 전제되지 않은 상태에서 그 사회의 성격과, 역사적 경험, 외부 환경에 대한 대응 등이 어떻게 가능한지를 분석하는 것은 불가능하다고 볼 수 있다.[314] 같은 맥락에서 정서가 사회 통합에 대해서 지니는 중요성은 아무리 강조해도 지나치지 않다. 정서적 연대는 종종 한 사회를 '운명공동체'인 것처럼 해석하도록 요구하는데, 그 계기는 예기치 못한 위기나 역사적 변혁을 통해서 제공된다.

"오직 교환과 법 혹은 강제력만으로 한 사회가 그 통합성을 유지할 수는 없다. 그리고 역시 그 어떤 감정들이 결부되지 않은 도덕에 의해서도 마찬가지다. 사회적 삶은 도덕적 규칙들이 모든 개별자에게 직접적으로 현존할 때 비로소 그 지속성을 확보하는데, 개인의 감정보다 더 직접적인 것은 존재하지 않는다."[315]

그런데 수치 감정은 네켈이 주로 추적한 사례처럼 부정적인 감정으로만 간주될 수 없다. 사회적 수치심은 사회적 자긍심의 이면이며, 그것은 인간적인 품격과 관련하는 일련의 자기정체성에 관한 포괄적인 해석에 뿌리를 두고 있기 때문이다. 무엇보다 권력관계의 비대칭성을 전제할 수 없는 실존적 상황 속에서도 자신의 명예와 역할에 대한 자기평가(Self-esteem)는 종종 수치심의 이면이자 동기로 작용하기 때문이다. 또한 니체와 푸코, 마르크스 등의 비판적인 시각들은 사회적 정서가 손쉽게 대중 조작의 대상으로 설정될 수 있다는 사실을 알려 준다. 정신분석학 역시 마르크스의 이데올로기 비판과 함께, 개인이나 집단의 심리 세계에 영향을 미치는 억압적인 요인들을 분석한다는 점에서 비판적 계몽주의의 정신의 계승한다고 볼 수 있다. 네켈이 수치심을 주로 사회적 위상과 관련해서 분석할 수 있는 이유 역시 사회의 권력관계가 상징적 행위와 해석에 의해 반복적으로 재생산된다는 추정에서 발견된다.[316]

사회적 수치와 신체 수치, 자긍심

수치와 권력관계의 긴밀함을 주목할 때, 신체 수치는 별다른 중요성을 지니지 못하는 것처럼 보일 수 있다. 그러나 오히려 사회적 수치는 신체 수치를 기반으로 하고 있거나―신체를 매개로 한 정서적 변화가 모두 이에 해당하지는 않지만,―신체의 수치감을 통해서 효과적으로 (?) 재생산된다. 수치와 권력관계에 대한 윌리엄스(B. Williams)의 다음 주장은 이러한 추정을 뒷받침해 준다. "수치의 뿌리는 더 일반적인 의미에서의 노출에 놓여 있다. 즉 불리한 상태에 놓여 있다는 것인다: 나는 이를 아주 일반적인 표현으로 힘의 상실(a loss of power)로 부를 것이다. 수치의 감각은 이 같은 상실에 대한 주체의 반응이다."[317] 자신이 타인의 시선에 내맡겨져 있다는 것은 곧 타인의 '시선 앞에' 무방비 상태로 노출되어 있다는 것이며 이는 관찰자와 관찰 대상 사이의 비대칭적 관계에 대한 인식을 강요받는 것과 마찬가지다. 이는 사회적 수치와 신체 수치의 긴밀한 연관을 말해 준다.

그러나 윌리엄스의 주장은 더 신중하게 이해될 필요가 있다. 왜냐하면 모든 수치의 감정이 반드시 타인의 시선을 전제하지 않기 때문이다. 예컨대 다윈은 반드시 타인의 시선을 전제하지 않은 수치심의 발동이 가능하다고 본다. 그는 심지어 눈이 먼 사람도 수치심을 느낄 수 있다는 사례를 근거로, 수치심과 타인의 시선이 반드시 연계될 필요가 없다고 주장한다.[318] 다윈에게 수치심을 발현시키는 것은 무엇보다 인간의 유전적인 요인이다. 왜냐하면 "얼굴과 귀 그리고 목"까지 빨개질 뿐만 아니라, 경우에 따라서 심지어 "몸 전체를 뜨겁게 하고 경련을 일

으키는" 경향은 유전적으로 물려받은 것(inherited)이기 때문이다.[319]

그러나 다윈은 비록 유전적인 수치 감정의 기질을 전제했음에도 불구하고 학습의 의미를 배제하지 않는다. 앞의 예처럼 장님들의 경우에도 그들이 수치의 감정을 느끼는 중요한 이유는 그들이 그 같은 감정을 느끼도록 교육을 받았기 때문이라는 것이다. 이로써 수치의 감정은 진화론의 맥락에서 인간의 내면성이 형성되는 자기의식의 형성 과정과 연계되지만, 이 같은 유전적 기질은 자신의 행동이나 태도, 모습 등이 타인에 의해 받아들여지는 방식에 대한 사회적 학습에 의해서 그 표현의 강도가 좌우되는 것이다. "그런데 태고의 인간은 그가 상당한 도덕적 감성을 습득하기 전에 자신의 개인적 외양에 대해 고도의 예민한 느낌을 지녔을 것이다. 그것은 최소한 다른 성(sex)에 대한 관계 속에서 그러하다. … 이것이 바로 수치의 한 형식이다."[320] 다시 말해서 다윈은 진화의 과정에서 성적인 욕망과 수치심, 도덕적 자기정체성이 상호 연관된 인격적 형성의 계기들로 설정될 수 있다고 간주한다.

그러나 프로이트는 얼굴의 홍조를 단순히 수치심을 의미하는 것으로 해석하지 않는다. 타자가 나의 결함을 인지함으로써 야기되는 얼굴의 홍조는 사회적 불안과 관련할 뿐만 아니라, 무엇보다 외부의 권위에 대해 느끼는 죄의 감정으로도 규정된다. 프로이트는 다윈과 달리 "수치와 죄의 연관이 죄와 양심의 관계로"[321] 전환된다고 보면서도 수치를 죄보다 이차적인 정서로 이해한다. 이 같은 평가는 초자아(Über-Ich)의 역할에 대한 그의 이론적 신념에 의한 것이다.

"양심에 대해서 우리는 초자아가 입증 가능할 때까지 말해선 안 된다. 죄의식에 대해서 우리는 그것이 초자아보다 먼저 성립한다는 것을 인정해야만 한다. 따라서 그것은 양심보다도 선행하며, 외적 권위에 마주 선 불안의 직접적인 표현이다. 그것은 자아와 이 후자 사이의 긴장을 인정하는 것이자, 사랑에 대한 욕구와 충동의 만족을 향한 강한 노력 사이의 충돌에서 직접적으로 파생된 것이다. 충동의 만족이 방해를 받으면 본능적인 충동(Neigung)은 공격적인 성향으로 발전한다."[322]

그런데 수치심을 통한 권력관계의 재생산이 '성공'을 거둘 수 있기 위해서는 자신의 열등한 사회적 위상이 어디까지나 자신의 잘못이나 결함에 기인한다는 것을 수용할 때 가능하다. 당연히 사회적 권위는 항상 정당하지도 않을 뿐만 아니라, 비대칭적인 관계에서만 성립하는 것도 아니다. 실제로 포피츠(Heinrich Popitz)의 분석대로 권위가 현대 사회에서 영향력을 행사할 수 있기 위해서는 단순히 권위를 지닌 자의 우월함을 넘어서 권위를 통해서 자신의 가치를 인정받고자 하는 자기 가치에 대한 욕구가 전제되어야 하기 때문이다. 즉 권위는—이미 헤겔이 《정신현상학》의 주인과 노예의 변증법을 통해서 인상적인 방식으로 서술한 것처럼—상호 인정을 향한 투쟁의 결과다.[323]

이와는 대조적으로 세넷(Sennett)은 사회적으로 우월한 위치에 있는 사람이나 집단에 대해 느끼는 수치의 감정이 근대적 자율성과 주권적 존재의 가치에 대한 일종의 이데올로기적 해석에 기인하며, 그 결과 사회적 수치의 극복은 잘못된 자율성의 '해석'을 포기하는 데서 그 단초가 마련된다고 진단한다.[324] 이 같은 진단의 배후에는 사회적 수치를 둘러싼 일종의 계급, 계층적 분화가 19세기 이후 산업사회의 한 특징적인 면모라는 가정이 놓여 있다. 즉 산업사회에서의 사회적 수치는 주로 노동의 자율성이나 자립성을 중심으로 해석될 필요가 있다는 것이다. 즉 "공학자와 의사, 과학자들"과 같은 전문가들의 전문적 능력(expertise)이 권위의 표징이 됨과 아울러 이에 진입하지 못한 단순 노동자들은 자신들이 시장경제체제에 종속된(dependent) 존재라는 사실에 대해 수치스러워 한다는 것이다. 그런데 수치심의 작동 자체가 사회적 인정의 기제에 의존한다는 것은 최소한의 형식적인 의미에서 상호 평등의 윤리적 관념이 그 바탕에 전제되어 있음을 의미한다. 이는 능력 중심의 이데올로기가 사회적 신분의 위계질서와 공존하는 양상과 비교된다.

원칙적으로 타인에게 인정받고 싶어 하는 욕구가 인간의 기본적인 특성에 해당하는 한에서 사회적 수치 또한 필연적인 현상으로 나타난다. 따라서 평등과 자유, 자율성이 균형 잡힌 인격적 성숙을 가능케 하는 삶의 일반적 조건으로 실현될 수 있기 위해서는 경쟁과 과도한 능력주의에 대한 의도적인 개입이 요구된다. 이 같은 분석은 사회적 수치의 감정이 왜 전통사회의 친밀성과 통합성이 사라진 근대 이후에도 지속적으로 강화되는지를 말해 준다. 능력 위주의 원자화된 개인주의 문화의 조건하에서도 수치 감정은 끈질긴 생명력을 지니고 개인들의 정서경제에 영향력을 행사한다. 가령 자본주의적인 시장경제하에서 노동자들은 흔히 온정주의적인(paternalistic) 문화에 길들여지는 경향이 있다. 가족 구성원 사이에서나 성립할 수 있는 권위와 그에 대한 복종, 가족 간의 유대와 유사한 사회 조직에 대한 기대감 등은 집단의식을 고조시킨다.

그렇다면 신체 수치의 감소는 사회적 수치의 증가와 일정한 비례 관계를 보여 주는가? 분명한 것은 전근대의 전통사회에서 근대로의 이행을 환영하는 경제의 주체들이 가족 내에서 작동하는 친밀함(intimacy)의 이미지에 의존할 때 효과적인 방식의 노동의 통제가 가능하다고 본다는 사실이다. 그 결과 "수치는 서구사회에서 처벌의 한 틀에 박힌 형식으로 폭력이 차지했던 위치를 대신 점령했다."[325]는 진단이 설득력을 지니게 된다.

확실히 수치는 사회적 질서의 재생산을 지향하기 위한 정서적 매체로 활용되는 경향이 있다. 이는 근대화의 과정이 함축하는 은폐된 폭력성의 가장된 형태일 것이다. 이와 관련된 다른 현상은 내적 강제의 다양한 방식이다. 예컨대 근대인들은 스스로의 감정을 어떻게 표현하고 혹은 절제해야 하는지에 대한 선택을 요구받는데, 이로써 감정은 내면세계의 직접적인 표현이 아닌 굴절되고 매개된 방식으로만 드러난다. 즉 수치는 정서적 연출의 도구이자 매체로 기능하는 것이다. 특히 자기통제나 자기절제의 실패가 상대방에게 읽히는 한에서 수치의 표현은 이중적인 의미에서의 자기 노출이다. 수치 감정의 이중성은 스스로의 약점이나 실수, 결함을 보이는 것이며, 동시에 자신의 감정을 통제할 수 없는 스스로를 드러내 보인다는 사실에서 확인된다. 수치는 이 점에서 사회의 전형적인 권력관계를 반영한다. 그러나 나는 모든 수치 감정의 표현이 권력관계의 그물망에서 벗어날 수 없다는 주장마저 지지하고 싶지는 않다.

여기서 제기되는 물음은 일시적으로 '수치의 감정'을 억제한다고 해서 그 역동적인 계기 자체가 심리 세계에서 흔적 없이 소멸되는가의 여부다. 자신이 수치심을 느끼는 것에 대한 수치심은 종종 공적인 장소에서 스스로를 '노출'시키거나 '발언'을 해야 하는 경우에 당황스러움을 증폭시키는 요인으로 작용한다. 즉 여기서 스스로를 통제하지 못하는 자신에 대한 '분노'와 '타인의 시선'은 수치심을 가중시킨다. 전자의 경우, '수치심'의 결여는 '수치의 또 다른 가면'이며 이는 수치의 감정과 표현이 서로 상이할 수 있음을 가리킨다. 인간이 반응과 자극의 자동 기계가 아니라, 정서에 대해 '해석'하고 '구성'할 수 있는 존재인 한에서 이 같은 정서와 그 표현의 괴리는 오히려 자연스러운 현상이다. 즉 정서의 내적 응축과 이완이 작동하는 심적 세계와 그 구체적인 표현형 사이에는 간극이 존재한다. 그러나 심적 사태와 그 표현형의 사이에는 고정된 반응 양식이 작동하지 않을 수 있으며, 그 단적인 사례는 반동적인 정서 해석의 경우에 해당된다. 수치심의 결여는 여기서 단순히 방어적인 형태가 아닌 '폭력적이며' '반동적인' 형태로도 표현되는데, 이 같은 심적 기제의 작동 방식 자체가 행위자, 즉 표현의 '주체'에 의해서 직접적으로 항상 의식되지는 않는다. 다시 말해 종종 타인에 대한 공격적인 태도는 수치의 내적인 자극이 전도된 형태로 표현된 것일 수 있다.

자기기만적인 수치 반응은 수치 감정과 감정 표현의 괴리를 말해 주는 또 하나의 사례로 간주될 수 있다. 예를 들어 셸러(Scheler)는 철학사에 등장하는 견유학파(Kynismus)가 공중 앞에서 벌거벗은 몸을 거리낌 없이 노출하거나 자위행위를 하는 것은, 일반적으로 알려진 것처럼 부끄러움을 모르거나, 그 같은 감정이 결여되어 있기 때문이 아니라, 오히려 살아 있는 "수치 반응(Schamreaktion)"의 한 유형에 해당한다고 해석한다.[326] 이 현상은 일종의 '자기기만'이라는 것이다. 견유학파는 수치의 표현을 '의도적으로' 숨긴 채, 마치 그 같은 감정 자체를 전혀 보이지 않거나 그 같은 감정이 결여된 것 같은 자기기만 혹은 자기최면의 상태를 보여 준다. 예를 들어 공공장소에서 자위행위를 하는 등의 의도된 도발은 공적 영역과 사적 영역을 교란함으로써 기존의 가치관을 전복시키려는 것으로 해석될 수 있다. 그러나 견유학파의 행위가 이 같은 '의도'의 일관성에 의해서 설명될 수 있는지조차 의심스러울 수 있다. 수치 감정의 또 다른 '왜곡'은 종종 다양한 양상으로 전개된다.

"그것은 수줍음을 타는 사람들의 '의도된 뻔뻔스러움(gewollte Frechheit)'의 경우"인데, 이때 "수치심을 직접 경험하는 사람 자신은 스스로의 그 같은 감정, 즉 수치심을 직접 솔직하게 표현하기보다는 자신의 체험을 인위적으로 도발적인 방식으로 표현하기도 한다."[327]

파울(Paul)은 수치 감정을 폭력적인 방식으로 도구화하는 또 다른 사례에 대해서 언급한다. 타인의 수치심을 불러일으키는 자기과시적인 행태나 '정치적 외설'과 같은 행위들이 이에 해당한다. 수치의 정서는 일부 다른 정서들과 마찬가지로 특정한 이해를 관철시키기 위한 의도에서 도구화될 수 있다는 것이다. 소위 정서의 "기술공학(Technologie)"이 거론될 수 있다.[328] 수치 반응과 관련된 "인정의 욕구"는 그 강렬함으로 인해서 자신의 죄책감을 임의의 희생물로 삼기도 하지만, 그 공격성의 방향은 타자를 향하기도 한다. 정서를 수단으로 하는 폭력적이거나 후안무치한 행위들은 종종 상대방의 수치심을 희생양으로 삼고, 이 같은 행위가 가해자 자신의 심리적인 갈등을 최소화하는 방식으로 전개될 때, 바로 '정서의 기술공학'이 동원된다. 그런데 두말할 나위 없이 이 같은 심리적 조작은, 수동적인 피해자 자신이 정서의 포괄적 지형도에 대해 무지할수록 성공할 가능성이 높아진다.

확실히 수치의 감정은 단순히 인간학적 차원을 넘어서 현실과 이상, 외부 세계와 내면성 혹은 사적인 영역과 공적 영역이 갈등하는 대부분의 영역에서 발현될 수 있다. 다만 자신의 운명이나 삶, 정서에 대해 주권자적인 지위를 누리지 못하는 모든 실존의 상황에서 정서는 왜곡되거나 조작될 수 있는데, 이 같은 상황 자체는 인간의 삶이 철저하게 공적인 영역에 의해 구조화되어 있는 경우, 문제로 인식조차 되기 어렵다. 왜냐하면 수치 감정의 사회적 성격에 대한 물음은 공적 차원과 사적 차원이 최소한의 수준에서 구별되고, 상호 긴장 관계를 구축할 때 제기될 수 있기 때문이다. 한 가지 간과될 수 없는 사실은, 공적인 영역과 사적 영역의 분리 자체가 반드시 정치적이거나 사회로부터 인위적으로 강요된 것은 아니라는 점이다.

내면적인 양심에서 비롯되는 죄책감과는 다른 방식으로 수치 감정은 이원론적으로 구별되는 질서들과, 이상적인 세계와 현실, 자아와 타자 사이에 성립하는 긴장 등을 반영한다. 한 개인의 수치가 표현되는 방식을 통해서 오히려 우리는 그 존재의 내면적인 마음의 공간이 실재한다는 것을 확인할 수 있다. 뿐만 아니라 수치 감정은 죄책감의 경우와 달리 구체적인 시간과 공간에 더 밀착해서 전개되는 체험이다. 일반적으로 수치의 감정을 불러일으키는 원인은 그 장소와 시점 혹은 수치감을 야기한 구체적 사건이 분명하게 감지된다.[329]

예컨대 여성 누드모델을 마주한 화가의 시선이 어떠한 의미의 시선

인지 모델이 바로 그 순간에 알아챈 경우, 이 두 사람의 관계는 비인격적 관계에서 곧바로 인격적 관계로 변화된다.[330] 이때 알아챘다는 것의 의미는 자기 자신에 대한 관찰자의 태도가 변화되었음을 즉각 인지하는 과정과, 그렇게 변화된 태도 혹은 감정이 모델의 자기 이해에 의해 해석되었음을 동시에 함축한다. 물론 이 자기 이해는 자신이 여성으로서가 아니라 '단순한' 모델로서 화가 앞에 존재해야 한다는 인식에 근거한 그러한 원래의 자기 이해와의 간극이 발생했다는 자각으로 구성된다. 이 두 차원은 모두 그 자체로 단순한 감정이나 정서적 사태가 아니라 인지적 믿음과 관련된다.

즉 자기 자신과 화가와의 인간적인 (계약에 의거하지 않은) 관계 자체가 문제로 인식되는 것이 아니라, 비인격적인 관계에서 개인적 인격적인 관계로의 예상하지 못한 변화가 수치심의 원인이다. 테일러가 언급한 것처럼 관찰자의 시선과 자신을 동일시할 수 없다는 인식이 수치감정에 선행한다.[331] 모델의 자기 이해가 관찰자의 관점과 일치할 필요가 없다는 것은 모델로부터 예상되는 감정적 반응들의 가능한 경우들을 통해서 더 분명히 드러난다.

테일러의 해석대로 자신이 성적 욕망의 대상으로 관찰되고 있다고 느끼는 순간에는 수치심이 곧 분노로 전환되거나 화가의 전문성에 대한 실망감과 함께 그의 인간성에 대한 혐오감이 발현될 수도 있다.[332] 문제는 이 모든 감정이 상호 교차될 수도 있으며 자신이 느낀 최초의 모욕감이나 화가의 시선에 대한 수치심이 자신의 여성성 혹은 성적 매력에 대한 자긍심으로 전환될 수도 있을 것이다. 그러나 이 모든 경우에 한 가지 불변하는 조건은 모델의 자아 혹은 자기 이해가 관찰자의 태도 변화에 의해 촉발된 인지적 해석을 수반한다는 점이다.

우리는 이 인지적 과정이 감정의 변화와 병행하는지 혹은 선행하는지에 대해서 좀 더 살펴보아야 할 것이다. 다만 감정적 변화의 과정에 인지적 해석이 관여한다는 것은 명확해 보인다. 물론 특정한 감정은 관찰자 혹은 화가에 대한 믿음 자체를 후속적으로 변화시킬 수도 있다. 이것은 의식적 수준에서의 믿음이 감정의 변화와 관련된 인지적 해석과 반드시 일치할 필요가 없다는 것을 가리킨다. 타인의 관점은 이상화된 관점으로 내면화되어 자기 서술의 이상과 가치를 규정하는 규범적 권위를 부여받기도 한다.

그런데 관점들의 변화나 자신의 변화된 위상에 대한 규범적 인식에 수치심이나 자긍심이 반드시 수반하는 것은 아니다. 이 점에서 자긍심은 단순히 긍정적인(positive) 감정이 아닌, 인간 자아의 자발적이며 (spontaneous), 능동적인(active) 정서임이 드러난다. 반면에 자신이 남에게 비추어진 모습이 타인의 시선에 노출되고 이로써 타인의 비난과 경멸의 대상이 되었다는 사실은 단순한 수치심 이상의 굴욕감 혹은 모멸감(humiliation)의 감정을 촉발시킨다. 또한 사회적 터부를 위반하는 데에 수반되는 공포심이나 불안은 사회적 강제가 별다른 자율적인 제어 장치 없이 개개인의 내적 강제로 번역되고 재생산될수록 더욱 심화된다.

특히 이러한 현상은 고전적인 정신분석학에서 자아와 초자아의 긴장으로 서술되는데, 그것은 인간이 원초적으로 사회적 타자관계를 통해서 자기정체성에 도달한다는 사실을 가리키고 있는 것이다. 그러나 수치의 감정은 사회적 불안 혹은 사회적 지위의 상실에 수반되는 현상으로만 나타나지 않으며, 그 이유는 '수치의 가면'이 내면화된 심리 내적 긴장과 중첩되기 때문이다. 외부의 요구에 미치지 못하는 자기감정은 심적 태도들 중의 하나인 수치의 방식으로 발현되는데, 이는 자긍심의 경우처럼 관습적이며 인습적인 관념과의 갈등에 의해 자기 자신의 내적 모순을 처리하지 못한 일련의 열등감으로 표현될 수도 있다. 즉 자긍심과 열등감은 사회적 인정의 체계와 관련해서 타자관계의 내면화된 형식들로 간주될 수 있다. 만약 테일러가 "모든 수치의 경우는 동일한 구조"[333]를 지닌다고 주장할 수 있다면, 그것은 단지 수치가 모든 경우에서 도덕감정으로 규정된다는 의미라기보다, 수치 감정이—자긍심과 모멸감을 포함해서—사회적으로 구성된다는 주장으로 이해된다. 다시 말해서 인격적 도덕성으로의 수치감은 단순히 불편한 상황에 처해 있다는 사태의 표현을 넘어서 인간이 사회적 행위자로서만 자기주장과 표현을 할 수 있는 위치에 있음을 가리키는 것이다.

자긍심과 수치 감정의 맥락에 대한 더 자세한 논의는 다음과 같은 물음을 통해서 구체화될 수 있다. 다시 말해서 수치의 감정을 발생시키는 대상이 감정적 주체와 외재적인 관계에 놓여 있는지 아니면 주체 자체의 내재적 성격과 관련하는지의 여부가 그것이다. 즉 우리는 단순히 자신의 실수에 대해서는 단지 유감스럽게 생각할 수도 있다. 또한 자신의 실수가 타인에게 폐를 끼치거나 하는 경우 자신의 정체성 자체에 대한 심각한 고려 없이 부끄러움을 느낄 수 있지만, 이를 수치의 감정과 동일시하기는 어려울 것이다.[334] 이는 곧 단순히 유감스러운 감정을 불러일으키는 사태와 인격적 존재로서의 자기평가와 직결된 수치의 감정을 구별할 수 있도록 만들어 주는 척도로 설정될 수 있다. 그런데 인격적 존재로서의 자기평가(Self-Assessment)와 내재적으로 연관될 필요가 없는 유감스러운 실수나 일반적인 잘못이 수치심의 감정과 구별된다고 해서, 그 같은 구별의 기준이 항상 객관적 타당성을 지니고 설정될 수 있는 것처럼 보이지는 않는다. 그 이유는 무엇보다 자신의 일탈적 행위나 태도 등에 대한 관용의 정도가 다르다는 점에서 찾아지지만, 동일해 보이는 척도가 사회문화적인 맥락에 따라 달리 해석될 수밖에 없기 때문이다. 특히 후자의 경우, 일반적 의미에서 유감스러운 행위에 대한 감정적 반응의 정도는 사회적 용인의 수준에 따라서 다를 수 있기 때문이다. 도덕주의적 요구의 수준이 높을수록 내재주의적 관점이 강화되고, 이에 상응한 감정적 자기 해석이 사회적으로 요구된다는 것은 사실이다.

결국 자긍심 역시 사회적 정서의 한 유형일 뿐만 아니라 최소한 수치심보다 더 "능동적인 정서"임이 분명해 보인다. 그 결과 자긍심과 수치 감정을 능동적인 정서와 수동적 정서에 제각기 속하는 것으로 이해할 수 있다는 주장이 제기된다.[335] 즉 전자가 내적 정서의 자연적인 표현이자 자기 인정의 양태를 보인다면, 후자는 타자의 시선에 의해 촉발되는 자의식의 수동적인 양태를 보여 준다는 것이다. 같은 맥락에서 테일러는 자긍심과 수치심이 반드시 동일한 방식의 인지적 태도를 보여 주고 있지 않다고 주장한다.[336] 테일러는 감정이 인지적 믿음에 의해 발현된다는 전제에 동의할 뿐만 아니라, 수치 감정 역시 다른 감정들과의 연계 속에서 파악되어야 한다는 일종의 총체적(holistic) 접근을 지지하는 것처럼 보인다. 동시에 그녀는 수치와 달리 기쁨이나 자긍심이 타자의 관찰 여부와 무관하다는 점을 간과하지 않는다.

그런데 수치와 직접적으로 관련된 자긍심에 대한 테일러의 서술은 지나치게 특수한 경우들에 한정되어 있다는 인상을 준다.[337] 그 이유는 테일러가 여기서 주로 도덕적 수치심의 경우를 상정하고 있기 때문이다. 더구나 관찰자와 자신의 도덕적 판단 기준이 최소한 중첩되거나 동일하다는 것은 무엇을 말하는가? 이는 한 사회가 공동체적 성격을 지닐수록 수치심의 정도가 심화될 수 있다는 것을 가리킨다. 그러나 이 같은 추론이 항상 타당한 것은 아니다. 오히려 자긍심과 수치심의 연관이 긴밀하다고 해서 반드시 동질적인 규범문화가 지배적이라고 보기 어렵다. 그것은 오히려 같은 문화 내부의 균열을 반영할 수도 있기 때문이다.

실제로 테일러는 자긍심에서 비롯한 수치심을 셰익스피어(Shakespeare)의 《리어왕》에서 발견하는데, 이 사례는 앞서 소개한 감정의 능동성과 수동성의 구별이 타당한지의 여부와 관련해서도 흥미롭다.[338] 《리어왕》에서 여주인공 코델리아(Cordelia)는 언니들과 마찬가지로 리어에 대한 자신의 애정을 '공개적으로' 고백하도록 요구받는다. 하지만 그녀는 자신이 언니들(고네릴과 리건)과 동일하게 타자의 관찰 대상이 될 수밖에 없으며, 이는 부친에 대한 애정의 진정성에 배치된다는 판단을 하게 된다. 코델리아의 강한 자긍심과 공개적으로 강요된 애정 표현 자체가 부적절하다는 인식은 동시에 그녀의 수치감을 강화한다.[339]

이처럼 감정의 내용에 대한 평가의 여하에 따라서 자긍심과 수치감은 중첩되기도 한다. 따라서 이 두 감정은 감정을 발생시키는 대상 혹은 내용과 관련해서 이미 형성된 가치체계와 상응한다. 이로써 자긍심과 수치심을 감정의 능동성과 수동성으로 분류하는 태도는 단지 피상적인 관찰에 의존하고 있음이 드러난다.

그러나 자긍심에서 수치 감정이 그 결과로써 발현되는 경우는 그 반대의 경우보다 더 개연성이 높다고 볼 수 있는데, 이를 근거로 왜 수치심이 일반적인 맥락에서 부정적인 감정으로 분류되는지의 이유를 설명할 수 있는가? 여기서 '부정적'이라는 표현은 단지 긍정적인 자기감정에서 수치 감정이 파생되었다는 사실을 가리킨다. 나아가서 수치 감정은 자신의 사회적 이미지에 대한 비판적인 태도를 반영한다. 이 경우에 수치의 감정은 고상한 도덕적 이상과의 대비를 통해 발현되는데, 그것은 종종 관습이나 통념에 대해 비판적이다. 관습적 인륜성과 도덕적으로 성숙한 주체 사이의 갈등이 여기서 수치 감정을 발현시키는 계기인 셈이다. 리어왕의 '코델리아'와 유사한 유형은—비록 그 역사적 맥락은 서로 다르지만,—이미 소포클레스의 《안티고네》를 통해서도 묘사된 바 있다. 고결한 존재가 정치적 지배자의 권위에 맞서거나 기성질서에 순응하기를 거부하는 경우 불가피하게 자신의 자긍심 자체가 수치 감정을 촉발시키는 원인으로 작용한다.

이로써 수치의 감정이 한 공동체 속에서 작용하는 기성의 규범 체계를 일방적으로 추종한 결과라는 주장은 편견일 뿐이라는 점이 더 분명해진다. 다시 말해서 타자에 의해서 자신에게 부당한 방식으로 관찰되고 있다는 지각의 여부가 수치 감정의 충분조건일 수 없다는 것이다. 다시 말해서 죄의 감정과 달리 수치의 정서는 단순히 자신의 행위나 태도에 뒤따르는 책임의 문제가 아닌 능동적인 정체성의 형성과 관련되기도 한다. 수치심은 죄의 감정처럼 행위의 결과에 대한 규범적인 평가의 대상으로 설정되기 전에, 스스로의 정체성을 경험해 가는 과정

에서 필연적으로 발현된다.[340]

자기정체성의 형성 과정에서 수치 감정이 지니는 적극적인 역할을 사회적 존재론의 맥락에서 본격적으로 천착한 철학자는 사르트르다. 그는 수치심을 자신에 대한 긍정적이거나 부정적인 가치판단과 무관한 것으로 간주하는데, 그 이유는 그가 가치판단에 앞선 사회적 존재의 근원적인 현상에 초점을 맞추기 때문이다.[341] 무엇보다 사르트르에게 타자의 존재는 근원적인 의미에서 자아의 의식을 형성하게 해 주는 계기이다. 인간은 자신이 무엇보다 '대상'으로 객관화되고 '관찰 대상이 되었다'는 사실 자체를 인지하는 순간 수치의 정서를 체험하지만, 이는 인간이 도덕적이거나 규범적인 판단 이전에 주체와 객체, 가까움과 멀리 떨어져 있음의 공간적 지각이 지니는 '의미'를 파악하고 있기 때문에 가능하다는 것이다.

"순수한 수치는 이러저러한, 비난받을 만한 대상이라는 것에 대한 감정이 아니다. 그것은 한 대상으로 존재한다는 그 자체에 대한 것이다. 다시 말해서 나를 평가절하된, 종속적인 그리고 경직되어 버린 대상으로 즉 자신이 타자를 위한 존재로 되어 버렸다는 것을 재인식하는 것이다. 수치는 죄로 인한 전락의 감정과 마찬가지다. 그것은 내가 이러저러한 잘못을 범했기 때문이 아니라, 단지 내가 세계 속에 떨어졌다는 이유 때문이다. 즉 사물들의 한가운데로 전락한 것이다. 그리고 내가 나로 존재하기 위해서, 타자의 매개를 필요로 한다는 사실 때문이다."[342]

이로써 삶의 공간 자체가 이미 항상 '사회적으로' 구성되어 있음이

드러난다. 혹은 삶의 공간에 대한 감각 역시 사회적으로 구성되어 있
다고 말할 수도 있다. 만약 수치의 체험이 일종의 반성적인 능력을 전
제한다면 수치심이 결여되어 있는 경우 역시 사회성의 결핍을 의미하
는 것으로 해석된다. 그리고 이 점이 바로 수치심의 도덕적 의미를 폄
하하는 배경이기도 하다. 수치의 상호 주체적이며 사회적인 상호작용
의 차원은 자기관계와 타자관계의 긴밀한 교호 작용을 보여 준다.

따라서 수치심이 결여된 경우는 양심이 결여된 경우와 마찬가지로
인격적인 장애로 간주될 만하다.[343] 또한 수치심을 체험할 수 없는 사
람은 자동적으로 타인의 사적 공간에 대한 인식이나 배려 또한 결여하
고 있다고 추정할 수 있다. 타인에 대한 공격성을 표출하거나 자신의
사적 부분을 부적절한 방식으로 타인에게 노출하는 행위 역시 자아의
정체성에서 발생한 결함이 노출된 것으로 간주된다. 짐멜 역시 수치의
감정을 도덕적 권위에 대한 초자아의 수동적인 감정이 아닌 자아의 능
동적인 역할과 관련해서 설명한다.

"오히려 나에게 다윈의 생각이 문제의 핵심에 도달한 것처럼 보인다. …
내가 수치 감정의 개별적인 표현들을 포괄적으로 살펴본 바에 의하면 이
들에 모두 *자아 감정이 매우 강조되어 있다*(저자의 강조)는 공통점을 보여
주며 이는 동일한 감정의 억제와 보조를 같이한다는 것을 알 수 있다. 우
리가 수치심을 느낄 때, 자신의 본래적 자아가 타인의 주목을 통해 부각
됨과 아울러 이러한 부각이 특정한 규범의 침해와 관련되어 있다는 사실
이 느껴진다."[344]

여기서 능동적이며 자발적인 정신의 주체가 전제된다는 것은 정서가 근원적인 의미의 의식 활동임을 가리킨다. 다시 말해서 수치는 인지적으로 자아의 모든 심적 사태를 관장하는 정신이 감정적인 방식으로 스스로를 표현할 수 있는 고유한 방식이다.[345]

지금까지의 논의는 수치 감정이 자연주의의 관점에 의해 만족스럽게 이해될 수 없다는 사실을 분명히 해 준다. 그러나 수치의 사회적 차원에도 불구하고 그 '신체적' 기원을 부정하거나 배제할 수 없다는 것 또한 확실하다. 이 점에서 앞서 논한 셸러와 달리 짐멜은 정신과 신체의 이원론으로부터 자유로운 논의의 가능성을 보여 준다. 짐멜은 신체적 수치와 정신적 수치를 상호 환원 불가능한 사태로 전제하지도 않으며, 더구나 수치의 성적 표현과 관련해서 셸러의 경우처럼 무리한 미학적 사변으로 치달리지도 않는다.

짐멜의 〈수치의 심리학을 위해〉란 텍스트는 체계적인 연구 결과라기보다는 일종의 기획이다.[346] 그의 서술에서 특기할 만한 측면은 방법론적인 한계에 대한 자각이다. 개인심리학적인 관점이나 사회학적인 분석을 막론하고 이론적인 장치와 개념들은 인간의 내적 심리 세계를 파악하는 과정에서 불가피하게 일정한 한계에 직면한다는 것이다. 그러나 심리 세계의 이해와 관련해서 예상할 수 있는 더 근본적인 한계는 우리가 타자의 심리적 사태를 항상 자기 자신의 세계로부터 유추해서 해석할 수밖에 없기 때문이다. 더구나 지속적인 흐름의 양상으로 전개되는 마음의 세계를 이론적인 분석의 의도하에 "개별적인 '표상들'"과 '심리적 요소들'로 분리하고 이를 근거로 삼아 마음의 실재를 '재구성'할 수 있다는 확신은 소박하다고 볼 수 있다. 짐멜의 함축적인 자아비판은 실제로 시간의식의 주체로서 이해될 수 있는 마음의 이해에도 해당된다.

이 같은 방법적인 한계의 고백에도 불구하고 짐멜은 수치 감정에 대해 일련의 의미 있는 통찰들을 담고 있는데, 그의 논의는 단순한 주체-객체의 개념적인 구도를 넘어서 자아정체성의 본질에 대한 탐색으로 연결된다. 수치의 감정을 느끼는 존재는 자신이 객체로서 규정된다는 사실을 감지하며, 이는 곧 자신을 객체로 발견하는 과정과 유사하다는 것이다. 다시 말해서 주체들 간의 관계가 주체-객체의 관계로 재설정(transposition)되는 과정이 수치 감정을 구성하는 중요한 요건이라는 것이다. 수치 감정은 일반적으로 자신을 더는 하나의 온전한 인격체로 보지 않고, 평가절하된 객체로 관찰하고 있다는 지각에서 비롯하는데, 이는 자기만의 세계에 더는 안주할 수 없다는 방어 본능의 발동을 야기한다. 우리 스스로를 신체와 정신의 통합적 존재로 이해하는 한에서 자신이 전일적인 존재가 아닌, 신체의 실체적 존재자로, 다시 말해서 경멸이나 욕망의 대상으로 혹은 성적 욕구의 대상으로 해석되고 있다는 사실도 인지할 수 있다.

이 같은 신체화의 과정(Verleiblichung)은 몸과 마음이 통합된 자기정체성의 근원적인 의식 없이 촉발되지 않는다. 같은 맥락에서 앞서 논한 사회적 감정으로의 수치의 비대칭성이 감지되는 기제가 설명된다. 이로써 우리는 신체 수치와 사회적 수치의 감정이 모두 인간존재의 근원적인 자기의식, 즉 인격적 통합성(integrity)에서부터 발생한다는 사실을 알 수 있다. 따라서 신체 수치의 차원에서도 자기정체성은 실재한다고 볼 수 있다. 우리는 이제 수치의 인지적 차원을 다음 세 가지 측면에서 정리할 수 있을 것이다.

첫째, 수치의 대상이 인간의 자기의식과 구조적인 연관 속에 놓여 있다는 것이다. 자기의식은 감정의 이해와 관련된 몇 가지 해석을 지지하도록 만든다. 먼저 심적 세계의 내부에서 포착 가능한 일련의 현상들, 가령 내적 친밀성(intimacy)과 강렬함(intensity), 전일성(integrity) 등과 같은 특징들이 상호 동조화의 과정 속에 놓여 있는 것처럼 보인다는 것이다. 비록 분석의 수준에서 이 계기들이 구별될 수 있는 것처럼 보일지라도 실제로 여기서 언급된 심적 특징들은 실재하는 수치의 정서가 발현되는 과정을 말해 주는 일련의 상호 연관된 지표들이다.

둘째, 수치의 감정에서 자기 지식(self-Knowledge)은 개방적인 경험의 주체로 전제된다. 왜냐하면 자아는 인격의 주체로 스스로를 인지하며, 자신을 항상 의식의 대상으로 설정할 수 있는 객관화의 '능력'을 함축하지만, 이것만으로는 수치 감정의 충분조건이 구비되었다고 보기 어렵다는 것이다. 즉 자아는 스스로가 타자에 의해 바로 그러한 존재로 관찰되거나 평가절하되고 있다는 사실을 인지해야 하는 한에서 타자의 존재는 거의 '절대적'이라고 볼 수 있다.

셋째, 수치의 감정이 항상 자기 판단(self-judgement)이나 자기평가(self-esteem)를 전제한다고 주장하기 위해서는, 중요한 사실, 즉 자기인식이 이미 항상 타자에 의해 매개된다는 사실에 의거할 수밖에 없다. 동시에 우리는 현상적 수준에서 구별 가능한 감정들의 표현이 심층적 차원의 정서경제에 의해 통합되어 있다는 사실을 간과하기 어렵다. 우리의 관찰이 현상적 수준에 머물 경우, 수치심이 후회, 회한, 양심의 가책과 같은 감정과 맺는 관계는 일정하지 않아 보인다.[347] 가령 테일러는 수줍음이나 후회 혹은 회한(regret or remorse)의 감정은 일시적인 감정의 상태로 그칠 수 있으며, 해당 주체의 스스로에 대한 믿음과 내밀하게 연관될 필요도 없다고 주장하는데, 이는 오직 개별 감정들에 대한 현상적 서술에 만족하고 있기 때문이다. 그럼에도 불구하고, 이 감정들은 후에 구체적인 행위 상황에서 반복됨으로써 수치 감정을 촉발시키는 계기로 자리 잡을 수 있는데, 이는 무엇보다 정서경제의 그물망 속에서 개별 감정들의 그 위상이 결정되기 때문이다. 정서경제의 개념이 실체성을 확보하고 있다는 사실은 명백해 보인다.

사르트르의 타자존재

사회적 감정으로의 수치의 특성에 주목한 20세기의 대표적인 철학자는 사르트르다. 사르트르에서 수치의 물음은 곧 "타인의 실존"에 대한 물음을 단초로 삼아 전개된다.[348] 사르트르는 자신의 중요한 저서 《존재와 무》에서 수치의 감정을 타자존재와 관련해서 집중적으로 분석한다. 우리는 어떤 의미에서 그의 논의가 앞선 해석들과 구별되는지 살펴볼 필요가 있다. 사르트르 역시 수치의 감정이나 죄책감을 인간이 사회적 존재로서 경험하는 다른 사태들과 분리해서 논의할 수 없다고 전제한다. 이 같은 주장의 배경에는 인간에게 도대체 타자란 어떠한 존재인가라는 근본적인 물음이 자리한다. 실제로 사르트르의 주요 관심은 감정 그 자체가 아닌, 감정을 통해서 드러나는 실존의 방식들이다. 그런데 수치는 왜 다른 감정이나 의식의 현상들에 비춰 볼 때, 특별한 관심의 대상이 될 만한가?

사르트르에게 의식은 곧 '존재'다. 그의 존재개념은 의식 중심의 세계 해석에 대한 비판이기도 하다. 특히 인간의 실존은 자기반성적인 인식 활동보다 더 근원적인 존재 방식에 의해 규정된다는 것이다.(EN 17) 그런데 여기서 존재는 하이데거의 경우처럼 개념적인 언어에 의해 논의될 수 없는 그 무엇이 아니다. 하이데거에게 '존재자들의 존재'는 인식의 대상이 아니라, 단지 모든 인식 가능한 존재자의 존재에 대한 물음을 제기하게 만드는 철학적 화두로 간주될 수 있다. 반면에 사르트르의 존재에 대한 이해는 더 구체적인 수준에서 진행된다.

"현상(apparition)은 자신과 구별되는 그 어떤 존재자에 의해서 지탱되지 않는다. 그것은 자신 스스로의 존재를 지닌다. 우리가 우리의 존재론적 탐색에서 만난 최초의 존재는 따라서 현상의 존재이다. 그 자체가 하나의 현상인가? 일단 그렇게 보인다. …… 존재는 우리에게 그 어떤 직접적인 통로를 수단으로, 즉 무료함이나 구토 등과 같은 것들에 의해 드러난다."
(EN 25)

여기서 사르트르가 인간적인 정서와 감정에 주목하고 있다는 사실이 드러난다. 일상적인 삶의 체험의 한복판에서부터 존재론적인 탐색이 시도되며, 이는 구체적으로 사람들이 타인을 '바라보는 시선(regard)'이 삶의 세계를 어떻게 구성하는지에 대한 물음으로 확장된다. 이 같은 현상학적 서술은 나라는 존재와 타자존재의 관계가 단지 외적이며 형식적인 차원 이상의 의미를 지닌다는 인식에 바탕한다. 이때 존재론적 범주로 설정된 객체성(l'objectité)은 단순한 물리적인 의미에서 눈앞에 놓여 있다는 의미가 아니라 인격적 존재에 의해 체험된 현전성(présence en personne)을 가리킨다. 즉 나라는 존재는 타자를 단지 객체로 인지의 대상으로 설정하는 것이 아니라, 나와 이미 연결되고, 심지어 나라는 존재 자체의 성격과 의미를 규정하고 있는 존재로 이해된다. 즉 주체성보다 우선하는 상호주체성의 연관 속에서 타자 존재는 인식 대상이 아닌 자아의 내밀한 정서를 구성하는 계기로 설정되는 것이다. 여기서 사르트르가 헤겔의 사변철학에서 널리 사용되고 있는 즉자(an-sich: in-itself)와, 대자(für-sich: for-itself)와 같은 범주를 사용하는 이유는 무엇인가? 그것은 사르트르의 세계관이 실체들의 집합이 아닌 관계론적인 존재론에 의존한다는 것을 보여 준다. 한마디로 나라는 존재는 자기의식의 주체이거나 사유하는 실체이기에 앞서 근본적인 의미에서 "대타자존재"인 것이다. 대타자존재란 개념은 비록 헤겔적인 용어를 빌리고 있지만, 이는 단지 인간의 사회적 실존이 얼마나 심층적인 의미에서 자아를 구성하는 계기인지를 말해 준다.[349] '시선'에 대한 사르트르의 현상학적 분석은 자아의 자기동일성을 타자에 대한 이해의 단초로 간주하지 않고, 오히려 자아 자체의 구성적 계기로 설정하는 한에서 분명 차이이론(difference theory)의 맹아를 보인다.[350] 타자관계는 주체성의 이론에 의해서 수렴되거나 환원될 수 없다. 또한 타자와의 차이와 타자에게 느끼는 낯설음에 대한 체험은 자유로운 자아 존재의 실현이 한계에 직면할 수 있으며, 오히려 자아가 타자에 의해 객체로 '전락'할 수 있다는 가능성으로 인지된다. 무엇보다 타자의 타자성은 수치의 체험을 통해서 드러난다. 수치는 인간이 자기 스스로 하나의 자율적인 주체로 존재할 수 없는 바로 그러한 존재임을 일깨워 주는 계기이기도 하다.[351]

이 과정에서 사르트르는 타자 자체를 수치의 조건으로 설정하지 않는다. "내가 다른 사람들 앞에서 나 자신에 대해 수치스러워 한다고 우리는 말해 왔다. …… 그러나 타자는 수치의 *대상*이 아니다: 나의 행위 혹은 세계 안에서 나의 상황이 그 대상들이다. …… 타자는 결코 나의 수치의 객관적 조건이 아니다. …… 수치는 타자의 드러남이지만, 그렇다고 어떤 의식이 한 대상을 밝히는 방식은 아니며, 그것은 한 의식의 계기가 자신의 옆에 다른 계기를 자신의 동기로 유지하는 그런 방식으로 드러난다."(EN 319)

여기서 우리는 사르트르가 제시한 수치 감정의 한 사례를 자세히 살펴볼 필요가 있다. 그가 언급한 수치 감정의 사례는 일견 평범해 보인다. 어떤 사람이 문 닫힌 방 안에 있는 누군가의 행위를 문에 귀를 붙인 채 들으면서, 열쇠 구멍으로 엿보는 바로 그 순간, 또 다른 사람이 자신의 뒤에 있다는 사실을 알게 된다는 것이다. 자신을 지켜보는 또 다른 사람의 발자국 소리를 통해서 자신이 타자에 의해 관찰되고 있음을 알아채게 되고, 나 스스로가 타인의 비난 어린 눈길의 대상이 되고 있다는 사실을 알게 되는 순간 느끼는 수치의 감정이 사르트르의 분석 대상이다.(EN 305) 타인의 시선에 대한 사르트르의 해석은 단순히 나라는 존재가 '타자를 위한 존재'라는 인식을 넘어선다. 앞서 말한 대로 사르트르의 동기는 존재론적인 물음에서 출발한다. 즉 타자의 시선을 통해서 나의 존재만 변화되는 것이 아니라, 세계 자체가 변화된다는 것을 보여 주기 위해서 이 같은 장치가 동원되고 있는 것이다. "나는 이미 시선에 의해 보여진 세계 속에서 보여진다."(EN 316)는 말은 시선의 중첩을 넘어서 세계들의 중첩을 가리키는데, 그것은 사르트르가 우리의 관점들에 의해서 세계가 구성된다고 믿고 싶어 하기 때문이다.

궁극적으로 세계는 '코기토(Cogito)'의 사유 주체에 의해서 구성되는 것이 아니라, 타자존재를 포함하는 사회적 실존의 방식들에 의해서 실재한다. 여기서 수치는 일차적으로 수치의 의식을 단초로 삼지만, 결국 타자존재의 실존을 보여 주기 위한 단서이기도 하다. 구체적으로 말해서 타자존재와 함께 내가 타자를 위한 존재로 실재한다는 사실은 코기토의 확실성만큼이나 움직일 수 없는 사실이다.

그는 수치의 감정을 의식의 한 방식으로 이해하지만, 이때 의식은 "비규정적 자기의식(conscience non positionelle)"[352]일 뿐이다. "비규정적 자기의식"이란 나의 의식의 행위와 연관될 수 있는 그 무엇이 존재할 수 없는 의식의 성격을 가리킨다. 한마디로 나는 내 행위를 나의 행위로 의식하고 있는 자아로 실재하는 것이 아니다. 그것은 열쇠 구멍으로 다른 사람을 들여다보는 행위 속에 자아가 형태도 없이 녹아 들어간 상태를 가리킨다.

당연히 이 비규정적 자기의식은 "지향적(intentionnelle)"이다. 따라서 우리가 앞서 다룬 자기감정과 마찬가지로 사르트르에게 수치의 감정은 "자기 자신과의 내적인 관계"로 규정될 수 있는 것처럼 보인다. 사르트르가 이 지점에서 자기의식의 반성적 구조와 수치 감정의 존재를 구별해야 한다고 생각한 것은 자연스럽다. 수치 감정은 반성 '이전에' 무엇보다 "그 누군가 앞에서의 수치(honte devant quelqu'un)"(EN

259)다. 왜냐하면 자신을 대자적 존재로 체험하는 과정에서 의식과 반성은 이차적인 의미만을 지니기 때문이다. 다시 말해 의식이 스스로를 드러내는 방식은 최소한 반성적인 사유를 통해서는 적절하게 포착될 수 없다는 것이다. 타자의 실존과 관련해서 수치심은 대자적 존재로 존재하는 자신의 한 방식이 실현되는 것이다. 즉 타자는 나의 의식에 하나의 기정사실로 주어진 것이며, 이는 항상 나에게 속한 의식의 '반성'과 구별될 수밖에 없다.[353] 이처럼 사르트르에 의해서 개진된 '타자존재'의 관점은 수치 감정에 대한 다른 해석들과 충돌하는데, 그 사례는 로텐스트라이히(Rotenstreich)의 입장에서 발견된다. 사르트르와 달리 그는 수치의 감정이 근본적으로 인간이 자기정체성을 스스로 확인할 수 있는 능력이 있기 때문에 발생한다고 본다.[354] 자기 자신을 스스로와 동일시하는 것은 자신의 행위가 구체적으로 어떤 상황에서 어떠한 의미를 지니는지에 대한 인식을 전제한다는 것이다. 실상 자기동일시는 반성 그 자체가 아닌 의식의 활동성, 즉 능동적인 자아가 활성화되어 있는가에 달려 있다. 자아는 오직 현실세계에서의 행위를 통해서 스스로를 확인할 수 있다는 것이다. 나아가서 스스로를 자기로 인정해야만, 자신의 행위에 대한 책임의 주체가 성립할 수 있다. 즉 인간이 자율적이며 주권적인 존재라는 사실 자체는 감정의 발현에 앞서는 사태라는 것이다.

그러나 사르트르는 수치 감정의 발현에서 자기평가의 감정이 별다른 의미를 지니지 못한다고 간주한다. "순수한 수치는 이러저러한 비난받을 만한 대상이 존재한다는 감정이 아니다. 그것은 단지 일반적으로 하나의 대상으로 존재한다는 데서 비롯하는 감정이다. 이는 다름 아니라 나 자신을 타인을 향해 존재하는 고정되고 종속된 존재로 인식하는 것이다."(EN 328) 비록 여기서 거론되고 있는 사태가 '순수한 수치'임에도 불구하고 그가 사회적 존재론의 지평 위에서 서술하고 있다는 것은 분명해 보인다.

심지어 사르트르는 수치를 원초적인 타락(la chute originelle)으로도 표현하는데, 그 이유는 내가 어떤 잘못을 범해서가 아니라, 단지 "사물들의 한가운데로", 즉 "이 세상에 던져졌다는(je suis 〈tombé〉 dans le monde, au milieu des choses)" 그 자체 때문이며, 이는 곧 나의 존재 자체가 "타자의 매개(la médiation d'autrui)"를 필요로 한다는 사실 때문이다.³⁵⁵ 그렇다면 타자라는 존재는 수치의 감정을 야기하는 계기일 뿐만 아니라, 인간존재들을 사회적 연관 속으로 밀어 넣는 절대적인 사태의 또 다른 이름이기도 하다. 최소한 여기서 사르트르의 분석이 수치 감정의 규범적인 차원이나 도덕적인 쟁점을 초점으로 삼고 있지 않다는 점이 분명해진다.

그런데 단순히 특정 타자에 의해 자신이 객관화되었다는 사실만으로 수치 감정이 발현된다고 볼 수 있을까? 오히려 사물들의 질서와 위상, 자아와 타자의 구별과 같은 기본적인 인식이 이미 감정의 발현에 앞서 성립해야만 하는 것은 아닌가? 상징의 매개가 성립되지 않는 상황에서 수치나 죄의 감정에 기반한 '정서의 공동체'가 작동할 수 있는가?³⁵⁶

다시 말해서 타자의 시선이나 나의 존재감, 인간관계의 상호성, 배려와 관심, 기대 등에 대한 그 어떤 "해석"이 개입하지 않는다면 수치의 감정은 발현될 수 없다는 것이다. 이 해석은 당연히 존재와 당위, 실재와 이상의 차이에 대한 기본적인 인식을 포함한다. 즉 사르트르의 현상학적 존재론은 일정한 전제들에 의해서 구성된 인위적인 상황을 재구성한 것처럼 보인다. 사르트르의 존재론적 관점 자체가 규범적 관념으로부터 자유롭지 못하다고도 볼 수 있다. 가령 자신과 타자의 권력관계를 전제하는 한에서, 그리고 무엇보다 타인의 시선에 의해서 침해당하는 "사적 영역"의 존재 및 그 가치를 부정할 수 없는 한에서 이같은 의혹이 제기될 수 있다. 그런데 네켈과 달리, 이 규범적 관념이 반드시 "자율성의 자아-이상(Ich-Ideal der Autonomie)"으로만 이해될 필요는 없다고 생각한다.[357] 규범적인 관념은 자신의 보호나 방어 본능에서 비롯하는 존재와 당위의 차이에 대한 원초적 표상에 기인할 수도 있기 때문이다. 다시 말해서 우리는 정서의 경제가 본능이나 욕망의 세계로부터 분리되어 있다고 상정할 필요가 없다는 것이다. 자신에 대한 평가절하의 감정을 요구받기 전에 이미 수치와 모욕감 등은 자기보존의 질서를 교란하는 사태로서 감지된다.

이 같은 지각은 자신이 보여지고 있는 상황, 즉 자신이 타인에게 하나의 '대상'으로 간주되고 있다는 판단에 선행한다. 자신이 스스로 원하는 방식이 아닌 타인에게 감지되는 바에 의거해서 존재할 수밖에 없다는 사실은 자기보존의 원초적 정서와 무관하지 않다. 만약에 우리가 이 같은 과정을 수치심의 구성적 계기에 포함시키지 않는다면 사르트르가 수치의 감정을 "머리부터 발끝까지 관통하는 직접적인 전율(un frisson immédiat)"로 표현하는 이유를 알 수 없게 된다.(EN 266) 다시 말해 인지와 지적 판단이 개입하기 전에 작동하는 존재 전체의 당혹감이 수치감의 뿌리에 놓여 있다.

궁극적으로 사르트르에게 수치의 감정은 반성적인 의식의 내재성으로는 설명할 수 없는 사태다. 그의 의도는 여기서 명백해 보인다. 타자에게 나의 새로운 존재 방식을 직접 구성하는 적극적인 역할이 부여된다는 것이다. 그렇다고 해서 타자 앞에 나타나며 타자에 의해서 비로소 구성되는 이 "새로운 존재의 양식이 타자 안에(en autrui)" 설정될 수는 없다. 수치의 감정은 유아론(solipsism)의 한계를 넘어서 사회적 존재양식을 말해 주는 지표인 것이며 이로써 왜 수치의 감정이 《존재와 무》에서 타자의 실존(L'existence d'autrui)의 첫 번째 사례로 등장하는지 알 수 있다.

> "따라서 수치심은 타자 앞에서 느끼는 자신에 대한 감정이다.(Anisi la honte est honte de soi devant autrui.)"(EN 260)

너무도 명백해서 더는 설명이 필요 없을 것 같은 이 문장은, 자기감정이 타자에 대한 자기 존재의 직접적인 체험으로 구성된다는 사실을 가리킴으로써, 나의 실존이 얼마나 사회적 실존 양식에 의존하고 있는지를 분명히 보여 준다. 그래서 수치의 감정은 타자의 실존과 함께 내가 타자와 맺는 존재의 연관이다.

> "수치는 …… 자신에 대한 수치이며, 그것은 내가 실제로 타자가 바라보며 판단하는 바, 객체로 존재한다는 사실을 인정하는 것이다. 그래서 본래 나의 반성되지 않은 의식과 바라봄의 대상이 된 나의 자아 사이의 연결은 인식이 아닌 존재의 연결이다."[358]

즉 타자는 내가 인식하지 못하는 나를 알고 있다. 나는 이때 내가 스스로 소외된 세계에 존재하게 된다. 나는 비록 내가 소외된 세계의 중심에 서 있으나, 나의 자아는 그곳에서 타자를 위한 자아일 뿐이다. 사르트르는 나의 세계가 객체로의 타자를 향해 소멸, 흡수되는 과정을 "내적인 출혈(hémorragie interne)"[359]로 비유한다. "내적 출혈"이 응고되어 멈출 수 있는 것도 내가 타자를 "나의 세계의 대상"으로 고정시킬 수 있기 때문이다. 수치의 감정을 둘러싼 관점들의 중첩은 인간의 상호작용이 단순히 눈앞에 놓인 존재자들 사이의 외적인 관계를 넘어, 근본적인 의미에서 "세계들" 간의 연관으로 간주되어야 한다는 것을 가리킨다. 그러나 이 세계와 세계, 관점과 관점의 관계가 항상 순조롭고 조화로운 양상으로 펼쳐지지는 않는다. 나와 세계의 지평에 등장한 타자는 이미 항상 사회적 권력관계의 긴장을 전제하며, 수치심은 그와 같은 사회적 갈등의 한 편린이 드러난 현상일 뿐이다. 따라서 타자에게 비추어진 자신을 감지한 자아는 객체화되고 물상화된 자아를 수긍하고 스스로를 타자의 심상에 의해 구성된 피동적 존재로 수용할 수도 있지만, 경우에 따라 이에 대해 분노하고, 당혹감을 표현할 수도 있다. 수치의 감정은 이 경우에 타자에 의해 형성된 자신의 이미지를 인정(reconnaissance)함으로써 성립한다. 여기서 다시 '수치'의 감정은 사회적 인정의 그물망이 존재함을 알려 주는 일종의 탐침이라는 사실이 드러난다.

원래 존재론적인 동기에서 출발한 사르트르의 타자관계에 대한 분석은 오늘날 정신분석학의 맥락에서 새롭게 변형되어, 임상적인 차원에서 재해석될 수 있는 가능성을 보여 주는데, 그 한 사례가 자이들러

(Seidler)의 이론이다. 그의 객체관계론(Objektbeziehungstheorie)은 타자성이론(Alteritätstheorie)으로의 이행을 이론적으로 정당화하는 과정에서 주체-객체의 인식 모형을 지양하게 된다.[360] 그러나 실상 자이들러의 이론은 우름저 연구에 대한 비판을 통해서 구체화된다. 독일에서 감정이론이 모색되는 과정에서 우름저(Wurmser)의 수치심에 대한 연구는 지대한 영향력을 행사해 왔다.[361] 우름저는 초자아와 수치의 연관을 부각시킴으로써 프로이트와 대척점에 위치한다. 특히 그는 수치의 세 유형, 수치 불안에서 본래적인 수치의 정서를 거쳐 이 두 가지 사태를 모면하기 위한 수치 반응이 형성되는 과정을 분석함으로써 임상적인 치유를 목적으로 설정한다.

자이들러의 수치 이론은 앞서 논한 '자기 안의 타자'의 한 역동적인 계기를 포착하고 있다. 타자성이론은 무엇보다 상호 간의 지각, 즉 상호 행위를 통한 주체의 구성을 중시한다. 감정의 주체와 객체는 물리적으로 존재하는 몸이나 실체가 아니라는 점이 여기서 중요하다. 이로써 자아의 감정은 '대화논리적'으로 구성되며, 수치는 '대화논리'의 단적인 사례로 검토된다. 수치는 자기준거적인 정서인 점에서 죄와 구별된다. 후자 역시 인간들 간의 상호성에 근거하지만, 어디까지나 외부 세계와의 관계가 더 중심에 놓여 있기 때문이다. 무엇보다 감정은 개인의 성향이 아닌 본질적으로 다수의 인간이 이미 항상 개입하는 상호주체성의 차원에 놓여 있으며, 죄와 수치는 모두 내적인 심리의 차원과 외적 차원이 만나는 경계지점들(Schnittstellen)에서 발현한다. 사르트르에 의해 집요하게 천착된 타자의 실재성은 이처럼 정서적 주체성을 축으로 하는 일련의 '정신분석학적 인간학'으로 확대된다. 그 결과 프로이트 이후에 등장한 학자들이 정신분석학의 핵심적인 전제, 즉 수치심이 성적 리비도와 맺는 심층적이며 발생적인 연관에 대해 유보적인 태도를 보이게 되는 것은 당연한 귀결이다.[362]

남은 문제들

사르트르의 존재론은 '타인의 시선'이 삶의 질서를 구축하는 중요한 계기임을 부각시킨다. 뿐만 아니라, 수치의 감정은 정서이론이 사회적 관계들의 존재론에 의해서 심화될 필요가 있음을 가리킨다. 관계론적 세계 이해는 우리의 세계가 단순히 개인들을 포함하는 실체들과 이들 간의 '외적인' 관계들로 구성되어 있다는 자연스러운 발상을 거부한다. 또한 정서는 사회적 존재론이 근본적인 의미에서 정서와 감정의 관점에서 이해되어야 할 필요가 있음을 가리킨다. 그리고 이 같은 정서의 그물망은 긍정적인 감정보다는 부정적인 감정들에 의해 더 선명하게 감지된다.

가령 벌거벗은 신체를 포함해서 삶의 사적 영역에 속하는 사태 등을 노출시키는 일련의 행위들은 일반적으로 지배와 권력의 언어에 의해 해석되는 경향이 있다. 이는 수치심을 의도된 방식대로 강요하는 창피나 무안 혹은 망신을 주려는 행위로부터, 범죄자들의 가혹한 행위들에서 발견된다. 모든 형태의 인종주의적 차별이나 성적 차별은 집단적 수치 감정의 기제를 도구화하려는 유혹으로부터 자유롭지 못하다. 특히 인종주의는 자신들이 소외시키려는 집단의 수치심을 강제함으로써 편견을 복제하고 확대하려는 의도를 숨기지 않는다. 무엇보다 타자나 타 집단에 대한 정서적 표현의 바탕에는 그것의 옳고 그름에 대한 인지적 믿음 이전에, 삶의 보존과 소멸, 적과 친구 등의 주로 대립적인 범주체계에 의존하는 본능과 욕망의 체계가 우선적으로 작동한다.

즉 본능에서 정서로 향하는 심리적 에너지의 동력학은 인지에서 정서로 향하는 정신의 힘보다 일반적으로 거세기 때문에, 사람들은 종종 편견에서 비롯하는 집단의식에 별다른 내부의 저항 없이 굴복당하는 것이다. 본능과 정서의 영역에서 작동하는 무의식의 질서 앞에서 담론과 의식의 언어에 기댄 '의사소통적 합리성(Habermas)'은 무기력하다. 물론 역사의 혹독한 체험만이 집단적 학습을 드물게 가능케 하지만, 이 같은 작업은 매 세대마다 반복되어야 한다. 정서의 해석은 집단의 기억을 통해 각인될 수 있을 뿐이지만, 그 과정이 어떻게 가능한지는 불투명할 따름이다. 이처럼 수치심은 열등감과 함께 사회적 신분과 위상을 둘러싼 투쟁에서 정서적 도구로 활용된다.[363] 그럼에도 불구하고 수치심이 인간의 내부에서 긍정적인 방향으로도 부정적인 방향으로도 작용한다는 것은 사실이다. 그 부정적인 사용의 방식은 수치를 타인에 대한 정서적 지배의 수단으로 이해하는 경우에 해당한다. 수치의 감정이 규범과 연관되어 있다는 사실은 명백한 것처럼 보이지만, 이 감정이 표면적으로는 전혀 그 맥락이 다른 폭력적 행위와 일정한 관계를 맺고 있다는 사실은 소홀하게 취급되는 경향이 있다.

예컨대 폭력의 한 수단으로써 타인에게 수치심을 강요하는 도발은 대개의 경우 상대방의 자존감이나 자긍심을 손상시키려는 뚜렷한 의도를 수반한다. 실제로 이미 프로이트는 수치심을 사회 속에서 비로소 그 구체적 의미가 드러나는 불안의 한 유형으로 간주한다.[364] 인간은 집단 속에서 삶 자체의 유지를 보장받지만 동시에 그것은 상처받을 수 있는 가능성에 항상 노출되어 있다. 이러한 현상들을 이해하는 데 예상되는 난점들 중의 하나는 감정과 정서의 경계가 종종 모호하거나 인간이 의식하기 이전의 원초적 충동들에 의해 연계됨으로써 범주적 차별성을 통해서 이를 표면화하거나 개념적인 언어로 환원하는 작업이 어렵다는 것이다.

여기서 우리는 오히려 의식과 무의식의 연관이 규범과 가치에 대한 인지적 확신과 정서의 관계로 대체되거나 전자에 의거한 후자의 유추 해석이 상당 부분 무리하다는 사실을 짐작할 수 있다. 스스로 무언가에 대한 신념이나 확신을 품는 것은 정서적인 태도가 수반하지 않고서는 불가능하다. 진실성의 실체적 무게를 느끼게 하지 않는 주장들은 '영혼이 없는 심리학'과 마찬가지일 것이다. '정서의 경제'가 더 높은 차원에 존재하는 마음의 질서와 어떠한 연관을 구축하는지 아직 규명되지 않았다.

'정서경제'의 불확정성은 죄와 수치의 경계를 확정하거나 한 주체의 내부에서 전개되는 감정상의 변환 과정을 이해하려는 시도들을 항상 좌초시킬 수 있다. 이는 단지 심적 태도나 과정들이 특정한 언어의 의미론적 질서에 의존할 수밖에 없는 관점의 한계에 직면하기 때문만은 아니다. 이 같은 한계는 마음의 질서에 대한 해석이 원칙적으로 직면하게 되는 자기준거의 역설 때문에 기인하는 것은 아니다.[365] 우리는 그러나 도식적인 개념들 간의 구별이나 언어문화의 틀에서 통용되는 관념들이 인간의 자신에 대한 이해나 다른 집단과 문화에 대한 이해와 관련해서 전혀 쓸모가 없다고 단정할 수는 없다. 동시에 수치와 죄의 감정이 문화 공동체 내부의 섬세한 차이들을 벗어나서 이해될 수 없다는 사실 역시 간과될 수 없다. 이 점에서 다윈과 프로이트에서 그 단초가 마련된 비교인류학의 문화론은 모험적인 과제에 직면하고 있음이 분명하다.[366]

수치 문화, 죄의 문화

수치 문화, 죄의 문화—무엇이 문제인가

오늘날 비교문화론은 과거의 이론들이 짊어져야 했던 '제국주의'의 망령으로부터 어느 정도 벗어났다고 볼 수 있다. 특히 수치 문화와 죄의 문화에 대한 비교 연구는 서구문화의 우월성과 함께 서구적이며 기독교적인 규범의 정당성을 강화하는 논변으로 이용되는 과정에서 학문과 이데올로기의 교묘한 결탁이라는 '오해'로부터 자유롭지 못했다. 절대적이며 초월적인 규범을 내면화한 기독교의 죄 문화는 개인들의 자율성에 근거한 양심의 발현에 유리한 환경을 제공한다는 주장이 비판의 표적이 된 것은 잘 알려져 있다. 심지어 수치 문화는 사회적 규범이 일종의 외적인 강제의 형태로 요구되는 낮은 수준의 규범의식을 반영한다는 주장도 제기되었는데, 이는 당연히 편견일 뿐만 아니라, 도발적이기까지 하다.[367]

특히 베네딕트(Ruth Benedict)의 연구는 그 섬세한 서술에도 불구하고 확실히 일본과 서구의 규범의식에서 발견되는 변별적 차이를 분석하는 과정에서, 도덕적 자율성이라는 원리가 내면화된 정도에 따라 서구 규범문화의 발전 정도를 이해할 수 있다고 전제함으로써 논란의 중심에 놓이게 된다. 2차 세계대전 중에 미국 정부의 의뢰로 시작된 연구는 불가피하게 그녀 자신이 원치 않았던 반향을 불러일으킨다. 죄의 문화가 중·북부 유럽의 일부 개신교 문화가 지배적인 지역에 국한되며, 이곳에서는 '종교적 양심'의 내면화를 통한 도덕적 자기정체성이 일반화되었다는 주장은 어느 정도 당혹스럽다. 예를 들어 명예 중심의 지중해 문화권은 기독교 문명에 속하지만, 동방정교와 지중해 특유의 전통적 명예사회의 삶이 유지되는 한에서 이들 사회를 엄격한 의미의 죄의 문화로 규정하기는 어렵다. 역사의 경험을 달리하는 인종과 사회를 마치 실험실의 두 표본으로 설정할 수 있다는 발상 자체는 비교문화론이 단순한 지적 호기심의 충족이나 낯선 사회나 이방인들의 세계를 정탐해야 하는 실용적 의도의 산물로 고안된 것이 아닌가라는 의구심을 불러일으킨다. 그런데 아시아와 아프리카 등의 비서구문화를 일률적으로 수치의 문화로 규정한 대표적인 사례는 이미 20세기 초반의 대표적인 인류학자인 미드(Magaret Mead)에게서 발견된다.[368]

"개인이 수치를 당할 것에 대한 두려움에 의해 통제되는 사회들에서는 아무도 그의 잘못된 행위를 알지 못하는 한에서 그는 안전하다. 그는 자신의 잘못된 행위를 그의 마음에서 제거해 버릴 수 있다. 터부에 의해서 규율되는 사회들에서는 어떤 터부를 위반한 개인은 그가 일종의 더 강력한 마적인 힘을 촉발시킬 수 있는 한에서 안전하다. 그러나 죄(guilt)를 느끼는 개인은 후회를 해야만 하며, 자신의 죄악(sin)에 대해 속죄를 해야만 한다. 주된 외재적 제재로서 수치를 사용하는 경우는 …… 그들이 개인주의적이거나 경쟁적이거나 상호 협동적인 사례들에서, 즉 모든 북부 인디언의 문화에서 특징적으로 나타난다."[369]

외적 제재와 내적 제재라는 이원론적인 관점을 제기한 미드의 생각은 더 거슬러 가면 원래 프로이트에서 발견된다. 다만 프로이트는 죄 감정의 기원을 두 방향에서 추적하는데, 그것은 외적인 권위와 후에 이를 내면화한 초자아의 차원으로 구별된다. 근본적으로 죄의 감정은 자아와 초자아 사이의 갈등이다.[370] 프로이트는 죄의식의 내면화나 강화를 통해서 인간이 태생적으로 지니게 되는 공격성이나 성적 충동 등을 제어할 수 있는 기제를 구축하게 된다고 보았다. 본능과 충동을 억제하는 기제는 인지적 차원보다 발생적으로 선행하며, 전자가 바로 정서체계에 직접적인 영향력을 행사한다는 것이다. 이러한 구도의 연장선상에서 '양심'은 이성의 보편적 능력이 아닌 정서적 기제로부터 설명된다. 그것은 외부가 아닌 인간 개개인이 스스로의 내면에 가하는 내적 폭력이자, 자신의 욕망이나 본능을 억제하는 내부 심리의 조절 장치인 것이다.

이 같은 프로이트의 인식은 실상 앞서 논한 니체의 《도덕의 계보》에 등장하는 주장들과 유사한 양상을 보인다. 다만 니체와 달리 프로이트는 죄의식을 계보론적 분석으로 대체하지 않고, 심리 세계의 구조에 대한 다소 도식적인 가설에 입각해서 '초자아와 자아 사이의 긴장'으로 규정한다. 여기서 양심에 선행하는 것은 바로 자신의 인정받지 못하는 행위가 타인에게 발각되어 처벌을 받는 데 대한 두려움이다. 결국 발생학적 측면에서 죄의식은 양심에 앞선다.

> "양심에 대해서는 초자아가 입증될 때까지 말해서는 안 된다; 죄의식에 대해서 시인할 수 있는 것은 그것이 초자아보다 선행해서 존재한다는 것, 따라서 양심보다도 먼저 존재한다는 사실이다. 그것은 외부의 권위들에 대한 불안의 직접적인 표현이다."[371]

프로이트와 함께 비교문화론에 영향을 준 대표적인 사상은 다윈주의다. 다윈의 진화론은 단지 생물학의 영역에서 선구적인 돌파구를 열었을 뿐만 아니라, 비교인류학과 문화이론과 관련해서도 중요한 단초들을 제공한다. 특히 20세기 전반부터 활발하게 논의된 죄의 문화와 수치 문화의 논쟁은 다윈의 진화론적 감정론을 배경으로 한다.[372] 다윈의 그림자는 프로이트와 미드, 베네딕트를 거치는 일련의 비교문화론 전반에 드리워져 있다. 특히 죄책감과 수치심은 특정 사회는 물론 서로 그 역사적 배경을 달리하는 상이한 문화들을 비교하는 작업과 관련해서도 생산적인 지표로 활용될 수 있을 것이라는 믿음이 적지 않은 학자들의 뇌리를 지배해 왔다.

아래의 서술은 따라서 이 같은 유혹의 역사에 대한 비판과 함께, 비교문화론 자체에 대한 유보적인 생각을 감추지 않을 것이다. 물론 나는 앞에서 인간적 감정이 개인 심리의 차원을 넘어서 한 사회와 문화권의 집단적 자기 해석의 방식에 의해서도 이해되어야 한다는 점을 강조한 바 있다. 이 점에서 철학적 인간학 역시 문화적 상징체계의 이해를 통해서 스스로의 이론적 주장들을 점검하고 보완해야 할 필요성에 직면한다. 우리는 앞에서 죄책감이 개인의 결단이나 선택에만 의거해서 설명될 수 없으며, 역사적으로 전승된 질서와 문화적 해석들에 의해서도 규정된다고 주장한 바 있다. 특히 수치와 죄의 감정은 한 사회 집단의 정서 상태를 지칭하는 개념으로 설정될 수 있다. 수치와 죄의 감정이 특정한 공동체를 넘어서 한 문화의 포괄적인 정체성을 설명해 준다는 것이다. 그러나 오늘날 문화인류학의 새로운 연구자들은 수치심과 죄의식을 이원론적으로 구별하고, 이를 특정 문화에 적용하는 식의 투박한 관점을 환영하지 않는 것처럼 보인다.[373] 죄의 문화와 수치 문화의 이원론적 구별이 타당하지 않다는 반론은 종종 이슬람의 예를 통해서도 제시된다.

가령 이슬람의 규범체계는 죄의식에 의해서 지배받는 문화적 유형으로 분류될 수 있는가? 그리고 설혹 그렇다고 하더라도 이슬람의 죄의식이 개신교나 가톨릭, 그리스 정교회의 규범문화와는 서로 다른 양상을 보이지 않는가라는 물음이 제기될 수 있다.[374] 한 사회의 규범적 성격이 수치 문화(Shame-Culture)나 죄의 문화(Guilt-Culture)로 이해된다면, 그것은 그곳에 존재하는 모든 구성원의 본질적 특징을 가리키는 것이 아니라, 상대적으로 동질적인 문화의 '가족유사성'을 가리킬 것이다. 그 같은 추정이 타당하다면, 개인적 자아정체성은—헤겔의 용어를 빌리면—"객관적인 정신"에 의해서 규정된다고도 볼 수 있다. 이 개념은 특정한 인륜, 도덕 혹은 다른 상징적 체계들이 사회적으로 재생산된다는 점을 부각시켜 준다. 개인적 심리 활동의 작동 방식에 이미 항상 개입하고 있는 사회문화적 관념들이 실재한다는 것이다.

즉 개인적 의식과 제도와 관행 등에서 드러나는 '객관정신'의 활동성은 '규범문화'의 개념에 실체성이 있음을 말해 준다. 객관적인 규범 자체가 문화적 통합의 조건인 셈이다. 반면에 죄책감을 중심으로 전개된 헤겔과 키르케고르 그리고 니체와 하이데거로 이어진 입장들 자체가 다분히 서구적 규범이론의 문화적 특수성을 반영한다고 볼 수 있다. 그러나 무엇보다 죄는 물론 수치심에 대한 문화론적 시각이 요구되는 이유는 이 감정이 일차적 감정이 아닌 이차적이며 메타적인 속성을 지니기 때문이다. 분노와 공포, 슬픔, 기쁨 등이 일차적 감정으로 죄나 수치심보다 더 긴밀하게 인간의 본능 혹은 욕망과 연계되어 있다는 사실을 감안한다면, 카차두리안의 다음 발언을 수용하는 것은 전혀 어렵지 않다. "예를 들어 프랑스인들과 중국인들은 죄나 수치를 경험하는 방식보다, 분노나 슬픔을 더 비슷하게 경험한다."[375] 이차적 감정은 당연히 일차적 감정들보다 늦게 발현한다.

한편 죄책감의 문제가 행위자의 외적 행위에 대한 정당화의 여부를 중심으로 전개되었다는 인식은 죄의 문화가 법의 이념을 더 용이하게 수용할 수 있는 토양이라는 주장을 뒷받침해 준다. 자유주의 사회의 규범문화가 내면적 정체성의 맥락으로부터 분리된 행위이론을 중심으로 전개된다는 것은, 사회적으로 인정된 규범들과 법적 지침들 그리고 개인의 도덕적 신념들과 같은 행위의 근거들이 별도의 방식에 의거해서 성립한다는 것을 의미한다. 즉 특정한 행위의 상황에서 타당한 규범의 구속력이 죄책감이나 책임귀속의 성립 요건이다. 행위자가 자신이 처한 상황에서 적용되어야 하는 규범을 인지하고 있을 뿐만 아니라, 이를 준수할 수 있는 행위의 능력을 지니고 있다는 전제하에서 죄책감은 법적 처벌의 근거로 간주된다.[376] "죄는, 수치와 달리, 법적 개념."[377]이라는 테일러의 단순한 언명은 이 같은 배경에서 이해된다.

그런데 왜 특정한 사회는 죄의 관념을 중심으로 사회 통합을 달성하는 데 성공적일 수 있었는가? 죄의 문화는 또한 기독교적 전통을 전제하는가? 그리고 왜 기독교의 모태인 유대교적 율법주의로부터 죄의 기원이 규명되어야 하는가? 유대교의 신은 장소와 시간을 초월하는 존재인 한에서 모든 것을 관찰하는 존재다. 그 결과―헬러의 표현대로 수치의 경우와 달리―관찰자와 관찰 대상 사이에 성립하는 상호성의 관계가 전적으로 성립할 수 없다.[378] 이 점에서 죄의 문화를 내면적 양심의 목소리에 의거하는 청각적인 문화로, 수치 문화를 타인의 시선에 대해 반응하는 시각적인 문화로 규정하는 관행에는 다분히 무리가 따른다. 내적인 반성 역시 시각적 비유를 통해서 이해될 수 있기 때문이다. 즉 시공을 초월해서 존재하는 절대자의 관념이 죄의 포괄성을 정서적, 인지적 일관성의 차원에서 용이하게 수용하도록 만들었다는 추정이 가능하다.

"외재적인 권위에 의거한 규범들이 내재적인 것으로 '변환(trans-formation)'됨으로써 유대인들은 (비록 소수의 유대인들이라고 할지라도) 낯설고 적대적인 관습과 의식들을 지닌 환경에서도 살아남을 수 있게 되었다."[379] 다소 불편하게 들리는 헬러의 이 같은 서술은 강력한 유일신을 준거로 삼은 율법체계가 죄의식의 내면화를 통해서 자신의 생존을 항상 위협받고 있는 사회의 통합을 지속적으로 보장해 주었다는 통념을 반영하고 있다. 그러나 이는 이미 진행된 역사적 실재에 대한 결과론적인 정당화처럼 여겨진다. 죄와 율법의 원리만으로 유대인들의 사회적 통합과 역사적 체험을 인과적으로 설명할 수 있다고 확신하기 어렵기 때문이다. 그러나 적어도 우리는 여기서 단순히 도덕적인 의무를 합리화하는 하나 이상의 방식들이 존재하며, 죄의 담론은 그중에서 상당히 특이한 의미론적 질서를 반영한다는 데 동의할 수 있다. 규범의 내면화를 통한 합리화의 과정은 단순한 매개체로의 상징이 아닌, 상징의 추상적 의미에 대한 이해의 지평을 공유한다는 것을 전제한다. 그러나 상징적 의미의 체계가 하나의 실재하는 힘으로 작용할 수 있기 위해서는 여타의 경험적인 조건들이 요구된다. 이 마지막 언급이 중요한 이유는, 수치 문화와 죄의 문화에 대한 언급들이 그 자체로 완결된 이론에 의해 뒷받침되고 있지 못하기 때문이다.

이제 잠시 살펴보게 될 베네딕트의 작업은 앞에서 논한 우리의 관심과 정반대의 출발점에 서 있다. 《국화와 칼》은 인류학적 방법에 입각해서 주로 사회적 행위자의 행동 양식에 초점이 맞추어져 있다. 따라서 그녀는 한 사회 자체의 포괄적인 성격이 그 사회의 구성원들이 보여 주는 도덕적 행위의 성격을 통해서 규명될 수 있다고 전제한다. 한마디로 "일본인을 이해하기 위해서는, 그것에 앞서 먼저 그 도덕 체계를 이해해야 한다"는 것이다.[380]

그녀의 일차적 관심은 규범과 가치관들이 그 자체로 어떠한 의미를 지니며, 정당성을 지니는가에 대한 것이 아니다. 베네딕트의 연구는 단순히 인류학적 분석이나 사회과학적 이론의 차원을 넘어서, 일종의 규범적인 주장으로도 읽힌다. 여기서 도덕체계는 일정한 경험적, 역사적 조건에서 형성된 행위의 유형으로써 관철된다. 예를 들어 베네딕트의 다음 주장은 일련의 반성되지 않은 규범적 전제들에 의존함으로써, 문화제국주의의 한계를 벗어나지 못하고 있다는 비판에 직면한다.

"참다운 죄의 문화가 내면적인 죄의 자각에 의거하여 선행을 행하는 데 비하여, 참다운 수치의 문화는 외면적 강제력에 의거하여 선행을 한다. 수치는 타인의 비평에 대한 반응이다. 사람은 남 앞에서 조소당하거나 거부당하거나 조롱당했다고 확실히 믿게 됨으로써 수치를 느낀다. 어느 경우에 있어서나 수치는 강력한 강제력이 된다. 그러나 다만, 수치를 느끼기 위해서는 실제로 그 자리에 타인이 같이 있거나 적어도 함께 있다고 믿을 필요가 있다. 그런데, 명예라는 것이 자신이 마음속에 그린 이상적인 자아에 걸맞도록 행동하는 것을 의미하는 나라에 있어서는, 사람은 자기의 비행을 아무도 모른다 해도 죄의식에 고민한다. 그리고 그의 죄악감은 죄를 고백함으로써 경감된다."381

무엇보다 행위자의 태도나 현상적 측면을 주요한 탐색의 대상으로 설정할 때, 인류학적 관심은 도덕적 '검열 주체'의 정체성에 대한 문제로 집약되기 쉽다.382 또한 사회의 권위와 내적 양심의 이원론적인 대비 그 자체는 단순한 분석의 틀이 아닌 규범적인 구별로의 의미를 부여받는데, 이 같은 정황은 다음 생각에서 구체적으로 드러나고 있다.

"이와 같은 생각은, 일본인이 자기 감시와 자기 감독을 얼마나 중압감으로 느끼고 있는가를 웅변으로 말하고 있다. …… 미국인은 '보는 나'를 자기 안에 있는 이성적 원리로 간주하고, 위기에 임해서도 빈틈없이 이에

주의를 기울이면서 행동하는 것을 자랑으로 여기는데, 이에 반하여 일본인은 영혼의 삼매경에 몰입하여 자기 감시가 부과하는 제약을 잊을 때, 지금까지 목둘레에 매여 있던 무거운 맷돌이 떨어져 나간 것 같은 느낌을 갖는다."383

베네딕트의 서술은 수치의 감정이 타자 혹은 타자의 시선을 전제한다는 통속적 전제 위에 서 있는데, 이 같은 전제 위에서 수치 감정은 일반적으로 도덕적 양심의 자율성과 대립적인 구도하에 설정될 수밖에 없다.384 죄의 문화가 놓여 있는 의식 내부의 양심은 도덕의식의 발달 단계에서 상위에 위치한다. 죄의 문화에서는 내면적인 양심과의 연계에도 불구하고 타인의 시선보다 주로 자신의 행위가 타인에게 미친 결과에 대해서만 책임의식이 요구되는 반면에, 수치 문화는 일탈 행동의 경우 인격 전체를 문제시한다. 즉 해당되는 인간 전체에게 모욕과 비난을 쏟아 낸다는 것이다.

"그러나 일본인은 스스로에게 많은 요구를 한다. 세상 사람으로부터 배척당하며 비방을 받는 큰 위협을 피하기 위하여 그들은 모처럼 맛을 알게 된 개인적인 즐거움을 버리지 않으면 안 된다. 그들은 인생의 중대사에 있어서는 그러한 충동을 억제하지 않으면 안 된다. … 스스로를 존중하는 (자중하는) 인간은 '선'이냐 '악'이냐가 아니라 '기대에 부응하는 인간'이 되느냐 '기대에 어긋나는 인간'이 되느냐는 것을 목표 삼아 그 진로를 정하며, 세상 사람 일반의 '기대'에 부응하기 위해 자신의 개인적 요구를 버린다. 이러한 사람이야말로 '부끄러움(하지[恥])을 알고' 한없이 신중하고도 훌륭한 인간이다.”[385]

'부끄러움(하지[恥], haji)'은 여기서 주로 '공적인 수치(public shame)'를 그 내용으로 설정하며, 그 결과 역시 일본만이 아닌 대부분의 사회에서도 실재하는 '사적 수치(private shame)'는 분석 대상에서 배제된다. 이 같은 선별적인 태도는 수치와 죄의 차별성을 부각시키는 데 유리하다고도 볼 수 있다. 이에 대해 인류학자인 레브라는 베네딕트가 조롱과 모욕의 대상이 아닌 경우, 즉 적절치 못한 칭찬에 대한 감정상의 변화나 반응에서 빚어지는 감정을 설명하지 못한다고 비판한다.[386]

이로써 개별자의 내적 관점은 수치 감정의 행위와 연관된 외적 관점으로부터 분리된다. 그러나 베네딕트의 서술은 그 경험적인 타당성과 관련해서도 비판에 직면해 왔다. 가령 일본사회에 대한 레브라의 경험적인 관찰은 다른 결론을 보여 주는데, 아래 언급은 대부분의 사회에 적용될 수도 있다. “일본을 수치 문화로 규정한 베네딕트(1946)와 반대로, 죄의 예민한 감각이 일본인들 사이에 널리 확산되어 있다는 것을 인정하게 된다.”[387]는 그의 주장은 심리 세계의 더 근본적인 인식과 연결되어 있다. 그것은 다름 아니라, 이미 프로이트가 지적한 대로, 심리의 세계 안에서 수치 감정은 궁극적으로 죄의 감정으로 변환될 수 있기 때문이다. 앞서 논한 '창세기'의 경우 역시 이에 해당하는 하나의 인상적인 사례다. 즉 정서의 경제에서 죄책감과 수치 감정의 변환은 일반적인 현상이다. 다만 어떠한 감정이 표면화되고, 구체적인 표현형으로 가면을 쓰고 나타나는가와 관련해서 관찰 대상으로 설정된 한 규범문화의 특이성을 부각시킬 수 있는 것이다. 레브라의 경험적인 분석은 단순한 인류학적 관찰을 넘어서 정서경제의 역동성에 의해서 뒷받침될 수 있다. 수치의 감정과 죄책감이 단순히 배타적이지 않을 뿐만 아니라, 상호 변환의 양상을 보여 줄 수 있기 때문이다.[388]

우리는 '일본사회'의 규범문화에 대한 경험적인 서술의 적절성을 떠나서 베네딕트의 원래 의도를 다시 검토할 필요가 있다. 무엇보다 신체성과 구별되는 사회적 수치 감정은 자긍심과 사회적 인정의 맥락을 통해서 드러나는데, 여기서는 공적인 것과 사적인 것의 구별이 어떻게 이해되고 있는가의 여부가 중요하기 때문이다. 일본인들의 도덕적 태도에 대한 베네딕트의 관찰은 이 점을 잘 부각시키고 있다. 이름과 명예에 대한 확신으로부터 '복수'와 같은 행위가 설명될 수 있는 한에서, '복수'는 일종의 도덕적 성질을 부여받는다는 것이다. 그러나 명예사회의 일반적인 특징에는 단순히 복수와 같은 극적인 요소만이 아닌 일상에서의 예의와 자제력과 같은, 실로 스토아주의의 덕목에나 해당할 법한 태도들이 포함된다.[389]

그런데 명예와 자제심, 은밀한 복수심의 심리적 연관이 하나의 강력한 감정으로 응결된다고 해서, 곧바로 수치 문화에서 공적 영역이 사적 영역을 압도하거나 '개인'의 자율성이 전자에 의해서 수렴, 흡수된다는 주장이 성립할 수 있는지는 의심스럽다. 테일러 역시 극단적으로 전통적인 명예 중심의 수치 문화에서는, "공사의 구별이 존재할 수 없다"고[390] 주장하는데, 이는 다소 비현실적이다. 물론 테일러의 주장은 그의 다른 이론적인 동기와 맞물려 있다. 공적 차원과 사적 차원의 구분이 성립할 수 없다는 주장은 다름 아니라 행위자가 집단의 정체성을 자신의 것으로 수용한다는 것을 의미하는데, 이는 단지 자신이 공동체에 귀속되어 있다는 것을 확인한다는 의미 이상의 중요성을 지닌다. 왜냐하면 집단 정체성을 말해 주는 규범체계 자체는 단순히 코드화된 법률이나 제도가 아니라, 구체적인 행위자가 항상 스스로의 태도와 행위를 평가하는 준거로 그것을 내면화하고 있을 때만 생명력이 유지되기 때문이다.

만약 공사의 구별이 존재하지 않는다면, 수치심에 근거한 도덕적 요구는 '도덕적 요구'나 '명령'의 형태가 아닌 다른 방식으로 제기될 수밖에 없다. 또한 공적인 것과 사적인 것의 구별은 사회적 계층의 차별에 대한 상징적인 해석에 의해서 더욱 선명하게 드러난다. 그러나 공적 영역과 사적 영역의 구별 자체가 항상 이데올로기적이거나 사회구조적 관점에서 다루어져야만 하는 것은 아니다. 규범의 강제가 반드시 억압적인 양상을 띠거나 또 그래야 할 필연성을 지니는 것은 아니기 때문이다. 그럼에도 불구하고 수치 문화는 집단의 정체성을 개인들이 자신의 것으로 수용하거나 동화하도록 요구하는 일련의 조치들에 의존한다. 물론 이 같은 조치들은 명예의 유지와 관련된 집요한 노력과 희생을 요구하는 경향이 없지 않다.

이로써 수치 중심의 규범문화는 필경 명예사회의 양상을 지니게 된다. 명예사회에서는 침해받았다는 사실에 대한 보상적 책임 못지않게, 이에 대한 보복과 응징을 포기하는 데 따른 불명예가 더 큰 문제로 인식된다. 특히 명예와 불명예는 항상 일정한 방식으로 '코드화되어' 있다는 것이다. "만약 그 같은 코드가 없다면, '명예'와 '수치'와 같은 말들은 명확하게 적용될 수 없다."는 것이 테일러의 주장이다.[391] 공적 차원, 사적 차원의 구분이 성립할 수 없다는 주장은 단지 자신이 공동체에 귀속되어 있다는 것을 확인한다는 의미 이상의 중요성을 지닌다. 왜냐하면 집단 정체성을 지탱해 주는 고도화된 규범체계는 개별존재가 스스로의 태도와 행위를 평가하는 준거이기 때문이다. 소위 명예와 자긍심에 기댄 수치 문화는 비교적 높은 수준의 상호 기대(mutual expectation)치를 보이며, 이러한 규범체계는 종교나 의식, 축제, 교육 등의 문화적 장치들의 수단을 통해서 재생산된다. 그 결과 명예를 훼손한 구성원의 처벌과 희생 혹은 복수 등은 모두 동일한 정서의 토대에 놓이게 된다. 이 점에서 수치 문화는 명예의 유지 혹은 박탈과 직결된 공동체 나름의 규범에 의존하지만, 모든 유형의 수치 문화가 명예와 자긍심에 의존하는 것은 아니다. 테일러의 사례는 다분히 고대 그리스의 전사나, 영웅들을 일반적인 유형으로 전제하고 있기 때문에, 어느 정도 '보편주의적인 논변'에 기댄 다른 문화권의 수치 문화에 적용되기는 어렵다는 반론이 제기될 수 있다. 도덕적 당위와 존재 사이의 차이에 근거한 '수치심'이 자기정체성의 형성과 관련한 보편적인 관념에 근거할 수는 없는가? 수치 문화는 과연 보편 윤리의 규범적 질서를 구축할 수 없는가?

비교문화론적 시각의 한계

기독교에 근거하는 서구의 규범문화가 발달사의 관점에서 재구성될 수 있다는 견해는 다분히 역사철학적이다. 죄의 문화가 명예를 존중하고 덕스러운 성품을 중시한 고전 그리스 시대의 윤리관보다 탁월하다는 주장은 더는 설득력이 없다.[392] 죄의 관념이 근대 이후, 자율성의 원리를 핵심으로 하는 도덕의식과 더 긴밀한 연관을 맺고 있다는 주장 역시 그리스철학에 정통한 윌리엄스(B. Williams)나 헬러(Heller) 등의 타당한 비판에 직면한다. 이들은 죄의식만이 유일하게 도덕적 주체의 자율성을 형성하는 데 기여한다고 볼 수 없으며, 그 결과 죄의 문화가 예외적인 지위를 확보할 수 없다는 것이다. 이 같은 반론이 수치 문화에 대한 더 풍부한 이해를 통해서 뒷받침될 수 있다는 것은 두말할 여지없다.

죄와 수치는 앞에서 단순한 도덕적 감정의 관점에서 서술되기보다는 한 사회의 특징을 표현해 주는 사태로 규정되었다. 죄의 문화나 수치 문화는 개인들이 살아가는 삶의 사회문화적 지평으로써 탐구된다. 한편 수치 불안은 사회의 요구 사항을 내면화하는 과정에서 초래되는 정서경제의 반응을 가리킨다. 따라서 일본사회의 경우, 봉건주의, 온정주의 정치문화, 명예 중심의 의식들, 신분제적 언어 구조 등과 같은 제도적이며 경험적인 조건들이 개인의 심리 과정을 조직하는 역할을 수행하게 된다. 예컨대 심리 세계를 구성하는 조건들은 개별 행위자 자신에 의해 수행되는 상징적 의사소통에 의존한다.

그런데 수치 불안의 사회적 차원을 배제하고 순전히 개인심리학의 관점에서 수치심을 이해하려 할 경우, 우리는 근본적으로 잘못된 관점에 의존하게 된다. 수치 감정이나 죄책감의 문화 구속성은 앞에서 언급한 것처럼, 근대성의 원리에 입각해서 형성된 제도와 관행들이 이 감정들에 대한 특정한 해석을 '요구'하는 데서 나타난다. 가령 게으름에 대한 수치 감정의 '요구'는 유동성과 역동성의 가치를 확신하는 자본주의적 생활양식 자체를 반영하지만, 이 같은 요구가 합리적인가의 여부는 일반적으로 중요한 물음으로 취급되지 않는다. 진보와 성장, 혁신의 가치에 대한 열정적인 믿음과 자기최면은 시장의 형성과 변화를 촉진하는 근본적인 신념인데, 이 신념 자체가 개인들의 '정서경제'에 대해서 지니는 타당성 자체는 일차적인 논의의 대상에서 배제되는 것이다.

실제로 거시적 관점에서 수치와 죄책감의 문제를 제기한 비교문화 인류학의 성과에도 불구하고 여타의 집단적인 감정이나 정서들에 대한 이론은 아직 체계적이지 못하다. 수치 감정의 인류학적 고찰에서 도덕적 권위의 기원 및 그 발생적 연원의 문제가 설정될 수밖에 없지만, 이는 인간의 행위와 그 유형에 초점을 맞춘 인류학적 탐구 방식에 의해서 효과적으로 천착되기 어렵다. 예를 들어 베네딕트에게 수치 감정은―사르트르와 유사하게―'타자의 시선'을 전제하지만, 이 같은 전제 자체가 '정서경제'의 내재적 분석에 의해서 뒷받침되고 있지는 못하다.

인간의 행위에 주목하는 비교인류학은 단지 분석적 서술의 차원에 그치지 않는다. 왜냐하면 그 같은 분석적 서술의 저변에 깔린 범주들의 구별 자체가 방법론적으로 특정한 규범적 관념들의 우월성을 이미 전제하는 경향이 있기 때문이다. 예컨대 외재성과 내재성의 구별이나 도덕성과 인륜성, 이성과 감성 혹은 정서의 구별은 단순히 이론적인 분석을 위한 범주들이 아니다. 서구 기독교 사회의 죄의 문화는 도덕적 주체의 내면세계 속에서 진행되는 도덕의식의 "순수한" 양심의 작동에 의존한다고 서술하는 과정에서 이미 개인들의 자율성과 의지적 주체를 높이 평가하는 관점이 전제된다. 따라서 우리는 앞서 언급한 도덕성의 내적 관점과 외적 관점이 그 자체로 어떠한 의미를 함축하는지 묻게 된다.[393] 이 점에서 도덕적 태도나 동기를 구별해 온 종래의 방식에 대한 문제 제기 또한 가능해진다. 도덕철학이나 도덕심리학의 의미론은 항상 내재성과 외재성, 자율성과 타율성, 인지적 계기와 정서적 계기들을 구별하고, 주로 전자를 더 상위의 도덕적 동기로 간주하는 경향이 있다.

즉 죄의 문화는 내면성에 근거하는 서구 기독교 사회에서 발생했는데 이는 외재적 조건에 대한 반응으로 간주되는 수치 문화와 구별된다는 것이다. 이 점에서 '구별'의 의미는 다의적이다. 수치를 촉발하는 요인으로 외재적 권위를 인정한다는 것은 이상적 자아의 형성 과정이 타율적이라는 주장을 성립시켜 준다. 따라서 수치 불안 역시 반동적 감정으로 사회적 제재의 억압적 성격을 반영한다. 순응주의로 묘사될 수 있는 집단의 정서는 분명 수치 감정을 도구화함으로써 강화된다. 수치가 사회 전체 구성원의 집단적인 행위와 그 의식을 좌우할 때, 그 사회는 필경 억압적일 뿐만 아니라, 일종의 배타적인 동질성을 유지할 수 있기 때문이다. 그것은 내부 구성원에게는 순응주의적인 행위 유형의 강요로 나타나지만, 다른 집단이나 낯선 이방인들에게는 공격성으로 발현될 수도 있다. 이러한 맥락에서 수치와 수치 불안, 수치의 사회적 강제는 한 사회의 성격을 이해하는 유용한 지표임이 분명하다. 그러나 모든 사회의 규범문화는 보편적 요소와 특수한 요소를 함께 포함한다. 달리 말하면 개별 사회의 인륜적 정신이 특수한 규정성들과 보편적인 정당화가 가능한 요소들의 관계를 역사적 경험의 과정에서 나름대로의 고유한 방식으로 규정하는 것이다.

따라서 개인의 의무와 권리에 대한 사회적 규정, 규범문화의 사적 차원과 공적 차원의 경계 설정 그리고 탈관습적 보편도덕과 인습적이며 관습적인 규범의식의 구별과 같은 의제들은 개별문화권의 역사적 경험의 과정에 따라서 각기 달리 이해될 필요가 있다. 우리는 비근한 사례를 특히 수치심과 관련해서 거론할 수 있을 것이다. 왜냐하면 동아시아적 문화전통에서 수치 감정은 반드시 그 어떤 성적인 의미를 전제하지 않기 때문이다. 동아시아의 수치에 대한 표상이 그다지 성적인 의미를 함축하지 않는 한에서 정신분석학 역시 그 발생적 원인과 관련해서 제한된 의미를 지닌다. 더구나 우리는 동아시아의 수치 문화에서는 사적 차원과 공적 차원의 차이 역시 상대적인 효력만을 지닌다는 점을 강조할 수 있을 것이다.[394] 사적인 삶의 방식은 여기서 공적인 의무들과 통합적 관점하에 함께 고려되어야 한다. 더구나 도덕 이론의 서술 방식은 실제 삶의 규범적 현실을 대상으로 한 것이라기보다는 고전적인 텍스트나 설화의 방식을 통해서 재생산되는 규범적 담론을 더 잘 반영하고 있다. 이 점에서 서구와 비서구권의 규범문화의 변별적 차이를 논할 수 있을 것이다. 죄책감 역시 동아시아적 맥락에서는 그 어떤 종교적이거나 초월적인 자기 이해를 전제하지 않은 상태에서 정서경제의 내적 질서를 축으로 이해될 수 있다. 다시 말해서 개인들이 스스로를 도덕적 책임의 주체로 이해하고 행위 해야 하는 과정에 전제된 심층적 조건들이 문화의 맥락에 따라서 달리 이해될 필요가 있는 것이다. 더구나 과거 동아시아 전통에서 도덕적 차원과 관습에 근거한 인륜적 차원이 그다지 명확히 구별되지 않았다는 사실은 도덕성 자체의 내적 관점이 외재적 권위에 대한 인식으로부터 분리되지 않는다는 것을 가리킨다.

이는 서구문화 전통의 고유한 역사를 통해서도 논의될 수 있다. 앞서 논한 비극과 죄의 관념 역시 보편적인 도덕과 관습적인 인륜 사이의 단순한 대결 구도하에서 이해될 수 없음을 보여 준다. 마찬가지로 수치 문화로부터 파생된 도덕적 자율성의 관념 역시 나름대로의 근거를 지니는 것이다. 도덕성이라는 내면적 공간의 확대는 '양심'이라는 개념을 중심으로 논의되어 왔지만, 그것은 종종 지나칠 정도로 죄의식의 맥락에서 서구 규범문화의 우월성을 보여 주는 하나의 징표로 해석되어 왔다.

한 개인의 심리적 기제의 내부에서 수치와 죄, 자율성과 타율성, 권위에 대한 적응과 능동적인 자기정체성의 요구들은 상호 변환될 수 있는데, 그 이유 중의 하나는 정서 자체와 그 표현 방식이 항상 일치하지 않는다는 데서 발견된다. 특히 집단 정서의 경우 겉으로 나타나는 정서적 표현으로부터 직접적으로 그 사회의 성격에 대한 단정적인 추론이 가능하지 않다고 볼 수 있다. 한 사회의 규범문화가 도덕적 실재의 보편적인 요소와 특수한 요소의 일반적인 구별을 통해서 온전하게 포착되리라는 일반적인 신념은 종종 배반당한다. 우리는 한 사회의 어떠한 경험적 조건들이 도덕의식의 특정한 요소를 선택적으로 강화시키는지에 대한 포괄적인 통찰로부터 상당히 떨어져 있음을 인정해야 한다. 동아시아의 전통에서 규범의식의 보편적인 계기들이 관습적인 요소들과 명확하게 구별되지 않아 보이는 것도 이 때문이다.

아울러 사적인 차원과 공적 차원의 차이가 동아시아적 수치 문화의 맥락에서 오직 제한된 효력만을 지닌다는 사실은 간과될 수 없다. 수치의 감정은 사적 영역에 외부의 시선이 침입하는 데 대한 반작용으로 해석되는데, 그렇다고 현실 속의 자기정체성과 이상적 자기정체성의 차이가 도덕적 수치로 번역되는 과정이 항상 수동적이지는 않다. 따라서 양심의 발생이 수치 감정과 그 발생적 경로를 공유한다는 전망이 성립한다.[395] 같은 맥락에서 수치심은 단순한 심리적 방어 조치들의 하나로 규정되기 어렵다. 예컨대 불쾌한 상황을 모면하기 위한 다양한 행태와 심리적 기질은 종종 수치심보다는 그 강도가 덜한 수줍음이나 여러 형태의 소극적 태도로 표현되는데, 이들을 '수치 감정'으로부터 구별해야 할 이유가 있는 것이다. 전자의 수동적이며 소극적인 기제들은 궁극적으로 특정한 유형의 성격이나 기질을 설명해 줄 수 있는 가능성과 연결되어 있다. 다시 말해서, 타인과의 접촉이나 자신의 신체적 표현 또는 자신의 감정 및 생각을 공개적으로 표출하는 데 대한 여러 방식의 저항감은 기껏해야 수치 감정에서 파생된 수치 표현의 유형들일 뿐이다.

수치의 감정은 자신과 타자의 경계 혹은 신체적 접촉에 대한 특이한 표현과 반드시 어떤 인과관계에 놓여 있지 않다. 이들은 사적인 영역과 공적인 영역의 차이에 근거한 문화적 변별성의 지표로 이해되는데, 일상적인 삶 속에서 드러나는 태도와 의복, 매너 등이 '수치 문화'와 직접적으로 연관성이 있는지는 의심스럽다. 예를 들어 남의 눈에 띄기를 거부하거나 여러 형태의 "겸손"을 표방한 몸짓과 복장, 표정들 또는 자신의 생각을 구체적인 발언으로 표현하는 데 대한 여러 형태의 주저하는 태도들은 더 근원적인 차원에서의 도덕적 수치의 감정과 무관한 사회적 의사소통의 한 관습으로 해석될 수 있다.

물론 수치의 감정이 과잉 상태에 놓여 있는 사회의 경우, 우리는 이를 심각한 사회병리적 장애를 설명해 주는 단서로 간주할 수 있다. 이때 그것들은 병리 현상을 수반하는 극도의 대인기피증에서부터 자폐증 혹은 우울증과 노이로제로 발현된다. 그러나 이 같은 "수치 불안"(Schamangst)이 인격적 존재의 일반적 태도를 가리키는 것인지 아니면 사회병리적 현상인지의 여부는 해당 주체의 정신적 현상에 대한 구체적인 분석을 통해서만 포착된다. 그러나 수치를 모면하고자 하는 수치 불안에 사회 구성원들이 '전염된' 경우, 그들의 심리적 경향성은 바로 그 집단 자체의 순응주의(conformism)적 기제를 반영할 수 있다.

"따라서 우리는 수치가 특히 수치를 모면하고자 하는 일반적인 행동의 기질에 의해서 모든 사회적 구성체에게 하나의 포기할 수 없는 사회적 기능을 지닌다고 말할 수 있다."[396]

그러나 순응주의적 경향은 단순히 그 개념이 함축하는 것처럼 부정적인 맥락에서만 이해될 필요가 없는 것처럼 보인다.[397] 예를 들어 자신의 조상이나 다른 가족 구성원에 대해서 우리가 종종 느끼는 자긍심은 수치 감정의 이면일 수 있다. 인간이 한 인격적 개체로서 자신이 속한 집단과 맺게 되는 중층적 연대의 감정은 집단적 책임의 관념과 상응한다. 순응주의의 또 다른 얼굴인 집단적인 연대의 감정은 당연히 도덕과 법 그리고 특정한 형태의 집단 심리적인 기제 등과 연관된다.

이 같은 언급은 무엇보다 먼저 조상들의 행위에 대해서 후속 세대가 책임이 있을 수 있다는 일반의 상투적인 견해를 지지하거나 거부하는가와 관계없다. 집단적 책임의 관념이 사실 이론적으로 규명될 수 있는 문제인지의 여부 역시 불투명하다. 이는 행위의 주체가 한 개인으로서 자기 자신을 통제할 수 있는가와 다른 차원의 문제다. 무엇보다 인간이 개인으로서 자신의 개별적인 행위에서 자유로운 의지의 주체로 설정될 수 있다는 관념 자체는 의심의 여지가 없는가? 아니면 인간은 행위의 선택과 그 진행의 과정에서 자신이 항상 의식하지 못하는 "일련의 원칙들(set of principles)"을 전제할 수밖에 없는 것은 아닌가?[398]

인간이 종종 행위의 주체로 그 같은 원칙들을 다시 서술하거나 근본적인 의미에서 변화시킬 수 있는 가능성이 전무하지는 않다. 그러나 근대 이후에 자신의 행위에 대한 개인의 결정력이나 행위의 자유로운 공간은 점점 축소되어 간다고 볼 수도 있는데, 그것은 자신보다는 사회조직이 그 같은 결정을 대리하거나 대체하는 경향이 있기 때문이다. 월시(Walsh) 역시 막스 베버(Max Weber)의 관료제에 대한 분석을 통해서 집단적 행위의 중요성을 강조한다.[399] 행위를 결정하는 과정에서 사적인 것과 공적인 것이 상호 매개된다고 하는 사실은 종종 방법론적 개체주의에 대한 비판에 무게를 실어 준다. 그러나 그것은 동시에 자신보다 앞선 세대들의 일탈적인 행위들에 대해서 우리가 집단적 죄책감을 느낄 수 있다는 논거로 채택되기 힘들다.[400]

집단적인 죄책감이나 죄의식의 감정보다는 폐쇄적인 집단 내부의 수치 감정이 더 강렬하게 체험되는 한에서, 수치의 문화는 공적 영역에서 발견되는 규범의 구속력이 실재함을 보여 준다. 이는 표준화된 규범적 행위의 체계를 통해 사회적 통합을 지향할 수 있다는 논거를 제공해 준다. 집단적 통제의 방식은 여러 형태의 내면화된 도덕의식과 긴밀한 상호관계를 맺을 수 있다. 그것은 종종 현대인들이 일반적으로 납득하기 어려운 명예살인과 같은 관습적 태도나 사회적 인정에 관한 일련의 의식적 절차로도 가시화된다.[401]

문명의 과정은 수치 감정을 강화했는가
-엘리아스와 뒤르의 논쟁[402]

정서와 감정의 통제, 문명화의 과정

　정서와 감정의 통제 방식에 근거해서 문명의 성격을 규정하려는 시도는 일견 진부한 작업처럼 여겨질 수 있다. 한 사회집단이 특정한 방향성을 보이면서 집단적 정서를 통제할 수 있다는 가정은 사변적인 일탈로 간주된다. 그러나 정서의 경제가 역사철학적인 사변의 지평에서 모색된 이념의 차원보다 더 구체적인 차원에서 작동하는 것은 사실이다. 실제로 사회적 기능들의 분화 과정이 심화될수록, 개별 인간들의 행위와 태도 역시 더 철저하게 조율, 통제되는 것이 당연하다. 이 같은 변화를 엘리아스는 의식적인 결단과 자율성에 의한 선택이 아닌 일종의 "자기강제(Selbstzwang)"로 규정하는데, 이는 정서의 자기통제에서 드러나는 규칙성을 염두에 둔 것이다.

"여기서 결코 의식적인 조절에 대한 문제가 아니라는 것은 이미 강조된 바 있다. 바로 이 점이 문명의 과정에서 심리적 장치의 변화를 통해 특징적으로 나타나는데, 이는 더 차별화되고, 더 안정적인 행위의 조절이 어린 시절부터 점점 더 일종의 자동기계장치(Automatismus)로 개별적인 인간에게 훈육된다는 것을 가리킨다. 이 자기강제는 그 스스로 의식적으로 방어하고 싶어도 할 수 없다."(PZ II, 328)

즉 자기강제는 문명화된 사회에서의 행위들을 조율하는 과정에서 개인들이 경험하는 정서적 긴장을 잘 설명해 준다. 여기서 엘리아스가 행위자들을 마치 자동기계에 의해 조절되는 수동적인 존재로만 이해하고 있는 것은 아니다. 개인들은 스스로의 명료한 의식의 주체로서 자신의 행위를 관장하고 있지만, 이와 병행하는 자기통제장치(Selbstkontrolleapparatur)의 맹목적인 작동을 제어하거나 회피할 수는 없다는 것이다. 즉 문제의 관건은 사회적 행위의 맥락이며, 사회는 실재하는 힘으로 사회적 규범의 위반이나 일탈에 대한 심리적 불안을 증폭시킨다. 엘리아스는 이 같은 변화가 "항상 사회의 지속적으로 전개되는 기능의 분업과 상호 의존적인 연결망의 확대"라는 사회 전체의 분화 과정에 의해 규정된다"(PZ II, 328)고 지적한다. 다시 말해서 일련의 하비투스(Habitus)로 구체화되는 기제는 사회 전체의 기능적인 분화 과정과 심리적 강제의 규칙이 내적으로 조응한다는 사실을 가리킨다. 자기강제와 사회의 기능적 분화가 조응하는 현상은 엘리아스의 연구를 그 출발점에서부터 사로잡고 있는 전제이자, 그의 '경험적인 동시에 역사적인' 작업의 종착점이기도 하다.[403]

엘리아스(Elias)는 문명화의 과정을 수치의 감정을 축으로 분석하는 과정에서, 일차적인 탐구 대상으로 중세 이후, 즉 16세기에서 18세기까지의 프랑스 절대주의 체제를 선택한다. 특히 이 시기 절대주의 체제하의 궁정에서 준수된 예절 규범의 텍스트가 그 대상이다. 그 이유는 이 시기 프랑스 국가체제가 보이는 특이성 때문이다. 이 시기의 프랑스는 독일과 달리 궁정사회에 시민계급에 속하는 지식인 계층과 중간계급이 편입됨으로써 교양과 문화의 통합된 양상을 보여 주기 때문이다.[404]

서구의 근대화는 최소한 니체에 의해서도 "인간 앞에서 인간이 지니는 수치"[405]의 감정이 확산되는 과정으로 인식되었다. 근대가 죄책감과 수치심을 막론하고 '도덕화의 경향'을 보이는 것은 사실인가? 이 물음에 대해 어떠한 태도를 취하든, 삶에 대한 도덕주의적 해석의 병폐 앞에 인간들이 무방비 상태에 놓일 수 있다는 인식은 19세기 이후 확산된다.[406] 문명화의 과정에 대한 구체적 분석은, 신체적인 접촉과 표현을 수반하는 사회적 상호 행위의 일견 사소해 보이는 현상들을 중심으로 전개된다. 그렇다고 엘리아스의 분석이 '가벼운' 풍속사나 생활사의 차원에 매몰되어 있지는 않다. 소위 문명화된 상태, 즉 개화된 섬세함의 표현인 'civilité'는 단순히 한 특정 (궁정)사회를 다른 계층들로부터 구별해 주는 지표일 뿐만 아니라, 소위 '야만적인' 사회를 지배해야 한다는 명분을 제공해 준다. 문명화된 상태의 긍정은 이 경우 제국주의적인 침략과 정벌의 이데올로기를 강화해 주는 기제로 동원되는 것이다.(PZ I, 152-153)

정서경제의 통제에 대한 주권적 지위를 확보하는 과정과 세계적 수준에서 진행된 문명화의 과정은 병행한다. 이로써 국가에 의해 권력이 독점화되는 과정은 문명화의 대상에 포함된 모든 사회의 행위자들에 대한 탐색으로 확대된다. 우선 문명화의 과정이 일정한 단계들로 구별되리라는 것은 예상할 수 있다. 먼저 자유분방한 중세의 시기에서 궁정 예절 문화가 구축되는데, 이 규범은, 전사귀족에 대해 강제되는 두 번째 단계를 거쳐 결국 마지막 단계에서 강제성이 수반되지 않는 근대인들의 자기규율로 '제도화'된다는 것이다.[407] 실제로 엘리아스에서 신체 수치의 현상은 권력관계의 비대칭성과 관련해서 다루어진다. 그가 제시한 다음 사례는 권력관계와 수치의 연관에 관한 전형적인 경우다.

"궁정사회에서 특정한 신체의 벌거벗은 상태를 노출시키는 수치는 이 사회의 구성에 상응하게 전반적으로 계층적 위계질서에 의해서 제한된다. 사회적으로 낮은 계층의 사람들 앞에서 상위 계층의 사람들이, 예컨대 왕이 각료들 앞에서 자신의 벌거벗은 몸을 보이는 것은 여기서 그 어떤 매우 엄격한 사회적 금지에 해당하지 않는데, 이는 이해할 만하다."(PZ II, 413)

엘리아스는 이어서 남자가 사회적으로 자신보다 낮은 계층의 여성에게 자신의 몸을 보이는 것도 동일한 경우에 해당한다고 본다. 즉 사회적으로 뚜렷하게 각인된 계층적 위계질서에 의거해서 벌거벗은 몸에 대한 수치감 자체가 발생하지 않는다는 것은, 곧 열등감을 수치감과 동일시하는 것이다.[408] 그런데 '문명화의 과정'에서 프랑스 국가체제의 경우는 역사적인 사례 이상의 의미를 지니는데, 그것은 근대가 이를 하나의 전범으로 모방하는 경향이 있기 때문이다. 엘리아스에 의하면 서구사회는 중세에서 근대로 이행하면서 유년기와 사회적 성인 사이의 교육 기간이 10~20년가량 연장되었으며, 이 기간에 자기통제의 매우 복잡하고 가변적이며, 안정적인 방식이 실현되었다는 것이다.

"우리 문명의 단계에서 형성된 기준은 소위 '성인'과 '아이들'의 행위 사이에 존재하는 엄청난 거리에 의해서 구별되는 특징을 보인다. 아이들은 상대적으로 짧은 기간에 수치와 난처함의 감각들을 미리 숙지해야 하는데, 그것은 과거 수백 년 간에 걸쳐 형성된 과정이었다."(PZ I, 282)

급격하게 진행되는 훈육 과정을 통해 근대사회의 어린이들은 자신의 식욕, 성적 쾌락, 음식의 섭취, 배설물 처리 등의 모든 충동 본능과 관련된 사회적 관습을 내면화해야 한다. 그런데 대부분의 부모는 이 같은 교육적 조치의 '주체'라기보다는 '집행인'으로 존재하며, 이들이 항상 성공을 거두는 것은 아니다.

그런데 자기조절과 수치심은 반드시 상응하지 않는데, 이점이 중요하다. 기능적인 차원에서의 자기조절의 필요성이 점증함과 아울러 개인들의 정서경제는 자기통제의 틀로부터 벗어난 심리적 배출구를 통해서만 그 자체의 항상성이 유지되기도 한다. 동시에 사적 영역과 공적 영역의 경계가 사회적 차원에서 설정되는데, 결국 이는 공과 사의 구별 자체가 개별 인간들의 결정이나 합리적 선택의 대상이 아님을 보여 준다. 그렇다면 내면화된 정서들의 통제를 요구하는, 사회의 기능적 분화는 왜 진행되고, 또한 도처에서 왜 그렇게 가속화되고 있는가? 그것은 바로 점증하는 국가체제들 상호 간의 갈등이나 사적 이익과 정

치적 지배를 둘러싼 경쟁이 심화되기 때문이다.[409]

"서구의 문명화 과정을 특수하고 예외적인 현상으로 만드는 것은, 기능들의 분화가 매우 높은 정도로 실현되고, 상호 의존과 경쟁들이 그렇게 광범위한 영역으로, 그리고 그렇게도 많은 인간집단으로 확대될 수 있기 때문인데, 이는 지금까지 지구의 역사에서 없었던 일이다."(PZ II, 347)

정서의 통제를 단초로 우리는 문명의 지구화, 즉 지구적 문명의 전개에 대한 하나의 인상적인 서술을 확보하게 된다. 사회의 구조적 변화는 사람들 사이의 심리적 관계에 대한 이해, 즉 사회적 의사소통의 방식들에 대한 이해와 맞물려 있다. 정신분석학의 관점에서 의식적인 수준의 변화와 무의식적 수준의 변화가 상호 연관되어 있다는 것 또한 자명하다. 그렇다면 정서경제의 변화가 사회 전체의 기능적인 복잡성이 증가하는 과정으로부터 분리될 수 없다는 사실은 어떻게 입증될 수 있는가?

"'합리화의 과정' 못지않게 눈에 띄는 것은 문명화의 과정과 관련, 예를 들어 우리가 '수치(Scham)' 그리고 '난처함의 감각(Peinlichkeits-empfinden)'으로 흔히 지칭하는 충동경제(Triebhaushalt)의 고유한 정형화의 과정(Modellierung)을 들 수 있다."(PZ II, 408)

여기서 엘리아스는 충동경제와—우리가 지금까지 추적해 온—'정서의 경제'를 구별하지 않는데, 그것은 그가 서구에서 16세기 이후 급격하게 진행된 합리화의 과정과 수치 감정의 전면적인 심화를 사실상 "동일한 심리적 변형들의 상이한 측면들"(PZ II, 408)로 규정하기 때문이다.

그런데 도대체 엘리아스는 여기서 어떤 의미의 수치를 염두에 두고 있는가? 그에게 수치는 근본적으로 '수치 불안'(PZ II, 409)이다. 수치의 불안은 철저하게 사회적 맥락 속에서 해석된다. 구체적으로 개별 인간은 자신보다 우월한 존재 앞에서 느낄 수밖에 없는 무기력감과 자괴감 등을 두려워하는 것이다. 수치 불안은 죄의식과 마찬가지로 심리의 내면세계 속에 별도의 공간을 구축하게 되며, 이곳에서 개별 인간은 사회적 갈등과 위계질서, 가치관들의 영향하에서 자기 자신과 불쾌한 대면을 요구받는다. 수치 불안은 이 같은 자기 심문의 과정 속에서 사회적으로 인정받지 못하거나 인간관계가 단절되는 일련의 복합적인 정서들이 응결된 하비투스(Habitus) 혹은 자동화된 기제(Automatismus)로 실재한다.

> "그래서 사회적 금지들의 위반에 대한 불안이 더욱더 강하고, 뚜렷하게 표현됨으로써, 수치의 성격을 지니면 지닐수록 사회의 구조에 의해 외적 강제들은 자기강제들로 심하게 변형되며 자기강제들의 고리는 (사람들의 행위에 부과된) 더 포괄적이고 세밀화된 방식을 취한다."(PZ II, 409)

문제는 정작 엘리아스가 충동경제와 정서의 기제를 동일시함으로써 수치의 개념을 단순화된 심리적 강제로 규정한다는 데서 발견된다. 그러나 이 같은 문제점에도 불구하고 엘리아스가 최소한 문명화의 과정이 단순한 이성 중심의 합리화 과정과 구별될 필요가 있다고 본 것은 타당하다. 즉 인지능력의 계발이나, 계몽주의적 관점에서 이성의 원리를 중심으로 문명화의 과정을 설명하는 시도들은 단편적이라는 지적이다. 문명화의 과정은 단지 인지체계를 발판으로 삼아 정서와 본능의 통제를 강화해 온 과정을 넘어서, 정서 자체의 질서가 사회문화적으로 재구성되고 재편성되는 과정을 수반하기 때문이다. 물론 수치심만이 본능의 질주를 차단하는 사회심리적 기제로 간주될 필요는 없다. 여기서도 수치와 죄의 감정은 정서와 본능의 경제라는 거대한 심연에 드리운 일종의 탐침이자 의식의 표면에 잘 떠오르지 않는 사회적 의사소통의 방식들임이 드러난다.

'정서경제'의 근대화 과정

사실 엘리아스의 시도는 헤겔과 베버, 마르크스 등과 마찬가지로 일련의 보편사(Universalgeschichte)적 전통의 맥락에서 그 의미를 가늠할 수 있다. 엘리아스의 주장은 지난 세기 후반에 이르기까지 그다지 대단한 주목을 받았다고 보기 어렵다. 인간의 정서와 행위를 근대체제의 변화와 관련해서 파악하는 작업은 역사적 관점을 전제한다. 국가권력의 강화와 중앙집중화, 사회의 기능적 분화 등은 파슨스(Parsons), 루만(Luhmann) 등의 체계이론에 의해서도 다양하게 분석되었으나, 이를 개인들의 영혼과 관련해서 심층적으로 이해하려는 시도는 통시적인 관점에서만 가능하다. 그러나 문명화의 이론이 폭넓은 지평에 걸

쳐 있는 것처럼, 이에 대한 비판 역시 다양한 형태로 전개된다.[410]

우리 역시 앞에서 엘리아스가 '정서의 경제'와 '본능의 경제' 사이에 형성되는 긴장 관계를 적절하게 파악하고 있지 못하다는 문제를 제기한 바 있다. 그 결과 문명화의 과정에 대한 이론에서 무엇보다 '문명화'의 개념 자체가 불투명해진다. 그것은 유럽만이 아닌 전 인류의 문명이 정서와 욕망의 통제를 지향한다는 일종의 '목적론적인' 서술로부터도 자유롭지 못한 것처럼 보인다. "문명화된 상태(Zivilisiertheit)"(PZ I, 132)란 표현 자체는 단순하게 말하면 국가와 사회체제의 요구에 잘 길들여진 개별 인간들의 행태와 의식을 가리키는 것처럼 보인다.

수치의 정서와 수치의 표현 사이에 간극이 존재한다고 간주할 때, 국가권력이 강화되고, 사회에서의 기능적 역할이 분화될수록 그 간극은 더 벌어질 수 있다는 것이다. 그러나 정서의 통제가 곧 자기정체성의 모든 질서가 이에 상응하는 방식으로 재편성된다는 것을 의미하지는 않는다. 물론 고도의 '수치 불안'과 합리적으로 포장된 '폭력'은 얼마든지 공존할 수 있다. 그것은 한 인간의 영혼에도 혹은 특정한 공동체나 국가사회에도 해당된다. 영혼과 정서경제에 대한 엘리아스의 소박한 이해는 사실상 프로이트로부터 유래한다. 마르크스(Christoph Marx) 역시 엘리아스의 오류가 프로이트에서 비롯한다고 지적한다.

엘리아스가 "그것(Es: 리비도의 세계를 가리킴: 저자 주)으로부터 자아가 생성되어야 한다."[411]는 프로이트의 전제를 수용한 것은 잘못이라는 주장이다. 그러나 프로이트와 달리 엘리아스에서 무엇보다 수치는 심리 세계의 내부에서부터 생성되는 것이 아니라, 사회적으로 구성된다. 물론 그 스스로의 고백처럼 본능의 통제와 관련된 긴장은 유아기

에서부터 추적될 수 있다.[412]

엘리아스의 문명론은 근대의 개인들이 오히려 수치를 더는 과거와 같은 방식으로 체험하거나 느끼지 않는다는 반론에 직면한다. 오히려 수치의 감정은 자유주의적 가치관을 내면화한 개인들의 영혼으로부터 고갈되거나 소멸되어 가는 단계에 접어들었다는 반론이 가능하다. 엘리아스의 연구 자체가 프랑스 궁정과 유럽 그리고 보편사적 차원으로 확대되는 일반 이론을 지향하는 한에서, 경험적 자료에 의거한 비판의 표적이 되기 쉬운 것은 사실이다. 이와 관련해서 민족학(ethnology)과 인류학의 자료들을 토대로 가해진 뒤르(Duerr)의 비판은 대표적인 경우다. 뒤르는 수치와 문명의 연관에 대해 체계적으로 작업해 온 민속인류학자의 관점에서 '문명화의 과정'이란 전제 자체가 일종의 신화에 불과하다고 비판한다. 여기서는 경험적인 적실성의 문제와 함께 엘리아스의 이념적인 편향성이 문제시된다. 엘리아스의 가치관은 분명 유럽중심주의적이라는 것이다. 그는 유럽의 궁정사회가 정착되기 전의 중세나 고대 그리고 유럽 이외의 다른 사회들은 'civilité', 즉 문명화된 섬세함과 세련된 정서의 통제 양식을 결여하고 있다고 주장하지만, 이는 편견에 불과하다는 비판이다.[413]

한편 타인의 눈에 띄지 않는 자신만의 고유한 공간, 즉 자신만의 내밀한 영역이 사적 영역으로 규정될 수 있다면, '자유주의'는 수치의 강화가 아닌 수치 감정의 배제를 지향하는 것으로 해석된다. 즉 사회적 수치를 단지 '정서의 통제'로 규정하기에는 무리가 따른다는 것이다. 물론 현대 사회에서 능력주의(meritocracy)는 과거 전통사회에서 명예와 희생, 충성심 등이 담당했던 역할을 대체한 것으로 보인다. 한 사회에서 귀족제도나 신분제가 지배적일 때, 수치 감정이 지배적인 위상을 점유하리라는 견해에 동의할 수 있다. 집단적 삶의 방식, 온정주의(paternalism) 정치문화, 명예사회의 특이한 의식들, 사회적 위상에 상응하는 언어의 의미론적 위계질서 등은 전통사회에서 개인의 심리 과정을 규율하는 조건들이다.

그런데 근대 이후 '신분에서 계약'으로의 과정이 진행되면서 사회적 수치의 감정을 불러일으키는 계기들 역시 양상을 달리하게 된다. 여기서 엘리아스의 수치 불안에 대한 인식이 모호하다는 점이 드러난다. 우리는 전통사회나 전근대적인 공동체에서 명예와 체면이 중시될수록—앞에서 베네딕트의 일본사회에 대한 서술을 통해서 살펴본 것처럼—수치 불안이 '요구'되며, 그것은 국가의 수준에서보다는 종교공동체나 자그마한 규모의 집단에서 더 엄격한 준수가 요구된다고 추정할 수 있다. 사실 이 점에서 엘리아스의 문명화 과정론은 과도하게 국가 중심적이다.[414]

이러한 비판은 타당하다. 왜냐하면 규모가 큰 사회일수록 한 개인이 자신의 전체 인격을 드러내 놓고 평가받아야만 하는 상황에 비교적 덜 노출되기 때문이다. 네이글(Nagel) 역시 자유주의적인 미국사회를 대상으로, 노출의 과잉으로 나타나는 수치 감정의 변화를 추적함으로써, 사적 영역과 공적 영역의 경계를 중심으로 전개되는 사회적 인식의 급격한 변화를 쟁점화한 바 있다.[415] 그런데 도대체 무엇이 수치심의 정서와 그 표현 양식에 변화를 가져왔는가? 전통주의자의 관점에서 수치 표현의 마비로 간주되는 현상은 곧 가치관 자체의 변화를 가리키는가? 정서의 통제와 도덕적 정체성의 변화는 직접적인 연관성이 있는가?

우리는 수치심이 도덕과 직접적인 관련이 없는 사회의 권력관계로 부터 해석되어야 할 필요성에 대해 언급한 바 있다. 특히 개체화나 개 인화(Individualization)의 과정이 근대 이후 가속화됨으로써 개인은 스스로의 실패에 대해 책임을 지고 자신의 정서경제에 대한 내면적인 해석의 부담 역시 자신이 감당해야 하는 과제를 떠맡게 되었는데, 이 같은 현상은 결국 수치 표현이 아닌 내면적인 수치 감정이 심화되는 결과를 초래한다. 물론 이 경우 수치심은 명예의 회복을 위한 적극적 계기로 작용하거나 모욕감이나 열패감을 수반하는 부정적인 감정의 표현으로 발현될 수 있다. 당연하게도 이 같은 감정의 표현 자체는 해 당되는 개인이 선택한 정서의 자기 이해를 반영한다기보다, 사회에서 이미 형성된 집단의 해석을 수용하는 방식으로도 진행된다. 수치의 감 정을 느끼는 것 자체가 스스로의 능력과 가치에 대한 낮은 평가를 이 미 전제하거나 시인하는 것으로 해석되는 한에서, '수치의 감정'은 사 회화 과정의 초기 단계에서부터 그 표현이 억제되거나 굴절된다.[416]

이처럼 수치의 감정은 정서의 내재적 역동성으로부터 만족스럽게 설명되지 않는다. 수치의 감정은 사회적 정체성이나 문명의 조건들에 의해서 형성되고 변형됨으로써 자기정체성의 중요한 계기로 작용하게 된다. 다시 말해서 일견 '자연스럽게' 표현되는 '수치'의 감정 역시 사 회적 소통과 그 학습에 의해서 굴절된다. 예들 들어 근대 이후 성숙한 행위자에게 요구되는 일련의 태도들은 '수치'에 대한 '수치'의 감정이 나 관념을 가속화시킴으로써, 정서의 일차적인 표현을 통제하도록 요 구한다.

뒤르(Duerr) 역시 이러한 변화를 간과하지 않는다. 가령 그는 《친밀성》이란 제목의 방대한 저서에서 "우리 시대에 사람들은 종종 벌거벗은 몸보다 수치 자체에 대해 더 수치스러워 한다."[417]고 단언한다. 수치에 대한 수치는 근대의 문화가 단순하고 직접적인 감정 표현의 가능성을 스스로 차단함으로써 의식 자체의 내부에 메타적인 감정의 공간을 창출했음을 가리킨다. 이러한 탈자연화, 탈본성화의 경향은 실제로 감정과 정서 자체의 직접적인 표현을 억압함으로써, 과거의 전통사회와는 다른 유형의 수치에 대한 터부, 즉 '수치에 대한 수치'의 감정을 심화시킨다. 따라서 근대인들의 '수치 터부'는 반성의 과정에 의해 매개된 이차적 감정이다.

> "수치-터부가 붕괴되고, 이로 인해 지배적인 개체성의 규범에 부응하지 못하게 되면, 사람(들)은 자신이 수치스러워 한다는 *사실에 대해* 수치스러워 한다. 왜냐하면 수치는 굴복당한 자의 열등한 정체성과 결부되어 그 자체로서 수치스러운 것으로 되어 버렸다"[418]

자신을 통제해야 한다는 근대의 명령은 정서경제의 변형을 초래한 한 원인으로 작용한다. 죄의 감정과 함께 수치 역시 근대 이후 약화되거나 흔적이 희미해진 것이 아니라, 영혼의 깊숙한 심리의 차원 속에 스스로를 은폐하고 있다는 것이다. 이로써 수치의 감정은 사회적이며 타자의존적인 '자기평가'의 감정이자, 정서적 소통의 맥락 속에 위치한 '자기통제'의 대상임이 드러난다.

즉 '수치의 표현'이 초래할 수 있는 부정적인 평가나 자신감의 결여가 노출되는 것에 대한 불안은 수치의 표현 자체를 일종의 사회적 터부로 간주하는 태도와 상응한다. 어떤 의미에서 수치의 감정과 표현의 괴리가 진행되는 과정은 문명화의 과정보다는 규율의 강화로 이해될 수 있다. 문명이나 문명화의 과정이란 표현 자체는 이 개념 자체에 수반되는 고유의 의미로 인해서 부담스러울 뿐만 아니라, 정서경제의 변화를 서술하기에는 지나치게 투박하기 때문이다. 따라서 우름저(Léon Wurmser)와 그 이후의 연구들이 보여 주는 것처럼, 수치심의 결여는 단순히 심리적인 공황이나 소극적인 자기비하의 차원에 머물지 않는다. 구체적인 행위 상황에서 표면화되는 후안무치한 태도들은 사실상 일차적 수치심을 비합리적이며 솔직하지 못한 방식으로 위장하려는 시도들일 수 있다. 과도한 뻔뻔스러움이나 공격성, 위압적인 태도, 지배관계 중심의 인간 이해 등과 같은 여러 형태의 부자연스러운 자기표현의 방식들은 이 점에서 '수치의 가면'일 뿐이다. 마치 폭력성이 허약함의 또 다른 가면으로 위장되거나 종종 과장된 방식으로 정서의 자연스러운 표현을 억압하는 것처럼, '수치'와 '수치의 가면' 사이의 왜곡된 관계는 '병적 증후군'의 증상으로 고착될 수 있다.

이로써 무엇이 수치심을 불러일으키는가라는 물음은 인간 내부의 심적 사태를 관찰하는 것만으로는 해명되지 않는다. 자기통제 방식이 사회적 소통의 맥락을 전제하고, 역사적으로도 구속되어 있다는 인식은 수치 감정의 본성론적 이해 방식과 충돌한다. 후자는 자기통제의 표현 방식이 역사적으로는 변화하지만, 그 기본적인 구조 자체는 보편적이라고 고집한다. 실제로 뒤르(Duerr)는 이 같은 본성론에 경도되고 있다는 인상을 준다. 뒤르는 소위 "원시" 사회는 물론 인류의 유전적인 구도가 확립된 4만 년 이래 자기통제의 여러 방식이 전승되어 왔다고 주장한다.[419] 반면에 수치심은 엘리아스에 의하면 사회적 조건의 결과로 간주될 뿐이다. 여기서 수치심을 느끼는 사람은 항상 열등감도 느끼는 존재다. 즉 이들은 사회적 지배관계에서 피지배계층에 해당한다는 것이다. 단지 타인의 강제가 아닌 스스로의 내적인 동기에 의해 수치심을 느끼는 경우, 이는 정서경제의 통제가 달성된 것으로 여겨질 뿐이다.

이 같은 유형의 물음은 무엇보다 인간의 존재양식에 대한 이해가 선행되어야 그 해명이 가능해진다. 수치심은 역사적으로 그 표현의 방식만이 아니라 규범적 갈등의 조절을 둘러싼 다른 경쟁적인 감정들—죄의식은 단지 그중의 하나이지만, 결정적인 의미를 지닌다.—과의 연관 속에서 이해되어야 하는데, 이는 원천적으로 심리 세계 내부에서 작용하는 역학관계에 주목하게 만든다. 감정의 억압을 요구하는 장치들이 작동하는 한에서, 수치의 정서와 관련된 변형은 불가피하다. 다시 말하면 "외부의 강제가 내적인 자기강제"로 변형되는 과정에서, 정서의 경제는 새로운 '과제'를 부여받는다. 오직 이 경우에 우리는 나르시시즘과 허무주의, 개인주의 등이 왜 근대의 지배적인 삶의 형식으로 등장하게 되었는지 이해할 수 있게 된다.

근대의 탄생은 사회적인 의사소통의 연결망이 그 자체의 법칙성을 지니게 되는 과정과 일치한다. 그 결과 사회적 소통의 방식은 "개인적인 사유와 계획들을 가능케 하는 '정신'의 법칙성이나, 우리가 '자연'이라고 명명하는 것의 법칙성과도" 일치하지 않게 된다.[420] 엘리아스는 여기서 개인들의 행위와 정서적인 상태가 어떻게 반응하는가와 관계없이 작동하는 자율적인 질서를 염두에 두고 있다. 게다가 이러한 결과는 개인들이 의도하거나 계획하지 않는 것이다.

엘리아스는 여기서 사회이론의 언어로 포장된 '이성의 간계(List der Vernunft)'를 주장하고 있는 것인가? 그러나 엘리아스는 단지 자기강제들이 요구되는 포괄적인 맥락에 대해 언급하고 있을 뿐이다. 다만 사회의 기능적 분화에 따라 정서의 표현은 필연적으로 다양할 수밖에 없다는 것이다.[421] 따라서 엘리아스는 수치의 표현에서 뚜렷한 기복이 있을 수 있으며, 그 강도가 변화될 수 있다고 주장한다. 이는 정서의 변화가 사회 전체와 개인의 심리적 구조 사이의 상응관계 속에서 추적 가능하다는 전제 위에 놓여 있다. 이로써 우리는 자기강제의 개념에 이미 '문명(Zivilisation)'이란 표현이 함축되어 있다는 의혹을 떨칠 수 없다.

"행동과 충동의 삶에서의 변화는 우리가 '문명(Zivilisation)'이라고 부르는 것인데, 이는 인간들이 더 강력하게 연결된 그들 상호 간의 점증하는 의존성과 아주 긴밀하게 관련한다."(PZ II, 77)

인간 상호 간의 의존도가 심화된다는 것은 타인과의 접촉에서 최대한의 조심성을 보이는 사람에게 더 큰 이익이 예상되기 때문이다. 이같은 조심성과 양보, 겸양 등은 한마디로 충동과 본능의 억압을 전제하며 불가피하게 그것을 표현해야 하는 경우에도 더 섬세한 태도가 요구된다.

물론 엘리아스의 서술은 이미 지적한 대로 과도하게 특정 시대, 즉 16세기 유럽의 변화에 초점이 맞추어져 있다. 그 결과, 충동과 정서의 긴장 관계에 대한 부편적인 인식이 결여되어 있다는 비판에 직면할 수밖에 없다. 수치에 근거한 충동의 내적 통제가 인간이 인간으로 존재할 수 있는 일반적인 조건이라는 사실이 간과되고 있는 것이다. 엘리아스의 경우처럼 소위 원주민은 곧 원시적이라는 편견으로부터 자유롭지 못한 대부분의 사회인류학적 연구나, 비교문화론은 문명화의 과정에 대한 그릇된 편견을 고착시키고, 학문의 이름하에 제3자의 객관적 시선이 지니는 독점적인 위상을 강화한다. 이러한 서구적 관점은 비서구사회에 대한 일방적인 계몽과 교화 혹은 정복의 정당성을 제공하는데, 여기서 근대란 관념은 상징체계와 개별존재의 정서경제가 어떻게 연관되는지를 설명해 줄 수 있는 지표로 채택된다. 즉 인간적 정서의 심리적 기제에 대한 이론 역시 근대화의 거시적 차원에서 식민주의, 즉 문명화된 사회와 문명 이전 단계의 사회의 차이에 대한 평가에 의해서 정당화되고 있다. 엘리아스의 이론이 경험적으로 성립될 수 없다는 것은 곧 내적 강제의 '전통'이 서구 근세 이전에 타문화권에서도 작동하고 있다는 사실을 통해서 밝혀진다.[422] 물론 전통적인 사회는 일반적으로 비인격적인 사태들을 인간적인 관념으로 유추해서 해석하는 특징을 보이는 반면, 근대사회는 익명성과 그 차가운 비인간성에 의해 특징지운다는 통념이 지배해 왔는데, 이 역시 선입견일 수 있다.[423]

같은 맥락에서 뒤르는 '문명화의 과정이란 신화'에서 바로 이 같은 유럽 중심의 '식민주의'가 보이는 허구성을 방대한 인류학의 자료들에 의존해서 비판한다. 근세 이전의 서양 고대사회가 정서와 충동의 통제와 관련해서, 문명화되지 못한 상태에 머물렀다는 엘리아스의 주장은 설득력이 약하다는 것이다. 그는 문명화되지 못했다는 것이 곧 '성숙하지' 못하다는 것과 동일시될 수 있는가라고 묻는다.

예컨대 엘리아스의 무리한 가설은 '나체 상태'와 '수치심'의 유무를 직접적인 인과관계에 근거해서 이해하려는 태도에서도 발견된다. 뒤르는 이 가설이 타당하지 않다는 것을 《친밀성》에서 수많은 실증적인 자료를 통해서 반박한다. 모든 인간 사회에서 여성이나 소녀의 벌거벗은 몸을 보이는 것은 금지되며, 일부 종족의 벌거벗은 생활방식 역시 눈에 보이지 않는 터부의 관념을 통해 특정 부위에 시선을 돌리는 것을 금지하는 관습을 감안해야만 제대로 이해될 수 있다는 것이다. 그는 신체 수치에 해당하는 신체의 부위는 각기 다를지언정 사회공동체의 삶을 영위하는 과정에서 필연적으로 보편적인 유형의 신체 터부의 정서가 구조화되어 있다고 본다. 모든 사회에서 수치의 표현은 사적인 것과 공적인 것의 구별만이 아니라, 성적인 자극의 "조율과 통제"를 통해서 해석된다는 것이다.

수치심의 결여는 공적인 영역과 사적인 영역의 경계가 함몰될 때 비롯하는데, 원시 사회에서도 자연친화적인 종족의 경우, 벌거벗은 몸이 곧 수치심의 결여를 의미하지는 않는다는 것이다. 이들은 한결같이 '시선'에 대한 터부를 인정하며, 그 결과 터부로의 문신이나, 장식, 의복의 경계는 모호해진다. 즉 터부의 위반은 처벌을 야기하기 때문에 단순히 벌거벗은 몸을 보이고 있다고 해서, 신체와 이에 대한 시선의 사회적 해석에 그 어떠한 강제도 없다는 결론은 속단이자 잘못된 추론에 지나지 않는다는 것이다. 게다가 성적 행위가 항상 사적인 공간에서 행해진다는 것은 이러한 추정을 뒷받침한다. 또한 인간적인 성숙의 징표가 모든 형태의 본능에 대한 통제를 넘어 자신의 생리 현상이나 외모의 은폐와 같은 행태를 중심으로 설명될 수 있는지도 의심스럽다는 것이다.[424] 수치는 정서의 경제가 현실과의 타협 속에서 채택할 수 있는 자기표현의 방식이기도 하다. 이때 정서 자체와 표현은 항상 일치하지 않는다. 자기표현의 가능성이 모든 사회에 동일하게 허용되지도 않는다. 따라서 전통사회가 오늘날보다 훨씬 더 자신의 잘못된 행위를 스스로의 모든 인격과 관련된 것으로 해석하는 경향이 있다는 뒤르(Duerr)의 관점은 주목할 만하다. 전통사회에서 개인들은 사회적으로 부과되는 징벌을 온몸으로 감내해야 하며, 이는 수치 표현의 강렬함으로 나타난다.

결국 정서경제의 통제는 사회의 탄생과 함께 발생한다. 사적 영역과 공적 영역의 분리가 전제되는 한에서만 사적 영역 내에서의 행위는 사회적《감시와 처벌》(Foucault)로부터 면제될 수 있다. 그러나 엘리아스에 의하면 사적 영역과 공적 영역의 구별 자체가 수치의 조절 기제에 속한다는 것이다. 문제는 그가 추구한 이론적 주장들이 과도한 일반화에 의해 부풀려져 있다는 사실이다. 사적 영역과 공적 영역의 구별은 남성과 여성의 성적 차이에 대한 인식과 마찬가지로 인간의 본성에도 부합된다고 볼 수 있다. 공적 영역과 사적 영역의 분리는 인간의 충동과 본능, 욕망과 같은 자연적 성향으로부터 비롯한 표현들을 사적 공간에 가두어 놓는다는 것을 의미한다. 이제 수치스러움은 '정치적인' 위상을 부여받는다. 이는 수치심이 '권력'에 의해—여기서 권력은 법적 강제력을 포함, 사회적 강제의 모든 유형을 가리킨다.—그 '경계선'이 설정되고, '보호'받거나 '통제'된다는 것을 의미한다.

새로운 쟁점들

지금까지의 논의를 정리해 보면 다음 몇 가지 물음으로 요약된다. 즉 수치 문화나 죄의 문화는 감정의 문법이 한 공동체의 구성원에게 일정한 구속력을 지닌다는 것을 전제하는데, 감정의 문법이 집단적 수준에서 변화될 경우 우리는 이를 어떻게 감지할 수 있으며, 또한 이를 문명과 같은 거시적인 질서의 변화와 관련해서 재구성할 수 있는가? 정서의 기제와 사회의 구조적이며 제도적인 조건들은 단순한 상호관계 속에 놓여 있는가 아니면 모종의 경험적인 인과관계가 성립하는가?

이러한 물음들은 특정한 정서들 간의 내적 연관이 사회적 수준에서 진행되는 과정들에 의해 '교란될' 때 더 중요해진다. 문명화된 사회는 사회적 상호작용의 법적 통제를 지향하는 한에서 전통적인 수치의 문화에서 죄의 문화로 이행하게 될 경우 외적 강제를 대신해서 내적 강제의 원리를 중시하려는 경향 역시 강화될 수 있다. 이때 내적 강제는 반드시 이성의 자율성에만 의존하지 않는다. 그것은 이성 이전에 본능과 충동 그리고 무엇보다 정서경제의 총체적 변형으로 귀결될 수 있기 때문이다. 그러나 자율적이면서 내적인 강제를 외적 강제로부터 분리하고 이를 제각기 다른 시대의 규범문화와 상응하는 것처럼 가정하는 데에는 적지 않은 무리가 수반된다.

우리는 이미 앞에서 수치와 죄의 감정이 동시에 내적 통제의 한 중요한 방식으로 구현되고 있음을 살펴보았는데, 이처럼 근대 이후의 삶의 조건들은 감정과 감정 표현의 간극을 통해서 전자가 왜곡된 방식으로 표현되도록 유도한다. 그러나 여기서 인간의 내면세계는 단순히 외부의 규범적 요구에 순응하거나 거부하는 방식으로 작동하지 않는다는 사실 또한 간과되기 어렵다.

내적 자기관계는 갈등과 상호 대립하는 심리적 힘들의 역학관계에 의해서 다양한 양상으로 전개된다. 사회적 평가와 무관하게 자기통제와 자율성의 원리가 관철된다는 것은 칸트적인 혹은 스토아적인 의미의 초월적 자유의 이념이 실체가 있음을 가리킨다. 이는 고대의 영웅들이 보여 주는 강인한 성격과 자기일관성, 명예에 대한 확신 등과 구별되는 새로운 방식의 주권적 존재가 가능하다는 것을 말해 준다. 주권적 존재들, 즉 성숙한 개인들이 비록 상황에 대한 고려하에서 결단을 내린다 해도 그 결단의 동기가 전적으로 사회적 평가에서 비롯한다고 보기는 어렵다.

그러나 경험 초월적인 차원에 관한 철학적 인간학의 탐구는 자연주의적인 기획이 주도하는 한 환영받지 못한다. 이로써 형이상학적인 인간 본성의 개념은 폐기될 위험에 처하게 된다. 물론 본성주의자나 일부 전통적인 입장들은 수치와 죄, 양심, 부채감, 명예 등이 인간의 도덕적인 정체성을 형성하는 경험초월적인 계기들이며 이는 사회문화적으로 결정되지 않는다는 주장을 고수할 수도 있다. 이와는 대조적으로 앞서 살펴본, 엘리아스나 베네딕트 등의 작업들은 실제로 역사화의 경향이라는 거대한 방법론적 전환을 실천한 근대의 이론들이다. 이들은 본능과 정서, 인지의 형성 과정이 사회문화적 맥락 위에서 규명될 필요가 있다는 전제에 충실하다.

지금까지 우리는 삶의 사회문화적인 조건과 보편적인 상징체계를 함께 고려해 왔다. 인간의 자기 이해의 방식은 특정한 집단의 역사적,

사회적 경험과 함께 고려되어야 한다. 실제로 특정 문화의 평가와 관련한 오류는 해당 사회를 탐구하는 문화인류학자나 사회학자들의 편향적인 시각을 종종 보여 주는데, 그것은 경험적인 자료 부족이나 이데올로기적 편견에 기인한 것이라기보다, 규범문화와 심리적 기제, 특히 정서경제 사이에 형성된 복합적인 연관과 관련해서 그들이 동원하는 범주들이나 경험적 전제들이 적절치 못하기 때문이다. 상호 구별되는 규범문화들의 변별적 차이들 못지않게 정서들이 어떠한 방식으로 유전적인 계기들에 의존하거나 사회적이며 문화적인 학습에 의해서 상호 조율되는지에 대해 더 선명한 지형도가 필요한 것이다. 오직 이 경우에 특정한 이론의 일반화에 기댄 오해로부터 벗어날 수 있을 것이다.

그러나 인간의 정체성에 관여하는 상징체계들은 개별존재를 초월하는 '정신'의 객관적 표현이다. 다시 말해서 외적 강제에서 내적 강제로의 전환은 초월적인 가치들로 간주되는 상징체계를 매개로 진행된다. 이는 이미 니체가 심층적으로 해부한 것처럼, '기억과 약속'의 의무, '잔인함'을 수반하는 여러 심리적 조작과 같은 의미론적 기술 등을 포함한다. 인간이 상징과 언어를 통해 자기 이해를 추구하는 한, 의미론적 기술(semantic technology)은 정서의 형성에도 관여하게 된다. 그런데 공동체적인 삶의 방식을 유지하고 있는 원시사회에서도 규범이 규범으로써 작동하는 한, 그리고 최소한의 상징에 의거한 사회적 의사소통이 가능한 한에서, 그곳에 보편적인 규범의식 자체가 전혀 존재하지 않는다는 가정은 성립하기 어렵다. 여기서 다만 중요한 차이는 사회적 삶의 방식이 자연 상태에 의존함으로써 수치 감정과 그 표현의

사이에 존재하는 간극은 별다른 병리적인 현상으로 발현되지 않을 수 있다는 사실이다.[425]

반면에 근대 이후, 삶의 다원주의적 해석이 팽배하고, 자기표현이 급격하게 무질서한 형태로 바뀌어 간다고 해서 삶의 진정성에 대한 자기 이해의 방식에 근본적인 변화가 발생했다고 단정할 수 없다. 가령 오늘날 과시주의(Exhibitionism)에 의해 발생한 정서경제의 과부하 현상은 그 자체로 시대의 한 증후일 뿐이다. 이는 이미 앞서 거론한 사적 영역과 공적 영역 사이의 지각변동과 무관하지 않을 뿐만 아니라, 수치 감정의 표현이 문화의 특수한 조건들로부터 추상된 원리에 의해서 일면적으로 이해될 수 없음을 말해 준다. 그러나 또 다른 한편으로 정서경제의 과도한 부담을 경감시켜 주는 일련의 사태들이 근대적 삶의 조건들로 언급될 필요가 있다. 특히 도덕과 법, 개별 인간의 자기정체성과 외적 행위의 연계가 약화되거나, 그 구별 자체가 제도적으로 보장되는 자유주의 사회의 일반적인 현상들이 이에 해당한다. 같은 맥락에서 풍크(Rainer Funk)는 삶의 규범적인 해석이 법과 정의를 축으로 재편성되는 과정에 주목한다. 행위의 정당성은 그 행위의 목적보다는 절차적 정당성의 근거에 대한 담론을 중심으로 해석되는데, '죄의 물음' 역시 이 같은 맥락에서 재설정되는 것이다.[426]

이 같은 언급은 죄의 문화가 지배적이지 않은 공동체 집단에서 법의 역할이 간과될 수 있다는 주장으로 이해될 수 없다. 중요한 것은 주로 일탈 행동이나 범죄 등의 처벌을 뒷받침해 주는 '실정법'의 존재나 그 역할의 정도 여부가 아니다. 법은 사회적 갈등을 해소, 조절하는 '도구'나 '기능' 이상의 보편적인 효력을 지닌 실체적 힘(substantive power)

으로, 그리고 나아가서 고유의 상징체계로 제도화됨으로써, 수치와 명예의 감정이 지배적인 사회와는 근본적으로 다른 규범체계를 구축하게 되는 것이다.

여기서 법과 도덕 사이의 균형이 한 사회의 다른 요인들에 의해서 좌우된다는 사실을 감안하더라도 최소한 법체계의 포괄성과 법의식의 내면화가 과잉도덕이나, 도덕주의적 담론의 영향력을 약화시키는 것은 부정할 수 없다. 죄의 감정에 근거한 법의 주축적인 위상은 풍크가 적절하게 지적한 대로 삼권 분립이라는 제도적 장치를 통해서 보장될 뿐만 아니라 법체계 자체가 자기반성적인 구조를 스스로에게 부과하게 되는 원인으로 작용한다.[427]

이로써 근대 국가의 '법치주의'는 개별 사회의 정서경제에 의해서 제각기 고유한 방식으로 제도화된다. 이는 죄의 관념이 합리화의 과정을 거쳐 존재론적인 맥락에서 벗어난 것과 무관하지 않다. 결국 법의 이념과 그 제도화의 과정은 죄의 문화와 수치 문화의 전통들이 경험하게 된 일련의 정황들로부터 설명될 수 있다. 이제 수치 문화는 과거 초기 단계의 비교문화론의 주장처럼 순응주의나, 타율적이며 관습적인 사회에서만 지배적인 경향으로 나타나지 않는다. 근대사회에서 우리는 전통적인 명예의 관념의 해체와 함께, '도시 속의 유목민'으로 변화되어 가는 삶의 방식을 목격하고 있다. 이 과정에서 근대사회는 도덕적 정서보다는 법률에 의한 규범의 통합성을 유지하려고 시도한다. 이로써 포괄적인 의미의 수치윤리에 의거한 규범적 통합의 가능성은 더 멀어진다. 동시에 죄의 관념 역시 법적인 처벌과 책임의 형식적 원리로 재해석된다. 수치를 통해서 정당화되거나 그 사회화의 과정이 요구되는 가치와 규범들에 의존하지 않더라도, 법적 강제라는 최소한의 규범적 장치로 사회적 통합을 달성할 수 있다는 기대가 자유주의의 최소한의 목표와 상응한다는 것은 자명하다. 그래서 한 사회가 수치 감정의 사회적 학습을 통해서 규범체계의 재생산을 보장할 수 있으리라는 공동체주의나 그 변종들—신유가주의(Neo-Confucianism)나 이슬람 근본주의 등을 거론할 수 있다.—의 전망은 그리 밝지 않다. 수치 문화는 정서경제의 역사적 산물이지만 이미 역사의 저편으로 물러날 수밖에 없다. 다만 변형되고 축약된 수치 불안이나 감정들은 가면을 쓴 채, 타자에 대한 폭력으로 혹은 가식적인 태도들로 남아 있게 된다.

만약 수치의 감정이 지배적인 규범체계로 작동하는 경우 명예와 자긍심의 침해는 자아 전체의 정체성에 영향을 미치기도 한다. 여기서 흥미로운 것은 이 같은 감정의 발현이 외부로부터 강요된 것이 아닌, 스스로의 선택으로 간주된다는 사실이다. 수치는 이때 치욕(Schande)이다. 그래서 명예와 내적 수치의 감정은 반드시 부정적인 자기비하나 모멸의 감정으로 머물지 않는다. 법의 조절능력이 약화되거나 완화된 경우에 수치의 감정은 그 자체로 표현되지 않고 타인에 대한 잔인함과 폭력으로 변형될 수도 있다. 이 점에서 보면 '폭력'은 종종 '수치의 가면'이라 할 수 있으며 내적인 심리 구조의 병리적 상흔과 자아의식의 비정상적인 불균형은 수치 감정의 직접적인 표현 자체를 억압함으로써 정서의 왜곡을 초래한다.

정상적으로 발현되거나 처리되지 못한 수치 감정은 자신의 내면에 '타자의 시선'이 침입하지 못하는 스스로의 고유한 도피처를 구축한다. 자신만의 도피처는 단순히 자폐증의 방식으로만 구현되지 않는다. 도피의 방식은 '집단적 익명성'으로의 퇴행, '동류집단' 속에서 발견하는 집단의식 혹은 특정한 행위나 대상에 대한 편집증적인 집착과 같은 다양한 양태로 가시화된다. 명예사회의 도착적인 경우가 바로 이것이다. 수치 문화는 곧 명예사회인가? 명예사회는 그 사회의 구성원들에게 자신의 명예를 유지하거나 박탈당할 수 있는 양자택일의 상황을 강요한다. 이 점에서 자긍심과 수치심은 동전의 양면과 같다.

한편 동서양의 상호 구별되는 규범문화들은 근대 이전에도 그러했던 것처럼 서로 다른 방식으로 사회적 통합을 달성하려는 시도들을 멈추지 않을 것이다. 공동체주의에 의존하는 사회는 당연히 인륜적 질서의 형성 과정에서 고집스럽게 외재적 권위에 의존할 가능성이 높아 보이지만, 그 같은 시도는 근대사회의 역동성 앞에서 무의미해 보인다. 반면에 수치의 감정과 그 다양한 '가면들'은 미시적인 차원에서 그리고 사적인 공간에서 자신의 변종들을 잉태하게 된다.[428]

3부

정서의 경제,
감정의 문법

정서의 경제

"정서의 경제"라는 관념은 니체의 후기 저작에도 등장하는데, 이는 인간들의 가치관념이나 규범적인 판단이 이미 항상 의식 이전의 수준에서 작용하는 정서들에 의해서 조건 지운다는 사실을 의미한다. 실제로 니체는 "도덕들이 … 정서들의 기호언어에 불과하다."[429]고 말하는데, 이는 정서들의 역동성과 구조에 대한 이해를 전제하지 않고서는 도덕의 발생적 근거를 파악할 수 없다는 것을 가리킨다.

여기서 정서경제의 문제를 논하기에 앞서 정서와 감정의 차이에 대해 잠시 검토할 필요가 있다. 우리는 잠정적으로 감정(Emotion)과 정서(Affect), 느낌(Feeling) 등의 개념적인 의미를 다음과 같이 이해할 수 있다.[430] 감정에는 수치와 죄, 혐오와 자긍심, 기쁨과 슬픔, 분노 등이 해당되는데, 이 감정들은 느낌보다는 선명하게 지각되지만, 그렇다고 정서와 같은 심리적 경향처럼 오래 지속되지 않는다. 감정은 느낌을 수반하거나, 정서적인 변화에 선행하지만, 반드시 모든 경우에 그렇다고 볼 수는 없다. 이 점은 이미 앞에서 신체 수치와 정신적 수치에 해당하는 사회적 수치의 구별을 통해서 개진된 바 있다. 또한 자긍심의 경우처럼 모든 감정이 얼굴 표정이나 태도 혹은 몸짓 등으로 가시화되지는 않는다. 느낌은 당연히 생리적이거나 물리적 변화를 수반하는, 그러나 항상 명시적인 언어로 표현될 필요가 없는 공포, 배고픔, 스트레스, 갈증과 같은 현상들이며, 이는 감정이나 정서보다는 충동 혹은 본능과 연관된다. 정서 역시 본능과 일정한 연관 속에서 파악될 수 있다. 한마디로 마음의 체계 안에서 감정과 정서, 느낌, 본능과 욕망은 전일적인(Holistic) 앙상블로 실재하기 때문이다.

물론 여기 간략하게 소개된 개념들의 이해 방식은 개별 언어 공동체의 관습에 따라 다를 수 있으며, 심지어 일부 철학자들마저도 정념과 감정, 정서 등을 엄격히 구별하지 않는데, 데카르트의 경우가 대표적이다. 그가 1649년 발표한《영혼의 정념들Les passions de L'ame》이란 텍스트는 그의 마지막 작품이면서, 동시에 그의 '잠정적인 의미만을 지닌 윤리학'을 보완해 줄 수 있는 긴요한 단초들을 제공해 준다. 그는 여기서 정념을 영혼의 지각이나 느낌 혹은 정서들(émotions)로 표현한다.[431] 그러나 데카르트는 지각이나 느낌이 정념의 수동적인 측면을 표현하는 데 비해서 감정은 인간의 마음속에서 관념들이 자극을 주고 발동하는 모든 사태를 표현해 준다는 의미에서 정념의 성격에 가장 잘 부합된다고 말한다.[432] 정념(passions)의 표현에는 수동적인 의미와 함께 능동적인 마음의 의미가 함께 포함되는데, 이는 이 개념의 라틴어 어원인 emovere에도 부합된다. 만약 20세기 이후 주류 윤리학을 지배해 온 이성 중심의 규범윤리학의 '한계'에 대해 불만스럽게 생각한다면, 데카르트의 시도는 스피노자나 흄과 함께 흥미로운 대안들로 간주될 만하다. 그는 인간의 정서와 감정들이 본능이나 욕망과 같은 다른 심리적 힘들과의 관련 속에서 이론적으로 체계화될 수 있다고 생각했다. 그는 특히 인간의 정서들이 표상들(imaginations)과 어떠한 관계를 맺는지 인식함으로써 정서들을 통제할 수 있다고 생각했다. 데카르트의 이 같은 인지주의적 관점은 스피노자에 이르러 더욱 강화되는데, 해마커(Hammacher)는 후자의 이론적 특징을 다음과 같이 간결하게 정리하고 있다.

"근본적으로 모든 자연적인 정서를 정신적인 활동성으로부터 발동하는 이성의 정서로 대체할 수 있는, 다시 말해서 모든 정서적 자극에 고유한 지향성을 부여해서 발전시켜 나갈 수 있는 가능성을 파악한 것은 바로 다름 아닌 스피노자가 처음이었다."[433]

데카르트에 뒤이어 스피노자 역시 나름대로 감정들의 '연역'을 시도했는데, 그는 슬픔과 기쁨과 같은 기본적인 정서를 더 근원적인 사태로 설정한다. 그러나 오히려—앞서 논의된 프로이트의 경우처럼—쾌감과 불쾌감을 더 근본적인 신체적 조건들로 환원해서 설명하지 못할 이유가 무엇인가라고 물을 수 있다. 기본감정과 이차적 감정들의 구별 자체가 정당화되기 위해서는 인간의 심리 세계를 넘어서 본능과 욕망, 정서에 대한 포괄적인 작업이 수반되어야 한다. 여하튼 스피노자는 슬픔과 기쁨의 정서도 더 상위의 원리인 자기보존의 충동(Conatus)으로부터 '연역'될 수 있다고 간주하는데, 이는 동일한 추정에서 비롯한 것이다. 통념상 생존의 본능과 직결된 감정의 경우 그 어떤 사회문화적 해석이 필요 없다고 볼 수 있으며, 이 경우 메타적인 감정, 즉 자기의식의 지향성 역시 전제할 필요가 없게 된다. 한 가지 분명한 사실은 생물학적 수준의 자기보존, 즉 생존의 본능과 단일한 인격적 존재로서의 온전성에 대한 의식이 항상 일치하지 않다는 것이다. 예컨대 수치의 정서가 원래부터 인격적인 온전성(personal integrity)을 전제하는 한에서 전자는 자신에 대한 표상과 기대 등에 의존하지 않을 수 없다. 이 점에서 수치와 죄의 감정에는 판단의 형식에 의존하는 인지적 요소가 선행한다고 여겨진다. 독일 철학자 스패만(R. Spaemann)이 직접 체험한 다음 일화는 인격적인 자긍심과 수치심, 분노의 감정들이 어떻게 상호작용 하는지를 보여 준다. 이 실화는 스패만이 14세의 김나지움 학생으로 나치 치하에서 겪었던 것이다. 그는 전철 안에 유대인 표식을 가슴에 붙이고 앉아 있는 노신사를 어떤 청년이 자리에서 일어나라고 소리친 후 그 자리를 차지하자, 그 노신사에게 자신의 자리를 대신 양보해 주어야 한다고 머릿속에서만 생각했지 실제로 행동에 옮기지 못했다고 술회하면서, 다음과 같이 말한다. "나는 그렇게 행동하지 못했다. 나는 계속 앉아 있었다. 나는 불안했다. 오늘날까지도 나는 스스로를 수치스러워 한다. 그 순간에 나에게 엄청난 분노가 엄습했다." 이 분노는 다름 아니라 "나를 계속 품격에 걸맞지 않게 자리에 앉아 있도록 만든, 나 자신의 비겁함이 승리를 거두도록 했다는" 것에 대한 분노다.[434] 현대 독일학계에서 철학적 인간학을 대표하는 스패만 자신의 일화는, 바로 수치와 분노, 자긍심의 감정들이 자신의 존재 자체에 대한 불안의 감정과 상호 긴밀하게 연계되어 있음을 보여 주는 사례이며, 이는 얼마든지 일반화될 수 있는 체험이기도 하다.

그런데 느낌이나 정서보다는 감정에 대한 이론적인 탐색이 심화된 것은 역사적 요인에 의해서 설명된다. 실제로 딕슨(Thomas Dixon)의 연구는 정념(Passions) 혹은 정서(Affections)의 물음이 어떠한 지성사적인 계기들을 통해서 '감정들(The emotions)'에 대한 물음들로 변형되었는지를 잘 보여 준다. 감정이란 '심리학의 세속화 과정(the secularisation of psychology)'에 의해서 등장했다는 것이다.[435] 세속화된 개념으로의 감정을 자신의 이론에 수용한 대표적인 학자들은 다윈(Charles Darwin), 스펜서(Herbert Spencer) 등과 같은 '진보적인' 자연주의자들이다. 따라서 감정이란 개념 자체는 사실 심리학적인 탐구의 대상으로 '고안'되었다고 해도 과언이 아니라는 주장이다. 감정은 최소한 서구에서 17, 8세기에 걸쳐 등장한 새로운 개념으로 오늘날 인간의 인지적 차원이나 본능과 욕망 등을 제외한 거의 모든 심리적 상태를 가리키는 포괄적인 개념으로 사용되고 있다. 그러나 정서와 정념에서 감정으로의 '전환'은 단순히 새로운 개념에 의해 고전적이며 '보수적인' 개념이 대체되었다는 것만을 의미하지는 않는다. 새로운 주축적인 개념의 등장은 곧바로 인간에 대한 이해의 방식 자체가 변화되었다는 것을 가리킨다.[436]

그런데 감정과 정념, 정서는 명확하게 구별되는가? 인지적 차원의 개입 여부를 통해서 감정과 정서를 서로 구별할 수 있는가? 특히 헬러는 '정서(affect)'와 '감정(emotion)'을 구별하는 기준이 설정될 수 있으며, 그것은 단지 인지(cognition)가 개입했는가의 여부에 달려 있다고 강조한다.

"정서들은 평가나 상황에 대한 해석과 같은 인지적 요소들이 개입될 때 불순해진다. 그 같은 경우들에서 정서들은 감성들(emotions)로 변형된다."[437]

"만약 수치 정서(shame affect)가 이미 인지에 통합되었다면, 그것은 더는 '순수한' 정서가 아니라 어느 정도 감정이다. 그래서 수치와 죄는 감정이다."[438]

정서는 감정들과 달리 항상 뚜렷하게 의식되지 않는데 그 이유는 후자가 전자와 달리 대부분 일정한 지향성(intentionality)을 구현하고 있기 때문이다. 정서와 구별되지 않거나 정서의 심적 상태를 전제하는 일부 감정들(희망, 불안, 기대감, 초조함, 권태)은 특정한 믿음(Belief)이나 명제로 표현될 수 있는 대상들(propositional objects)이 변경되거나 사라질 경우에도 지속되는 반면, 죄와 수치의 감정은 인지적 태도의 성립 여부에 따라서 감정이 지속되거나 소거될 수 있다.[439] 감정과 기분, 정서 모두 원칙적으로 마음의 지향성을 보여 주는데, 다만 감정이 더 구체적이고, 객관적인 '대상'을 지향하는 반면에, 기분이나 정서는 무정형의(amorphous) 심리적 상태를 보인다. 그 원인은 실제로 존재하는 사물이나 현상일 수도 있고 혹은 마음에 의해서 기억과 미래에 대한 해석에 의해 형성된 관념들과 그 다발일 수도 있다. 정서를 무정형의 심적 상태로 규정한다고 해서 개별 정서들 사이의 구별이 불가능해지는 것은 아니다. 가령 소속감과 소외감(inclusion and exclusion), 친밀함과 낯섦(familiarity and alienation), 권태와 불안, 우울함과 명랑함 등은 정서경제의 변별적 차이를 알려 주는 일련의 지표들이다.

정서는 일부 감정들의 존재론적 토대를 제공한다.[440] 정서의 경제는 세계에 대한 이해의 가능 조건이다. 세계에 대한 이해는 이미 항상 정서들의 체계에 의해서 구조화되어 있다. 정서들은 이론적인 서술이나 분석의 대상으로 설정되기에 앞서 이미 항상 인간적인 자기 이해를 가능케 하는 조건이다. 그러나 하이데거의 주장대로 '세계 내적 존재'로 내던져져 있다는 정서가 수치와 죄의 감정에 앞서는 더 근원적인 사태인지의 여부는 분명치 않다. 즉 세계 속에 내던져져 있다는 정서나 느낌이 수치와 죄의 감정을 동시에 수반할 수도 있으며 혹은 이 같은 구조적인 연계가 분명하게 의식되지 않는 상황에서 감정이 발현할 수도 있기 때문이다. 인간의 마음 혹은 정신을 인지와 의지, 감정 혹은 정서로 분류하는 근세의 능력심리학(Vermögenspsychologie)은 칸트의 선험적 인식론이나 선험적 심리학에서도 반복되는데, 이는 인간의 마음이 별개의 요소로 구성되어 있다는 고전적인 관념을 반영할 뿐이다. 당연히 수치와 죄의 감정은 이 같은 방법적 태도에 의해서 적절하게 이해될 수 없다.

감정과 정서의 개념상의 구별 못지않게 감정들에 대한 언어적인 표현, 즉 개념화의 과정이 문화나 사회에 따라서 상이하다는 사실 역시 언급되어야 한다. 특정한 감정에 대해서 특정한 사회는 다른 개념을 사용하거나, "인지적인 명칭(a cognitive label)" 자체를 부여하지 않는 경우도 가능하기 때문이다. 가령 동양이나 고대 그리스 사회에서 죄(guilt)에 일 대 일로 상응하는 개념이 존재하지 않는 것도 한 예이다. 그것은 한 사회의 역사적인 전개 과정에서 특정한 감정이 새롭게 구체화되고 명명되는 경우와도 유사하다. 마음의 총체적 연관이 실재한다고 가정할 때, 감정들의 지형도를 파악하는 과정에서 정서의 차원 역시 적절하게 고려되어야 한다. 따라서 앞에서 우리가 일차적으로 시도한 것은 수치와 죄라는 감정을 일종의 탐침으로 사용함으로써 감정과 정서의 연관을 희미하게나마 이해할 수 있는 전망을 확보하는 일이었다. 나아가서 프로이트의 모든 이론적 전제와 결론들을 수용하지 않더라도 본능과 억압 그리고 감정에 대한 그의 주장을 간과할 수 없는 것도 바로 이 때문이다. 그것은 무엇보다 감정들의 상호관계 자체가 본능이나 욕망 등과 무관하게 규정된다고 보기 어렵기 때문이다. 같은 맥락에서 개인의 심리 세계가 지니는 특이성을 감안하는 경우에도 정서체계와 본능체계가 연관되어 있다는 주장은 타당하다. 물론 여기서 모든 정서가 동일한 정도로 충동경제와 관련하지는 않으며, 동시에 특정한 충동에 대한 정서의 의존성은 반드시 심리학적 차원에 국한해서만 설명되지 않을 수 있다. 우리가 여기서 충동의 조절 기제만이 정서의 경제에 개입하는 요인이라고 단정할 수 없는 이유는 후자가 인지적 이해에 근거하는 상징체계에 의해서도 발현되기 때문이다. 그럼에도 불구하고 여러 형태의 당혹감이나 성적 차원과 관련된 신체 수치 혹은 수줍음 등은 자신을 보호하거나 방어하려는 자기보존의 충동이라는 조절 기제에 더 의존한다. 사회적 위계질서의 변화나, 자신이 스스로 지니고 있다고 믿는 사회적 위상의 상실에 대한 불안과 연관된 수치심은 당연히 당혹감을 넘어서 사회적 인정의 문법을—종종 왜곡되거나 주관적인 방식으로—반영한다.

사회적 인정의 욕구는 감정들의 발현 자체가 심적 백지 상태에서 수행되는 것이 아니라, 인간의 사회성에 근거한다는 것을 가리킨다. 인간적 감정들에 대한 발생사적인 이해에서 자연주의는 여기서 제한적인 의미만을 지닌다. 감정과 정서의 지형도에서는 자연주의가 타당한가 아닌가의 문제가 아니라, 어떠한 자연주의인가의 문제가 쟁점이다. 따라서 다만 심적 태도나 감정들이 객체/주체의 분리를 전제한 자연과학의 관찰언어에만 의존해서 서술될 경우, 그것은 일종의 '추상적 오류(abstract fallacy)'를 벗어나기 어렵다.[441] 심리 세계는 단순히 자극과 반응과 같은 물리적이거나 역학적인 표상 이상의 설명을 요구한다. 따라서 수치 감정이나 죄책감은 서로 다른 정도로 사회문화적인 맥락 속에서 감정의 개별 주체에 의해서 해석되고 이해될 수 있어야 한다. 이 점에서 문학을 통한 정서와 감정의 이해가 자연주의적인 분석 못지 않은 중요성을 지닌다는 생각은 존중할 만하다.

이로써 정서경제의 역동성은 단순히 코나투스(Conatus)와 같은 고전역학적인 개념에만 의존할 수 없다는 것이 분명해진다. 자기보존의 원리는 '정서경제'의 항상성(Homeostasis)으로 간주되는데, 이는 인간의 심리 세계 내부에서 진행되는 쾌감과 불쾌감이 수치와 맺는 연관을 생리적 변화의 유비적 표현에 의탁해서 서술하려는 시도다. 구체적인 감정들이 발현되는 방식들이 그 같은 생물학적이거나 물리적인 원리에 의존해서 만족스럽게 이해될 수는 없다.[442]

우리는 이를 메타적인 감정의 실재성을 통해서 살펴볼 수 있다. 예를 들어 수치와 죄의 감정이 공포와 같은 즉각적인 반응의 기제에 의거하는 감정과 달리 메타적인 차원을 수반한다는 것은 명확해 보인다. "한 심적 상태를 한 감정으로 개념화하는 것은 그 감정에 대한 메타적 감정을 촉발시키는 필요조건인데, 이는 마치 우리가 자신의 질투심에 대해 느끼는 수치심 혹은 우리의 분노에 대해 지니는 죄의 감정을 느낄 때 해당한다."[443] 그런데 엘스터가 제시한 메타감정과 "이차적 집단의 감정(second-party emotions)"의 차이는 분명치 않다.[444] 그가 제시한 후자의 예는 "우리의 사랑이 상대방에 의해 받아들여질 것인가의 여부에 대한" 타인의 감정에 대한 태도를 가리키는데, 이는 메타적 감정으로도 분류될 수 있기 때문이다. 가령 자신의 과도한 두려움에 대한 수치심의 경우 역시 비슷한 난점에 직면할 수 있다. 그가 제시하고 있는 또 다른 사례는 수치와 분노, 경멸의 관계에 관한 것이다. "경멸에 대한 표현은, 만약 그것이 자생적인 것으로 보일 때는 수치심을 발생시키지만, 그것이 수치심을 유발시키기 위해 의도된 것일 경우 분노를 야기한다. 이것이 바로 범죄자들에게 수치심을 촉발시킴으로써 처벌하려는 정책이 생산적이지 못한 이유다."[445] 이 같은 사례들은 감정들의 상호 변환과 수치 감정의 배타적 성격을 말해 준다.

정서경제의 내부에서 전개되는 감정의 변환은 우름저(Wurmser)의 "정체성, 수치, 죄"에서도 주제로 부각된다. 그는 카프카의《소송》에 대한 해석을 통해서 죄의 수치심으로의 전이(Verschiebung: Transposition)를 분석하고 있다.[446] 그는 카프카의《소송》이 죄와 무죄를 중심으로 구성된 것처럼 보이나, 실제로는 모든 소설의 구성이 궁극적으로 수치에 대한 문제로 귀결된다는 것이다. 사실《소송》은 단순히 심판받는 자의 죄에 대한 단순한 처벌이나 평결 과정에서 드러나는 모순과 아이러니에 대한 서술을 넘어서, 인간의 진정성이나 윤리적 책임의 문제에 대한 집요한 천착이다. 우름저(Wurmser)의 분석대로 이 작품은 인간을 물상화하거나 도구화함으로써 성립하는 '죄'가 영혼에 대한 범죄 행위이자 용서할 수 없는 인격의 유린이라는 점을 주목한다. 한마디로 인간은 물건이나 대상이 될 수 없다는 인식이 "수치와 죄의 비극적 변증법"을 통해서 전개되는 것이다.[447]

우리는 이 지점에서 어떠한 심리적 기제가 수치와 죄의 변증법을 성립시키며, 나아가서 비극적인 사태를 초래하는가에 대해 묻게 된다. 감정들 간의 전이를 가능케 하는 것은 무엇보다 인간 심리가 이진법적으로 형성되어 있기 때문이라고 추정할 수 있다. 심리적 양가성은 모순적 정서를 야기하는 근본적 원인이다. 양가적 본성(dyadische Natur)은 곧 주체의 이중적 구속이 예정되어 있음을 가리킨다. 구체적으로 말해서 우름저의 예처럼 자신의 부모에게 철저하게 복종해야만 사랑을 받을 수 있다고 생각하는 경우에 아이는 일종의 자아상실감과 함께 그처럼 종속적일 수밖에 없는 자신에 대해 부끄러워한다. 동시에 아이는 자신의 의지대로, 즉 자신의 개체성을 발휘하는 것 자체를 나쁜 것으로 간주하도록 세뇌당할 때 깊은 죄책감을 느낀다. 이 두 가지 감정은 그 개인의 영혼 자체가 내적으로 모순되면서도 동시에 균열된 상태임을 보여 준다. 이로써 부모로부터 분리, 독립하려는 자신의 존재에 대한 죄책감과 부모로부터 종속되어 있다는 수치심은 서로 대립하면서 동시에 초자아의 "심층적인 분열"을 초래한다. "이것이 바로 죄와 수치심에 의해 극단적인 방식으로 형성된 이중적 성격이다."[448] 초자아의 자기분열은 그러나 죄책감과 수치심 사이에서만 발생하지 않는다. 그것은 "수치와 수치, 죄와 죄 혹은 화해가 불가능한 충성심들 사이에서"도 발생한다.[449]

한편 수치와 죄의 감정을 구별할 수 있는 지표들이 비단 자아와 초자아의 개입 여부에 의해서만 설정될 수 있는 것은 아니다. 수치심이 얼굴색의 변화와 상대방의 시선을 피하려는 동작을 유발시키는 반면에 죄의 감정은 인간 내면의 고통을 증폭시킨다는 점에서 생리적이거나 신체적인 측면에서도 구별될 수 있기 때문이다. 심지어 일부 감정들은 실존 자체의 총체적 변화를 초래하기도 한다. 타자관계 속에서 형성되는 자기정체성의 정서는 일차적으로 차이의 인지를 수반하는데, 이 같은 차이와 균열의 체험은 단순히 수치만이 아닌, 불안, 공포, 경탄 등의 정서나 감정들로 다양하게 표현된다. 이러한 일련의 정서들은 모두 '차이'의 체험과 연결된다. 여기서 관건은 차이가 어떠한 경로로 인지적 학습이나 지적인 알아챔을 넘어서 정서적이면서 동시에 신체적인 변화를 촉발시키는가이다. 차이의 체험이 관념이나 표상에 의거해서 성립하는가의 여부에 관계없이 자신과 타자의 인식이 자기 존재의 본질적 구성과 연관되는 한에서, 수치는 죄와 함께 자아의 총체적 균열을 초래할 수 있는 것이다. 지금까지 간략하게 살펴본 정서와 감정들의 변환 과정은 정서경제가 상대적으로 자율적이며 자기만의 질서에 의해서 구조화되어 있음을 가리킨다.

자연주의와 인지주의

"우리는 동물 행동의 모든 심적 해석이 인간 경험의 유추에 입각해서 이루어진다는 것을 인정해야만 할 의무가 있다." - 워시본(Washborn)

수치 감정이 인간만의 특유한 감정이 아니라는 주장은 최근 베코프 (M. Bekoff)에 의해서 제기되었다. 동물행동학이나 동물심리학의 최근 연구는 동물들 중에서 일부가 여러 유형의 감정을 느낄 수 있음을 보여 준다는 것이다.[450] 동물들도 느끼는 감정에는 공포, 기쁨, 슬픔 등과 함께, 수치심과 질투, 역겨움, 절망 등이 포함된다는 것이다. 이미 다윈은 《인간과 동물들의 감정 표현》(1872)이란 저술에서 동물과 인간의 감정이 근본적으로 다르지 않다는 전제에서 출발한다. 그러나 이와 같은 연구들이 직면하는 가장 큰 문제는 3인칭의 언어, 즉 객관언어에만 의존한 감정의 서술만이 허용된다는 점이다. 즉 감정이나 정서의 주체가 느끼는 고유의 의미와 성격을 해당 주체의 관점에서 이해할 수 있는 가능성이 동물의 경우 철저하게 배제되기 때문이다. 따라서 동물 행동학이나 동물심리학의 언어는 인간의 언어에 기댄 일종의 메타포나 유추해석에 의지할 수밖에 없는 것이다. 다윈의 관점은 단지 인간의 상징적인 언어를 자연주의의 기획에 상응하는 방식으로 진화의 과정에 일관되게 적용함으로써만 성립한다.[451]

정서와 감정에 대한 자연주의적 탐구의 가능성과 한계 등에 대한 논란은 현재진행형이다. 자연주의적이라고 해서 모든 심리 현상을 물리화학적인 혹은 생리적인 계기들로 설명할 수 있다는 환원주의를 전제해야만 하는 것은 아니다. 그러나 초기의 자연주의적 기획은 분명 환원주의에 경도되어 있었으며, 그 같은 경향은 아직도 사라지지 않고 있다. 환원적 자연주의의 단초는 이미 제임스(William James)와 랑게(Carl Lange)의 이론에 의해 마련된다.[452] 역시 자연주의의 맥락에서 맥크린(Paul MacLean)은 인간의 3원적 두뇌 구조의 진화 과정을 다음과 같이 규정한다.[453] 진화의 첫 단계는 "파충류의 원시적인 뇌와 상응하며 이는 물고기, 양서류, 파충류, 새 그리고 포유동물들에게서 존재한다. 둘째 단계는 대뇌의 번연계(limbic) 혹은 고생대의 포유류의 뇌에 해당한다. 셋째 단계는 신피질(neocortical) 혹은 '합리적인' 신생대의 포유류의 뇌(이는 영장류와 같은 일부 동물들에 해당한다.)로 분류된다. 여기서 감정은 두 번째 단계에 위치하는데, 이는 결국 본능과 정서/감정 인지의 세 단계로 구성된 심리 세계가 자연주의적 기획과 조응한다는 것을 가리킨다. 당연히 특정 상황에서 주어진 문제를 해결하는 과제와 관련해서 심리적 힘들과 기질들이 총체적으로 동원된다는 가정은 유용하다.

그런데 동물행동학자인 틴베르겐(Tinbergen)은 동물의 주관적인 체험이 인지 가능한지에 대해 회의적이다.[454] 윌리엄스(George Williams) 역시 심리 현상을 생물학적 현상으로 소급해서 해석하려는 시도들에 대해 비판적인데, 그 이유는 감정 주체의 심적 내용을 '객관적인' 관찰언어로 기술하는 데 대한 의구심 때문이다. 실제로 지금까지 수치 감정이 본격적인 탐구의 대상으로 설정되지 못한 이유 중의 하나는 탱그니(Tangney), 피셔(Fisher), 자이들러(Seidler) 등의 분석대로 수치와 죄, 자부심 등의 '자기의식적인' 감정들이 공포와 혐오 같은 다른 일차적 감정들과 달리 관찰과 측량이 가능한 표정들에 근거해서 추적하기 어렵기 때문이다.[455]

그러나 이 이유만으로 생물학적 관점이 쓸모없다는 단정적인 결론이 도출되기는 어렵다. "심적 현상이 전적으로 사적인 현상이며, 생물학은 공적으로 논증 가능한 것을 다루어야만"[456] 한다는 데 동의하더라고 일련의 유추해석에 기댄 동물심리학의 성과들은 단순한 흥미 이상의 이론적인 결과를 보여 줄 수 있다. 다만 동물의 행태와 표정 등에 대한 해석 자체가 인간적인 언어에 의존해야 한다는 사실은 '객관적인' 서술의 간과할 수 없는 한계를 보여 준다. 유추해석의 한 유형은 생물 중심의 인간동형론(biocentric anthropomorphism)의 형태로 드러나는데, 이에 따른 문제는 이미 오래전에 워시본(Washborn)에 의해서 명확하게 지적된 바 있다.

"우리는 동물 행동의 모든 심적 해석이 인간 경험의 유추에 입각해서 이루어진다는 것을 인정해야만 할 의무가 있다."[457]

그러나 인간의 감정이 신체의 현상적 변화를 수반하는 한에서,─물론 이는 죄책감의 경우보다 수치 감정에 더 직접적으로 해당한다.─그리피스(Griffiths) 등의 자연주의자들은 종래의 '개념분석'의 방식에 의존해 온, 케니(A. Kenny), 솔로몬(R. Solomon) 등의 감정이론을 통속심리학에 불과한 것으로 폄하한다. 수치의 감정은 물론 죄의식과 같은 자기의식이 전제된 감정의 경우에도 자연주의적 심리철학이 기여할 수 있는 여지가 없지 않다. 그러나 인지주의자들은 감정에 작용하는 인지 작용은 일종의 사유(Thought)로써 이는 일련의 명제들의 집합이나 논리적 연관에 의해서 재구성될 수 없다고 주장한다. 즉 감정이나 정서는 그 어떤 형식적 연산체계의 질서와 동일시될 수 없는 그 고유의 심리적이며 혹은 무의식적인 기제에 의거한다는 것이다.[458] 또한 사유의 실재는 감정과 마찬가지로 그 어떤 물리적인 사태가 아니라, 사유 행위나 감정의 작동 및 표현에 관여하는 여러 심리적이며 생리적인 계기들의 앙상블(Ensemble)로, 즉 기능적 과정들의 통일성으로 간주된다. 즉 사유나 감정이 물리적 대상이나 그 경험적 성질에 대한 분석에 의거해서 이해될 수 없다는 것이다.

자연주의를 둘러싼 논란은 '신체 수치'와 사회적 수치 감정의 관계를 통해서도 반복된다. 신체 수치나 단순한 수줍음, 사회적 수치 감정 등은 이론적인 분석의 맥락에서만 구별되는 것처럼 보이는가? 그렇지 않다. 수줍음과 수치심의 차이를 도덕의식과 관련해서 설명하려는 시도 역시 논점을 회피한 것에 불과하다. 무엇보다 수치심은 인간의 내면성의 세계에까지 그 감정의 여파가 미치는 데 비해서, 수줍음은 상황 의존적이며, 해당되는 상황의 종료와 함께 그 흔적을 거의 남기지 않고 사라진다는 특징을 지닌다. 그렇다면 수줍음과 수치심의 감정에 공통으로 수반되는 생리적 변화, 가령 안색이 붉어지거나 자연스럽지 못한 행동을 어떻게 이해해야 하는가? 수줍음과 수치심에 공통으로 나타나는 신체 현상은 더 근본적인 차원의 자연주의적 해석을 지지하도록 만드는가? 물론 이 두 가지 경우가 모두 인간의 심리적 상태가 생리적 항상성(homeostasis)과 긴밀하게 관련한다는 사실은 명확해 보인다. 또한 우리는 심리적 메커니즘과 생리적 발생 과정이—별다른 인위적인 조건들이 개입하지 않는 한에서—동일한 사태에 병행하는 현상들로 가정할 수 있다. 결국 스피노자처럼 심리적 변화와 생리적 변화가 동일한 존재의 다양한 표현임을 전제할 때, 수줍음과 수치심의 발생적 동근성에 대한 자연주의적 해석은 하나의 타당한 설명으로 성립한다.

그러나 정서에 대한 자연주의적 관점은 여러 철학자의 비판에 직면해 왔는데, 이들이 제기하는 반론은 무엇보다 인간적인 의식의 지향성을 중심으로 제기된다.[459] 이미 현상학적 관점에서 슈미츠(Hermann Schmitz)와 후설(Husserl) 등의 지향성 개념은 경험주의나 자연주의에 기댄 심리학에 대한 비판의 단초를 제공해 왔다. 지향적 의식을 지닌 주체의 마음은 제3자의 시각을 허용하지 않는 고유의 실존적 특이성을 지닌다는 것이다.

이와 관련해서 특히 헤르만 슈미츠의 현상학적 분석 역시 주목할 만하다. 그는 제3자의 관점에서 특정 개인의 정서를 서술, 이해하는 데 근본적으로 한계가 있다는 점을 설득력 있게 개진한다. 이러한 한계는 "정서적으로 내가 특정한 상태에 처해 있다(affektives Betroffensein)"는 사태를 실증주의적 감정이론의 언어에 의해서 서술할 때 드러난다.

긴단히 말해서 '정서'와 자기 이해의 과정이 매개된 일부 '감정'들의 언어는 이론적인 객관언어로 번역될 수 없다는 것이다.[460] 몸의 상징적 표현 가능성은 언어의 기호체계에 의해서 소진되지 않는다. 수치와 죄의 감정이 인간 개개인의 체험들과 마찬가지로 '중립적인' 언어로 기술될 수 없다는 주장은, 감정이나 정서의 주체적 체험이 자연주의적으로 환원될 수 없다는 주장과 같은 논리에 의존하고 있는 것처럼 보인다. 즉 '의식적' 의미 부여나, 해석의 결과를 배제한 감정이나 정서의 이해는 불가능하다는 것이다.[461] 왜냐하면 수치의 중립적인 성격을 수용할 경우, 이 감정에 대한 서술은 불가피하게 혈압계의 측정이나 다를 바 없다는 것이다. 주체의 자기 이해나 자기감정의 특수성으로부터 추상된 중립적인 감정 기술이 가능하다는 환원주의 역시 가장 빈약한 자연주의적 기획으로 간주된다.

예를 들어 '나는 슬프다', '나는 수치스럽다'와 같은 언어 형식은 수치나 슬픔을 몸으로 체험한 후의 인지적 과정에 의한 믿음을 후속적으로 번역해 놓은 것이며, 이는 이미 항상 언어 형식에 의해 변형된 체험일 뿐이기 때문이다. 언어적 명제화의 과정에서 정서와 기분의 근저에 존재하는 신체 상태가 포착될 수 없다는 주장은 언어와 실재의 차이에 대한 근본적인 회의에 의해서도 뒷받침될 수 있다. 반면에 일상적인 언어 행위에 의존하는 상식의 세계는 이 같은 '언어철학자'들의 사변과는 다른 차원에서 작동한다. 극단적인 예를 들면, 성폭행을 당한 경우 당사자가 "피해자로서 체험한 신체 감각"을 설명하지 못한다면, 이는 수치가 아닌 다른 물리적인 개념으로 표현해야 하는 상황에 직면하는데 이는 수용하기 어렵다는 것이다.[462]

우리의 일상 속에서 체험되는 정서의 여러 현상을 마치 의식의 대상처럼 표상할 수 있으리라는 기대는 종종 배반당한다. 그럼에도 불구하고 우리는 수치나 불안의 감정이나, 슬픔과 같은 정서가 관찰자의 관점에서 서술될 수 있으리라는 희망을 포기하지 못한다. 이 점에서 키르케고르나 하이데거가 불안이 공포와 달리 대상이 없다고 고집한 맥락이 드러난다. 대상이 없다고 하는 것은 주체, 객체의 구별을 전제한 표상주의(Representationalism)의 한계를 의미한다.[463]

이때 제기되는 물음은 다음과 같다. 즉 몸과 기분의 주체는 의식주체와 구별되어야 하는가? 그리고 신체성은 감성의 이해와 관련해서 구체적으로 어떻게 고려되어야 하는가? 란트베어는 감정들을 구별하는 과정에서 신체성을 하나의 지표로 활용할 수 있다고 주장한다. 구체적으로 말해서 신체성은 수치의 감정을 단순한 난처함(Peinlichkeit)이나 어색함(Verlegenheit)은 물론 죄의 감정과도 구별할 수 있게 해 주는 필수불가결한 단초라는 것이다.[464] 이로써 인지주의의 경우처럼 오직 명제 태도에 근거해서 감정들을 구별하려는 시도들은 실패할 수밖에 없음이 드러난다. 즉 난처함, 어색함, 죄의 감정 등은 그 언어로 표현된 명제의 내용만을 주목할 때, 서로 뚜렷하게 구별되지 않는다는 것이다.

이 같은 배경에서 우리는 감정과 의식, 자연적 기제와 심리 현상을 일원론적으로 해석한 스피노자의 통찰을 다시 주목하게 된다. 그는 정신과 신체의 현상들이 비록 그 표현의 방식은 구별되나 이들이 어디까지나 동일한 "사태"라는 것이다. 스피노자의 이 같은 인식은 현대의 신경과학에 의해서 지지되고 있다. 특히 다마지오(Damasio)의 경우는 대표석이다.

> "그들(뇌세포: 논자 주)은 한 유기체의 지리와 그 지리적 영역에서 발생하
> 는 사건들을 묘사하는 지도 제작자로 태어난다."[465]

그는 나아가서 감정이 자기 인식에서 차지하는 의미를 분명히 한다.
"객관적인 뇌의 과정들은 신체의 상태들로 연결되는 감각을 통한 지형
도의 피륙으로부터 의식적 정신의 주체성을 짜낸다."[466] 즉 "자아의 감
각"은 "대상들과 상호작용 하는 유기체에서 작용하는 특별한 종류의
감정으로 발현하는"[467] 것을 인지하는 과정과 함께 느껴진다.

신경과학과 동물행동학의 성과를 존중하는 경우에도 우리는 수치심
과 죄책감의 발현 과정에서, 해당 주체 자신에 의해서 의식되지 않는
모종의 인지 과정이 관여한다고 추정할 수 있다. 정서에서 감정으로
의 변형이나 감정들 상호 간의 관계, 본능과 정서의 연관 등은 심리 세
계의 변화에 기여하는 인지적 계기들의 작용을 통해서 설명되기 때문
이다. 반성 이전에 작용하는 인지작용(Pre-reflective Cognition)이 자
아의 원초적 활동성으로 감정과 본능에 개입하는 것이다. 정신의 활동
성은 바로 정신 자체의 자기관계를 통해서 직접적으로 그리고 그 같은
정신 활동의 '주체'에 의해서 반성되어야만 그 실재성이 확인되는 것이
아니다. 그것은 '무의식적인' 신체의 체험을 매개로 '나타난다.' 인간이
이미 유전적으로 사회적 상호작용에 근거해서 자아의 정체성을 인지
하고 확장해 가는 존재인 한에서, 인간은 정서와 감정을 통한 사회적
학습의 과제에 지속적으로 직면하게 된다. 하지만 이 같은 사회적 학

습은 구체적인 행위자들, 즉 인지 활동을 하는 개별존재들의 능동적인 참여와 체험에 의거해서 수행되는 것은 아니다.

정서의 경제의 일부는 그 스스로의 자기준거적 구조에 의존해서, 앞서 언급한 태생적이거나 사회문화적인 인지의 과정에 의해서 작동된다. 여기서 문제는 특정한 감정의 활동성을 구성하는 인지적 계기들을 이해하기 위해서 이와 관련된 다른 감정들과 정서들에 대한 통합적인 (integrative) 파악이 요구된다는 사실이다. 오직 이 경우에 사회화의 과정은 물론 '인격(Person)'의 의미에 대한 이해도 가능해진다. 신체의 개별적인 체험에 대한 이해는 근본적인 의미에서 마음의 세계에 대한 이해로부터 분리될 수 없다.

그렇다면 인격적 존재로서의 자기감정은 어떻게 발생하는가? 그것은 수치에 선행하는가 아니면 수치 감정을 통한 사회화의 과정을 통해서 비로소 형성되는가? 수치가 이미 일정한 평가의 체계를 자아의 정서적 반응 이전에 일종의 준거(reference)로써 확보하고 있다는 인상을 주는 것은 어떠한 이유에서인가? 수치심의 감정은 타자와의 관계 속에서 자신과 관련하는 인지 활동을 수반한다. 뿐만 아니라 자아가 스스로를 관찰 주체와 관찰 대상으로 구별하는 정신적 활동성은 개별존재의 특수한 신체성을 통해서만 성립한다. 수줍음과 함께 수치를 의식하는 자아는 인지와 체험의 중추로, 자신의 존재가 평가절하되었음을 인식할 수 있는 능력을 지니고 있다. 여기서 자아가 관찰 대상으로 설정되었다는 것은 자신의 가치와 존재에 대한 원초적 의식과의 괴리가 발생했다는 신호로 간주된다. 다시 말해서 수치의 감정은 신체의 변화를 수반하는 정신의 활동성을 전제한다. 동시에 간과될 수 없는 것은 감정들의 실재성이 바로 사회집단에 편재하는 집단의식과 제도들의 재생산 과정에 의해서 보장된다는 사실이다.

　이로써 수치 감정이나 죄책감의 이해에서 우리가 환원적인 자연주의나 개인심리학 혹은 배타적인 인지주의의 중의 하나를 선택해야만 하는 것은 아니다. 인간존재의 이해에서 자연과 정신의 연관에 대한 종래의 모호한 주장들은 인간의 감정에 대한 지형도를 모색하는 과정에서 장애 요인으로 작용해 왔다. 정서는 일견 상징화의 작업이 진행되기 전의 근원적인 자기 이해의 차원과 관련한다. 정서를 통해서 비로소 인간은 처음으로 상징의 매개에만 의존하지 않은 상태하에서 살아 있는 생명체로 실존한다는 것을 안다. 이때 자신에 대한 인지는 상징체계를 수반하는 원초적인 자기관계를 전제한다.

　"정서적인 영향을 받지 않은 상태를 배제할 때, 의식을 지닌 그 어떤 주체도 존재하지 않는다. 따라서 이 경우 그 어떤 의식의 상태나 그 무엇에 대한 의식을 지니는 것은 불가능하다."[468]

　정서적 차원의 포괄성에 대한 인식은 주체성에 대한 데카르트적인 관점의 한계를 부각시킨다. 감정과 정서의 체험이 소실되거나 그 고유한 차원이 유실된다는 것은 곧 인간존재가 사물과 같은, 대상적 존재자로 간주되는 것과 마찬가지다.

　이상의 논의는 감정들의 문법이나 분류학(taxonomy)이 아직 미래의 기획임을 말해 준다. 지금까지 모색된 감정들에 관한 여러 이론은 일반 이론으로의 위상을 지니지 못한다. 감정의 위상학이나 분류학은 이미 고대 스토아철학과 데카르트, 스피노자 등은 물론 현대 심리학자들에 의해서도 추구되었다. 20세기와 21세기의 경험과학의 관점에서 기본적인 감정들을 이차적으로 파생된 감정들이나 복합적인 감정들로부터 분리하고, 감정들 간의 체계적인 연관을 구축하려는 시도 역시 거듭되었는데, 이 같은 시도들은 아직 성공적이지 못하다. 이들은 모두 동일한 학문적 목표를 추구하지도 않으며, 동일한 방법론적 토대에 놓여 있지도 않다. 철학자들의 경우 대부분 사변적인 성찰(Introspection)이나 현상학적 기술 혹은 통속심리학에 의존하고 있는 반면, 심리학자들이나 신경과학자들은 자신들의 관심에 따라서 얼굴 표정에 대한 분석에 초점을 맞추거나(Ekman), 뇌과학적인 관찰(Panksepp)에 경도되어 있다. 그러나 우리가 우주의 탄생과 소멸에 대해 완벽한 이해를 하고 있지 못하고 있더라도 만유인력과 중력이 지니는 천체물리학적 의미에 대해 이해할 수 있는 것처럼, 감정과 정서에 대한 이론적 작업들은—철학과 심리학, 정신분석학, 뇌과학, 비교인류학 등을 모두 포함해서—'이론'으로 형성되어 가는 과정(a work in progress)에 놓여 있다. 따라서 기존의 모든 성과가 단순히 '통속심리학'을 반복하거나 짜깁기된 이론(Patch-Work Theory)에 안주하고 있다고 보기는 어렵다.

정서론과 역사적 인간학

사건으로서의 인간존재─정서론의 관점에서

존재론적 죄의 물음은 인간학의 관점에서 제기될 필요가 있다. 왜냐 하면 존재 자체를 죄로 인식하는 관점은 인간이란 존재를 물리적 사태 나 현상의 의미를 넘어서 하나의 사건으로 이해하도록 요구하기 때문 이다. 인간의 의식과 정서, 욕망과 충동 등은 모두 이미 진행된 자연과 역사의 사건으로 성립한다. 사건으로의 인간존재는 사실상 개인에게 알려지지 않은 존재의 선물이거나 스스로가 원하지 않았던 사태다. 세 계 안에 존재하는 인간이 하나의 사건이라는 인식의 바탕 위에서 감정 이론은 성립한다. 사건으로의 인간존재가 보이는 특이성 중의 하나는 자기준거적 구조다. 따라서 인간존재의 사실성은 무엇보다 자기준거 적(self-referential) 질서가 하나의 독립적인 개체 생명으로 실존하게 되었다는 사태에서부터 설명될 수 있다.

그러나 자기준거적 질서가 체화된 인간은 여러 도발적인 쟁점을 제기한다. 예컨대 인간존재를 전체로 이해하려는 시도는 처음부터 문제에 봉착하는데, 그것은 인간이 다른 존재자들과 달리, 인간적인 인식의 고유한 조건들이나 관점들로부터 독립해서 파악될 수 없기 때문이다. 자기준거적인 사태는 의식의 구조로 그리고 자아가 세계와 맺는 관계의 근원적인 가능성으로 간주된다.[469] 인간적 자기준거 (Selfreference)의 구조는 인간존재가 사유와 의식의 '대상'으로 혹은 '대상'과 분리된 '주체'로서가 아닌, 체화된 자기관계의 존재라는 사실을 일깨워 주며, 이에 대한 체험은 일차적으로 정서의 관점에서 가능해진다. 그것은 고대사회의 전통에서 인간존재를 죄가 있는 존재, 즉 '책임공동체'의 일원으로 해석하게 만든 근원적 동기이기도 하다. 실제로 죄가 있는 존재란 관념 자체는 인간존재를 초월한 다른 타자존재로부터 강요된 것이 아닌 자기 이해의 맥락에서 체험된다. 그런데 우리는 이 같은 사건이 인간 정신에서 비롯하는 상징체계에 의해서 점차로 해명될 수 있을 것이라고 기대한다. '사건'으로의 인간존재가 결코 합리적인 분석의 대상으로 설정될 수 없는 사태임에도 불구하고 사유의 언어에 의해서 개방될 수 있다는 기대감이 철학에 동기를 부여해 준다.

특히 보편적 죄의 정서는 조상과 역사에 대한 책임의식의 기원을 말해 준다. 무엇보다 존재론적 죄의 의식은 우주적인 불안정성에 대한 인간의 근원적인 체험과 함께, 전체로부터 분리된 '주체'의 정체성에 대한 의문과 무관하지 않다. 나아가서 정신의 자기정체성에 대한 물음이 성립하지 않는다면, 종교와 예술, 심지어 철학마저도 그 발생적 기원과 근원적인 동기를 설명할 수 없다. 철학과 종교, 예술, 신화 등은 정서와 감정의 관점에서 이해될 필요가 있다. 인류의 집단적인 체험과 함께 전승된 상징적 체계들이 항상 언어적으로 표명될 수 있는 명제들의 집합으로만 간주될 수 없는 한에서 정서론적 관점은 간과할 수 없는 중요성을 지닌다. 또한 우리는 정서와 감정에 대한 이해 자체가 신화나 종교, 예술을 통해서 시도될 수 있음을 알 수 있다. 그러나 정서와 감정의 세계는 이성 중심의 인간학적 고찰이 주도하면서 배제되거나 통제되어야 하는 사태로 이해되어 왔다. 이 같은 지적은 당연히 예술이나 종교보다 철학에 더 해당된다.

또한 보편과 초월을 추구하는 한에서 순수한 과학과 철학은 인간적인 정서의 가장 높은 단계에 속한다. 여기서 높은 단계란 표현은 상징 체계들 사이에 일정한 위계질서가 성립한다는 이유에서가 아니라, 철학이 민족과 인종, 문화적 특수성에 종속되지 않는 질서를 추구한다는 것을 의미한다. 철학은 예술이나 과학과 함께 정서와 본능을 초월한 이성의 결단이며 표현이다. 그럼에도 불구하고 이 포괄적인 의미의 세계 해석은 보편에 대한 열정으로부터 이해될 여지가 충분하다. 도덕과 종교, 예술 역시 존재의 사건으로부터 파생된 상징체계들이다. 개념과 함께, 특히 은유에 의존하는 상징체계들은 명백하게 근원적인 정서의 관점에서 이해될 수 있다. 인간의 역사는 세계의 무의미함과 고립, 자유와 귀속감의 긴장을 해결하거나 해소하려는 집요한 노력의 소산이다. 우주적인 힘들의 유희 속에서 우리가 느끼는 근원적 불안정성은 상징과 제도를 통해서 무언가를 구축해야 한다는 건축술적 이성의 충동을 가능케 하는 끊임없는 원천이다. 보편의 얼굴을 한 이성은 실제로 통일적인 세계의 이해를 향한 열망이자, 전체에의 의지로 이해된다.

특히 인도나 동아시아의 정신사적 전통에서 우리는 전체에 대한 사유가 단순히 지적인 호기심의 차원을 넘어서 자연과의 정서적 연대를 유지하려는 의지와 무관하지 않다는 것을 알 수 있다. 따라서 인간학적 규정들은 우주론적이며, 자연철학적인 해석과 하나의 통합적인 맥락 속에서 이해될 수밖에 없다. 그것은 고대사회가 그러하듯이 단순히 개념들의 분화가 진행되기 전의 원초적이며 투박한 세계 해석이 반영된 것으로 치부될 수도 있으나, 바로 이 투박함 혹은 소박함이 전일적인(holistic) 세계 해석의 전통을 흥미롭게 만들어 준다. 세계에 대한 이해를 추구하는 과정에서 분석적 성향이 우세한가 아니면 전일적인 사유의 경향이 우세한가의 여부는 단순히 문명의 성격만을 변화시키는 데 그치지 않는다. 이는 정서와 감정들에 대한 접근 방식에서도 깊이 각인된다. 같은 맥락에서 오늘날 분석철학에서 그 영향력을 확대해 가고 있는 자연주의는 사실상 개념 분석에 의존하는 인지주의와 같은 뿌리로부터 파생된 일면적인 관점들에 불과하다.

무의 정서와 의지

사건으로의 인간존재에 대한 정서적 이해는 존재 자체보다는 무(Nothingness)를 통해서 촉발된다. 무는 일차적으로 사유나 인식의 대상이 아니라 정서적으로 체험된다. 소멸과 죽음은 모두 무한성과 절대적인 존재로부터 무로의 이행 혹은 변화다. 무는 그 어떤 지향적인 의식이나 사유의 대상일 수 없는 한에서 무에 대한 인식이란 표현 지체는 성립하기 어렵다. 존재의 의미에 대한 물음은 무에 대한 물음과 마찬가지로 모든 것을 포괄하는 한에서 동일한 성격의 물음이다. 무의 체험은 종종 의미의 결핍에 대한 근원적인 체험과 맞닿아 있는데, 니체는 이를 다음과 같이 회화적으로 묘사한다.

> "짧은 비극은 항상 결국에는 현존재의 영원한 희극으로 변화되고, 또한 그로부터 되돌아온다. 그리고 '셀 수 없이 터지는 웃음소리들의 파도들'―만약 아이스킬로스(Aeschylus)의 말을 빌릴 수 있다면―…… 인간은 점차로 환상적인 동물로 바뀌어 갔는데, 이 동물은 모든 다른 동물과 달리 하나의 실존-조건을 더 달성해야만 한다. 그것은 인간이 때때로 왜 자신이 존재하는지 알고 있다고 믿어야만 한다는 것이다. 인간이란 종류의 동물은 삶에 대해 주기적으로 신뢰하지 않고서는 번창할 수 없다."[470]

니체의 실존에 대한 인식은 인간의 합리성이 더 근원적인 정서의 특이성에서부터 이해되어야 한다는 사실을 부각시키고 있다. 오직 예외적인 경우에만 인간은 충만함의 정서를 지속시킬 수 있다. 불안이나 허무와 같은 부정적인 감정들 역시 존재에 대한 이해의 유일한 단서일 수 없다. 존재는 단순한 호기심의 대상으로 간주될 수도 있고, 혹은 경탄의 감정을 발현시키기도 한다. 그런데 무의 정서는 의미의 결핍이 지속될 수 없는 존재임을 일깨운다. 이 점에서 위 인용문은 단순히 한 허무주의적인 철학자의 냉소적인 인간관을 표현하기보다는 인간존재가 근원적인 불안정성과, 결핍에 의해서 이해될 필요가 있음을 말해준다.

적지 않은 문명의 결과들 역시 의미의 결여 혹은 결핍이라는 근원적인 정서에서부터 이해될 수 있다. 의미의 결핍은 그 어떤 대상성이나 의식의 지향성 자체를 배제하는 한에서 경험이라기보다는 정서로 간주되어야 마땅하다. 인간이 구축한 상징들과 은유 그리고 이들에 의존하는 신화와 종교 그리고 과학마저도 사실상 우주적인 무의미에 대한 해석의 시도들로 간주될 수 있다. 우주적 유희의 무의미함은 무엇보다 인식의 대상도 아니며, 경험이 가능한 현상도 아닌 정서적 자기 이해의 결과일 뿐이다.

이로써 종교의 정서적 토대는 예술의 근원과 중첩된다. "의식과 무의식"이 매개되는 과정은 과학이나 개념적인 인식에 의해서보다는 정서의 언어와 체험을 통해서 포착된다. 그리고 우리는 그 잔영이나 흔적이 주체의 경험 속에 혹은 문화의 지층에 깔려 있다는 증거들을 수집할 수 있을 것이다. '죄'의 본래적인 의미는 이처럼 근원적인 의미에서 존재로부터의 일탈과 근원적 무의식의 체험을 전제한다. 그것은 비록 유대교나 기독교에 의해서 역사적으로 특수한 조건하에서 매개되어 일종의 고정된 '관념체계'로 등장했지만, 실제로는 인간학적 맥락에서 그 원인을 찾을 수 있다. 이 점에서 종교 역시 '정서의 경제'로부터 설명되어야 할 일차적인 이유가 찾아진다. 다음 문장에서 니체는 세계의 무의미함으로부터 인간존재의 의미를 부여하려는 지극히 인간적인 동기에 대해 말한다.

"셀 수 없는 태양계들 속에 반짝거리면서 사방에 흩어져 있는 우주의 그 어떤 동떨어진 구석에 언젠가 한 별이 있었는데, 그 위에 영리한 농물들이 인식이란 것을 발명해 냈다. 그것은 '세계사'에서 가장 최고도로 고무된 순간이자, 가장 기만적인 순간이었다: 그러나 역시 그것은 한순간에 지나지 않았다. 자연이 몇 번에 불과한 가쁜 숨을 쉰 후에 이 별은 얼어붙기 시작했다. 이 별이 존재하지 않았던 영원한 시간들이 존재했다: 만약 이 별이 다시 사라진다면, 그것으로 아무 일도 일어나지 않았던 것이 된다."471

여기서 니체는 일상적인 삶의 방식들 속에서 잊히기 쉬운 사실을 일깨워 준다. 그것은 인간존재의 의미를 정당화하려는 시도들이 이들과 무관한 우주적인 유희에 대한 정서의 감응이자 해석의 노동이라는 사실이다. 삶의 궁극적 조건에 대한 존재론적인 이해는 '힘에의 의지(Der Wille zur Macht)'가 궁극적으로 '동일한 것의 영원한 회귀'라는 관점 하에 포섭될 수밖에 없음을 말해 준다. 니체의 선명하면서도 인상적인 서술은 한때 그의 사상적 선구자였던 쇼펜하우어의 저술에서도 발견된다.

"무한한 공간에서 수도 없이 반짝이는 구체들 중에서 대략 한 다스의 별들이 빛을 받으면서 회전하고 있다. 이 별들의 내부는 뜨겁지만, 바깥은 차가운 외피로 둘러싸여 있는데, 이 위에 마치 곰팡이처럼 살아가고 인식하는 존재가 생성되었다: 이것이 경험적 진리이며, 실재하는 것, 즉 세계다."472

'인간 중심주의적인' 관점은 단지 근대 물리학과 진화론의 관점에 의해서만이 아니라, 쇼펜하우어와 니체의 통찰에 의해서도 해체된다. 진보와 발전의 역사관 역시 존재의 원환적 구조를 말해 주는 사유, 즉 '동일한 것의 영원한 회귀'에 의해 포섭된다. 불교에 대한 쇼펜하우어의 지대한 관심은 바로 이 같은 형이상학적 관점에서 설명된다. 그는 이론적으로 고안된 위계질서 속에서 존재의 계층을 확정하려는 헤겔의 시도가 허무주의의 사유 앞에서 무기력하다고 보았다. 하이데거에게도 허무주의는 최대의 철학적 화두다.

"죽어 가는 것은 인간들이다. 그들이 죽는 존재로 명명되는 것은, 그들이 죽을 수 있기 때문이다. 죽는다는 것은 곧 죽음을 죽음으로 감당할 수 있다는 것이다. 오직 인간만이 죽는다. 동물들은 종식될 뿐이다. 동물은 죽음을 죽음으로써 자신에 앞서서 혹은 이후에도 갖지 못한다. 죽음은 무(Das Nichts: The Nothingness)의 성스러운 저장소다. 그것은 결코 그 어떠한 견지에서도 단순한 존재자가 아니다. 그러나 그것은 동시에 존재 자체로 본질로 존재했던 것이기도 하다. … 형이상학은 이에 반해서 인간을 동물로, 생명체로 상정한다. 역시 이성이 이 동물적 성질을 관통해서 지배한다고 하더라도, 인간존재는 삶과 체험으로부터 규정되어 있다."[473]

이들과는 대조적으로 이성의 관점에서 세계의 '의미'를 구축하고 파악하려는 경향성은 헤겔의 포괄적이며 체계적인 작업에 의해 정점에 달한다. 그는 이성적인 범주들을 존재와 본질, 개념의 단계로 구별한 후, 이 범주들을 의미론적으로 정당화하려고 시도한다. 헤겔의 시도는 내가 생각하기에 세계를 합리적으로 이해할 수 있는 가장 포괄적인 가능성이다. 그것은 단순히 우리가 세계를 인식할 수 있는 '가능성의 조건들'이 아닌, 세계 자체의 의미와 역사성에 대한 탐색이기도 하다.

'사유에 대한 사유'의 차원을 펼쳐 보이는《논리학의 학*Wissenschaft der Logik*》(Hegel)은 보편적인 이념의 질서가 하나의 원환적인 과정으로 실재한다는 신념에 근거한다. 여기서 중요한 통찰은 이 이념의 질서가 각기 다른 방식으로 자연과 정신에도 구현되어 있다는 것이다. 이념과 자연, 정신 간의 이러한 질서는 "원환들의 원환"[474]이란 은유를 통해서 표현된다. '원환들의 원환'은 "자기 자신의 내부를 향해 되감긴 원환"이며 이들이 제각기 자기준거적(self-referential) 질서에 의거하고 있음을 가리킨다.[475] 시각적 은유를 통해서는 적절하게 이해될 수 없는 이 표현은 자연과 정신이 모두 자기준거적인 질서에 의존하고 있음을 말해 준다. 그러나 오늘날 형이상학에 대해서 비판적인 '시대정신'은 자연과 정신, 이념을 아우르는 통합적인 세계 이해의 전망을 거부한다. 더는 이성은 인간의 본질에 대한 규정도 아니며, 인간이 자신의 주체라는 인식도 착각에 불과하다는 것이다.

반면에 개념 언어의 우위에 대한 신뢰는 이성이 인간의 본성에 가장 가깝다는 전통적인 인식에 근거한다. 실제로 인간중심주의에 대한 니체의 비판처럼 인간 본성이란 개념 역시 모호하다. 우리는 과연 사건으로의 인간존재에 근거한 정서경제의 해석을 간과한 채, 이성이나 본성에 대해 언급할 수 있는가? 정신의 세계 그 자체는 정서경제의 변화와 함께 재해석된다. 인간화의 과정을 가능케 하는 조건들 자체가 특정한 문화나 상징체계의 역사적 맥락에서 형성된다는 것이 사실이라면, 관찰언어나 객관적인 언어에 의거해서 인간존재의 감정과 정서적 체험의 특이성을 이해하려는 시도의 한계 또한 분명해진다.[476] '본성'이나 '자연'이란 개념 자체는 이 개념을 보편적 맥락에서 사용하는 의미들의 질서, 형이상학 등에 의해서 이미 항상 해석된 것이다.

다시 말해서 인간 정신의 사실성과 해석 사이에는 일련의 내재적인 매개의 과정이 개입한다.[477] 이론적인 개념이나 범주들 역시 그 의미와 사용의 맥락 자체가 역사적으로 규정된다는 전제하에서 비로소 이해될 수 있다. 따라서 인간의 자기정체성이 언어의 공동체 속에서 형성된다는 말은 거의 같은 차원의 경험을 가리킬 뿐이다. 이는 자기의식의 형성과 관련해서 구체적인 경험 이전에 원래부터 언어의 사회적 차원이 전제된다는 것을 말한다. 이처럼 자연과 역사가 별개의 실체나 존재의 차원으로 전제될 수 없는 한에서, 인간의 정서와 감정을 초역사적이며 초문화적인 구조나 원리에 의거해서 이해하는 것은 불가능하다. 여기서 우리의 주제는 인간의 모든 자기규정이 지니는 관점론적인 한계를 재확인시켜 준다. 따라서 어떻게 특정한 인간학적 반성이 문화의 개별적인 맥락에서 전개되는지가 중요하다. 인간의 본성을 규정하려는 모든 시도는 '객관정신'이라는 해당 문화의 개별적인 상황을 고려해야 하는 것이다. 따라서 우리는 콜라코프스키(Kolakowski)의 다음과 같은 진단에 대해 동의할 수 있다. 그는 '객관정신'의 소멸이 곧 인간의 자기의식의 종말을 함축할 수 있다고 주장한다.

"자아의 현실성과 역사적으로 규정된 공동체에 소속되어 있다고 하는 감정은 서로 연계되어 있다. 그런데 이들의 연관성은 다시 이들이 우리의 문명에서 함께 몰락해 가고 있다는 사실로 입증된다."[478]

실제로 지난 시기의 철학적 인간학은 본성과 문화의 순환적 연관에 대한 물음을 중심으로 전개되었다. 다양한 인간 집단에 대한 인류학의 유형론적 고찰은 인간존재에 대한 본질론적 관점으로부터 자유로운 상황에서 경험적 내용이 풍부한 자료들을 제공해 준 것이 사실이다. 그러나 인류학적인 시도들은 유형론적인 차원을 넘어서 왜 그 같은 유형이 역사적으로 형성되었으며 그것이 인간의 정서와 본능, 상징체계의 고유한 속성과 어떠한 연관을 구축하는지를 설명해 주지는 않는다. 철학적 인간학의 전개 과정 역시 인간과학의 이론적 성과들에 의해서 영향을 받거나, 이에 대한 태도의 표명을 요구받는다. 그러나 사건으로의 인간존재에 대한 사유는 경험과학적인 인류학이나 심리학과 같은 인간과학에 의해서 대체될 수 없다.

"인간은 궁극적으로 사물들 속에서 자신이 스스로 그 안에 투입해 놓은 것을 다시 발견할 뿐이다.―재발견이라고 하는 것은 학문이라고 부르는데, 이는 (사물들의 내부에: 저자의 첨언) 자신을 투입하는 행위로서―예술, 종교, 사랑, 자부심 등이 그러하다. 만약 우리가 어린아이의 유희와 같은 식으로 작업한다면, 다음 두 가지가 계속 준수되어야 하며, 이 두 가지 태도를 견지할 수 있는 상당한 용기가 필요하다. 그것은 재발견에 대한 용기이며, 다른 하나는―우리가 모두 타자로서―(사물들 안에: 역주) 자신을 투입하는 것이다!"[479]

인간존재란 여기서 인간이 존재와 함께 속해 있다는 것을 가리킨다. 인간존재가, 하이데거가 반복해서 말한 것처럼, 표상된 것 혹은 눈앞에 존재하는 존재자로 사유되어질 수 없다는 것은 곧 사건으로의 인간존재에 직면해서 의식과 대상의 구별을 전제하는 표상적 사유가 한계를 드러낸다는 것을 가리킨다. 하이데거의 《동일성의 문장》에서 같은 생각을 읽을 수 있다.

> "인간과 존재를 서로 마주 대하도록 그렇게 설정함으로써, 이들이 서로 조절할 수 있도록 하는 것, 즉 무언가를 도발하는 것들을 모아 놓은 것에 대한 이름이 바로: 게슈텔(Gestell: Frame)이다."[480]

하이데거의 유명한 '게슈텔' 개념은 이미 《존재와 시간》에서 실존적 현존재 분석에 대한 근본 존재론의 물음과 관련해서 예비되어 왔다고 볼 수 있다. 존재 물음의 의도는 인간의 본질에 관한 전통적인 인간학의 전제 자체가 근본적으로 재고되어야 한다는 데 있다. 하이데거의 생각을 좌우한 것은 그리스적인 계몽 이래로 전승된 형이상학과 과학이 존재의 의미를 이해하지 못한다는 것이다. 그러나 이 존재의 의미는 무엇보다 인간존재의 사건에서 구체화된다. 예컨대 〈휴머니즘에 관한 편지〉에서 이성을 지닌 생물학적 존재로서의 인간에 관한 인간학적 규정을 문제 삼는 것은 그가 무엇보다 당시 철학적 인간학이 의존하고 있는 전제 자체를 쟁점화할 필요가 있다고 생각했기 때문이다.[481] 그는 헤라클리투스에 대한 강의에서 전통적인 형이상학은 근세적인 주체-객체의 관계와 함께 무엇보다 먼저 그 존재망각의 배경하에 이해되어야 한다고 말한다.

"형이상학은, 엄밀하게 생각해 보면, 실제로는 오직 한 존재자로서 인간이 전체 속에서 다른 것들과 함께 바로 그러한 존재자에 대해 지니는 관계에 대한 물음만을 알고 있을 뿐이다; 이 물음의 근세적인 형식은 바로 객체에 대해서 주체가 지니는 관계이다."[482]

'철학적 인간학'이 주체와 객체의 이원론에 의존하는 한, 인간에 대한 물음은 순환논변의 한계를 벗어날 수 없게 된다. 인간학은 인간을 객관화해서 관찰할 수 있는 대상으로 전제하는데, 이와 같은 방법적 태도는 인간이란 특이한 존재자에게는 허용되지 않는다는 것이다. 무엇보다 인간의 사유와 의식, 언어는 모두 자기준거적인 질서에 의해서 이해될 필요가 있다. 헤겔에서 하이데거에 이르는 일련의 사상은 무엇보다 자아의 자기준거적 차원과 세계 이해의 원환 구조가 별개의 사태가 아니라는 데 주목한다. 확실히 원환 구조에 대한 관심은 인간의 자기 이해와 세계에 대한 이해가 궁극적으로 분리될 수 없다는 전제에서 비롯된다.

"언어와 신체 표현이 해석의 과정을 수반하는 특성을 지닌다는 사실을 인식함으로써, 그리고 모든 해석이 또 다른 해석을 필요로 한다는 점을 철저하게 인식하고 나서야 비로소 해석의 사건으로 인간이 본래적으로 존재한다는 점과, 세계 이해와 자기 이해가 분리될 수 없다는 점을 내면적으로 새길 수 있게 된다. 이러한 순환은 비로소 뒤늦게 주제로 등장한다."[483]

인간적 자기규정의 순환 구조에 대한 인식은 종래의 본성론에 근거한 인간학의 통념에 대해 비판적이다. '이성적 동물'이라는 영향력 있는 인간학적 규정은 타자를 객체나 대상으로 설정함으로써 자아와 세계와의 연관을 이해하려는 시도의 배후에서 작용한 핵심적인 전제다. 그러나 인간의 정서경제는 이러한 객체와 주체, 자아와 대상의 이원론에 의해서 포착될 수 없다.[484] 정서와 감정에 대한 이해는 필연적으로 개인의 심리 세계를 넘어서, 정서의 '주체'가 어떻게 한 사회나 역사의 공간에서 형성되는가에 대한 물음으로 확장된다. 인간 실존의 근본적인 체험인 죄와 수치, 경탄과 기쁨의 정서들은 삶과 죽음을 가로지르는 우주적 순환의 정서이자, 운명의 필연을 통해서만 자유가 성립한다는 인식을 반영한다.[485] 삶과 죽음의 원환은 유기체의 숙명으로 시간의 모든 순간마다 반복된다. 여기서 인간존재는 이 같은 사태를 의식과 사유 이전에 성립하는 존재의 사건으로 체험하는 것이다.

비극적 인식,
사라진 세계에 대한 하나의 고찰

　얼핏 보기에 문화의 영역을 총칭하는 정서적 표지로 '죄의 문화'나 '수치의 문화'는 최소한 근대성의 원리를 수용한 대부분의 사회에서 그 효력을 상실한 것처럼 보인다. 그러나 죄와 수치, 명예의 관념은 오늘날 근대화나 세계화의 물결 속으로 사라진 것이 아니라 단지 변형될 뿐이다. 다만 이 정서들은 과거와 같이 종교나 형이상학의 엄호 아래, 개별존재들의 정체성을 포괄적으로 규정하지 않는다.

　죄의 관념은 궁극적으로 법적 담론의 질서에서 행위의 책임을 축으로 그 의미가 제한된다. 이로써 목적과 수단, 행위와 그 결과의 구별에 의존하는 규범문화의 근대화는 '성공'을 거둔 것처럼 보인다. 존재론적 패러다임은 최소한 죄의 관념에 관한 한 자신의 영향력을 결정적으로 상실했다. 죄의 관념이 근대화의 과정에서 근본적으로 변화되었다면, 근대의 소외된 정신은 수치의 감정과 그 표현의 간극을 심화시키는 데 기여했다. 죄책감은 비단 유대교적이며 기독교적인 문화권에서만 규범적 사유의 중심적인 역할을 점유해 왔다고 보기 어렵다. 하지만 서구의 경우 죄의 담론은 타 문화권에서 더 분명한 방식으로 법률주의적 사유 양식의 지배권을 확고히 하는 데 기여한다. 죄책감의 구성 요건에는 일반적으로 행위자가 자신의 구체적 행위 상황에서 규범의 타당성을 사회화의 과정을 통해 학습할 수 있다는 가정이 포함된다. 이로써 죄책감의 문제는 근대 이후, 단순한 인격적 존재 자체의 내면적 도덕성이 아니라, 행위의 능력과 행위 상황에 대한 것으로 제한된다.

존재론적 죄의 관념이 어떠한 운명에 처해졌는지는 루소(Rousseau)를 통해서 선명하게 드러난다. 근대의 주체들에게 루소의 《사회계약론》이란 불온한 서적의 출간으로 야기되었던 당시의 충격을 전달하는 것은 불가능하다. 인간은 자유롭게 태어났으나, 다만 사회화의 과정에서 행복하고 자유로운 존재의 가능성을 박탈당한다는 루소의 주장은 사회적 해방론이기에 앞서, 존재론적 관점의 해체를 의미한다. 이로써 인간이 태어나면서부터 일종의 도덕적 결함을 지니고 있다는 생각 자체가 낯선 것이 되었기 때문이다. 원죄설의 무게감과 음습한 역사가 근대 이전의 서구인에게 미친 영향력을 가늠할 수 있을 때, 비로소 우리는 '모든 인간은 자유롭게 태어났다는' 사회계약론의 선언이 지니는 충격적인 파장을 이해할 수 있다.

성 아우구스티누스(St. Augustine)의 인상적인 시도, 즉 인간이 "신으로부터 부여받은 자유"와 원죄를 하나의 통합적인 관념 체계로 설명하려는 기획은 그 이론적인 결함으로 인해서 영향력을 상실한 것이 아니다. 근대인들의 '계몽된' 자기 해석은 더는 '신'이나 '절대적 존재'의 권위를 필요로 하지 않는다. 자연적 인간이 그 자체로 자유로운 존재라는 생각 자체는 이미 자유로의 초월을 전제한다.

존재론적 물음의 지평이 유실된 상황에서 원죄의 표상이 타당한가의 여부를 묻는 것은 적절치 않은 것 같다. 그러나 키르케고르의 권고대로 우리는 죄의 불안에 처해서 실존의 진정한 모습과 대결할 수도 있다. 존재론적 죄의 이해가 낯설어지고, 더는 설득력을 상실하게 되었다고 해서, 시간과 역사에 대한 물음의 필요성이 사라지지는 않는다. 역사는 단순히 진보나 선형적인 의미의 퇴보 혹은 순환의 사건으로 손쉽게 정리될 수 없다. 그러나 순환론적 시간관과 종말론적 의식의 대립은 죄의 관념이 단순한 행위의 결과에 대한 책임의 문제로 '합리화'되는 과정에 일정하게 기여한다. 존재론적 지평의 상실은 시간의식의 굴곡과 심연을 사라지게 만들어 삶의 지평을 일종의 표준화된 물리적 사태와 유사한 것으로 변화시킨다. 다시 말해서 시간에 대한 체험의 내적 긴밀성과 서사적 풍부함의 소멸이 그 결과로 초래되는 것이다.

죄의 문화는 그 공과를 떠나서 인간의 역사에 깊이와 음영을 만들어 냈다. 여기서는 실제로 그 같은 설화가 허구인가 아니면 실체적 무게감을 지니는 절대적 사태인가의 여부는 중요하지 않다. 허구에 대한 믿음 역시 믿음이며, 이 역시 역사를 변형시키는 힘으로 작용하기 때문이다. 서사들의 유형별 분석은 죄의 문화가 특정 공동체의 규범적 정체성에 미친 영향력과 그 성격을 가늠하게 해 줄 수 있다. 그것은 필연성과 운명, 자연적 힘들의 불가해성에 대한 해석과 맞물려 숙명적 세계관에서 인간의 자기통제와 책임에 대한 원리적 해석으로의 이행을 가능하게 만든 역사화의 과정을 가리킨다. 자연과 신들이 중심이

된 서구의 신화적 세계로부터 근대적 세계로의 전환은 서구적 가치관을 세계화하는 데 기여하게 된다.

죄의 문제를 인간과 자연, 문화와 자연의 대결 구도에서 설정하려는 시도는 근대적인 의식의 주체들에게 낯설 뿐이다. 문화와 자연의 두 계기들이 항상 모순적인 관계로 이해되는 것은 아니다. 다만 도덕의 발생과 관련해서 간과할 수 없는 사실은 자연으로부터의 해방이나 분리가 인간 내부의 심리적 갈등에 반영된다는 점이다. 인간의 내부에서 감지되는 충동과 욕망은 비록 의식의 명료한 언어로 인간 스스로에게 전달되지 못하는 경우에도 정서경제를 혼란스럽게 만든다.

존재론적 죄의 물음은 최소한 형이상학의 핵심 관건인 초월에 대한 관심을 포기하지 않는 한에서만 의미 있는 방식으로 제기될 수 있다. 그러나 다른 한편으로 플라톤에 의해 극단적인 열정과 함께 추구된 초월에 대한 관심은 유일신 사상에 기초한 구원의 종교를 지탱해 주는 '형이상학'으로 변형된다. 초월에 대한 열정과 삶의 한복판을 가로지르는 심연, 즉 무한성과 유한성, 자유와 필연성의 대립은 인간의 본질적인 자기 해석에 속한다. 이 해석의 역사가 죄와 구원의 의미론으로 종결되었다고 보기는 어렵다. 이 점에서 앞서 논한 키르케고르는 예외적이다. 이는 그가 바로 이 같은 문제의식의 지평을 고수하면서도 근대적 정신의 정점에 서 있기 때문이다.[486]

키르케고르는 의도하지 않은 방식으로 죄의 관념에 대한 비교문화적 통찰의 가능성을 열어 놓았다. 죄의 관념은 비극이라는 형식과 함께 문화 상호 간의 규범적 관념의 차이를 설명해 주는 하나의 중요한 지표로 설정될 수 있기 때문이다. 나는 비극적 죄의 관념이 규범의식의 서구적 전형을 가리킬 뿐만 아니라 종교 문화의 전통을 이해하는 하나의 첩경일 수 있다는 전제에서 출발했다. 이는 규범문화 상호 간의 관계에 대한 탐색 과정에서 거시적인 비교나 유추해석에만 의존하지 않고 규범의식의 특이성이 하나의 실체적인 전통으로 뿌리내린 구체적인 지점을 확정할 필요가 있다고 보았기 때문이다.

서구의 문화전통과 한국의 규범문화의 차이를 비극적 죄의 관점에서도 조명할 때, 어떠한 결과를 예상할 수 있는가? 한국의 규범문화에서 종교는 여러 다양한 세계 이해의 한 축을 형성한다. 그런데, '종교'란 관념 자체가 사실은 상호 이질적인 전통과 세계 해석들을 총괄한 느슨한 개념임을 상기할 때, 서구의 사상적 전통하에서 구성된 개념 사용 방식을 그대로 수용하는 것은 문제가 없지 않다. 따라서 '종교'를 포함하는 한국의 규범문화의 계기들, 문화적 관습, 심지어 언어의 의미론적 질서 등은 우리의 규범적 정체성에 대한 이해의 단초들이다.

나는 단순화의 위험을 무릅쓰고 일단 우리 종교 문화의 한 특징을 행복과 물질의 '축복'을 지향하는 성향에서 찾을 수 있다고 주장하고자 한다. 물질지상주의는 행복지향주의의 한 변형이다. 이 같은 성향을 통해서 여러 종교 간의 변별적 차이는 상대화될 수 있으며, 따라서 우리 종교 간에는—종교 자체의 의미가 아니라, 최소한 종교공동체 구성원의 일반적인 의식만을 고려한다면—절충주의(Syncretism)가 일종의 가족유사성으로 드러난다. 싱크리티즘(Syncretism) 혹은 절충주의는 비단 우리 종교의 문화에만 국한된 현상은 아닐 것이다. 그럼에도 불구하고 절충적 혼합주의는 한국의 종교 문화를 설명할 수 있는 하나의 간과될 수 없는 중요한 지표로 설정될 수 있다. 이 절충주의적 경향은 신흥 종교의 선교 전략이나 토착화의 현실적 필요성과 관련해서 설명되는 경향이 있다. 그러나 나는 더 철학적인 관점에서 싱크리티즘을 한국 종교문화의 고유한 '합리화 과정'의 일환으로 규정할 생각이다.

한국 종교의 합리화 과정은 나아가서 보편적 진리와 초월을 추구하는 종교의 성스러운 질서와 대치되는 개념으로 상정되는 경향이 있다. 성스러운 세계의 추구와 세속적 질서의 합리화 과정이 긴장 속에서 대립하는 것은 자연스럽다. 한국의 종교 전통은 초월적 보편주의보다는, 그 특유의 세속적, 물질주의적 요소와의 연관 속에서 '성공'의 역사를 자랑할 수 있게 되었으며, 이는 한국적 '정서경제'의 특이성을 말해 준다.

만약 이 절충주의적 경향이 배제되었다면 한국의 종교 전통들은 지금과 같은 방식으로 팽창하지 못했을 것이다. 물론 외래 종교의 성공은 단순히 절충주의적 전략이나 토착주의적 문화와의 습합을 통해서만 설명될 수는 없을 것이다. 그것은 오히려 개인과 민족 그리고 국가의 번영이 신의 축복과 관련된다는 심층적인 믿음에서 비롯된 것이며 이 후자는 한국인의 고유한 정서경제로부터 설명되어야 한다. 이 같은 관점은 종종 종교 자체에 대한 내재적 관점과 충돌할 수 있다. 따라서 이 같은 접근은 당연히 복합적인 설명의 계기들을 배제한, 단순화된 문화주의적 해석이거나 심리학적 환원론의 한 경우에 지나지 않는다는 비난에 직면할 수 있다.

종교 현상은 일차적으로 개별 행위자의 내적인 의식의 문제가 아닌, 한 집단이 공유하는 독특한 정서경제의 관점에서 이해될 필요가 있다. 이 같은 관점은 종교공동체에 속한 여러 경건한 개인의 신앙으로부터 분리된 추상적인 사유의 차원을 전제한다. 여하튼 한국의 종교 문화에서 드러나는 이 같은 특징은 분명 축복과 번영을 상징하는 오래된 기복적인 집단 정서의 연장선상에서 이해될 수 있다. 그것은 무속신앙과 불교, 기독교를 아우르는 하나의 의미 있는 전통이기도 하다.[487]

여기서 우리는 비극적 죄의 물음과 관련해서 잠시 시선을 고대 그리스로 돌릴 필요가 있다. 불교나 기독교 혹은 유대교의 전통에서 발견하는 보편적인 메시지와 개별적 실존의 갈등은 그리스에서도 다양한 형태로 경험된다. 나는 비극적 죄의 관념이야말로 한국의 포함하는 동아시아의 종교전통을 서구와 구별하게 해 주는 하나의 유용한 관점임을 발견한다. 비극적 경험은 당연히 서구적 사유의 고유한 특성을 가리킨다. 이 같은 견해는 이미 헤겔이나 키르케고르나 야스퍼스에게서도 발견할 수 있다. 예를 들어 야스퍼스는 그리스 비극의 형식이 유일무이하게 서구사회에서만 나타난다는 주장을 통해서 비교인류학적 고찰의 한 가능성을 선취했다.[488] 헤겔과 횔덜린 역시 비극적 의식을 떠나서 서구사회의 보편에 대한 열망을 이해한다는 것은 불가능하다고 지적한 바 있다.

야스퍼스의 사례는 비기독교 세계의 전반을 대상으로 한 것이라기보다는 예를 들어 중국의 문예 전통, 특히 불교가 전해지기 이전의 문학과 같은 예술 형식에 초점이 맞춰져 있다. 그의 관점은 인도나 여타의 비서구문화권을 염두에 둔 것이다. 우리가 야스퍼스의 견해를 따르건 따르지 않건, 비극적 정서의 특이성은 하나의 중요한 화두를 제공해 준다. 비극이 함축하는 포괄적인 문제성은 이미 앞에서 상세하게 다룬 바 있기에 여기서는 단지 이와 관련해서 한 현대 문예 비평가의 언급으로 만족할 생각이다.

"법을 제정하게 되고 인간이 사는 삶의 공간을 구축한다는 것은 항상 서
구의 전통에서 비극에 대한 논의의 핵심적인 관건이 되어 왔다."[489]

이 같은 언급은 단순히 비서구문화에서 비극이 존재하지 않는다는
비교문화론의 상투적인 견해를 반복하는 데 의미가 있다기보다, 비극
의 정서가 서구문화 자체의 자기정체성을 검증하는 중요한 통로라고
하는 사실을 우선적으로 강조하기 위한 것이다.

비극은 규범의식의 특이한 진화를 보여 주는 하나의 지표인가? 비극
이 규범적 합리성의 진화 과정과 관련해서 우리의 관심을 끄는 이유는
무엇인가? 한 공동체의 역사적 경험은 종종 특징적인 상징체계를 통
해서 전승되는데 비극은 서사시와 함께 그 집단적 경험의 실체를 보여
주기 때문이다. 그것은 경우에 따라서 실제상의 혹은 가공의 역사적
해석에 기대고 있다. 그리고 이 해석은 단순한 비극 저자의 창작물이
라기보다는 규범적 갈등에 관한 공유된 담론의 기록이라는 가능성으
로 인해서 바로 우리가 관심을 기울이고 있는 정서경제의 실체성과 맞
닿는다.

그 결과 아이스킬로스와 소포클레스 등은 앞에서 미학적 논의의 텍
스트라기보다는 서구적 세계 해석과 인간의 정체성에 대한 독특한 이
해의 가능성들로 다루어졌다. 예술을 개별 상징체계의 한 유형으로 구
별하고 이해하기 시작한 것은 서구의 경우에도 불과 18세기 이후의 관
행이라는 점이 감안되어야 한다. 비극은 아리스토텔레스에 의해서 이

미 철학적으로 재구성된 시로 이해된다. 그래서 비극은 단순한 예술작품을 넘어서 공동체적 삶의 핵심적 사건으로 간주될 만하다. 극장에서의 공연은 철학적 주제들에 대한 규범적 쟁점이 그 사회의 구성원들에 의해서 어떻게 해석되는지를 보여 주는 전형적인 경우다. 이와 관련해서 비극은 일종의 교양 소설(Bildungsroman)과 유사하다. 교양소설을 언급하는 이유 중의 하나는 이것이 반성적 주체의 도래를 알리는 하나의 징표일 수 있기 때문이다. 그래서 인륜적 의식의 텍스트로써 비극은 서사시에서 볼 수 있는 영웅들의 단선적인 체험이나 서술과는 구별된다. 비극적 의식은 그 결과 '자기정체성'의 형성과 관련된 인간들 간의 상호 인정을 위한 투쟁을 통해서 전개된다. 비극은 삶 자체의 불가피한 고난과 함께 인간 상호 간의 유한성을 인정하게 만드는 역할을 수행함으로써 세계에 대한 반성적인 이해의 한 방식을 도출해 낸다. 이는 교화와 악의 응징이라고 하는 단순화된 규범의 도식적 해석으로부터 확연히 구별된다. 권선징악의 통속적 관념은 종종 전통적인 사회의 인륜적 태도나 일부 종교 전통에서 발견된다. 소박한 도덕적 교화를 지향하는 모든 형태의 일차원적이며 감상적인 '통속비극'과의 차별성이 그리스의 고전 비극을 돋보이게 만드는 요인이다.[490] 통속비극의 전형적 유형은 거의 예외 없이 도덕주의적 교화를 설교하거나 사회적으로 통용되는 도덕관념과의 타협으로 귀결된다. 한마디로 통속 비극은 실체성에 대한 관념이 희박하거나 결여된 우연적인 사태들로 점철되어 있다. 진정한 비극은 "질병과 재산의 상실, 죽음"[491]과 같은 우연적인 요소들과 무관하다.[492]

비극이 규범의식을 지탱하는 한 문화의 반성적 성격을 강화하는 기제로 작용했다는 사실은 앞에서 중시되었다. 비극을 통해서 제기되는 철학적 쟁점 중의 하나는 존재 자체의 근원적인 불확실성이나 상충하는 가치관들의 변증법적 모순이다. 특히 그리스의 고전 비극은 개체존재를 압도하는 문명의 필연성들을 형상화하는 과정에서 그 공동체가 기억하고 전승해 온 역사적 경험을 심화시킨다. 이 점에서 비극적 경험은 단순한 정서의 효용을 떠나서 개인의 불가피한 실존적 정황을 넘어서는 존재의 위기를 반영한다. 그리고 그것은 예술가에 의해 재구성된 경우에도 삶의 구체적 맥락으로부터 완전히 분리되지 않는다. 바로 이 같은 견지에서 규범의식의 형성 과정과 비극적 죄, 운명의 필연성 등은 직접적으로 연결된다.[493]

그러나 이제 비극은 물론 모든 형태의 존재론적 죄에 대한 물음 자체가 시대착오적인 것이 되어 버렸다. 멋진 근대가 탄생한 것이다. 근대 이후, 특히 개별자들로 파편화된 세계에서 그리고 이들을 묶어 주는 공통의 정체성이 법의 평등성과 최소한의 도덕규범만으로 형식적인 수준에서 유지되는 한에서, 우리는 비극 이후의 단계에 처해 있다고 간주할 만하다. 비극 이후는 통일적인 규범체계의 해체 과정을 전제하는데 이는 간단히 말해서 인륜적 정신의 실체성에 대한 공통의 규범의식이 결여된 상태를 반영한다. 실체적인 것에 대한 감각의 결여는 비극적인 것에 대한 무감각과 같은 선상에 놓여 있다.

결국 정서경제의 근본적인 변화가 초래된 것이다. 운명의 필연성이나 인륜적 힘들의 실체성 자체에 대한 인식이 사라짐으로써 결국 개체존재들의 주체의식이 배타적인 권리를 주장하게 된다. 이러한 상황에서 법적 평등의 원리에 기초한 주체들이 살아가는 사회의 지배 형식은 당연히 '민주주의'일 수밖에 없다.

헤겔은 흥미롭게도 미학 강의에서 "민주주의적인 민족"의 퇴행적 양상을 다음과 같이 기술하고 있다. 여기서 민주주의는 절차적 정당성이나 삼권 분립, 인권, 법치주의 등과 같은 절차적 정당성을 추구하는 정치 이념을 넘어서는 문화적이며 역사적인 정체성과 관련된 개념임을 말해 준다.

"희극을 위한 보편적 토양은 인간이 주체로서 자신 스스로 그렇게 알고 있거나 자신이 행하는 것을 본질적인 내용으로 이해하는 그 모든 것의 완전한 주관자(Meister)로 스스로를 설정했던 그러한 세계로 존재하게 된다. 이 세계는 자신의 목적들을 그 스스로의 고유한 본질의 상실을 통해서 파괴하는 그러한 세계다. 예를 들어 한 민주주의적인 민족이 자신만의 이익을 탐하고 시민들과 투쟁하기를 일삼고 경솔하며 떠벌리기 좋아하며 믿음과 인식이 결여된 상태에서 말이 많고 뻐기기를 좋아하며 동시에 자만심이 가득할 때, 그런 민족은 어떻게 도울 방도가 전혀 없다. 그 민족은 스스로의 어리석음에 의해 자멸한다."[494]

실체성이 결여된 사회는 이처럼 퇴락과 퇴행의 양상을 보이지만, 민주주의적인 민족이 반드시—헤겔이 서술한 대로—희극적인 정신세계를 공유하지는 않는다. 여하튼 비극적 죄와 필연성을 단초로 하는 인륜성의 세계는 근대 이후 전개된 규범문화의 조건들이 역사적 변형의 결과임을 가리킨다.

그러나 '비극 이후의 세계'가 보이는 역사적 특이성은 전통적인 한국의 집단 정서나 우리 사회의 근대화 과정을 설명해 주지 못한다. 무엇보다 우리의 경우 규범문화의 정체성을 형성해 주는 계기로써 비극적인 갈등이나 변증법적 모순은 거의 중요한 역할을 수행하지 못한다. 예를 들어, 도덕적 물음들은 종종 설명할 수 있는 것과 설명할 수 없는 것 사이의 경계선에서 발생하는데, 그것은 전통과 코드화된 규범 혹은 권선징악의 통속적인 관념에 의해 '해소되어' 버리기 때문이다. 그러나 국가와 같은 '인륜적인 질서'의 운명에 대한 물음에서 반성적 주체성이 어떻게 형성되는가의 문제는 거듭 반복해서 제기된다. 시장경제나 법치주의와 같은 근대성의 원리가 도입된다고 해서 직접 반성적인 주체가 등장하는 것은 아니다. 나는 지금까지 앞에서 보편에 대한 열정이 비극과 같은 정서경제의 이해를 통해서 설명될 수 있다고 주장해 왔다. 이 같은 체험을 관통하지 않은 법의 이념은 삶과 문화의 지층에 뿌리내리기 어렵다. 그러나 근대는 어느 면에서는 무척 공평하다. 왜냐하면 근대는 우리의 희망이나 선택 혹은 결단과 무관하게 '비극 이후'의 세계를 현실로 가져왔기 때문이다. 세계는 정서경제의 관점에서도 '평평해졌다.' '비극 이후'의 세계가 바로 '세계화'의 참된 얼굴이다. 이제 존재론적 죄의 관념이나 운명의 필연, 비극적 인식은 역사의 기억으로만 남게 된다.

내 안의 타자

1

수치와 죄의 감정에 대한 탐색은 '나는 누구인가'라는 근원적인 물음과 깊이 관련된다. 나는 수치심과 죄책감에 대해 탐색할수록 기이한 느낌을 갖게 되었는데, 그것은 다름 아니라 우리의 감정이 과연 어떤 의미에서 우리 자신의 감정으로 이해될 수 있는지 모호해졌기 때문이다. 나는 이 책에서 죄와 수치의 감정이 그 어떤 다른 감정들보다 더 인상적인 방식으로 우리 안에 존재하는 '타자'의 존재를 말해 주고 있음을 주장하려고 한다. '내 안의 타자'는 직접 우리가 경험하는 현실 속에서 그리고 상상의 공간 속에서 모두 체험된다. 우리는 자신의 내면 공간을 타자와 함께 공유하는 것이다. 따라서 사람들과의 관계는 자신의 정체성을 고수한 채 진행되는 외면적인 만남으로 설명될 수 없다. 우리의 내면세계의 한복판에서부터 '타자'는 자신의 권리를 주장하고, 배려할 것을 요구한다.

2

'자기 안의 타자'를 지각하고 체험한다는 것은 수치와 죄의 감정이 근본적인 의미에서 '사회적 감정'임을 가리킨다.[495] 여기서 사회적이란 말의 의미는 수치와 죄의 감정 자체가 형성되는 과정에서 이미 항상 사회성(sociality)이 구성적인 계기임을 의미한다. 따라서 이 감정들은 '내 안의 타자'가 실재하며, 이는 언어 이전(pre-linguistic)의 사태로 체험된다. 인간이 사회적 존재라는 사실은 이미 잘 알려져 있지만, 사회적 감정들 역시 근본적인 의미에서 자아와 타자, 자아와 세계에 대한 이해의 차이에 의해서 발생한다는 사실은 잘 알려져 있지 않다.

3

수치와 죄의 감정은 '자기감정', 즉 '자기의식을 수반하는 감정'이다. 자기의식의 생성 과정은―그 개체발생적(ontogenetic) 측면과 계통발생적(phylogenitic) 측면 모두의 경우에―사회적 타자, 즉 타자와 함께하는 공공 존재(Mit-Sein: Together-Being)인 한에서 설명될 수 있다. 간단히 말해서 타자와 함께하는 생활세계의 공공성과 역사성이 곧 자아정체성의 형성에서 구성적인(constitutive) 의미를 지닌다.

4

수치의 감정은 자아에 의한 자기평가와 자신에 대한 타자(사회)의 평가 사이의 차이를 조절하기 위한 심리적 기제에 의해 발현된다. 이는 특히 사회적 수치의 감정에 대해 타당하다. 나르시시즘은 자신에 대해 과도하게 부풀려지거나 극단적으로 왜곡된 자기평가에 경도된 경우다. 평가의 불일치는 감정과 정서가 상호 충돌하는 관점들 간의 대립(Antagonism)으로 이해될 필요가 있음을 가리킨다. 평가적 관점들 간의 불일치는 단순한 당혹감에서부터 우울증과 같은 병리적 증상에 이르기까지 다양한 양상으로 발현된다.

5

감정들의 문법이 역사적이며 문화적인 상징체계에 의해서 지탱되고, 변형된다는 사실은 특히 죄의 경우 중시되어야 한다. 슬픔과 분노, 기쁨과 공포 등의 감정과 달리 죄와 수치의 감정은 문화권에 따라서 그리고 시대적인 거리에 따라서 상이한 방식으로 체험되며, 이는 이 두 감정이 통시적 관점에서 이해될 필요가 있음을 말해 준다.[496]

6

위에서 정리한 논의에 근거할 때, 우리는 죄와 수치의 감정을 이해하는데, 신경생리학이나 개인심리학(Individual Psychology) 등의 분석이 오직 제한적인 의미만을 지닌다고 추정할 수 있다.[497] 사회적이며, 자기의식적인 감정들은 뇌의 신경생리 차원에서 진행되는 "정서적 평가(affective appraisal)"를 수반하지만, 후자에 의해 환원주의적으로 설명될 수 없다.[498]

왜, 어떤 의미에서 '수치'와 '죄'는 감정일 수 있는가? 죄와 수치는 일차적으로 정서가 아닌 감정들로 간주될 수 있다. 정서는 특정한 대상과의 연관성이 희박하거나 없는 반면에, 죄와 수치는 구체적 대상과 원인의 실재가 전제된다.[499] 감정들은 이를 발현시키는 원인으로의 특정한 대상이나 상황에 대한 지각(perception)과 함께, 이렇게 지각된 내용에 대한 평가(appraisal)를 수반한다.[500]

7

내 안의 타자는 '타자화된 자아'로도 이해될 수 있는데, 이는 이미 자아의 한 부분으로 '타자의 관점'이 체화되었음을 가리킨다. 이 경우 자아와 타자 사이의 상호 인정을 향한 투쟁적인 갈등 관계는 성립하기 어렵다. 반면에 '타자화된 자아'는 자아 자신이 의식하지 못한 방식으로 순응주의(conformism)에 가까운 형태의 사회적 생존을 가능케 한다. 이때 죄와 수치의 감정은 정념(Passion)의 어원적인 의미에 상응하는 피동성 혹은 수동성의 양태로 발현된다. 그 결과 수치와 죄의 감정은 인격적인 성숙의 계기가 아닌 사회적 통합의 기제로 작동하며 이 경우 한 사회는 '효율적인' 정서경제를 확보하게 된다.[501] '내 안의 타자'가 사회적 의사소통의 질서 속에서 어떻게 작동하고, 개인들의 삶 자체와 관련해서 어떤 의미를 지니는지에 대해 모든 사회는 깊은 관심을 지닌다. 이 같은 관심은, 첫째, 사회 통합을 지속적으로 달성해야 하는 자기보존의 명법에서 비롯한다. 정서의 경제와 사회문화적 조건들은 단선적인 인과 관계의 원인이나 결과로써가 아닌 상호 연관의 계기들로 간주된다. 다시 말해 근대적 삶을 성립시켜 주는 제도나 관행, 상징체계들은 정서체계와 일정한 상호 관계를 구축한다는 것이다. 정서의 경제는 종교나 예술 등의 형태로 구현된 상징체계로 작동할 뿐만 아니라, 행위자들의 행위에 의해 체화된 방식으로도 표현된다. 수치와 죄의 감정은 발생적인(generative) 과정과 함께 '역사적인' 연관 속에서 재해석되는데, 이 같은 해석의 역사성은 죄의 경우 더욱더 선명하게 드러난다.

둘째, 사회 통합의 전망은 인격적인 온전성(personal integrity)을 성취하려는 개인들의 노력, 즉 '내 안의 타자'에 대한 도덕화된 담론에 의존한다. 그러나 이 같은 사회적 관점과는 별도로 인격적 성숙의 '고유한 가치'에 대한 믿음 또한 실재한다. 도덕적 초월주의는 자아의 정서적 차원과 이성적 차원들을 통합적 관점에서 고려할 때 비로소 더 완성된 형식을 지니게 된다.

8

한편 자아정체성의 관점에서 수치는 죄의 감정보다 더 근본적인 의미를 지닌다. 따라서 수치 감정은 최소한 죄의 감정보다는 더 기본적인 감정들(basic emotions)에 속하는 것으로 간주될 수 있다.[502] 수치의 감정이 '죄'와 달리 인간의 성격을 직접적으로 표현해 주며, 인격의 내밀한 정황을 알려 주는 지표로 간주되기 위해서는 하나의 중요한 단서가 전제되어야 한다.[503] 왜냐하면 이 주장은 오직 '존재론적인 죄'의 관념을 하나의 부풀려진 과잉 해석으로 간주할 때만 타당하기 때문이다. 또한 죄가 없는 상태에서는 당연히 죄책감도 발생하지 않지만, 수치가 결여된 상태(Shamelessness)는 전자와 달리 '비인간적'인 심리적 사태를 수반한다고 여겨진다.

이는 수치 감정이 죄와 달리 단적으로 부정적인 감정이 아니기 때문이며, 나아가서 비언어적 감정 조절의 한 중요한 계기이자, 인격적 존재가 자신을 표현할 수 있는 가능성이기 때문이다. 이로써 '사회적 수치'의 고유한 차원이 성립한다. 정신적 수치로부터 파생된 사회적 수치의 경우처럼, 공적 차원과 사적 차원의 구별이 수치 감정의 발현을 가능케 하는 중요한 지표로 설정될 수 있다. 같은 맥락에서 사회적 수치는 '자긍심(Pride)'과 같은 자기평가의 감정으로 분류된다. 자긍심과 수치심은 오직 이 경우 동전의 양면과 같다고 볼 수 있다. 다시 말해 자긍심과 수치 감정은 '사회적 인정'의 그물망에 의해서 연계되어 있다고 볼 수 있다.

또한 몸을 통해 감지되고 표현되는 신체 수치와 정신적인 수치는 교호 관계 속에 놓여 있다. 신체 수치에서 비롯하는 수줍음의 표현은 성적 매력과 관련된, 생물학적 자기보존을 초월하는 미적 현상으로 이해될 수 있는데, 이는 정신과 몸의 근원적인 통일성에서 연유하는 현상이다. 또한 수치는 성적 충동의 억압이라는 충동경제와 관련해서 '역겨움(disgust)'이나 도착과 같은 맥락에서 파악될 필요가 있다. 생명체로서의 자기보존에 해당하는 필수적인 요구들은 일차적으로 충동경제(Triebhaushalt: Drive Economy)에 의해서 조절되지만, 정서와 감정에 의해서도 '해석'될 수 있다. 무엇보다 기본적인 감정들은 자긍심이나 수치심보다 더 '보수적인' 양상을 보이는데, 그것은 마치 어떤 음식을 정서적으로나 감정적으로 싫어한다고 해서 곧 배고픔이라는 식욕 자체가 사라지지는 않는 것처럼, 충동경제가 정서경제에 비해 더 폐쇄적인 질서로 작동하기 때문이다. 이는 인지적 믿음이 작동하는 과정과 감정이나 정서가 작동하는 과정이 모두 상대적인 자율성을 지닌다는 것을 말해 준다.

수치는 '여러 형태의 가면(mask of shame)'들을 통해서 변형된다.[504] 수치 감정이 노이로제와 나르시시즘 그리고 우울증과 관련하는 반면에 죄의 감정은 편집증과 관련한다는 정신병리학의 관점은 자아와 마음의 세계에 대한 통합적인(holistic) 인식의 필요성을 부각시킨다. 사람들의 내면세계는 정해진 극본이 없는 '연극'의 무대와도 비견될 수 있다. 그런데 자아라는 이름의 무대에서 정작 자아 스스로가 항상 주연배우나 감독의 지위를 유지할 수 있는 것은 아니다. 특히 수치 감정에 휩싸이는 경우, 자아는 총체적 혼돈 속에서 불안의 정서에 의해 포위된다. 자아가 관찰자이자 동시에 배우로도 참여하는 내면의 극장에서 정서와 감정의 흐름은 인지적 판단에 의해 '생각한 대로' 통제되지 못한다. 수치 감정은 자아의 태도나 얼굴 표정 등에서는 자취를 감추지만, 그것은 방어적인 형태로 변형되기도 한다.

이 같은 감정의 변환(transformation)은 자아의 무대에서 진행되는 연극이 종종 가면극의 양상을 보인다는 것을 가리킨다. 그러나 여기서 간과될 수 없는 사실은 이 연극에서 자아가 주역을 담당하지 않는다는 것이다.[505] 수치와 죄의 감정은 더 근본적인 정서들의 심층적인 기제들을 전제하지만 그 기제의 작동은 항상 사회적 상호작용 속에서 가능하다. '수치에 대한 수치' 역시 사회적 상호작용에 의해 자아의 내부에서 감정(느낌)의 감정(느낌)에 대한(Emotion to Emotion 혹은 Feeling to Feeling) 관계가 형성될 수 있음을 가리킨다.

수치 감정이 자아정체성의 형성에서 지니는 근본적인 중요성에도 불구하고, 실제의 삶 속에서 죄책감은 수치 감정을 촉발시키는 선행 조건으로 작용할 수 있다. 잘못된 행위나 타인에게 입힌 상처 등에 대한 죄책감은, 그 같은 결함이나 실수를 야기한 자신에 대한 수치심을 촉발시키기도 한다. 그러나 자신에 대한 수치심이 죄의 감정을 야기하지는 않는다. 따라서 수치심은 죄보다 더 근본적인 차원에서 자아를 구성하고, 이해하도록 만들어 주는 감정이다. 나의 잘못된 행위에 대한 죄의 감정은 곧 자신의 내면에 존재하는 이상적인 자아의 기준에 미치지 못했다는 수치의 감정으로 이행하거나 중첩될 수 있다.[506] 반면에 자신에 대한 타자의 시선이나 평가에 대한 수치의 감정이 죄의 감정으로 전환하거나, 표현되는 경우를 상정하기는 어렵다는 점에서 수치 감정이 죄보다 더 포괄적인 자아(Self)의 정체성을 반영한다고 볼 수 있다.

　죄와 수치 감정의 관계는 마음이 역동적인 자기조절체계(self-regulative system)로 작동하고 있음을 가리킨다. 그러나 감정의 감정에 대한(Emotion to Emotion) 반응과 조응의 질서들은 앞서 거론한 충동경제의 역학관계를 떠나서 온전하게 이해될 수 없다. 이 같은 언급은 신체 수치와 정신적인 수치의 관계에 대해서도 적용될 수 있다. 종종 감정의 흐름은 마음과 몸, 욕망과 의식의 단절을 허용하지 않는다. 에컨대 화가 앞에 선 여성모델이 자신의 벌거벗은 몸을 의식함으로써 느끼는 신체 수치의 감정은, 모욕적인 시선의 대상으로 전락한 평가절하된 자신의 존재 전체에 대한 '정신적인 수치'나 분노의 감정 등과 중첩된다. 흥미롭게도 '창세기'는 이 두 감정을 하나의 '사건' 속에 위치시키는데, 나는 성 아우구스티누스(St. Augustine)의 '원죄' 개념이 원죄와 수치의 연관은 물론, 셸러의 신체 수치와 정신적인 수치 감정의 연관을 설명해 줄 수 있는 단서들을 지닌다고 생각한다.[507]

9

　'존재론적 죄에서 개인적 죄'로의 이행은 서구 규범문화의 역사적 변화를 설명해 주는 하나의 중요한 현상이다. 그리고 이 같은 현상은 부분적으로 우리 사회에서도 발견된다. 존재론적 죄의 관념을 반드시 '종교적인' 관점에서 이해할 필요는 없다. 타락이나 원죄와 같은 유대적이며 기독교적인 죄의 관념이 존재론적인 죄의 원형으로 간주될 수는 없다. 존재론적 죄는 도덕적 타락이나 절대자의 명령에 대한 거부가 아닌 '전체로부터의 분리'(Akkad문명), '삶과 죽음'의 영원한 교환(원환적이며 신화적인 세계 해석의 경우)과 같은 유형의 더 오래된 고대의 세계관들에서도 발견된다. 다른 생명체들의 죽음과 새로운 생명의 탄생은 긴밀하게 얽혀 있으며, 이는 자연과 인간의 물질교환에 대해 '긍정'하게 되는 배경이다.

따라서 번제(燔祭)와 희생의식, 조상신의 숭배 등은 존재의 평형 상태를 회복하는 상징적 교환의 의미를 지니는데, 이 점에서 모든 생명은 죽음으로부터 주어진 선물이기도 하다. 달리 말하면 생명은 "죽음으로부터 탄생한 사건"이기도 하다. 존재론적 죄의 또 다른 전형은 그리스의 고전 비극을 통해서 형상화된다. 비극은 '운명적 필연과 우연의 갈등'(Oedipus)을 통해서 '죄 없는 자의 죄'를 하나의 화두로 제시한다. 나아가서 '비극적 죄'의 문제는 한마디로 '죄 없는 자의 죄'(Antigone)로 규정될 수 있다.

'죄 없는 자의 죄'야말로 천편일률적인 권선징악의 구도를 넘어서는 모순의 감정을 촉발시킨다. 인간과 사회, 자연과 세계, 땅과 천상의 세계 사이에 항상 조화로운 질서가 지배하지는 않는다는 모순의 인식이야말로 새로운 계몽의 출발점이다. 이는 곧 비극적 죄가 반성적인 의식을 촉발시키는 계기임을 말해 준다. 비극은 '존재론적인 죄'에서 '개인적인 죄'의 관념으로 이행(transition)하는 교차점에 놓여 있다. 가령 안티고네(Antigone)로 대표되는 비극적 죄의 관념은 가족의 수호신을 중심으로 하는 '신의 법'과 정치공동체의 규약에 근거한 '인간의 법'이라는 두 개의 '정당한 힘들' 간의 갈등이자, 동시에 여성성과 남성성,

개인과 공동체, 사적인 것과 공적인 것의 갈등에 의해 중첩된다. '비극적 죄'는 법의 '형식적 보편성'과 함께, 법에 의해 수렴되는 개체존재의 개별성(singularity)이 존중될 수 없는 법률주의(legalism)적 정의론의 구조적 한계에 대한 인식을 수반한다.

　법과 도덕의 관점이 분리되고, 이들이 자율적인 규범체계의 각 부분들로 작동한다는 것은 이미 서구 규범문화의 '합리화 과정'이 어느 정도 진행되었음을 가리키는데, 이는 죄의 감정과 관념에 대한 해석의 패러다임이 바뀌었다는 것을 동시에 함축한다. 또한 고대 로마법의 압도적인 위상을 고려하지 않은 채, 서구에서 '개인적 죄'의 관념이 확산된 과정을 파악할 수는 없다. 소규모의 정치공동체인 폴리스적 삶의 형식을 넘어 국가와 제국으로 이행하게 된 서구세계의 역사는 종교나 도덕보다는 법률에 의한 지배를 요청하게 된다.

　이로써 기독교 문화권에서의 죄의 감정은 역사적으로 '존재론적 죄(ontological guilt)'의 관념에서 개인들의 일탈 행동의 결과에 대한 책임의 문제를 중심으로 재해석된다. '개인적인 죄(individual guilt)'의 관념은 근대적인 삶의 구체적 조건들과 상응한다. 이 과정은 단순히 의미론적인 재구성의 결과가 아닌 삶의 기능적 조건들, 예를 들어 인륜적 관습과 도덕, 법 등의 규범체계들이 분화되는 과정으로 이해될 수 있다. 우리는 이 일련의 과정이 근대성의 원리가 확산되는 과정과 동일하다고 간주할 수 있다.

10

수치와 죄는 모두 집단감정으로 분류될 수 있다. 외적 강제를 내적 강제로 요구하는 사회문화적 힘들과 제도적 장치들에 의해서 수치의 집단감정이 형성된다. 반면에 집단적 죄의 감정은 존재론적 죄의 관념이 지배적인 경우에만 성립될 수 있다. 수치 감정의 집단적 형성은 '국가'와 같은 조직보다는 '상호기대(mutual expectation)'의 수준이 높은 문화권에서 용이해진다. 집단감정으로의 수치와 죄는 문화적 특성을 가리키는 개념으로 사용되는 경향이 있다. 수치 문화(Shame Culture)와 죄의 문화(Guilt Culture)의 개념이 그것이다.

죄의 문화는 '목적론적 역사해석'에 대해 친화적이다. 삶 전체를 관통하는 질서의 관념은 물리적 시간과 순환적 자연의 흐름을 초월하는 본질세계의 실체성을 주장하게 만들었으며, 이는 초월적 보편성에 상징적 의미를 부여함으로써, 궁극적으로 '수치 문화'와는 다른 역사의 궤적을 보여 준다. '수치 문화'에서 '죄'로 표현되는 관념은 다른 규범이나 관념들에 의해 대체되거나, 상이한 인지적 표지에 의해서 표현될 수 있다. 근본적인 의미에서 죄책감은—최소한 기독교 문명의 경우—유한성과 무한성, 몸과 정신, 필연과 자유, 선과 악의 대립에 대한 이원론적 구도를 통해서 인간의 자기정체성과 역사에 깊이 각인된다. 수치 문화는 일반적으로 명예사회(honour society)의 정서경제를 가리킨다. 명예에 대한 집단 구성원들의 이해 방식 역시 다양할 수 있다. 소규모의 대면(face to face) 공동체에서부터 근대화에 저항하는 대부분의 전통사회는 '명예사회'의 흔적들을 간직한다. 그리고 이 모든 사회에서 일관되게 수치와 모욕, '자긍심'은 긴밀한 연관을 구축한다. 그러나 근대의 원리가 확산될수록 '명예사회'는 존재론적 죄의 관념과 함께 자취를 감추게 될 것이다.

참고문헌

아래 참고문헌 중에서 * 표시된 내 글의 일부 내용은 수정, 보완된 형태로 본문에 반영되었으나, 저술 과정에서 모두 예외 없이 새롭게 작성되었음을 밝힌다.

김종만, 〈기복불교의 변화에 대한 문제〉,《불교평론》(2003 봄호), pp. 231-251.
임홍빈, 〈'정서의 경제'와 자연주의 심리학: 니체의 경우〉,《철학연구》(제113집, 대한철학회 간행, 2010), pp. 287-311.(저술 1부: 〈죄책감의 계보론〉에 수정 후, 일부 반영)*
_____, 〈인륜성과 죄의식〉,《헤겔 연구》(30집, 2011), pp. 171-189.(저술 1부: 〈비극적 죄의 문제〉에 수정 후, 일부 반영)*
_____, 〈비극적 인식과 인륜성〉,《범한 철학》(39호, 2005), pp. 29-48(저술 1부: 〈비극적 죄의 문제〉에 수정 후, 일부 반영)

《孟子》

Abel, Günter, Nietzsche, *Die Dynamik der Willen zur Macht und die ewige Wiederkehr*, (Berlin: de Gruyter, 1998).
Aboujaoude, Eliasm, "A Violin Requiem for Privacy: The dangerous Powers of the E-Personality, Ar. Erik Erikson, placed individuation ahead of social success as a barometer of health.", *The Chronicle of Higher Education*, Oct. 7. 2010. W. W. Norton.
Agamben, Giorgio, "Nudity", in: *Nudities*, translated by David Kishik and Stefan Pedatella, (Stanford/California: Stanford University Press, 2011), pp. 55-90.
Aischylos, "Agamemnon", *Tragödien*, übersetzt von Oskar Werner, (Düsseldorf/Zürich: Patmos Verlag, 2005), pp. 215-319.
Angehrn, Emil, *Die Überwindung des Chaos: Zur Philosophie des Mythos*, (Frankfurt:

Suhrkamp, 1996).

Aristophanes, *The Frogs*, in: *The Plays of Aristophanes*, translated by Benjamin Bickley Rogers, (Chicago: Encyclopaedia Britannica, INC. 1971), pp. 564-582.

Aristotle, Rhetoric in: *The Complete Works of Aristotle*, Volume two, edited by Jonathan Barnes, (Princeton, New Jersey: Princeton University Press, 1995).

St. Augustine, *The City of God*, translated by Marcus Dods, (Chicago: Encyclopaedia Britannica, INC, 1952).

Baumgartner, Hans Michael und Eser, Albin, (hrsg.), *Schuld und Verantwortung: Philosophische und juristische Beiträge zur Zurechenbarkeit menschlichen Handelns*, (Tübingen: J. C. B. Mohr, Paul Siebeck, 1983).

Beam, Craig, "Hume and Nietzsche: Naturalists, Ethicists, Anti-Christians", in: *Hume Studies* Volume XXII, Number 2 (November, 1996), pp. 299-324.

Bekoff, Marc, "Animal Emotions, Exploring Passionate Natures", Oct. 2000/vol 50. No 10, *BioScience*, pp. 861-870.

Benedict, Ruth, *The Chrysanthemum and the Sword: Patterns of Japanese Culture*, (Boston: A Mariner Book, 2005). R. 베네딕트, 《국화와 칼》, 김윤식 옮김, (서울: 을유문화사, 2000).

Bible, (Genesis) *Pentateuch with Targum Onkelos, Haphtaroth and Prayers for Sabbath and Rashi's Commentary*, translated into english and annotated by Rev. M. Rosenbaum an Dr. A. M. Silberman, Genesis, (London: Shapiro, Vallentine & Co., 1929).

Brickman, Arthur S, "Pre-oedipal development of the superego", in: *International Journal of PsychoAnalysis*, 64, 1983, pp. 83-92.

Charland, Louis C., "Reinstating the Passions: Arguments from the History of Psychopathology", in: The *Oxford Handbook of Philosophy of Emotion*, edited by Peter Goldie, (Oxford: Oxford University Press, 2010), pp. 237-259.

Collins, Steven, *Selfless Persons: Imagery and thought in Theravada Buddhism*, (Cambridge: Cambridge University Press, 1982).

Conze, Edward, *Der Buddhismus*, (Berlin: Kohlhammer 1995).

Cua, Antonio S. "The ethical significance of shame: insights of Aristotle and Xunzi", *Philosophy East & West*, Volume 53, Number 2 April 2003, pp. 147-202.

Damasio, Antonio, "How the brain creates the mind", in: *Scientific American* 281, 1999, pp. 112-117.

Damasio, Antonio, *Descartes' Error: Emotion, Reason, and the Human Brain*, (New York: Putnam's Sons, 1994).

Damasio, Antonio, *The Feelings of What happens*, (San Diego/New York/London: Harvest Books, 1999).

Darwin, Charles, *The Expression of the Emotions in Man and Animals*, (London: Penguin Classics 1872/2009).

Deigh, John, "Shame and Self-Esteem: A Critique", *Ethics* 93 (1983), pp. 225-245.

Deigh, John, "Love, Guilt, and the Sense of Justice", *Inquiry*, 25, pp. 391-416.

Demmerling, Christoph & Landweer Hilge, *Philosophie der Gefühle*, (Stuttgart: J.B. Metzler, 2007).

Descartes, René, *Die Leidenschaften der Seele*, Herausgegeben und übersetzt von Klaus Hammacher, Französisch-deutsch, (Hamburg: Felix Meiner, 1996).

de Sousa, Ronald, *The Rationality of Emotion*, (Cambridge/Mass: Cambridge Unversity Press, 2001).

DeVos, George, "The Relation of Guilt toward Parents to Achievement and Arranged Marriage among Japanese", in: *Japanese Culture and Behavior: Selected Readings* (edited by T. S. Lebra, and W. P. Lebra), (Honolulu: The University Press of Hawaii, 1974), pp. 117-141.

Dixon, Thomas, *From Passions to Emotions: The Creation of a Secular Psychological Category*, (Cambridge: Cambridge University Press, 2003).

Dodds, E. R., *The Greeks and the Irrational*, (Boston: Beacon Press, 1951).

Dostoevsky, Fyodor Mikhailovich, *The Brothers Karamazov*, (Translated by Constance Garnett), (Chicago: Encyclopaedia Britannica, 1952).

Duerr, Hans Peter, *Nacktheit und Scham-Der Mythos vom Zivilisationsprozeß, Band 1*, (Frankfurt, Suhrkamp, 1988).

Duerr, Hans Peter, *Intimität, Der Mythos von Zivilisationsprozess, Band 2*, (Frankfurt: Suhrkamp, 1990).

Duerr, Hans Peter, *Obszönität und Gewalt, . Der Mythos von Zivilisationsprozess*, Band 3, (Frankfurt: Suhrkamp, 1993).

Duerr, Hans Peter, *Der erotische Leib,-Der Mythos vom Zivilisationsprozeß, Band 4*, (Frankfurt, Suhrkamp, 1988).

Durkheim, Émile, *Über die Teilung der sozialen Arbeit*, (übersetzt von Ludwig Schmidts), (Frankfurt: Suhrkamp, 1977), Original: *De la division du travail social:*

Étude sur l'organisation des sociétés supérieures, (Paris: Félix Alcan, 1893).

Eldridge, Richard, *The Persistence of Romanticism*, (Cambridge/Mass: Cambridge University Press, 2001).

Eliade, Mircea, *Kosmos und Geschichte*, (Frankfurt, Insel, 1994).

Elias, Norbert, *Über den Prozeß der Zivilisation: Soziogenetishe und psychogenetische Untersuchungen, Erster Band: Wandlungen des Verhaltens in den westlichen Obersichten des Abendlandes*, (Frankfurt: Suhrkamp, 1997).

Elias, Norbert, *Über den Prozeß der Zivilisation: Soziogenetishe und psychogenetische Untersuchungen, Zweiter Band: Wandlungen der Gesellschaft, Entwurf zu einer Theorie der Zivilization*, (Frankfurt: Suhrkamp, 1997).

Elster, Jon, "Emotions and Economic Theory", in: *Journal of Economic Literature*, Vol. 6, No. 1. (Mar., 1998), pp. 47-74.

Elster, Jon, *Alchemies of the Mind: Rationality and the Emotions*, (Cambridge: Cambridge University Press, 1999).

Emde, R. N., Die endliche und die unendliche Entwicklung I: Angeborene und motivationale Faktoren aus der frühen Kindheit, *Psyche* 45. 1991, pp. 745-779.

Fell III, Joseph P., *Emotion in the Thought of Sartre*, (New York: Columbia University Press, 1965).

Figal, Günter, *Martin Heidegger*, (Frankfurt: Anton Hain, 1991).

Fink-Eitel, Hinrich, "Nietzsches Moralistik", in: *Deutsche Zeitschrift für Philosophie*, 41:5 (1993), pp. 865-879.

Fink-Eitel, Hinrich, "Angst und Freiheit. Überlegungen zur philosophischen Anthropologie", in: *Zur Philosophie der Gefühle*, hrsg von Hinrich Fink-Eitel und Georg Lohmann, (Frankfurt: Suhrkamp, 1993), pp. 57-88.

Fink-Eitel, Hinrich, "Affekte: Versuch einer philosophischen Bestandsaufnahme", in: *Zeitschrift für philosophische Forschung*, 40, Heft 4, 1986, pp. 520-542.

Fränkel, Hermann, *Dichtung und Philosophie des frühen Griechentums*, (München: Verlag C. H. Beck, 1993).

Frank, Manfred, *Was ist Neostrukturalismus*, (Frankfurt: Suhrkamp, 1984).

Freud, Sigmund, "Drei Abhandlungen zur Sexualtheorie", *Gesammelte Werke, V*, (Frankfurt: Fischer, 1978).

Freud, Sigmund, "Trauer und Melancholie", in: *Gesammelte Werke X*, (Frankfurt: S. Fisher, 1978).

Freud, Sigmund, "Das Unbehagen in der Kultur", in: *Gesammelte Werke XIV*, (Frankfurt: Fisher, 1978).

Freud, Sigmund, "Das Ich und das Es", in: *Gesammelte Werke, XIII*, (Frankfurt: Fisher, 1978).

Funk, Rainer, "Die Bedeutung von Ehre und Scham für das soziale Zusammenleben: Ein psychoanalytischer Beitrag zum Dialog der Kulturen", in: *Fromm Forum*, (Tübingen: Selbst Verlag, 2007), pp. 37-48.

Garelli/Leibovici, in *Die Schöpfungsmythen: Ägypter, Summerer, Huriter, Hethiter, Kannanniter und Israeliten*, (Zürich, Köln, Benziger Verlag, 1964).

Gawohl, Hans-Jürgen, "Nietzsche und der Geist Spinozas: Die existentielle Umwandlung einer affirmativen Ontologie", in: *Nietzsche Studien*, Vol. 30, 2001, pp. 44-61.

Gehlen, Arnold, *Moral und Hypermoral: Eine pluralistische Ethik*, (Wiesbaden: Aula Verlag, 1986).

Grätzel, Stephan, *Dasein ohne Schuld: Dimensionen menschlicher Schuld aus philosophischer Perspektive*, (Göttingen: Vandenhoeck & Ruprecht, 2004).

Griffiths, Paul E., *What Emotions Really are: The Problems of Psychological Catgories*, (Chicago/London: University Chicago Press, 1997).

Hammacher, Klaus, "Einleitung", in: *René Descartes: Die Leidenschaften der Seele*, Herausgegeben und übersetzt von Klaus Hammacher, Französisch-deutsch, (Hamburg, Felix Meiner, 1996).

Hartmann Klaus, *Grundzüge der Ontologie Sartres in ihrem Verhältnis zu Hegels Logik; eine Untersuchung zu "L'être et le néant*, (Berlin: de Gruyter, 1963).

Hartung, Gerald, "Zur Genealogie des Schuldbegriffs: Friedrich Nietzsche und Max Weber im Vergleich", in: *Archiv für Geschichte der Philosophie*, 1994, 76. Band, pp. 302-318.

Hassemer, Winfried, "Alternativen zum Schuldprinzip?", in: *Schuld und Verantwortung* (Hrsg. von Hans Michael Baumgartner und Albin Eser), (Tübingen: J.C.B. Mohr, 1983), pp. 89-107.

Hegel, G. W. F., *Phänomenologie des Geistes, Werke 3*, Werke in zwanzig Bänden, (Frankfurt: Suhrkamp, 1983).

Hegel, G. W. F., *Nürnberger und Heidelberger Schriften, Werke 4*, Werke in zwanzig Bänden, (Frankfurt: Suhrkamp, 1983).

Hegel, G. W. F., *Wissenschaft der Logik II, Werke 6*, Werke in zwanzig Bänden, (Frankfurt: Suhrkamp, 1983).

Hegel, G. W. F., *Grundlinien der Philosophie des Rechts, Werke 7*, Werke in zwanzig Bänden, (Frankfurt: Suhrkamp, 1983).

Hegel, G. W. F., *Enzyklopädie der philosophischen Wissenschaften im Grundrisse*: Dritter Teil, Die Philosophie des Geistes mit den mündlichen Zusätzen (1830), *Werke 10*, Werke in zwanzig Bänden, (Frankfurt: Suhrkamp, 1983).

Hegel, G. W. F., *Vorlesungen über die Ästhetik I, Werke 15*, Werke in zwanzig Bänden, (Frankfurt: Suhrkamp, 1983).

Heidegger, Martin, *Sein und Zeit*, (Tübingen: Max Niemeyer, 1979).

Heidegger, Martin, *Was ist Metaphysik?*, (Frankfurt: Vittorio Klostermann, 1981).

Heidegger, Martin, *Identität und Differenz*, (Pfullingen: Guenther Neske, 1978).

Heidegger, Martin, *Platons Lehre von der Wahrheit mit einem Brief über den Humanismus*, (Bern und München 1975).

Heidegger, Martin, *Gesamtausgabe, Band 55, Heraklit*, (Frankfurt: Klostermann, 1979).

Heidegger, Martin, *Bremer und Freiburger Vorträge*, Gesamtausgabe, Band 79, (Frankfurt: Klosterman, 2005).

Heller, Agnes, "The Power of Shame", in: *The Power of Shame: A Rational Perspecive*, (London: Routledge, 1985), pp. 1–56.

Heller, Agnes, "Five Approaches to the Phenomenon of Shame", In *Social Research*, 70: 4 Winter 2003, pp. 1015–1030.

Hilgers, Micha, Scham: *Gesichter eines Affekts*, (Göttingen: Vandenhoeck & Ruprecht, 2006).

Hutchins, Robert Maynard(editor in chief), *The Great Ideas: A Syntopicon of Great Books of the Western World*, (Chicago, Encyclopaedia Britannica, INC., 1952). Vol. II.

Izard, Carroll, "Basic Emotions, Relations Among Emotions, and Emotion-Cognition Relations", in: *Psychological Review* 99, 1992, pp. 561–565.

James, William, "What is Emotion?", *Mind*, Vol. 9, No. 34 (Apr., 1884), pp. 188–205.

Janaway, Christopher, "Guilt, Bad Conscience, and Self-punishment in Nietzsche's Genealogy", in: *Nietzsche and Morality*, (edited by Brian Leiter and Neil Sinhababu), (Oxford: Oxford University Press, 2007), pp. 138–154.

Jaspers, Karl, *Psychologie der Weltanschauungen*, (Berlin/Heidelberg/New York: Springer, 1971).

Jaspers Karl, *Von der Wahrheit*, (München: Piper, 1983).

Johnson, Dirk R., *Nietzsche's Anti-Darwinism*, (Cambridge: Cambridge University Press, 2010).

Jonas, Hans, *Gnosis und Spätantiker Geist*, (Göttingen: Vandenhoeck & Ruprecht, 1988).

Kafka, Franz, *Der Proceß, Roman* (1925), Mit Kommentaren von Detlef Kremer und Jörg Tenckhoff, BWV. Berliner Wissenschafts Verlag, 2006, Berlin.

Katchadourian, Herant, *Guilt: The Bite of Conscience*, (California: Stanford University Press, Stanford, 2010).

Keeler, Ward, "Shame and Stage in Java", in: *Ethos* Vol. 11, NO. 3 (1983), pp. 152–165.

Kelsen, Hans, *Vergeltung und Kausalität: Eine soziologische Untersuchung*, (Hague: W. P. Van Stockum & Zoon, 1941).

Kenny, Anthony, *Action, Emotion and Will*, (London: Routledge and Kegan and Paul, 1963).

Kerenyi, Carl, *Dionysos: Archetypal Image of Indestructible Life*, (translated by Ralph Mahheim), (Princeton/NJ: Princeton University Press, 1996).

Kierkegaard, Sören, *Der Begriff Angst*, (Düsseldorf: Eugen Diederichs Verlag, 1952).

Klein, Elisabeth unter Mitarbeit von Dr. Wolfgang Schenkel und Professor Dr. Otto Roessler (Originalausgabe, La Naissance du Monde, editions du Seuil, Paris erster Teil) *Die Schöpfungsmythen: Ägypter, Summerer, Huriter, Hethiter, Kannanniter und Israeliten*, (Zürich, Köln: Benziger Verlag, 1964).

Kluge, Friedrich, *Etymologisches Wörterbuch der deutschen Sprache*, (Berlin: de Gruyter, 1967).

Kolakowski, Leszek, *Horror Metaphysicus*, (Müchen/Zürich: Piper, 1988).

Landweer, Hilge, *Scham und Macht: Phänomenologische Untersuchungen zur Sozialität eines Gefühls*, (Tübingen: Mohr Siebeck, 1999).

Lebra, Takie Sugiyama, "Shame and Guilt: A Psychocultural View of the Japanese Self", in: *Ethos* Vol. 11, NO. 3 (1983), pp. 192–209.

LeDoux, Joseph, *The Emotional Brain: The Mysterious Underpinnings of Emotional Life*, (New York: Touchstone Book, 1996).

Lewis, Helen Block, "Shame and Guilt in Human Nature", in: Saul Tuttmann, Carol Kaye and Muriel Zimmerman, *Object and Self: A developmental approach*, (New

York : International Universities Press, 1981), pp. 235-265.

Lewis, Helen Block, *Shame and Guilt in Neurosis*, (New York : International University Press, 1971).

Lietmann, Anja, *Theorie der Scham: Eine anthropologische Perspektive auf ein menschliches Charakteristikum*, (Tübingen, Dissertation, 2003).

Lim, Hong-Bin, "Warum Schamkultur? Ein interkultureller Versuch", in : Sarhan Dhouib und Andreas Jürgens, eds. *Wege in der Philosophie: Geschichte-Wissen-Recht-Transkulturalität*, (Göttingen : Velbrück Wissenschaft, 2011), pp. 403-411.(저술 2부 : 〈수치 문화, 죄의 문화〉에 수정 후, 일부 반영)*

Lim, Hong-Bin, "The Irrelevance of Tragic in Korea's Religious Consciousness", in : *Philosophy and Culture, Volume 4, Practical Philosophy*, (Seoul : Korean Philosophical Association, 2008), pp. 53-60. (저술 2부 : 〈비극적 인식, 사라진 세계에 대한 하나의 고찰〉에 수정 후, 일부 반영)*

Lim, Hong-Bin, "Nature and Rationalization of Guilt Culture", in : Hong-Bin Lim, Georg Mohr, eds. *Menschsein: On Being Human*, (Frankfurt : P. Lang, 2011), pp. 319-326. (저술 1부 : 〈운명으로서의 죄〉에 수정 후, 일부 반영)*

Lim, Hong-Bin, "Die Zirkelsturuktur der menschlichen Selbstbestimmungsversuche", in : Hong-Bin Lim, Georg Mohr, eds. *Menschsein: On Being Human*, (Frankfurt : P. Lang, 2011), pp. 11-20. (저술 3부 : 〈정서론과 역사적 인간학〉 수정 후, 일부 반영)*

Loewith, Karl, "Jener Einzelne : Kierkegaard", in : hrsg., einl. M. Theunissen und Wilfried Greve, *Materialien zur. Philosophie Søren Kierkegaards*, (Frankfurt : Surhkamp, 1979).

Luckner, Andreas, "Wie es ist, selbst zu sein. Zum Begriff der Eigentlichkeit" (§§ 54-60), in : Martin Heidegger, *Klassiker Auslegen, Sein und Zeit*, Hrsg. von Thomas Rentsch, (Berlin : Akademie, 2001).

Lyons, William, *Emotion*, (Cambridge : Cambridge University Press, 1993).

MacLean, Paul, *The Triune Brain in Evolution. Role in Paleocerebral Function*, (New York : Plenum Press, 1990).

Marcuse, Herbert, "Existentialismus", in : *Kultur und Gesellschaft 2*, (Frankfurt : Suhrkamp, 1979), pp. 49-84.

Marx, Christoph, "Staat und Zivilisation, Zu Hand Peter Duerrs Kritik an Norbert Elias", in : *Saeculum* 47 Jahrgang, (München : K. Alber, 1996), pp. 282-299.

May, Simon, *Nietzsche's Ethics and his War on 'Morality'*, (Oxford : Oxford University

Press, 2002).

Mead, Magaret, "Interpretive Statement", in: *Cooperation and Competition Among Primitive Peoples*, (Boston: Beacon Press, 1937/1961), pp. 458-511.

Meier, Christian, *Die Entstehung des Politischen bei den Griechen*, (Frankfurt, Suhrkamp Verlag, 1983).

Menke, Christoph, *Tragödie im Sittlichen: Gerechtigkeit und Freiheit nach Hegel*, (Frankfurt: Suhrkamp, 1996).

Merleau-Ponty, Maurice, *Phenomenology of Perception*, translated by Colin Smith, (London and New York: 1962, Routledge).

Metcalf, Robert, "The Truth of Shame-Consciousness in Freud and Phenomenology", in: *Journal of Phenomenological Psychology*, 31, No. 1, 2000, pp. 1-18.

Miller, James, "Carnivals of Atrocity: Foucault, Nietzsche, Cruelty", in: *Political Theory*, Vol. 18, No. 3.(Aug. 1990), pp. 470-491.

Müller-Lauter, Wolfgang, "Nietzsche's Lehre vom Willen zur Macht", in: *Nietzsche Studien*, V. 3. 1974, pp. 1-60.

Nagel, Thomas, "Concealment and Exposure", in: *Concealment and Exposure*, (Oxford/New York: Oxford University Press, 2002), pp. 3-26.

Neckel, Sighard, *Status und Scham: Zur symbolischen Reproduktion sozialer Ungleichheit*, (Frankfurt/ New York: Campus, 1991).

Nietzsche, Friedrich, *"Über Wahrheit und Lüge im aussermoralischen Sinne"*, in: *Kritische Studienausgabe, 1*, (Berlin: de Gruyter, 1999).

Nietzsche, Friedrich, *Menschliches, Allzumenschliches*, in: *Kritische Studienausgabe 2*, (Berlin: de Gruyter, 1999).

Nietzsche, Friedrich, *Fröhliche Wissenschaft*, in: *Kritische Studienausgabe 3*, (Berlin: de Gruyter, 1999).

Nietzsche, Friedrich, *Morgenröthe*, in: *Kritische Studienausgabe 3*, (Berlin: de Gruyter, 1999).

Nietzsche, Friedrich, *Also sprach Zarathustra*, in: *Kritische Studienausgabe 4*, (Berlin: de Gruyter, 1999).

Nietzsche, Friedrich, *Jenseits von Gut und Böse*, in: *Kritische Studienausgabe 5*, (Berlin: de Gruyter, 1999).

Nietzsche, Friedrich, *Zur Genealogie der Moral*, in: *Kritische Studienausgabe 5*, (Berlin: de Gruyter, 1999).

Nietzsche, Friedrich, *Götzen- Dämmerung*, in: *Kritische Studienausgabe 6*, (Berlin: de Gruyter, 1999).

Nietzsche, Friedrich, *Nachlaß 1882-1884*, in: *Kritische Studienausgabe 10*, (Berlin: de Gruyter, 1999).

O'Hear, Anthony, 'Guilt and shame as moral concepts', *Proceedings of the Aristotelian Society* 77: 1976/77, pp. 73-86.

Panskeep, Jaak, *Affective Neuroscience: The Foundations of Human and Animal Emotions*, (Oxford/New York: Oxford University Press 1988).

Paul, Axel T., "Die Gewalt der Scham: Elias, Duerr und das Problem der Historizität menschlicher Gefühle", in: *Mittelweg 36*, 2-2007, pp. 77-99.

Pettinato, Giovanni, *Das orientalische Menschenbild und die summerischen und akkadischen Schöpfungsmythen:* Abhandlung der Heidelberger Akademie der Wissenschaftten. Philosophisch-historishe Klasse, Jg. 1971, Nr. 1,(Heidelberg: Carl Winter/Universitätsverlag, 1971).

Piers, Gerhart and Singer, Milton B., *Shame and Guilt: A Psychoanalytic and a Cultural Study*, (New York: W.W. Norton & Company, INC, 1971), pp. 59-102.

Plato, *Complete Works*, Edited by John M. Cooper,(Indianapolis/Cambridge: Hackett Publishing Company, 1997).

Popitz, Heinrich, *Phänomenologie der Macht. Autorität-Herrschaft-Gewalt-Technik*, (Tübingen, J.C.B. Mohr, 1986).

Popitz ,Heinrich, "Autoritätsbedürfnisse. Der Wandel der sozialen Subjektivität", in: *Kölner Zeitschrift für Soziologie und Sozialpsychologie*, 1987, 39 Jg., Nr. 4, pp. 633-647.

Prinz, Jesse J., *Gut Reactions: A Perceptual Theory of Emotion*, (Oxford: Oxford University Press, 2004).

Proust, Joëlle, Rationality and metacognition in non-human animals. In S. Hurley & M. Nudds, eds., *Rational Animals?*, (New York: Oxford University Press, 2006), pp. 247-274.

Radzik, Linda, *Making Amends: Atonement in Morality, Law, and Politics*, (Oxford: Oxford University Press, 2009).

Raub, Michael, "Scham-ein obsoletes Gefühl?: Einleitende Bemerkungen zur Aktualität eines Begriffs", in: *Scham-ein menschliches Gefühl: Kulturelle, psychologische und philosophische Perspektiven*, *Herausgegeben von Rolf Kühn, Michael Raub und*

Michael Titze, (Opladen: Westdeutscher Verlag, 1997), pp. 27-44.

Ravaisson, Félix, *Of Habit*, translated by Catherine Malalou, (London: Continuum, 2008).

Rawls, John, *A Theory of Justice*, (Cambridge/Mass.: The Belknapp Press of Harvard University Press, 2003).

Reiss, Timothy, *Against Autonomy: Global Dialectics of cultural Exchange*, (Stanford: Stanford University Press, 2002).

Risse, Mathias, "The Second Treatise in On the Genealogy of Morality: Nietzsche on the Origin of the Bad Conscience", in: *European Journal of Philosophy 9:1*, pp. 55-81.

Roberts, Robert C., *Emotions: An Essay in Aid of Moral Psychology*, (Cambridge: Cambridge University Press, 2003).

Robinson, Jenefer, "Emotion: Biological Fact or Social Construction?", in: Robert C. Solomon (ed.), *Thinking About Feeling*, (Oxford: Oxford University Press, 2004), pp. 28-43.

Rochat, Philippe, *Others in Mind: Social Origins of Self-Consciousness*, (Cambridge: Cambridge Unversity Press, 2009).

Rotensteich, Nathan, "On Shame", in: *Review of Metaphysics*, 19: 1 (1965, Sep.), pp. 55-86.

Sartre, Jean-Paul, *L'être et le néant: Essai d'ontologie phénoménologique*, (Paris, Gallimard, 1943).

Schadewaldt, Wolfgang, *Die Griechichische Tragögie*, (Frankfurt, Suhrkamp Verlag, 1991).

Scheler, Max, "Über Scham und Schamgefühl", in: *Schriften aus dem Nachlass*: Band 1, (Berlin: Der Neue Geist Verlag, 1933), pp. 53-148.

Schelling, F. W. J., *Philosophische Untersuchungen über das Wesen der menschlichen Freiheit und die damit zusammenhängenden Gegenstände*, (Hamburg: Meiner, 1997).

Schloßberger, Matthias, "Philosophie der Scham", in: *Deutsche Zeitschrift für Philosobie* 48, (2000) 5, pp. 807-829.

Schmidt-Biggermann, Wilhelm, *Philosophia perennis: Historische Umrisse abendländischer Spiritualität in Antike, Mittelalter und Früher Neuzeit*, (Frankfurt: Suhrkamp, 1998).

Schimidtt, Carl, *Hamlet oder Hekuba: Der Einbruch der Zeit in das Spiel*, (Stuttgart: Klett-

Cotta, 1985).

Schmitz, Hermann, *Der unerschöpfche Gegenstand: Grundzüge der Philosophie*, (Bonn: Bouvier, 1995).

Schmitz, Hermann, "Selbstbewußtsein und Selbsterfahrung", in: *Logos*, N.F. (1993), pp. 104–122.

Schopenhauer, A., *Die Welt als Wille und Vorstellung II*, Erster Teilband, Kapitel I. Zürcher Ausgabe Werke in zehn Bänden, (Zürich: Diogenes, 1977).

Schulte, Michael, Die *'Tragödie im Sittlichen' Zur Dramentheorie Hegels*, (München: Fink, 1992).

Schulz, Walter, "Die Dialektik von Geist und Leib bei Kierkegaard", in: M. Theunissen und W. Greve, *Materialien zur Philosophie Søren Kierkegaards*, (Frankfurt: Suhrkamp, 1979), pp. 347–368.

Scruton, Roger, Sexual Desire: *A Philosophical Investigation*, (London/New York: Continuum, 2006).

Seidler, Günter H., Der Blick des Anderen: *Eine Analyse der Scham*, (Stuttgart: Verlag Internationale Psychoanalyse, 1995).

Seidler, Günter H., *Phänomenologische und psychodynamische Aspekte von Scham-und Neidaffeten*, in: *Psyche*, 55(1): 2001, pp. 43–62.

Seidler, Günter H., "Scham und Schuld.–Zum alteritätstheoretischen Verständnis selbstreflexiver Affekte", *Zeitschrift für Psychosomatische Medizin und Psychoanalyse* 43, 1997, pp. 119–137.

Sennett, Richard, *Authority*, (New York: Vintage Books, 1981).

Simmel, Georg, "Zur Psychologie der Scham", in: *Schriften zur Soziologie*, hrsg. und eingeleitet von Heinz-Jürgen Dahme und Otthein Rammstedt, (Frankfurt: Suhrkamp, 1983), pp. 140–150.

Simon, Critchley, Artikel: "Heidegger und Rudolf Carnap: Kommt nichts aus nichts?", in: *Heidegger Handbuch*, hrsg. von Dieter Thomä, (Stuttgart/Weimar: J. B. Metzler, 2005), pp. 356–357.

Solomon, Robert C., "What is a 'Cognitive Theory' of the Emotions", in: *Philosophy and the Emotions*, ed. Anthony Hatzimoysis, (Cambridge: Cambridge University Press, 2003), pp. 1–18.

Solomon, Robert, *The Passions*, (New York: Anchor. 1977).

Sophokles, "Antigone", in: *Tragödien*, Übersetzt von Wolfgang Schadewaldt, hrsg.

von Bernhard Zimmermann, (Düsseldorf/Zürich: Artemis & Winkler, 2002), pp. 134–190.

Sophokles, "König Ödipus", in: Tragödien, Übersetzt von Wolfgang Schadewaldt, hrsg. von Bernhard Zimmermann, (Düsseldorf/Zürich: Artemis & Winkler, 2002), pp. 192–259.

Sophokles, "Ödipus auf Kolonus", in: Tragödien, Übersetzt von Wolfgang Schadewaldt, hrsg. von Bernhard Zimmermann, (Düsseldorf: Atremis & Winkler, 2002), pp. 406–490.

Spinoza, Baruch de, Ethik in geometrischer Ordnung dargestellt, Lateinisch–Deutsch, Übersetzt von Wolfgang Bartuschat, (Hamburg: Meiner, 2007).

Tangney, June Price & Fisher, Kurt W., Self-Conscious Emotions: The Psychology of Shame, Guilt, Embarassment, and Pride, (New York/London: The Guilford Press, 1995).

Taylor, Gabrielle, Pride, Shame, and Guilt: Emotions of Self-assessment, (Oxford: Oxford University Press, 1987).

Tinbergen, Nicholaas, The Study of Instinct. Reprint, (Oxford: Clarendon Press, 1951).

Tinbergen, Nicholaas, "On Aims and Methods of Ethology", Zeitschrift für Tierpsychologie 20, 1963, pp. 410–433.

Turner, Terence J. and Ortony, Andrew "Basic Emotions: Can Conflicting Criteria Converge?", in: Psychological Review 1992, Vol. 99, No. 3, pp. 566–571.

Velleman, J. David, "The Genesis of Shame", in: Philosophy and Public Affairs, Vol. 30, No. 1 (Winter, 2001), pp. 27–52.

von Fritz, Kurt, Antike und Moderne Tragödien, Neun Abhandlungen, (Berlin: de Gruyter, 1962).

Walsh, W. H., "Pride, Shame, and Responsibility", in: The Philosophical Quarterly, Volume 20, No. 78 (Jan, 1970), pp. 1–13.

Washborn, Margaret Floy, The animal mind: A Textbook of Comparative Psychology, (London: MacMillan, 1936).

Williams, Bernard, Shame and Necessity, (Berkeley/Los Angeles/London: California University Press, 2008).

Williams, Bernard, Ethics and the Limits of Philosophy, (Cambridge/Mass.: Harvard University Press, 1985).

Williams, Bernard, "Nietzsche's Minimalist Psychology", in: Nietzsche, genealogy, *morality: essays on Nietzsche's Genealogy of Morals*, edited by Richard Schacht, (California: University of California Press, 1994), pp. 237–247.

Williams, George, *Natural Selection: Domains, Levels, and Challenges*, (New York: Oxford University Press, 1992).

Wouters, Cas, "Duerr und Elias: Scham und Gewalt in Zivilisationsprozess", *Zeitschrift für Sexualforschung*, 7, 3, (Sept. 1994), pp. 203–216.

Wurmser, Léon, *The Mask of Shame*, (Baltimore/London: Johns Hopkins University Press, 1981).

Wurmser, Léon, "Identität, Scham und Schuld", in: *Scham-ein menschliches Gefühl*, Herausgegeben von Rolf Kühn, Michael Raub und Michael Titze, (Opladen: Westdeutscher Verlag, 1997), pp. 11–24.

Zeit Online, Literatur, *Philosoph Robert Spaemann, "Ich war ein Chaot"*, von Alexander Camman, 03. 05. 2012.

1) 그러나 칸트의 윤리사상에서 감정의 중요성이 간과된 것은 아니다. 가령 '인륜법칙에 대한 존경심'이나 '선한 의지' 등이 전적으로 '순수한 이성'에 속한 것은 아니다. 역시 칸트주의를 현대적으로 재구성한 롤스(J. Rawls)의 《정의론》 역시 정의감을 포함해서 죄와 수치와 같은 일련의 도덕감정에 대한 체계적인 설명을 시도한다. 그는 죄를 권리의 개념과 연계시키는 반면, 수치는 좋음(The goodness)과 관련해서 이해할 수 있다고 제안한다. 그러나 그의 도덕감정에 대한 관점은 정치체제의 기본 원리에 대한 그의 다른 이론적 성과만큼 주목받지 못했다. 그럼에도 불구하고 20세기 중반의 사상적 지형도에서 드물게 정치철학의 체계화를 시도한 롤스가 '도덕감정'의 정치적 함의에 대해 주목한 것은 특기할 만하다. John Rawls, *A Theory of Justice*, (Cambridge/Mass.: Harvard University Press, 2003), pp. 397-449.

2) Hinrich Fink-Eitel, "Affekte: Versuch einer philosophischen Bestandsaufnahme", in: *Zeitschrift für philosophische Forschung*, 40, Heft 4, 1986, pp. 520-542.

3) Sigmund Freud, *Das Unbehagen in der Kultur, in Gesammelte* Werke XIV, (Frankfurt: Fisher Verlag, 1976), pp. 493-494.

4) 아리스토텔레스와 순자의 수치 감정에 대한 이해가 보여 주는 차이와 공통점에 대한 분석은 다음 문헌에서 비교적 정치하게 수행되었다. 그러나 쿠아의 아래 글은 다만 순자의 관점을 더 폭넓게 개진하지 못하고 있다는 인상을 준다. 가령 순자에 의해 추가된 부분들, 즉 명예의 역할이나, "한 사회나 공동체 내에서 도덕적 행위자의 내적 조건과 외적 상황들 간의 관계"(180)에 대한 인식은 쿠아가 아리스토텔레스의 《정치학》이나 《니코마코스 윤리학》의 다른 주제들을 종합적으로 고려했다면 달리 평가될 수 있었을 것이다. Antonio S. Cua, "The ethical significance of shame: insights of Aristotle and Xunzi", *Philosophy East & West*, Volume 53, Number 2 April 2003, pp. 147-202.

5) 같은 맥락에서 헬러는 수치심을 인간이 "유일하게 타고나는 도덕적 감정"이라고까지 말한다. "수치의 감정은 '수치 정서'에서 기원한다. 정서들은 경험적인 인간의 보편적인 요소들(empirical human universals)이며, 인류의 모든 건강한 표본이 타고나는 것이다." Agnes

Heller, *The power of shame: a rational perspective*, (London: Routledge & Kegan Paul, 1985), pp. 1-56. 5에서 인용.

6) 이 점에서 네켈은 셸러의 현상학적 심리학보다 헬러의 분석이 타당하다는 점을 강조한다. Sighard Neckel, *Status und Scham: Zur symbolischen Reproduktion sozialer Ungleichheit*, (Frankfurt/New York: Campus Verlag, 1991), pp. 52-58 참조.

7) Friedrich Nietzsche, *Kritische Studienausgabe*(이하 KSA로 약함: 니체의 문헌은 차후 이 판본을 사용, Berlin: de Gruyter, 1999) KSA 4. *Also sprach Zarathustra*, p. 113.

8) Joëlle Proust, "Rationality and metacognition in non-human animals", in S. Hurley & M. Nudds, eds., *Rational Animals?*, (New York: Oxford University Press, 2006), pp. 247-274.

9) 이 점에서 죄의 감정에 대해 작업해 온 카차두리안이 연구를 진행하면서 자신의 삶에 대해 새롭게 인식하게 되었다는 고백은 누구에게나 해당될 수 있다. Herant Katchadourian, Guilt: *The Bite of Conscience*, (Stanford: Stanford University Press, 2010), xi-xv. 참조.

10) 인간의 본성에 대한 비관주의적 전망이 왜 중요한가에 대한 연구는 다음 문헌을 참조. John Deigh, "Love, Guilt, and the Sense of Justice", *Inquiry, 25*, pp. 391-416.

11) 이에 대해서는 다음 문헌 참조. Linda Radzik, *Making Amends: Atonement in Morality, Law, and Politics*, (Oxford: Oxford University Press, 2009).

12) 아래의 신화에 서술된 고대 근동지역의 인간관은 주로 수메르 문명과 아카드 문명에 초점이 맞추어져 있으며, 이 글의 서술 역시 대부분 다음 문헌에 의거하고 있음을 밝힌다. Giovanni Pettinato, *Das altorientalische Menschenbild und die summerischen und akkadischen Schöpfungsmythen: Abhandlung der Heidelberger Akademie der Wissenschaften. Philosophisch-historishe Klasse, Jg.* 1971, Nr. 1, (Heidelberg: Carl Winter/Universitätsverlag, 1971). 동시에 다음 독일어판 자료집을 참조. Elisabeth Klein unter Mitarbeit von Dr. Wolfgang Schenkel und Professor Dr. Otto Roessler, (Originalausgabe, *La Naissance du Monde*, editions du Seuil, Paris erster Teil). *Die Schöpfungsmythen: Ägypter, Summerer, Huriter, Hethiter, Kannanniter und Israeliten*, (Zürich, Köln: Benziger Verlag, 1964).

13) 위 인용문에서 언급된 Pettinato, 15 참조.

14) Pettinato 29 이하 참조.

15) Pettinato 21 이하 참조.

16) Pettinato의 앞의 글, 45에서 인용.

17) Emil Angehrn, *Die Überwindung des Chaos: Zur Philosophie des Mythos*, (Frankfurt: Suhrkamp, 1996), 381에서 인용.

18) Garelli/Leibovici, in *Die Schöpfungsmythen: Ägypter, Summerer, Huriter, Hethiter, Kannanniter und Israeliten*, (Zürich, Köln, Benziger Verlag, 1964), 129에서 인용.

19) Garelli/Leibovici의 위와 같은 문헌 145에서 인용.

20) E. Angehrn 332 이하 참조. 앙게른은 길가메시(Gilgamesh)의 서사가 후의 오비드(Ovid)에 이르기까지 그리스 신화의 형성에 드리운 그림자에 대해 확신한다.

21) E. Angehrn 337 참조.

22) 헤겔의 인륜성 개념은 다음 문헌을 참조. Christoph Menke, *Tragödie im Sittlichen: Gerechtigkeit und Freiheit nach Hegel*, (Frankfurt: Suhrkamp, 1996).

23) Nietzsche, KSA 3, *Fröhliche Wissenschaft*(이하 FW로 약함) § 278에서 인용.

24) '즐거운 교환'이란 표현은 다음 문헌에서 빌려 옴. Stephan Grätzel, *Dasein ohne Schuld: Dimensionen menschlicher Schuld aus philosophischer Perspektive*, (Göttingen: Vandenhoeck & Ruprecht, 2004), 227 이하 참조. 그레첼 역시 비극이 삶과 죽음의 이원적 해석의 지양을 지향한다는 점을 선명하게 분석하고 있다.

25) Grätzel 244에서 인용.

26) 이와는 달리 현대의 교환에 대한 관념은 자연을 배제한 재화와 용역의 차원으로 국한된다. 또한 교환정의와 분배정의의 연관은 더 자세한 논의를 요구하는 주제로 간주될 만하다. 죄의 의식과 정의의 감각의 연관성은 20세기의 대표적인 정의의 이론가인 롤스의 시선을 비껴가지 못했다. 그는 죄의 개념을, 권위의 죄(authority guilt)와 연합의 죄(association guilt) 그리고 원리의 죄(principle guilt)의 세 가지 유형으로 분석함으로써 정의의 정서적 단초에 대해서 언급하고 있는데, 이는 정의가 단순히 사회 구성의 원리로서만이 아닌 감정/정서의 관점에서 논의되어야 한다는 일반적인 견해에 힘을 실어 준다. 이 같은 접근은《정의론》이 단순히 정의의 원리에 대한 정당성의 문제나 도덕에 관한 법률주의적 사유 양식에 국한될 수 없음을 말해 주기에 충분하다. 동일한 관점은 롤스만이 아니라 칸트에 대한 일반적인 오해를 불식시키는 데에도 적용될 수 있을 것이다. 정의의 원리는 법률주의적이라기보다는 포괄적인 인간적인 정서와 감정의 맥락에서도 이해될 수 있다. 정의에 관한 법률주의적 관점을 철저하게 고수하지 않는 한 정의의 원리에 대한 정당화의 방식은 내면화된 죄의 의식과 관련해서 설명될 필요가 있다. 이에 대해서는 John Rawls, *A Theory of Justice*, (Cambridge/Mass.: The Belknapp Press of Harvard University Press, 2003), 347 이하 참조.

27) Carl Kerenyi, *Dionysos: Archetypal Image of Indestructible Life*, (translated by Ralph Mahheim), (Princeton/NJ: Princeton University Press, 1996).

28) 존재론적 죄의 물음을 '자연관'의 변화와 관련해서 해석한 작업은 다음 문헌을 참조. Lim, Hong-Bin, "Nature and Rationalization of Guilt Culture", in: Hong-Bin Lim,

Georg Mohr, eds. *Menschsein: On Being Human*, (Frankfurt am Main: P. Lang, 2011), pp. 319-326.

29) 그 대표적인 경우는 다음 문헌을 참조. *Mircea Eliade, Kosmos und Geschichte*, (Frankfurt: Insel, 1994).

30) 앙게른(Angehrn)의 앞의 글, pp. 181-201 참조.

31) Grätzel의 앞의 글, 229에서 인용.

32) 그레첼은 이 과정을 적확하게 서술하고 있다. Grätzel 233 이하 참조.

33) Grätzel, 238에서 인용.

34) 종족의 번성에 대한 해석과 별도로 욕망에 대한 기독교의 이중적인 태도는 특히 동정과 금욕주의에서 극명하게 제시된다. 실로 금욕의 형태는 다양하다. 그것은 자발적인 채식주의에서 엄격하고 폐쇄적인 교단의 금욕주의에 이르기까지 여러 모습으로 나타난다. 성적 욕망의 억제와 자손 증식의 욕구로부터의 해방을 전제하는 동정의 경우 금욕주의의 한 전형적인 사례로 간주된다. 만약 양생이나 섭생 자체에 목적을 두지 않는 채식주의의 경우가 아니라면, 식욕의 억제 또한 생명과 그 살생에 대한 죄의 관념으로부터 이해되어야 한다는 것은 자명하다. 성적 욕망의 극단적 배제를 의미하는 동정은 흥미롭게도 스스로가 죄인임을 시인함과 동시에 이를 지속시키지 않으려는 자발적 결단 혹은 자발적 금욕주의의 한 표현이다. 그러나 동정이나 채식주의와 같은 금욕주의의 여러 유형이 금욕 자체에 목적이 있는 것은 아닌 한에서, 우리는 더 상위의 가치가 이 같은 삶의 방식에 개입하고 있음을 알 수 있다. 지혜나 해탈, 정신적인 순전함의 회복 혹은 절대적인 사태와의 합일에 대한 열정 등이 바로 그것이다.

35) 나는 제2의 탄생이 항상 기독교의 교리를 준거로 삼아 관련해서 설명되어야 한다는 주장을 옹호할 생각은 없다. 다만 기독교 이전의 고대사회—우리는 이를 호머로부터 플라톤, 아리스토텔레스에 이르는 죄와 정의의 연관에 대한 일련의 논의를 통해서 조명할 수 있을 것이다.—에서도 무수하게 발견되는 사례를 고려할 때, 죄의 문화가 이미 그리스 고전시대의 후반기에 구체적인 모습을 드러내고 있음을 알 수 있다. 이에 대해서는 E. R. Dodds, *The Greeks and the Irrational*, (Boston: Beacon Press, 1951), 17 이하 참조.

36) Sophokles의 비극 편들은 샤데발트(Schadewaldt)에 의해 번역된 다음 문헌을 주로 참조. Sophokles, *Tragödien*, Übersetzt von Wolfgang Schadewaldt, hrsg. von Bernhard Zimmermann, (Düsseldorf/Zürich: Artemis & Winkler, 2002). 여기서는 Sophokles, Oedipus, pp. 1371-1386 참조.

37) Sophokles, "Oedipus at Colonus(406-490)", in: *Tragödien*, Übersetzt von Wolfgang Schadewaldt, (Düsseldorf: Atremis & Winkler, 2002).

38) Sophokles, *Oedipus at Colonus*(960-1005). 오이디푸스의 죄에 대한 물음은 영웅들의

행위와 고난 그리고 죄에 대한 다양한 논의를 촉발시켰는데, 그중에는 상투적인 비난도 발견된다. 가령 고트셰트(Gottsched)는 18세기의 문예비평가로서 오이디푸스가 신탁을 제대로만 이해했다면 자신의 부친을 살해하는 일도 없었을 것이며 그의 모든 행동이 연이어 전개되지 않았을 것이라는 추정을 하고 있다. 이 같은 물음의 근거에는 오이디푸스의 죄가 신들의 금지를 위반한 데에 따른 것이라는 단순 논리가 깔려 있는데 이는 인륜적 행위의 비극성에 대한 오해에서 비롯된 것이다. 이에 대한 논의는 Michael Schulte, *Die 'Tragödie im Sittlichen' Zur Dramentheorie Hegels*, (München: Fink, 1992), pp. 296-305 참조.

39) Aeschylos, Agamemnon(1564)., in: *Aeschylos, Tragödien, Übersetzt von Oskar Werner*, (Düsselforf/Zürich: Patmos Verlag, 2005), 313에서 인용.

40) 바로 이 때문에 슐테(Schulte)는 이를 "보편적이면서 동시에 공허한 정식"(Schulte 앞의 글, 300)으로 표현한다.

41) Sophokles, *Oedipus*(1386-1390), pp. 252-253에서 인용.

42) 여기서 행위자의 언어 행위에 대한 분석이 '오이디푸스'와 '안티고네'의 차이를 이해할 수 있는 첩경임이 드러난다. Menke의 앞의 글, 101 이하 참조.

43) Aristophanes, The Frogs(1182-1197), in: *The Plays of Aristophanes*, translated by Benjamin Bickley Rogers, (Chicago: Encylclopaedia Britannica, INC., 1971), p. 578.

44) '안티고네'에 대한 헤겔의 더 구체적인 해석은 G. W. F. Hegel, *Vorlesungen über die Ästhetik III, Werke 15*, (Frankfurt: Suhrkamp, 1983), 550 이하 참조. 아래에서 헤겔의 인용은 모두 이 Sukrkamp 판본을 따름.

45) 인간의 심리적인 내면세계에서 진행되는 사태와 무관한 역사적 사건 속에 등장하는 영웅들의 행위를 서술하고 있다는 점에서 서사시는 비극과 여러모로 대비된다. 전자가 비로소 반성적 주체의 탄생을 알리는 일종의 지표로 설정되는 이유도 이 때문이다. Menke, 94 이하 참조. 그러나 멘케의 미학적 관점과 달리 나는 죄의 물음이 도덕적 관점과 미적 관점의 차이를 통해서 적절하게 부각될 수 있다고 생각하지 않는다. 《안티고네》가 비록 멘케의 주장대로 반성적 주체의 등장을 알리는 최초의 계기라고 할지라도, 반성적 주체가《안티고네》의 언어적 행위-여기서 주로 현대 언어학의 화용론적 관점이 차용되고 있다.-를 통해서만 주제화될 수는 없을 것이다. 그것은 언어적 표현만이 아니라, 행위와 사건들 자체가 인륜적 공동체의 해체를 가리키는 지표들이기 때문이다.

46) 철학자들의 비극 해석에 대한 비판적 견해는 다음 문헌을 참조. Wolfgang Schadewaldt, *Die Griechichische Tragögie*, (Frankfurt, Suhrkamp Verlag, 1991). Christian Meier, *Die Entstehung des Politischen bei den Griechen*, (Frankfurt, Suhrkamp Verlag, 1983).

47) 같은 언급이 비극만이 아닌 다른 고대 그리스의 서사적 전통들, 가령 호머와 헤시오도스에서 서정시에 이르는 일련의 문예작품에도 해당된다는 사실에 대해서는 다음 문헌을 참

조. Hermann Fränkel, *Dichtung und Philosophie des frühen Griechentums*, (München: Verlag C. H. Beck, 1993).

48) 헤겔의 변증법적 이론의 구도에서 비극적 갈등의 모순적 성격이 중심에 설정된 것은 이성적인 세계관의 정당성을 파악하려는 그의 역사철학적 구도와 철저하게 부합된다.

49) Hans Kelsen, *Vergeltung und Kausalität: Eine soziologische Untersuchung*, (Hague: W. P. Van Stockum & Zoon, 1941). 켈젠의 시도는 인류학과 민속학 등의 방대한 자료를 분석함으로써 법적 관념으로서의 책임귀속의 원리가 어떻게 자연과 존재에 대한 유추해석의 틀로부터 해방될 수 있었는가를 규명한 데 의의가 있다. 비록 우리의 서술이 전개되는 방향이나 분석 대상과는 구별되지만, 전체적인 논지에서 나는 켈젠의 견해가 존경할 만한 타당성을 지닌다고 생각한다.

50) 그러나 현대의 법철학에서 죄의 원리(Schuldprinzip)는 더는 의심의 여지가 없는 법적 처벌의 논거로 간주되지 않는다. 이를 둘러싼 법기능주의나 공리주의, 체계이론의 문제제기에 대해서는 다음 문헌을 참조. Hans Michael Baumgartner und Albin Eser (hrsg.), *Schuld und Verantwortung: Philosophische und juristische Beiträge zur Zurechenbarkeit menschlichen Handelns*, (Tübingen: J. C. B. Mohr, Paul Siebeck, 1983).

51) Nietzsche, KSA 5, Zur Genealogie der Moral(이하 GM으로 약함), pp. 309-313 참조. 니체 역시 법의 지배가 어떤 의미에서는 일상적 상황을 넘어선 "예외적인 상태들(Ausnahme-Zustände)"(GM 313)임을 강조한다.

52) 이 같은 변화를 추적하는 과정에서 켈젠이나 헤겔, 니체 등은 문학적 텍스트를 분석의 대상으로 포함시키거나, 인류학·어원학·사회학의 관점들을 차용하는 데 거리낌이 없다. 죄의 관념을 둘러싼 지각변동이 여러 학문적 관점이나 문헌에 의해 동시에 포착되지 않았다면 오히려 이상할 것이다. 이와 관련해서 켈젠의 고전적인 연구는 주목할 만하다. 앞서 언급한 켈젠(1941)의 탁월한 법사회학적인 분석을 참조.

53) G. W. F. Hegel, *Phänomenologie des Geistes*(이하 PhG로 약함), 342 이하 참조.

54) 한편 역사란 정신이 겉으로 나타난 사태들인 반면에 자연은 분명 시간과 공간 속에서 펼쳐지는 정신의 '한계'로서의 의미를 지닌다. "지식은 단지 자신만이 아는 것이 아니다. 자기 자신에게 부정적인 것으로서 혹은 자신의 한계를 아는 것이다. 자신의 한계를 안다는 것은 스스로를 희생할 줄 안다는 것이다. 바로 이 희생이 정신이 외적인 사태로 드러난 외화의 과정(Entäusserung)이며, 이를 통해서 정신은 자유롭고 우연적인 사건의 형식을 통해 정신으로 성숙해 가는 자신의 형성 과정을 서술한다. 즉 이 과정은, 자신의 순수한 자아를 자기 외부의 시간으로 그리고 자신의 존재를 공간으로 직관함으로써 진행된다. 이러한 자신의 마지막 생성이, 자연으로서 자신의 살아 있는 직접적인 생성이다; 그것, 즉 외화된 정신은 자신의 현존재에서 그 스스로의 지속적인 존재의 이러한 영원한 외화이며 주체의 산출하는 운동이

다. Hegel의 앞의 글, 590에서 인용.

55) 셸링과 헤겔 그리고 니체 등을 비롯한 적지 않은 철학자들은 유한한 개별존재의 바로 그 유한성에 대한 인식이 비로소 개별존재의 궁극적 특성을 인식하도록 해 준다고 보았다. 그러나 유한한 존재의 자기 반성적 의식이 반드시 헤겔이나 셸링의 경우에서처럼 절대적인 지식으로의 여정이라는 통합적인 기획에 의해서 포섭되는지는 불확실하다. 오히려 유한한 존재의 유한성은 구체적 체험 속에서 체화됨으로써 실존의 한 계기로 실현 가능할 뿐이다. 따라서 뒤에 살펴보게 될, 키르케고르의 실존이 그 같은 형이상학적 타협을 허용하지 않는 것은 당연하다. 문제는 실존의 유한성에 대한 체험이 항상 존재론적 지평으로의 확장을 필요로 하지 않는다는 점이다. 더구나 후자가 반드시 기독교적인 의미의 초월을 지향하는가의 문제는 종결될 수 없는 물음으로 남는다.

56) G.W.F Hegel, *Nürnberger und Heidelberger Schriften, Werke 4*, 223. 행동과 행위의 차이는 이미 《정신현상학》에서 죄의 발생적 계기를 서술하는 과정에서도 간과될 수 없는 변별적 차이를 보여 준다. "따라서 그것은 행동을 통해서 죄가 된다. 왜냐하면 그것은 자신이 행동한 것(Tun)이며 행동한 것은 자신의 가장 고유한 본질이다; 그리고 죄는 역시 범죄의 의미를 획득한다; 왜냐하면 단순한 인륜적 의식으로서 그것은 스스로 하나의 법을 지향한 반면, 다른 법에 대해서는 거부하고 이를 자신의 행동을 통해서 위반했기 때문이다." (Hegel: PhG, 346)

57) Hegel, Werke 7, *Grundlinien der Philosophie des Rechts*(§ 118), 219 참조.

58) Hegel, PhG 347.

59) Hegel, PhG 346 참조. 같은 맥락에서 의지 개념에 대해 헤겔은 다음과 같이 분석하고 있다. "의지는 죄를 지니는데 1. 이는 그 규정이 오직 그것(의지: 역주) 자체에 의해서 자신의 것으로 만들어지거나 자신의 결단에 속하는 한에서 그러하며, 2. 한 의지가 그 규정들을 알고 있는(kennt) 한에서 그러하며, 여기서 이들(규정들: 역주)은 그의 결단에 놓여 있는 바 대로의 행위에 의해서 산출되거나 그것과 필연적으로 그리고 직접적으로 연관된 것이다." Hegel, *Werke 4*, 206 참조. 이 시기의 철학적 예비학교를 위한 헤겔의 강의안은 잘 알려진 대로 로젠크란츠(Rosenkranz)에 의해서 혼란스럽게 편집되었다. 그러나 우리의 논의는 로젠크란츠와 호프마이스터(Hoffmeister) 등의 견해 차이와 무관하게 그 자체로서 진행될 수 있을 것이다. 이에 대한 간략한 설명은 Hegel, 같은 책, 604 이하 참조.

60) Hegel, Werke 7 § 118절 참조.

61) Hegel, PhG 328 이하 참조.

62) Hegel, PhG 331.

63) 정당성과 합법성의 분화와 관련해서 크레온과 하이몬의 대화(Antigone: V. 631ff/730-739)에서 서술되고 있는 갈등 구조는 하나의 전거로 채택될 수 있다. 이는 특히 정치적 정당

성이 합법성과 일치하지 않으며, 후자에 대한 고식적이며 과도한 의탁이 궁극적으로 공동체 전체에 부정적인 결과를 초래한다는 사실을 일깨워 주고 있다. 이 섬에서도《인디고네》는 현대적인 맥락에서도 실체적 무게를 지닌 작품이 아닐 수 없다.

64) 장례의 금지에 대한 더 자세한 해석은 M. Schulte 369 이하 참조.

65) Hegel, PhG 344.

66) 폰 프리츠의 비극론에 의하면 안티고네와 크레온에게 동등한 위상을 부여하는 것은 무리한 해석이라는 것이다. 간단히 말해서 크레온은 달리 행동할 수 있었다는 것이다. 변증법적 모순의 계기로서 동등한 힘들 간의 갈등은 오히려 오레스트(Orest)에서 전개되며, 헤겔 역시《미학 강의》에서 이 작품을《안티고네》와 함께 다루고 있다. 다만 그의 도식적인 비극론으로 인해서 이 작품들 간의 관계는 어긋나게 되었다고 폰 프리츠는 비판한다. 이는 곧 보편적 맥락에서 불운과 고난, 비극의 차이가 무엇인지 생각하게 만든다. 이와는 별도로 프리츠가 제기한 비판, 즉 헤겔의 비극론이 근본적으로 그의 형이상학적 이론의 구성에 대한 관심에 의해서 주도된다는 것은 타당한 지적이다. Kurt von Fritz, *Antike und Moderne Tragödien, Neun Abhandlungen*, (Berlin: de Gruyter, 1962), pp. 92-98 참조.

67) Schadewaldt(1991) 앞의 글, pp. 225-252 참조.

68) 위와 같은 글, 241.

69) 한편 극중에 등장하는 경비병의 거의 조롱에 가까운 발언들은 이미 그리스의 폴리스가 전제적 왕권체제와는 구별되는 '인간적인' 면모를 보이고 있음을 가리킨다. Sophokles, *Antigone* (V 231-320) 참조.

70) Schadewaldt(1991) 앞의 글, 251.

71) Hegel, PhG 348.

72) Sophokles, *Tragödien, Antigone* (V925-28), 173.

73) Hegel 앞의 글, 348.

74) Hegel 앞의 글, 353.

75) 실제로 이 같은 인륜적 실체의 구체적 행위는 전쟁의 필연성에 관한 헤겔적 서술에서 가시화된다.

76) Hegel, PhG 352 이하 참조.

77) Hegel, PhG 349.《정신현상학》에서 비극의 규범적 성격에 대한 논의는 인륜성에 관한 "인륜적 행위"(327-59)의 서술과 함께 "정신적 예술작품"을 통해서 구체화된다.

78) Arnold Gehlen, *Moral und Hypermoral: Eine pluralistische Ethik*, (Wiesbaden: Aula Verlag, 1986), pp. 47-53 참조.

79) 정의의 신은 이로써 눈을 가릴 수밖에 없다. Hegel의 앞의 글, 355 이하 참조. 멘케는 이를 다음과 같이 간결하게 서술하고 있다. "법적 상태는 단지 그 상태가 정의의 두 차원의 통

합에 의해서 멈추지 않고 지속적으로 발생함으로써 성립할 뿐인데, 여기서 항상 반복적으로 새롭게 두 정의의 차원 속에서 일종의 추상성이 요구된다."(Menke, 앞의 글, 226에서 인용)

80) 이에 대해서는 Menke(1996) 242 이하 참조.

81) Christian Meier, *Die Entstehung des Politischen bei den Griechen*, (Frankfurt am Main: Suhrkamp, 1983), 144 참조.

82) Baruch de Spinoza, *Ethik in geometrischer Ordnung dargestellt, Übersetzt von Wolfgang Bartuschat*, (Hamburg: Felix Meiner, 2007). 스피노자 연구자들의 일반적인 관행에 따라 인용. 앞의 아라비아 숫자는 5권으로 나뉜 권수를, p는 propositio를, 그 뒤의 숫자는 propositio의 순서를 가리킴. 위에서는 IV권 Propositio47의 Scholium. 462 이하 인용. 니체의 스피노자에 대한 관심과 입장에 대해서는 다음 문헌을 참조. Hans-Jürgen Gawohl, "Nietzsche und der Geist Spinozas: Die existentielle Umwandlung einer affirmativen Ontologie", in: *Nietzsche Studien* Vol. 30, 2001, pp. 44-61.

83) 정신분석학의 관점에서 죄책감이 심리적 병인으로 작용하는 과정은 다음 문헌을 참조. Sigmund Freud, *Trauer und Melancholie, Gesammelte Werke X*, (Frankfurt: S. Fisher, 1972). 역시 프로이트와 관련된 다음 문헌을 참조. Fink-Eitel의 해석은 칸트에 대한 니체의 이중적인 입장을 간결하게 분석하고 있다. Hinrich Fink-Eitel, "Nietzsches Moralistik", in: *Deutsche Zeitschrift für Philosophie*, 41:5 (1993), pp. 865-879.

84) Nietzsche, KSA 5, GM, pp. 297-298 참조.

85) Nietzsche, KSA 5, *Jenseits von Gut und Böse*, Zweite Hauptstück, (§ 32), pp. 50-51 참조.

86) Nietzsche, KSA 6, *Götzen—Dämmerung*, Die vier grossen Irrthümer Nr. 7, 95 이하 참조.

87) Nietzsche, KSA 5, GM, Zweite Abhandlung, (§ 7) 304.

88) Nietzsche, 같은 글(§ 21), 331 참조.

89) F. Nietzsche, KSA 3, Morgenröthe Erstes Buch, (§ 58) 59에서 인용.

90) 나는 여기서 서구의 규범문화를 기독교적 전통에 의해 강화되고 심지어 그 단초가 마련되었다고 생각되는 죄의식에 의해서만 규정하고, 이를 통해서 우리가 서구적인 도덕의식의 본질을 파악할 수 있다고 주장하려는 것이 아니다. 니체의《도덕의 계보》에 기댄 다음의 서술은 어디까지나, 분명 서구적인 규범의식의 한 축을 형성해 온 죄의 감정이 어떠한 삶의 방식과 상징의 해석에 의해 상호 긴밀한 연관을 형성했는지에 대한 것이다.

91) F. Nietzsche, KSA 3, *Fröhliche Wissenschaft*, Drittes Buch, § 135.

92) Nietzsche, KSA 3, FW 486.

93) Nietzsche, KSA 5, GM, Erste Abhandlung(§ 7), 267에서 인용.

94) Nietzsche, KSA 5, GM, Zweite Abhandlung(§ 20), 329.

95) Nietzsche, KSA 3, FW, Drittes Buch(§ 35), 486.

96) 위와 같음.

97) 위와 같은 책, KSA 3, FW, pp. 486-487에서 인용.

98) 위와 같은 책, KSA 3, FW 487에서 인용.

99) Nietzsche, KSA 5, GM, Zweite Abhandlung(§ 21), 330.

100) Nietzsche, KSA 5, GM, Zweite Abhandlung(Nr. 16-17), pp. 321-325 참조.

101) 이와 관련해서 다음 문헌을 참조. Mathias Risse, "The Second Treatise in On the Genealogy of Morality : Nietzsche on the Origin of the Bad Conscience", in : *European Journal of Philosophy* 9:1, pp. 55-81.

102) 특히 다음 문헌은 죄의식의 기원에 대한 니체의 서술이 잔인성의 내면화라는 심리학적 관점과 부채의 사회학적 관점을 통합하지 못한, 불완전한 양상을 보인다고 비판한다. 그러나 니체 스스로 그 어떤 체계적인 통합을 약속한 것은 아니다. 더구나 통합적인 기원 그 자체가 존재한다는 가설 역시 무리한 주장이다. Christopher Janaway, "Guilt, Bad Conscience, and Self-punishment in Nietzsche's Genealogy", in : *Nietzsche and Morality*, (edited by Brian Leiter and Neil Sinhababu), (Oxford : Oxford University Press, 2007), pp. 138-154.

103) Nietzsche, KSA 2, *Menschliches, Allzumenschliches*(이하에서 MA로 약함).

104) Nietzsche, MAI(§ 45), 67 이하 참조.

105) Nietzsche, KSA 5, GM(§ 20) 참조.

106) 이에 대해서는 Nietzsche, KSA 5, GM, § 6 이하 참조.

107) 그런데 죄의 관념에 대한 역사적 해석이 니체에 의해서만 시도된 것은 아니다. 죄(Schuld)와 부채(Schulden)의 연관에 대해서는 이미 니부어(Niebuhr), 사비니(Savigny) 등의 법학자들은 물론 헤겔과 몸젠(Mommsen) 등도 논의한 바 있다. 역사법학파는 실정법적 체계가 제도화되는 과정에서 그 정당성을 제시해야만 하는 상황에 처하게 된다. 특히 사비니(Savigny)는 로마의 법체계에 대해 주목하는데, 이는 그가 로마의 공화정을 높이 평가하기 때문이기도 하다. 그러나 니체에게 법의 역사성에 대한 인식은 단지 죄책감의 분석에 동원될 필요가 있는 하나의 관점일 뿐이다. 법사회학적 서술이 앞서 소개한 어원 분석이나 사회경제적 관점 그리고 심리학적인 분석보다 더 중시되지 않는다는 점에서, 결국 그의 계보론은 다원주의에 충실한 모습을 보여 준다. 하르퉁(Hartung)은 죄의 개념의 계보론에 대해 막스 베버와 니체의 죄의 개념이 어떻게 당대의 다른 학문적 경향들과 교류하고 있으며 그것이 상호 변별성 속에서 어떻게 반영되고 있는지 분석하고 있다. Gerald Hartung, "Zur Genealogie des Schuldbegriffs : Friedrich Nietzsche und Max Weber im Vergleich",

in: *Archiv für Geschichte der Philosophie*, 1994, 76, Band, pp. 302-318.

108) Nietzsche, KSA 5, GM 291 인용. 인륜성과 도덕성, 관습적 도덕과 탈관습적 도덕의 차이에 대한 니체의 관점은 별도의 논의를 요구한다.

109) Hartung의 앞의 글, 314 참조.

110) Nietzsche, KSA 5, GM, Zweite Abhanlung, § 19.

111) Nietzsche의 앞의 글(§ 20) 참조.

112) Nietzsche의 앞의 글(§ 19), 328에서 인용.

113) 이 점에서 니체는 역시 자연주의적 경향성을 숨기지 않고 있는 흄과 유사한 인식을 보여 준다. 흄 역시 인간의 본성에 반하는 희생을 국가가 요구하는 것에 대해 비판하는데, 니체와 흄의 연관에 대한 논의는 다음 문헌을 참조. Craig Beam, "Hume and Nietzsche: Naturalists, Ethicists, Anti-Christians", in: *Hume Studies* Volume XXII, Number 2 (November, 1996), pp. 299-324.

114) 당연히 제사에 대한 이러한 관점은 의식을 통한 전통의 계승과 도덕적 통합의 한 중요한 가능성을 인식했던 유교나 그 밖에 모든 전통주의자의 비판을 초래할 만하다. 그러나 니체의 의도는 의식의 반복적 행위가 지니는 심리적 사태에 초점이 맞추어져 있으며, 그것은 사회적 통합의 원리 등에 대한 관심과 직결되어 있지 않다.

115) Nietzsche, KSA 5, *Jenseits von Gut und Böse*, § 55.

116) 베네딕트의 주장은 니체의 심리적 고찰과 비교될 만하다. Ruth Benedict, *The Chrysanthemum and the Sword: Patterns of Japanese Culture*, (Boston: A Mariner Book, 2005). 다음 역서에서 인용. 베네딕트, 《국화와 칼》, 김윤식 옮김, (서울: 을유문화사, 2000), p. 238에서 인용. "죄를 범한 사람은, 그 죄를 감추지 않고 고백함으로써 무거운 짐을 내려놓을 수가 있다. 이 고백이라는 수단은, 우리의 세속적 요법에서, 또 그 밖의 점에 관해서는 거의 공통점을 가지고 있지 않은 많은 종교 단체에 의하여 이용되고 있다. …… 나쁜 행위가 '세상 사람들 앞에 드러나지' 않는 한 고민할 필요가 없는 것으로, 고백은 되레 스스로 고생을 사는 일로 생각되고 있다. … '수치의 문화'에서는 인간에 대해서는 물론, 신에 대해서조차 고백한다는 습관은 없다. 행운을 기원하는 의식은 있으나, 속죄 의식은 없다."

117) Nietzsche, KSA 5, GM, Dritte Abhandlung(§ 28), 411.

118) 위와 같은 글에서 인용.

119) Niezsche, KSA 5, *Jenseits von Gut und Böse*, § 56, pp. 74-75.

120) Nietzsche, KSA 5, *Jenseits von Gut und Böse*, § 57, 75. 아이들의 메타포는 여기서도 등장한다. 아이들의 유치한 장난감과 같은 이상들을 더는 필요로 하지 않는 '노인' 역시 언젠가는 다시 새로운 장난감과 새로운 고통을 필요로 할 수도 있다는 점을 강조한다. 인간은 "영원한 어린아이(ein ewiges Kind)"일 수도 있다는 것이다.

121) Nietzsche, KSA 4, *Also sprach Zarathustra*, 29.

122) Nietzsche, KSA 3, FW, Viertes Buch, § 299, 538.

123) 이에 대해서는 다음 문헌을 참조. Simon May, *Nietzsche's Ethics and his War on 'Morality'*, (Oxford: Oxford University Press, 2002), 81 이하 참조. 이 일련의 정당한 물음은 금욕주의의 고유한 이중성에서 비롯한다.

124) Nietzsche, KSA 5, GM, Zweite Abhandlung 291 이하 참조.

125) 니체는 자연의 목적론이나 그 어떤 초월적 세계를 설정하지 않는다. Nietzsche, KSA 5, GM, Zweite Abhandlung 293 이하 참조.

126) 물론 이 같은 규범체계의 분화 과정에서 구체적인 행위자들, 특히 하부계층에 이르기까지 동일한 규범과 가치가 관철되거나 '강요'될 수 있었던 심리적 역학관계는 별도의 논의를 필요로 할 것이다. 니체가 자신의 '계보론'에서 종종 사회학적—역사적 관점과 심리학적-인간학적 관점을 병행해서 배치하는 이유는 바로 여기서 발견된다. 가령 계약과 의무 등의 관계가 정립될 수 있었던 배경에는 인간학적 계기로서 '측량(messen)'과 '계산(berechnen)'이 중시되고 있다. 그렇다면 삶과 자연 혹은 그 가치는 측량될 수 있으며, 계산 가능한 대상이나 객체로 설정될 수 있는가? 다음 인용문은 이 물음에 대한 응답으로 간주될 만하다. "삶에 대한 판단들, 가치판단들, 찬성과 반대, 이런 것들은 종국적으로 결코 참일 수 없다: 이들은 오직 증상들로서의 가치만 지닌다. 이들은 오직 증상들로서만 고려된다.—그 자체로서 그러한 판단들은 멍청한 것들이다. … 삶의 가치는 평가될 수 없다." F. Nietzsche, KSA 6 *Götzen Dämmerung*, Das Problem des Sokrates(§ 2), pp. 67-68 참조.

127) 이 점에서 "도덕의 계보에 대해"에서 니체의 1-3절까지의 서술은 4절과 체계적인 연관을 구축하며, 이 연관성은 바로 5절에서 명시적으로 언급되고 있다.

128) Nietzsche, KSA 5, GM. Zweite Abhandlung(§ 6), 300 참조. 니체와 푸코의 '잔인함'에 대한 해석이 야기할 수밖에 없는 일련의 쟁점들은 다음 문헌을 참조. James Miller, "Carnivals of Atrocity: Foucault, Nietzsche, Cruelty", in: *Political Theory*, Vol. 18, No. 3(Aug, 1990), pp. 470-491.

129) Nietzsche KSA 5, GM 326 참조. 이 단락의 아래 표현들도 같은 곳에서 인용.

130) 이에 대해서는 Simon May의 앞의 글: 55-80, 수치와 죄의 관계에 대해서는 특히 77 이하 참조.

131) Nietzsche, KSA 5, GM, Zweite Abhandlung(§ 6), 301에서 인용.

132) "약한 자는 더 많은 정신을 지니고 있다." Nietzsche, KSA 6, *Götzen Dämmerung*, Streifzüge eines Unzeitgemässen(§ 14), pp. 120-121 참조. 인용은 121.

133) Nietzsche, 위와 같은 곳에서 인용.

134) 이 부분은 Nietzsche, KSA 3, *Morgenröthe*, Vorrede(§ 3), pp. 12-15 참조.

135) 여기서 니체는 효용성의 도덕(Nützlichkeitsmoral) 역시 본질적으로 노예의 도덕이라고 주장한다는 점에서 일관성을 보인다. Nietzsche, KSA 5, GM, Erste Abhandlung(§ 3), 260 이하 참조.

136) 니체 해석에서 논란의 여지가 많은 개념 중의 하나인 '주권적 개인(das souveraine Individuum)'은 Nietzsche, KSA 5, GM, Zweite Abhandlung 293을 참조.

137) Nietzsche, KSA 10, *Nachlaß 1882-1884*, pp. 237-238 인용.

138) 지혜의 원형적 사고는 이미 〈그리스의 비극시대에서 철학〉이란 글에서 감지된다. 특히 헤라클레이토스에 대한 언급은 주목할 만하다. "그의 눈, 불타오르는 눈길은 자신의 내부를 향해 있고, 외부를 향해서는 무감각하고 냉기 어린 눈길을, 마치 오직 가상의 존재하지 않는 것을 바라보듯이…." Nietzsche, KSA 1, 758/KSA 3, *Morgenröthe* Erstes Buch(§ 56), pp. 57-58.

139) Nietzsche, KSA 2, MAI, Zur Geschichte der moralischen Empfindungen(§ 107), 105에서 인용.

140) 위와 같은 곳에서 인용.

141) Nietzsche, KSA 2, MAI, 104에서 인용.

142) Nietzsche, KSA 4, *Also sprach Zarathustra*, Von den drei Verwandlungen 31에서 인용.

143) Nietzsche, KSA 1, Philosophie im tragischen Zeitalter, (§ 8), 835.

144) Nietzsche, KSA 1, (§ 7), pp. 830-831.

145) Nietzsche, KSA 5, GM (§ 20), 330.

146) Nietzsche, KSA 2, MAI (§ 107), 105.

147) Nietzsche, KSA 6, Götzendämmerung, Moral als Widernatur (§ 4), 85 참조.

148) 얼핏 거북하게 느껴지는 니체의 인식은 이미 스피노자나 후에 비트겐슈타인 등에서도 발견된다. 물론 이들이 니체와 함께 선과 악이 실재와 무관한 개념으로 간주했다고 해서 기존의 도덕적 가치들에 대한 니체 자신의 비판에 대해서도 동의할 것처럼 보이지는 않는다. Nietzsche, KSA 5, GM, Zweite Abhandlung, '절대적 자발성'(§ 7, 305)에 대한 언급을 참조.

149) 위와 같은 글 Zweite Abhandlung, § 307 참조.

150) Nietzsche, KSA 5, GM 302 인용.

151) Nietzsche, KSA 5, GM, Zweite Abhandlung, (§ 11), 311.

152) 사실 이 '전범'은 엄격히 말해서 니체 자신이라기보다 그의 분신인 '차라투스트라'의 것이다.

153) 규범적 단계들의 유형에 대한 또 다른 구별은 다음 문헌을 참조. Nietzsche, KSA 5,

Jenseits von Gut und Böse, § 32, 50 이하 참조. 여기서 "도덕 이전의 시대(vormoralische Zeit)"는 인간의 자기 인식이 결여된 상태로 묘사된다. 즉 "너 자신을 알라"는 명제는 아직 안 알려져 있다는 것이다.

154) 니체의 자아와 의지 개념 등에 대한 해석을 토대로 자연주의적 도덕비판의 가능성을 탐색한 다음 논문을 참조. Bernard Williams, "Nietzsche's Minimalist Psychology", in: *Nietzsche, genealogy, morality: essays on Nietzsche's Genealogy of Morals, edited by Richard Schacht*, (California: University of California Press, 1994), pp. 237-247. 자연주의적 니체 해석에 대한 나의 비판적 입장은 다음 논문을 참조. 임홍빈,《'정서의 경제'와 자연주의 심리학: 니체의 경우》, *철학연구*(제113집, 대한철학회 간행, 2010), pp. 287-311.

155) 이와는 대조적으로 인간적인 이성의 자기일관성과 자기준거적인 타당성이 성립하지 않는다면 보편주의적 윤리학은 성립할 수 없다. 칸트에 의해 체계화된 도덕적 이성의 보편성 자체가 이미 규범적 정신의 특성을 반영하지만, 우리는 니체가 칸트의 정언명법으로 알려진 실천이성의 일관성에 대해서 직접적으로 부정하거나 폄하하고 있지 않다는 점을 주목할 수 있다. 그러나 우리는 여기서 두 세계론에 집착하는 고식적인 칸트주의자들은 잊어버려야 할 것이다.

156) Spinoza (2007), 4p37, Scholium II.

157) 죄의 개념은 히브루의 구약에서는 존재하지 않았으나, 후에 기독교에 의해서 창안된 것이라는 주장은 더 자세한 검토를 요구한다.

158) Sören Kierkegaard, *Der Begriff Angst*(이하 BA로 약함), (Düsseldorf: Eugen Diederichs Verlag, 1952). 이 주장을 모든 문화에 보편적으로 적용할 수 있기 위해서는 죄의 의미에 대한 변형과 해석이 필요하다.

159) '천재'의 개념은 "인간의 모든 행위와 운명적 상황에서 이를 결정적으로 좌우하는 개체 존재로서의 인간의 특수성(Besonderheit)"을 가리킨다. 외적 삶에서 내가 의식하고 타인에게도 인지 가능한 외적 정체성과 달리, 이 내적 정체성을 헤겔은 일종의 운명적 필연으로 간주한다. 즉 천재적 인간에게 엄습하는 운명은 '신탁'으로 비유될 수 있다는 것이다. 인간의 개별적 주체성과 그 실존의 방식에 주목하고 있는 키르케고르가 헤겔의 천재 개념에 주목한 것은 당연하다. BA 261, 주석 Nr 161 참조.

160) 이 같은 관점의 일관성은 "종교적 천재"(BA 113)에 대한 서술에서도 유지된다. 그 결과 "죄의식의 가장 깊은 심층적 차원"에 스스로의 실존적 결단의 근거에 도달함으로써만—이는 겉으로 드러나는 경건함과 같은 겉모습과 무관하다.—비로소 그는 자신의 위대함을 실현하게 된다.

161) BA 114. 주석 참조.

162) 주석자의 서술대로 피히테는 인간의 부단하고 집요한 자기 검증이 그 자체로서 '죄'를

범하는 것이며, 그 같은 철저하고 세밀한 자책이 일종의 할 일 없는 게으름의 또 다른 변종에 불과하다고 주장한다. 우리는 "우리 내부의 신적인 것에 대해 단순한 성실함을 통해서 축복받은 존재로 살아갈 수" 있다는 것이다. BA 263, 주석 192 참조.

163) BA 127 이하 참조.

164) BA 134 이하 참조.

165) "은폐된 것은 바로 침묵하는 것이다. 언어, 말은 바로 해방시켜 주는 것이며, 그것은 곧 폐쇄성의 공허한 추상으로부터의 해방이다."(BA 128)

166) BA 43 이하 참조.

167) 영혼의 개념에 대한 헤겔의 인식은 다음 문헌을 참조. G. W. F. Hegel, *Enzyklopädie der philosophischen Wissenschaften im Grundrisse*: Dritter Teil, Die Philosophie des Geistes mit den mündlichen Zusätzen (1830), *Werke in zwanzig Bänden*(이하에서 Hegel, Werke 10으로 인용), (Frankfurt: Suhrkamp, 1983), §388 이하 참조.

168) 이 지점에서 키르케고르와 셸링의 관계를 짚어 볼 필요가 있다. 실제로 키르케고르의 주제 의식은 사실 헤겔 못지않게 셸링의 영향하에서 이해될 수 있다. 셸링은 자신의 후기 사상에서 불안과 악의 문제를 계몽주의적 전통과는 다른 방식으로 천착함으로써 19세기 이후 고개를 든 실존의 철학적 탐색에 불을 지폈다. 이는 또한 기독교 자체의 고유한 주제 의식과 상통한다. 이 점에서 키르케고르의 불안의 개념은 셸링적 문제의식의 지평 위에서 더 긴밀하게 검토될 필요가 있다.

169) Kierkegaard, BA 40.

170) 이 부분은 다음 문헌을 참조. Heidegger, *Sein und Zeit*(이하에서 SZ로 약함), (Tübingen: Max Niemeyer, 1979), pp. 140-141/184-190.

171) Hinrich Fink-Eitel, "Angst und Freiheit. Überlegungen zur philosophischen Anthropologie", in: *Zur Philosophie der Gefühle*, hrsg von Hinrich Fink-Eitel und Georg Lohmann, (Frankfurt: Suhrkamp, 1993), pp. 57-88. 그러나 핑크 아이텔(Fink-Eitel)은 불안과 공포가 과연 그 대상의 존재 여부에 따라 구별될 수 있는지 의심한다. 특히 공포와 불안개념의 관계에 대해서는 pp. 79-80 참조.

172) BA 41 이하 참조.

173) BA 43 이하 참조.

174) 죄(Schuld/Guilt)로부터 죄악(Sünde/Sin)이 구별할 수 있는 일차적 준거는 유대교적이며, 기독교적인 맥락이다.

175) 위와 같은 곳을 참조.

176) 다음 인용문은 실존으로서의 진리를 잘 표현해 준다: "진리는 오직 개별자에게 존재한다. 그것은 개별자 자신이 진리를 행위를 통해 산출하는 한에서 그러하다."(BA 144)

177) "미신과 불신은 부자유의 두 형상들이다."(BA 145)

178) 그러나 그는 모든 형태의 규정, 특히 실존 개념을 정의하려는 시도 자체를 적절치 않다고 생각하는 듯하다. 그럼에도 불구하고 내면성과 내부 지향성의 의미는 독일어의 경우 내면으로부터 우러나오는 진정성(성실성)의 차원을 동시에 함축한다. Emanuel Hirsch의 주석에 의하면, 이에 상응하는 덴마크어의 Inderlighed의 의미는 타 언어로 온전하게 전달될 수 없다는 것이다.(BA 152/270: 주석 Nr.254)

179) 나는 여기서 Karl Rosenkranz의 설명을 빌려 왔다.(BA 269, 주석 Nr. 252)

180) "그러나 이로써 한 개인은 그처럼 절대적으로 그리고 무한히 가능성에 의해 형성됨으로써, 가능성에 대해 솔직해야만 한다. 그리고 믿음을 지녀야 한다. 믿음을 나는 … 내적인 확신, 즉 무한성을 성취하는 확신으로 이해한다."(BA 163) 믿음의 의미는 다음 문장에서 더 구체적으로 제시된다. "믿음의 도움으로 불안은 개인을 섭리 속에서 인식하도록 교육한다. 마찬가지로 죄와의 연관 속에서도 동일하다. 죄는 불안이 발견하는 두 번째 사태이다. 홀로 누군가 유한성에 의해 자신의 죄를 알게 된 사람은 유한성에 자신을 상실하게 된다. 그리고 유한성 속에서 한 인간이 죄가 있는가의 여부에 대한 물음이 결정되지 않는다. 그것은 외적이며, 법적이며, 기껏해야 불완전한 방식으로만 가능하다. … 누군가 진실로 스스로 불안해 하는 것을 배우게 된다면, 그는 춤추는 사람처럼 앞으로 걸어가야 한다. 만약 불안이 유한한 실존을 향해 연주를 하게 되면, 유한성에 귀속된 도제에 불과한 사람들은 이성을 상실하고 용기도 잃어버린다."(BA 167-168) 이와는 대조적으로 "누군가 죄와의 연관 속에서 불안에 의해 양육되어진다면 그는 오직 화해 속에서 비로소 안식하게 된다."(BA 169)

181) 수줍어하는 처녀의 아름다움은 정신적 모순의 상응성, 성적 차이를 감지하는 남성들의 공감적 떨림이다. 수치의 불안은 이때 그 어떤 부정적인 혹은 규범적 피상성을 초월한다. 또 하나 주목할 만한 사실은 불안과 정신의 연계 속에서 발현되는 수치심은 신체의 고유한 내적 동학에 그 연원을 두고 있다는 점이다.

182) 자유와 불안의 실존적 연관을 핑크-아이텔(Fink-Eitel)은 '주체'의 주체성이 발현되는 중요한 계기로 파악한다. 그에 의하면 키르케고르가 염두에 두고 있는 불안은 자유에 대한 불안, 즉 자유 앞에선 단독자로서의 불안이라는 것이다. 그런데 왜 키르케고르는 이를 질적 도약으로 이해하는가? 불안은 단순히 실존적 존재자가 불확실한 세계에서 직면하는 선택의 문제가 아니다. '선택'과 같은 행위의 합리성에 선행하는 질적 도약은 불안이 궁극적으로 인간적 자유의 힘과 권력에 대한 자기 이해의 불확실성을 전제하기 때문이다. 이와 관련해서 다음 글을 참조. Fink-Eitel(1993), pp. 57-88.

183) BA 69 이하 참조.

184) 습관에 대한 탁월한 분석은 다음 문헌을 참조. Félix Ravaisson, *Of Habit*, translated by Catherine Malalou, (London: Continuum, 2008).

185) Walter Schulz, "Die Dialektik von Geist und Leib bei Kierkegaard", in: *M. Theunissen und W. Greve, Materialien zur Philosophie Sören Kierkegaards*, (Frankfurt: Suhrkamp, 1979), pp. 347-368.

186) 창세기의 주석은 다음 문헌을 참조. *Pentateuch with Targum Onkelos, Haphtaroth and Prayers for Sabbath and Rashi's Commentary*, translated into english and annotated by Rev. M. Rosenbaum an Dr. A. M. Silberman, (London: Shapiro, Vallentine & Co., 1929). 죄의 창세기적 관점은 다음 문헌에서 관련 자료와 함께 제시되어 있음. Chapter 86: Sin, in: Robert Maynard Hutchins(editor in chief), *The Great Ideas: A Syntopicon of Great Books of the Western World*, (Chicago: Encyclopaedia Britannica, INC, 1952), Vol. II, pp. 753-773 이하 참조.

187) St. Augustine, *The City of God*, translated by Marcus Dods, (Chicago: Encyclopaedia Britannica, INC, 1952), Book XIII, Chapter 4. 361 참조.

188) 이에 대해서는 무엇보다 다음 문헌이 핵심적인 의미를 지닌다. F. W. J. Schelling, *Philosophische Untersuchungen über das Wesen der menschlichen Freiheit und die damit zusammenhängenden Gegenstände*, (Hamburg: Meiner, 1997).

189) Kierkegaard BA 20 이하 참조.

190) Kierkegaard BA 27 이하 참조.

191) BA 61 이하 참조.

192) 이 같은 주장은 키르케고르 자신의 자발적인 착상에서 비롯한 생각이라기보다는 헤겔주의 자체에 대한 반발로 이해된다.

193) BA 14 이하 참조.

194) BA 96 이하 참조.

195) BA 85 이하 참조.

196) "그것은 영원성이 시간 속에서 최초로 반조되는(Widerschein in der Zeit) 것이며, 시간이 동시에 멈추는 것이다."(BA 90)

197) BA 91 이하 참조.

198) 선과 악의 대립으로부터 파생된 세계와의 불화와 아예 그 같은 대립을 무해한 것으로 해체하려는 상대주의의 사이에서 현대의 규범문화는 갈팡질팡한 지 오래이다. 그노시즘에 대해서는 이 책의 1부 〈죄와 양심〉 첫부분을 참조.

199) BA 3부의 3절 이하 참조.

200) BA 106 이하 참조.

201) Karl Loewith, "Jener Einzelne: Kierkegaard", in: *hrsg., einl. M. Theunissen und Wilfried Greve Materialien zur Philosophie Søren Kierkegaards*, (Frankfurt: Surhkamp,

1979), pp. 542-543.

202) 위와 같은 곳에서 인용.

203) 위와 같은 곳에서 인용.

204) Karl Jaspers, *Psychologie der Weltanschauungen*, (Berlin/Heidelberg/New York: Springer, 1971), 275 참조.

205) Jaspers의 앞의 글, 274 참조.

206) Jaspers의 위와 같은 문헌 참조.

207) 이 같은 정황은 피갈(Figal)이 그의 하이데거 해석에 동원하고 있는 "죄의 근거가 되는 존재(Grundsein von Schuld)와 죄의 원인이 됨(Ursache sein von Schuld) 근거"의 구별을 통해서도 이해될 수 있다. Günter Figal, *Martin Heidegger*, (Frankfurt: Anton Hain, 1991), 239에서 인용.

208) Schelling의 앞의 글, 특히 27 이하.

209) Grätzel의 앞의 글, 276 인용.

210) 그노시스(Gnosis)의 전통에 대해서는 다음 문헌을 참조. Hans Jonas, *Gnosis und Spätantiker Geist*, (Göttingen: Vandenhoeck & Ruprecht, 1988).

211) Critchley Simon, Artikel: "Heidegger und Rudolf Carnap: Kommt nichts aus nichts?", in: *Heidegger Handbuch, hrsg. von Dieter Thomä*, (Stuttgart/ Weimar: J. B. Metzler, 2005), pp. 356-357에서 인용.

212) Heidegger SZ § 56, pp. 272-273 참조.

213) Andreas Luckner, "Wie es ist, selbst zu sein. Zum Begriff der Eigentlichkeit" (§§ 54-60), in: *Martin Heidegger, Klassiker Auslegen, Sein und Zeit, Hrsg.* von Thomas Rentsch, (Berlin: Akademie, 2001), pp. 163-165 참조.

214) Hegel, PhG 서문(Einleitung) 79 참조.

215) Heidegger SZ, 307 참조.

216) Heidegger SZ § 60, 296.

217) SZ 283 이하 참조.

218) 이에 대한 또 다른 해석은 다음 문헌을 참조. M. Frank, *Was ist Neostrukturalismus*, (Frankfurt: Suhrkamp, 1984), 116 이하 참조.

219) SZ 282 참조.

220) SZ 283 인용.

221) 이 물음이 근본 존재론에서 제기되는 그 특유한 방식에 대해서는 다음 문헌을 참조. Martin Heidegger, *Was ist Metaphysik?*, (Frankfurt: Vittorio Klostermann, 1981), 22 참조.

222) 역시 Heidegger의 앞의 글, 29 참조.

223) SZ 285 이하 참조.

224) SZ 283 이하 참조.

225) '현존재의 해석학'은 당대의 철학적 인간학에 대한 비판을 떠나서 이해되기 어렵다. 철학적 인간학에 대한 Heidegger의 비판은 Heidegger, SZ, §10과 §38 등을 참조. 그는 철학적 인간학만이 아니라, 생물학이나 심리학 등이 현존재의 존재 양식에 대한 철저한 인식을 결여하고 있다고 비판한다. SZ 190 이하 참조.

226) Karl Jaspers(1971), 273-280 참조. 야스퍼스는 죄(Schuld) 역시 실존적 한계 상황을 알려 주는 중요한 지표 중의 하나로 간주한다. 그의 죄의 이해는 상당 부분 키르케고르와의 '대화'를 통해서 전개된다.

227) Jaspers(1971), 247 참조.

228) Jaspers(1971), 273 이하 참조.

229) Friedrich Kluge, *Etymologisches Wörterbuch der deutschen Sprache*, (Berlin: de Gruyter 1967), 634 참조.

230) Sighard Neckel, *Status und Scham: Zur symbolischen Reproduktion sozialer Ungleichheit*, (Frankfurt/New York: Campus, 1991) 19 이하 참조. 수치 개념의 어원은 다양한 배경을 보여 주는데, 앞의 사례와는 대조적으로 로텐스트라이히(Rotenstreich)는 Platon의 Protagoras(332c)를 통해서 흔히 수치로 번역되는 aidos가 shame과 respect 혹은 reverence의 두 가지 의미로 이해될 수 있다는 점에 주목한다. Nathan Rotenstreich, "On Shame", in: *Review of Metaphysics*, 19: 1, pp. 55-86(1965. Sep.). 여기서는 특히 55 이하 참조.

231) 이에 대해서는 다음 문헌을 참조. Robert Metcalf, "The Truth of Shame-Consciousness in Freud and Phenomenology", in: *Journal of Phenomenological Psychology*, 31, No. 1, 2001, 1-18, 3 이하. 여기서 우리는 동양의 한자 문화권과 같은 비서구 전통에서도 동일하거나 유사한 어원적 근거가 발견되는지 확인해야 할 것이다. 하나의 분명한 경험적 사실은 수치심이나 죄의 감정이 앞서 언급한 대로 심리적 평형 상태의 위기나 혼란을 수반하거나 최소한 후자가 전자에 선행한다는 것이다. 그렇다고 수치심을 당혹감의 한 유형으로 규정할 수 있는 것은 아니다.

232) Plato, *Symposium*(178c-e), in: *Complete Works*, Edited by John M. Cooper, translated by Alexander Nehamas and Paul Woodruff, (Indianapolis/Cambridge: Hackett Publishing Company, 1997). 아리스토텔레스의 수사학 역시 하나의 중요한 전거로 검토될 수 있다. 그는 "수치를 불명예를 가져오는 경향이 있는 과거와 현재, 미래의 관점에서 발생하는 일종의 고통 혹은 불편함으로 규정한다." Aristotle, *Rhetoric II 6*. in: *Aristotle, The Complete Works of Aristotle*, edited by Jonathan Barnes, Volume two, (Princeton,

New Jersey: Princeton University Press, 1995), pp. 2204-2207. 이어서 아리스토텔레스는 수치의 문제를 잘못된 행위의 관점에서 접근하는데, 여기서 중요한 관건은 행위나 그 결과에 관계없이 당사자인 인간 자신이 명예로운가의 여부이다.

233) 플라톤의《향연Symposium》에서 소크라테스를 비롯한 당대의 대표적인 지식인들은 아가톤(Agathon)의 비극 경연의 우승을 축하하기 위한 저녁 만찬에서 '사랑'의 신을 찬미하는 철학의 '향연'을 벌이는데, 그 첫 번째 연설을 하게 된 파이드로스(Phaedrus)는 삶을 인도하는 무엇인가가 필요하다는 전제로부터 자신의 관점을 개진한다. 물론 이 전에 사랑이란 신이 고대의 가장 오래된 신이며, 사랑이 대지와 함께 혼돈(Chaos)이 존재한 이후에 바로 생겨났다는 점에서 주목할 만한—그러나 실제로는 이들의 대화가 진행될 시점까지는 그렇지 못했던—주제라고 언급하지만, 이는 당대의 신화적 세계관을 의식한 도입부의 서술로 간주될 수 있다. 따라서 본격적인 삶의 방식에 대한 논의는 에로스를 필두로 수치심, 자긍심, 희생정신, 용기 등이 정당화됨으로써 전개된다. 그렇다면 과연 에로스는 수치심과 명예심, 용기를 아우르는 총괄적이며 가장 중심이 되는 정서인가? 우리는 사랑의 감정을 다른 정서들보다 더 우위에 있는 포괄적인 정서로 설정할 수 있는가? 정서들의 관할 영역이 다르다고 볼 경우 이들을 상호 비교하고, 심지어 그 위계질서를 정당화하는 것이 가능한가? 실제로《향연》에서 파이드로스의 주장은 전체 주제가 에로스인 만큼 이에 초점이 맞추어져 있다고도 볼 수 있다.

234) Nietzsche, KSA 3, *Morgenröthe*(§ 352), 239 참조. 치욕(Schande)은 분명 수치(Scham)와 구별되며 전자를 단순히 수치의 일반적 개념으로 번역하는 것은 적절치 않아 보인다. 무엇보다 니체 자신이 수치심과 치욕을 구별해서 사용한다는 점도 유의할 만하다.

235) 우리는 여기서 이 비대칭적 관계가 메트칼프(Mettcalf)의 주장대로 권력관계(Power relation)로만 규정될 수 있는지에 대한 판단을 잠시 유보해야 할 것이다. 그는 니체의 문제의식이 프로이트와 셸러, 사르트르, 메를로-퐁티 등에 의해 어떠한 의미 있는 결과들을 보여주고 있는지 분석하고 있다. Metcalf의 앞의 글, pp. 1-18 참조.

236) Spinoza, Ethica, Propositio XXX Scholium, pp. 276-277.

237) 앞의 책 XXXI III 358-359 인용. 라틴어 원문은 다음과 같다. "Sed hic notanda est differentia, quae est inter pudorem et verecundiam. Est enim pudor tristitia, quae sequitur factum, cujus pudet. Verecundia autem est metus seu timor pudoris, quo homo continetur, ne aliquid turpe committat. Verecundiae opponi solet impudentia, quae revera affectus non est, ut suo loco ostendam."

238) Spinoza의 앞의 글, IV권 Propositio Nr. LVIII, 479에서 인용.

239) Spinoza의 앞의 글, III권 Propositio Nr. VII, pp. 238-239에서 인용.

240) 만약 수치와 분노가 모두 얼굴이 붉어지는 것을 포함하는 생리적 변화를 수반한다면, 수치는 다른 자기보호의 감정이나 방어적인 태도와 함께 스피노자가 언급한 코나투스와의

긴밀한 연관 속에서 파악될 필요가 있다. 이는 수치심에 대한 자연주의적이며, 다윈적인 시각이 어느 정도 타당함을 말해 준다.

241) Spinoza의 앞의 글, V권 Propositio Nr. VI. Scholium, pp. 542–543에서 인용.

242) 다음 문헌을 참조. Hegel, Werke 10, *Enzyklopädie der philosophischen Wissenschaften im Grundrisse*: Dritter Teil, Die Philosophie des Geistes mit den mündlichen Zusätzen.

243) 이에 대해서는 다음 문헌을 참조. Sigmund Freud, *Drei Abhandlungen zur Sexualtheorie, Gesammelte Werke*, V(이하에서 GW V로 약함), (Frankfurt: Fischer, 1972), pp. 33–145 참조.

244) Charles Darwin, *The Expression of the Emotions in Man and Animals*, (London: Penguin Classics 1872/2009).

245) 다윈의 앞의 문헌 286에서 인용.

246) Georg Simmel, "Zur Psychologie der Scham", in: *Schriften zur Soziologie*, hrsg. und eingeleitet von Heinz-Jürgen Dahme und Otthein Rammstedt, (Frankfurt: Suhrkamp, 1983), pp. 140–150 참조. 146에서 인용.

247) 다윈은 이 감정이 특히 다른 성(the other sex)의 존재 앞에서 자신의 외모가 어떻게 비추어지는가에 대한 반응이라고 간주한다. 다윈의 앞의 문헌 302 이하 참조.

248) Sigmund Freud, GW V, 억압에 대해서는 특히 139 이하 참조.

249) 프로이트의 억압과 수치의 연관에 대한 셸러의 비판은 Max Scheler, "Über Scham und Schamgefühle", in: *Schriften aus dem Nachlass*, 53–148, (Berlin: Der neue Geistverlag: 1933), pp. 53–148. 여기서는 pp. 110–112 참조.

250) Freud, GW V 참조.

251) Freud 앞의 글, 48 이하 참조.

252) Freud의 앞의 글, 55에서 인용.

253) Freud 앞의 글, 58에서 인용.

254) Freud 앞의 글, 61에서 인용.

255) Freud 앞의 글, 78 참조.

256) Freud 앞의 글, 79 그리고 같은 쪽의 주 2 참조.

257) Freud 앞의 글, 132 이하.

258) Genesis 2.25.

259) Genesis 3.7.

260) Giorgio Agamben, "Nudity", in: *Nudities*, translated by David Kishik and Stefan Pedatella, (Stanford/California: Stanford University Press, 2011), 81 이하 참조.

261) Simmel의 앞의 글, 142.

262) "이 같은 얼굴의 표현적인 우월성의 위상은 스스로의 지위를 확인함과 동시에 자신의 약점들을 발견한다. 수치에 수반되는 통제할 수 없는 얼굴의 붉힘을 우리는 벌거벗은 상태에 대해서 느끼는 것이다." Agamben의 앞의 글, 88에서 인용.

263) Agamben, 64 이하 참조. "벌거벗었다는 것은 은총에 앞서서 죄악과 같은 사태가 발생하기에 앞서 선행하는 바로 그러한 사태를 가리킨다. 벌거벗은 신체성은 벌거벗은 삶처럼, 오직 죄의 애매하고 이해 불가능한 담지자일 뿐이다." 역시 Agamben의 앞의 글, 78에서 인용.

264) 이에 대한 새로운 해석은 다음 문헌을 참조. J. David, Velleman, "The Genesis of Shame", in: *Philosophy and Public Affairs*, Vol. 30, No. 1(Winter, 2001), pp. 27-52.

265) 전자의 대표적인 경우는 John Deigh, "Shame and Self-Esteem: A Critique", *Ethics* 93(1983), pp. 225-245. 이외에도 G. Taylor, R. Scruton, S. Blackburn, R. Wollheim 등이 이 계열에 속한다. 특히 J. Rawls는 수치심을 주로 부정적인 자기평가와 관련해서 설명한다. 그에 의하면 수치심은 타인이 자신을 경시하는 데 대한 반응이라는 것이다. 이와 달리 앞서 논한 B. Williams는 반드시 부정적인 평가가 수치심의 전제 조건은 아니라고 간주한다.

266) Velleman의 앞의 글, 40 이하 참조.

267) Velleman의 앞의 글, 40에서 인용.

268) Velleman의 앞의 글, 31 이하 참조.

269) Saint Augustine, *The City of God*, Tranlated by Marcus Dods, (Chicago: Encyclopaedia Britannica Inc., 1952), 특히 Book XIV, pp. 376-397 참조. 376에서 인용. 성 아우구스티누스의 이 저작에서 제14권의 수치에 대한 분석은 그 이후 교부철학자들은 물론, Kierkegaard와 최근 Agamben에 이르기까지 지속적인 영감의 원천으로 간주된다.

270) 이상의 인용문은 모두 다음 도스토옙스키 작품의 영문판을 참고. Fyodor Mikhailovich Dostoevsky, *The Brothers Karamazov*, (Translated by Constance Garnett), (Chicago: Encyclopaedia Britannica, 1952), Book IX, The Preliminary Investigation에서, 256에서 인용.

271) Anthony O'Hear, 'Guilt and shame as moral concepts', *Proceedings of the Aristotelian Society* 77: 1976/77, pp. 73-86.

272) 역시 앞의 O'Hear 참조.

273) Katchadourian(2010) 참조.

274) Velleman의 앞의 글, pp. 38-39 참조.

275) Scheler(1933), pp. 53-148 참조. 본문 인용은 57.

276) Scheler의 앞의 글, 58에서 인용.

277) Scheler의 앞의 글, 61.

278) Scheler의 앞의 글, 65.

279) 그가 오늘날 학술세계에서 통용되는 '정치적 고려(소위 political correctness)'를 무시하고 있다는 것은 그의 '생물학주의'에 경도된 언급들에서 나타난다. 셸러에 대한 비판은 다음 문헌에서도 시도되고 있다. Matthias Schloßberger, "Philosophie der Scham", in: *Deutsche Zeitschrift für Philosohie 48*, (2000) 5, pp. 807-829, 특히 825 참조.

280) 이에 대해서는 Scheler, pp. 67-68을 참조.

281) Schloßberger 앞의 글 참조. 자기보호에 대한 쟁점은 823 이하.

282) 이로써 충동과 정서, 의식과 정신의 총체적 맥락에 대한 이해가 요구된다. 이는 마치 앞에서 우리가 스피노자의 코나투스(Conatus)와 관련해서 논의할 때 직면한 과제와 동일한 작업으로 진행될 것이다. 셸러(Scheler)로부터 기인하는 이 물음들은 오히려 최근 수행된 다음의 란트베어(Landweer)의 연구나 앞서 논한 네켈 등에 의해서 충분히 개진되고 있지 못하다. Hilge Landweer, *Scham und Macht: Phänomenologische Untersuchungen zur Sozialität eines Gefühls*, (Tübingen: Mohr Siebeck, 1999).

283) Georg Simmel, "Zur Psychologie der Scham", in: *Schriften zur Soziologie*, hrsg. und eingeleitet von Heinz-Jürgen Dahme und Otthein Rammstedt, (Frankfurt: Suhrkamp, 1983), 141 이하 참조.

284) Simmel의 앞의 글, 142 참조.

285) 이에 대해서는 Simmel의 앞의 글, pp. 143-144 참조.

286) Scheler의 앞의 글, 106에서 인용. 또한 그는 수치의 감정이 단순한 심리적 믿음으로부터 규명될 수 있다는 이론적 태도에 대해서도 의심한다. 그것은 오히려 복합적인 정서, 사회적 상호작용 혹은 자기 스스로에 대한 자각의 상태 등과 같은 상호 환원이 불가능한 별개의 계기들로 구성된 복잡한 양상을 보이기 때문이다. 셸러의 인간학은 성적인 차원을 포함해서 인간존재의 이해에서 핵심적인 주제로 설정되지만, 그의 현상학적 시도는 후설이나 사르트르와는 다른 방향으로 전개된다. 또한 파울(A. Paul)에 의하면 셸러(Scheler)는 뒤르(H. P. Duerr)에게 결여된 "인간학적 통찰"을 통해서 역사적인 인류학의 가능성을 보여 준다는 것이다. 특히 셸러의 수치론은 다윈과 그 아류인 사회생물학적 수치 해석과 달리 인간의 감정을 단순히 진화론적인 적응에 따른 부수 현상으로 보지 않는다. 이에 대해서는 다음 문헌을 참조. Axel T. Paul, "Die Gewalt der Scham: Elias, Duerr und das Problem der Historizität menschlicher Gefühle", in: *Mittelweg 36*, 2-2007, pp. 77-99.

287) Scheler 107 이하 참조.

288) Scheler 108 이하 참조.

289) 이 표현은 다음 저서에서 빌려 옴. Léon Wurmser, *The Mask of Shame*, (Baltimore/

London: Johns Hopkins University Press, 1981).

290) Scheler의 앞의 글, 106 이하 참조.

291) 여기서의 서술은 모두 다음 문헌을 참조. Freud, GW V, pp. 33-145. 특히 사춘기의 성적 성숙에 대한 문제는 108 이하 참조.

292) 다음 연구는 바로 이 같은 문제의식에서 출발하고 있다. Robert Metcalf, "The Truth of Shame-Consciousness in Freud and Phenomenology", in: *Journal of Phenomenological Psychology*, 31, No. 1, 2000, pp. 1-18. 특히 6 이하 참조.

293) 이와 관련해서 다음 탁월한 연구 참조. Philippe Rochat, *Others in Mind: Social Origins of Self-Consciousness*, (Cambridge: Cambridge University Press, 2009).

294) Paul의 앞의 연구, 86 이하 참조.

295) 초자아의 개념에 대한 문제 제기의 한 방식은 다음 문헌을 참조. Arthur S. Brickman, "Pre-oedipal development of the superego", in: *International Journal of PsychoAnalysis*, 64, 1983, pp. 83-92.

296) Günter H. Seidler, "Scham und Schuld: Zum alteritätstheoretischen Verständnis selbstreflexiven Affekte", in: *Zeitschrift für Psychosomatische Medizin und Psychoanalyse*, 43(2): pp. 119-137 참조. 133에서 인용. 그의 더 체계적인 연구는 다음 문헌을 참조. Günter H. Seidler, *Der Blick des Anderen: Eine Analyse der Scham*, (Stuttgart: Verlag Internationale Psychoanalyse, 1995).

297) Seidler의 앞의 글, 133에서 인용.

298) Seidler의 위와 같은 글 인용하고 참조함.

299) 이와 관련한 다른 견해는 다음 문헌을 참조. R. N. Emde, "Die endliche und die unendliche Entwicklung I: Angeborene und motivationale Faktoren aus der frühen Kindheit", *Psyche 45*. pp. 745-779, 1991.

300) Seidler(1997), 135.

301) Maurice Merleau-Ponty, *Phenomenology of Perception*, translated by Colin Smith, (London and New York: 1962, Routledge) 특히 pp. 84-102 참조.

302) 이 인용문은 헤겔 인간학의 기본 골격을 말해 준다. Hegel, Werke 10, §472, 294에서 인용.

303) 앞의 글, §472, 292 이하 참조.

304) 우리는 뒤에 자연주의적 기획의 타당성 여부와 관련해서 더 자세히 논할 것이다.

305) 이는 다음 장에서 논하게 될 수치심과 자기평가의 문제와 직결된다. Scheler의 앞의 글, 69 이하 참조.

306) 셸러의 앞의 글, 94 이하 참조.

307) 스크루튼(Scruton)은 "도덕적 수치가 죄의 특수한 사회적 형식"이라고 단언하지만, 이는 오해에 불과하다고 주장한다. Roger Scruton, *Sexual Desire: A Philosophical Investigation*, (London/New York: Continuum, 2006), 141 이하 참조.

308) Agnes Heller(1985), pp. 1-56 참조.

309) 이 개념들의 구별에 대해서는 Katchadourian의 앞의 글, 18 이하 참조.

310) 이에 대해서는 Landweer(1999), 50 이하 참조.

311) Landweer 51 이하 참조.

312) 구동독의 시민들에 대한 네켈의 분석은 수치심 자체의 사회적 기원을 옹호하기 위한 논거로서의 성격을 지닌다. Sighard Neckel(1991), 11 이하 참조.

313) Neckel의 앞의 글, 18에서 인용.

314) 그의 다음 문헌을 참조. Émile Durkheim, *Über die Teilung der sozialen Arbeit*, (übersetzt von Ludwig Schmidts), (Frankfurt: Suhrkamp, 1977), (Original: *De la division du travail social: Étude sur l'organisation des sociétés supérieures*), (Paris: Félix Alcan, 1893).

315) Neckel의 앞의 글, 21에서 인용.

316) 이와 동일한 방법적 태도는 네켈만이 아니라 란트베어(Landweer)도 공유하고 있는데, 이는 사회학적 사유 양식에서 일반적으로 발견되는 태도로 이해될 수 있다. 이들은 모두 수치의 물음을 권력관계로 파악할 뿐만 아니라, 사회적 상호작용을 조율하는 '문법'이 별도로 존재한다는 신념마저도 공유한다. 나아가서 우리는 수치 감정의 사회적 맥락에 대해 지금까지 제기된 주장들이 일부 다른 사회적 감정들, 가령 분노나 원한 등과 같은 경우에도 적용될 수 있는지 물을 수 있다. 사회적 관계를 정서경제(affective economy)의 관점에서 고찰할 때, 소위 합리적 선택이론과 같은 사회이론은 그 타당성이 제한될 수밖에 없다.

317) Bernard Williams, *Shame and Necessity*, (Berkeley/Los Angeles/London: California University Press, 2008), 220에서 인용.

318) 나는 여기서 루이스의 다음 탁월한 연구를 언급하지 않을 수 없다. Helen Block Lewis, "Shame and Guilt in Human Nature" In: *Object and Self: A developmental approach*, (eds) Saul Tuttmann, Carol Kaye and Muriel Zimmerman, (New York: International Universities Press, 1981), pp. 235-265. 눈먼 아이의 수치심에 대해서는 특히 243 이하 참조.

319) Darwin의 앞의 글, pp. 287-288에서 각기 인용.

320) Darwin의 앞의 글, 302에서 인용.

321) Neckel, 46에서 인용.

322) S. Freud, "Das Unbehagen in der Kultur", *Gesammelte Werke XIV*, 496에서 인용.

323) Heinrich Popitz, *Phänomenologie der Macht. Autorität-Herrschaft-Gewalt-Technik*, (Tübingen, J.C.B. Mohr, 1986) Heinrich Popitz, "Autoritätsbedürfnisse. Der Wandel der sozialen Subjektivität", in: *Kölner Zeitschrift für Soziologie und Sozialpsychologie*, 1987, 39 Jg., Nr. 4, pp. 633—647.

324) Richard Sennett, *Authority*, (New York: Vintage Books, 1981), 66 이하 참조.

325) Sennett의 앞의 글, 71 이하/92 이하 참조. 인용은 95.

326) Scheler의 앞의 글, 86 이하 참조.

327) Scheler의 앞의 글, 86에서 인용.

328) 이 표현은 다음 글 87에서 빌려 옴. Axel T. Paul, "Die Gewalt der Scham: Elias, Duerr und das Problem der Historizität menschlicher Gefühle", in: *Mittelweg 36*, 2-2007, pp. 77-99.

329) 이에 대해서는 Agnes Heller, "Five Approaches to the Phenomenon of Shame", in: *Social Research*, 70: 4 Winter 2003, 1020 이하 참조.

330) Scheler의 유명한 누드모델 사례에 대한 테일러의 분석은 다음 문헌을 참조. Gabrielle Taylor, *Pride, Shame, and Guilt: Emotions of Self-assessment*, (Oxford: Oxford University Press, 1987), 60 이하 참조.

331) G. Taylor, 60 이하, 101 이하 참조.

332) 앞의 글, 61 이하 참조.

333) G. Taylor의 앞의 글, 76 참조.

334) G. Taylor(1987: 53)가 언급한 'I am ashamed of it.'의 경우가 이에 해당한다.

335) G. Taylor, pp. 17-84 참조.

336) G. Taylor, 위와 같은 글 참조.

337) 앞의 글, 57 이하 참조.

338) G. Taylor(1987)의 글, 61 이하 참조.

339) 물론 코델리아가 아닌 리어의 입을 통해서 표현되고 있는 관습적 통념은, 구혼자들 앞에서 발언해야만 한다는 '모욕감'은 물론, 리어왕에 대한 공개적인 애정의 고백에 수반되는 부적절함의 인식과도 충돌한다. 실제 작품상의 갈등 구조는 위에서 서술한 것보다 복잡하다.

340) 수치 감정이 자아 정체성의 형성 과정에서 지니는 의미는 다음 문헌들에 의해 경험적 관점에서 천착되었다. Wurmser(1981), Günter Seidler, *Der Blick des Anderen: Eine Analyse der Scham*, (Stuttgart: Verlag Internationale Psychoanalyse, 1995). Micha Hilgers, *Scham: Gesichter eines Affekts*, (Göttingen: Vandenhoeck & Ruprecht, 2006).

341) 이와 관련해서 사르트르의 해석을 호의적으로 평가하고 있는 대표적 입장은 다음 글 참조. Günter H. Seidler, Phänomenologische und psychodynamische Aspekte von

Scham—und Neidaffeten, in: *Psyche*, 55(1): pp. 43-62, 2001, 특히 48 이하.

342) Jean-Paul Sartre, *L'être et le néant: Essai d'ontologie phénoménologique*, (Paris, Gallimard, 1943) 이하에서 EN으로 약함, 328에서 인용.

343) 이 점에서 테일러는 명료하게 다음과 같이 말한다. "자신에 대한 존경심의 결여와 수치 감정을 느낄 수 있는 능력의 결여는 서로 같이 간다." G. Taylor(1987), 80에서 인용. 맹자 (孟子) 역시 이 점에 주목한다.

344) Simmel(1983), 141에서 인용.

345) 여기서 나는 영혼이나 자아의 개념보다 정신의 개념을 선호한다. 왜냐하면 감정 혹은 개인의 정서적 태도는 발생론적 관점에서 볼 때, 사회문화적 조건들에 의해 함께 구성되기 때문이다.

346) 이에 대해서는 Simmel의 앞의 글, 148 이하 참조.

347) 회한과 후회, 죄의 감정에 대한 분석은 G. Taylor(1987), 85 이하 참조.

348) Sartre(1943), pp. 259-470 참조.

349) 사르트르와 헤겔의 관계에 대해서는 다음 문헌을 참조. Klaus Hartmann, *Grundzüge der Ontologie Sartres in ihrem Verhältnis zu Hegels Logik: eine Untersuchung zu "L'être et le néant*, (Berlin: de Gruyter, 1963).

350) 이에 대해서는 다음 문헌도 참조. Neckel의 앞의 글, 30 이하.

351) 사르트르의 타자성과 자유 개념에 대한 마르쿠제의 비판을 참조. Herbert Marcuse, "Existentialismus", in: *Kultur und Gesellschaft 2*, (Frankfurt: Suhrkamp, 1979), pp. 49-84. 또한 Neckel 30 이하 참조. 테일러 역시 사르트르에 대한 비판에서 그의 수치의 감정에 대한 분석이 전형적인 모델이 될 수 있는지 묻는다. 사르트르의 사례는 복잡한 수치의 유형 들을 적절하게 포괄하고 있지 못하다는 것이다. 테일러, 앞의 글, pp. 64-67 참조. 사르트르 의 《존재와 무》는 여기 언급된 이론가들에 의해 그 자체의 의미가 분석되기보다는 주로 자신 들의 논거를 강조하기 위한 비판의 대상으로 거론되는 경향이 있다.

352) Sartre EN 259 이하 참조.

353) 따라서 펠(Fell)이 지적한 대로 사르트르의 수치의 해석은 내가 타자에게 어떻게 비추 어지고 있는가에 의해서 좌우되며, 결코 나 자신에 대한 스스로의 반성적 행위에 의거하지 않는다. 펠(Fell)은 아래 글에서, 수치를 내가 타자에 의해 객체로 설정된 것을 인정하는 것 과 동일시할 수 없다고 비판한다. 한마디로 수치는 자부심과 마찬가지로 '인정'의 결과이지 결코 동일한 사태가 아닌 것이다. 이 같은 사르트르의 오해는 그가 별다른 고려 없이 후설 (Husserl)의 지향적 의식의 모형을 감정이나 정서에 적용했기 때문이라는 것이다. 그런데 수치가 반성을 결여하고 있지 않다는 펠의 주장은 감정(feeling)과 정서(emotion)의 다소 모호한 구별을 통해서 그 논거가 제시되고 있다. 경험의 차원에서 인지되는 감정들은 "정서

적 반응들이 지향적이지 않다는, 즉 난관에 처한 자신에 대한 일종의 선택된 반응이 아니라는 신호"이며, 따라서 "그것들은 내가 실제로 의도하는 것, 즉 나의 반응에 대한 방해 요인으로 이해된다." Fell의 다음 문헌 206 이하 참조. Joseph P. Fell III, *Emotion in the Thought of Sartre*, (New York: Columbia University Press, 1965).

354) Nathan Rotensteich, "On Shame", in: Review of Metaphysics, 19: 1 (1965, Sep.), pp. 55-86. 특히 58 이하 참조.

355) EN 328 이하 참조.

356) 이에 대해서는 Neckel의 앞의 글, 32 이하 참조.

357) Neckel의 앞의 글, 35.

358) EN 300에서 인용.

359) 위와 같은 쪽.

360) 자이들러(Seidler)의 타자성이론은 원래 우름저(Wurmser)의 이론에 대한 비판에서 그 단초가 마련되는데, 그 요점은 다음과 같다. 첫째, 우름저에 의하면 수치 감정이 초자아의 표현으로 간주되고 있으나, 실제로는 영혼의 구조에 근거해서 이해되어야 한다. 둘째, 우름저는 과도한 칭찬과 같은 타인의 긍정적 평가에서 비롯하는 수치 정서의 긍정적 측면을 간과하고 있다. 셋째, 그는 정서의 심리적인 기제를 더 철저하게 탐색하지 못했는데, 그 이유는 그의 관점이 과도하게 자연주의적 기획에 경도되어 있기 때문이다. 자이들러(Seidler)의 타자성이론(Alteritätstheorie)은 주로 다음 문헌에서 집중적으로 논의되고 있다. Günter H. Seidler, "Scham und Schuld-Zum alteritätstheoretischen Verständnis selbstreflexiver Affekte", in: *Zeitschrift für Psychosomatische Medizin und Psychoanalyse 43*, 1997, pp. 119-137.

361) 그 대표적인 사례는 Seidler(1995) 참조.

362) 한편 란트베어는 다음 문헌에서 셸러와 사르트르의 접근 방식이 왜 구별되는지, 즉 전자의 경우 수치를 그 긍정적 가치와 관련해서 접근하는 이유와 함께, 왜 이 같은 관점이 사르트르의 관점과 대조되는지 상세하게 논하고 있다. Landweer(1999)의 앞의 글, pp. 36-37, 108-140 참조.

363) 네이글(T. Nagel) 역시 현대 사회에서 사람들이 자신들의 표현과 행위에서 일종의 삼가는 태도나 마음가짐(reticence)이 결여되어 가고 있는 정서경제의 변화를 추적함으로써, 현대인들의 자기정체성과 관련된 중요한 변화 과정을 규명하려고 시도한다. Thomas Nagel, "Concealment and Exposure", in: *Concealment and Exposure*, (Oxford/New York: Oxford University Press, 2002), pp. 3-26.

364) 프로이트의 이에 대한 문제의식은 다음 문헌을 참고. Sigmund Freud, "Das Ich und das Es", in: Sigmund Freud, *Gesammelte Werke XIII*, (Frankfurt: Fisher Velag, 1976),

pp. 235-289.

365) Simmel(1983)의 앞의 글, 14 이하 참조.

366) 다윈과 미드/베네딕트의 비교문화론에 대한 비판적 분석은 다음 문헌을 참조. Neckel 의 앞의 글, pp. 47-52.

367) Benedict(1946/2000)의 연구 이후에 전개된 연구사적인 정황은 다음 문헌에 서 간략하게 서술되고 있다. Gerhart Piers and Milton B. Singer, *Shame and Guilt: A Psychoanalytic and a Cultural Study*, (New York: W.W. Norton & Company, INC, 1971), pp. 59-102 참조. 수치 문화와 죄의 문화에 대한 최근의 체계적인 분석은 다음 문헌 을 참조. Neckel의 앞의 글, 48 이하 참조. 수치 문화의 현대적 의의에 대해서는 다음 문헌을 참조. Lim, Hong-Bin, "Warum Schamkultur? Ein interkultureller Versuch", in: Sarhan Dhouib und Andreas Jürgens, eds. *Wege in der Philosophie: Geschichte-Wissen-Recht-Transkulturalität*, (Göttingen: Velbrück Wissenschaft, 2011), pp. 403-411.

368) Magaret Mead, "Interpretive Statement", in: *Cooperation and Competition Among Primitive Peoples*, (Boston: Beacon Press, 1937/1961), pp. 458-511.

369) Mead, 앞의 글, pp. 493-505 참조. 인용문은 494.

370) Freud, GW XIV, 482 이하 참조.

371) Freud, GW XIV, 496에서 인용.

372) Neckel의 앞의 글, 44 이하 참조.

373) 이와 관련한 대표적인 연구는 Ethos(Vol. 11, NO. 3, 1983)에 실린 일련의 문헌들 참 조. 특히 다음 글을 참조. Takie Sugiyama Lebra, "Shame and Guilt: A Psychocultural View of the Japanese Self", in: *Ethos*, Vol. 11, NO. 3 (1983), pp. 192-209.

374) 이와 관련해서 Neckel의 앞의 글, 259의 주석 No. 13 참조.

375) Katchadourian의 앞의 글, 5에서 인용. 최근의 경험심리학적 연구는 죄와 당황스러움, 수치 같은 감정이 세 살 이전에는 발현되지 않는다는 결론을 도출해 냈다. 같은 책 7 참조.

376) 특히 형법과 관련해서 죄의 원리(Schuldprinzip)와 죄가 있다는 비난 (Schuldvorwurf)의 연관에 대한 연구는 다음 문헌을 참조. Winfried Hassemer, "Alternativen zum Schuldprinzip?", in: *Schuld und Verantwortung* (Hrsg. von Hans Michael Baumgartner und Albin Eser), (Tübingen: J.C.B. Mohr, 1983), pp. 89-107.

377) G. Taylor의 앞의 글, 85에서 인용.

378) Heller(1985), 9 참조.

379) Heller, 위와 같은 글 10에서 인용.

380) 베네딕트(Benedict)의 앞의 글, 108.

381) 베네딕트(Benedict)의 앞의 글, pp. 238-239에서 인용.

382) '검열주체'와 관련해서 우리는 베네딕트와 함께 일본사회 전체가, 즉 모든 사회 구성원이 자신들을 지켜보는 다수의 '관찰사'에 의해서 포위되어 있는 상황을 상정할 수 있다. 그것은 특정 사회 전체를 '수치 문화'로 규정할 수 있는가의 여부를 떠나서 타당한 관찰이다. 베네딕트에 대한 전반적으로 비판적인 레브라(Lebra) 역시 이 점에 대해서는 그녀의 견해에 동의하고 있다. 이에 대한 더 자세한 논의는 Lebra(1983), 193 이하 참조.

383) 베네딕트, pp. 264-265. 수치 불안이 형성되는 계기는 그 같은 감정이 형성되는 구체적 맥락을 떠나서 이해될 수 없는데, 그 결과 수치의 감정은 보편주의적으로 해석되는 내면화된 도덕적 권위-이는 곧 '초자아'에 해당될 것이다.-와 구별될 수 있다고 믿어져 왔다. 다음 인용문은 이 수치 문화의 특수주의를 정당화하기 위한 사례로 사용되고 있으나, 이 같은 관행이 다른 사회문화적 조건들, 즉 공적인 영역과 사적인 영역의 차이에 대한 인식과 더 긴밀하게 관련한다는 점은 적절하게 고려되고 있지 않다. 그런데 모든 유형의 수치 불안이 흔히 대부분의 정리병리학자나 정신분석가가 강조하고 싶은 것처럼, 그야말로 '병리적 현상'으로 규정될 수는 없다. 그것은 단순히 행위자가 일반적으로 자신이 난처해질 수 있는 상황이나 자신의 인격적 모순이 가시화될 수 있는 상황 혹은 정서적 파국으로 이어질 수 있는 상황을 회피하려고 한다고 해서 그 동기 자체가 동일한 원인으로 귀결되지는 않기 때문이다. 즉 수치 불안을 병리적 현상으로 환원하려는 시도는 일종의 '결과론적인 오류 추리'의 한 전형적인 사례에 해당된다는 것이다.

384) 본능의 기제에 의거한 그리고 생리학적 차원의 변화를 수반하는 도덕의 범주에 귀속시키기 어려운 현상으로서의 신체 수치의 감정에 대해서는 이 책의 2부 1장을 참조.

385) 베네딕트, 309에서 인용.

386) 일본의 사회학자 사쿠타(Sakuta)의 연구에 의거한 레브라의 앞의 글 194 이하 참조.

387) 레브라(앞의 문헌 201)의 이 같은 주장은 역시 다음 문헌을 통해서 뒷받침되고 있다. George DeVos, "The Relation of Guilt toward Parents to Achievement and Arranged Marriage among Japanese", in : *Japanese Culture and Behavior: Selected Readings*, edited by T. S. Lebra, and W. P. Lebra), (Honolulu : The University Press of Hawaii, 1974), pp. 117-141.

388) 이는 단순히 내적 양심에 의거한 자율성의 도덕과 '타자의 시선'에 반응하는 수치의 도덕 사이의 경계가 모호하다는 주장으로 오해될 수 없다.

389) Ruth Benedict의 앞의 글, 159 이하 참조. 수치 문화에 대해서는 뒤에서 더 자세히 논할 예정이다.

390) G. Taylor의 앞의 글, 55 참조.

391) G. Taylor의 앞의 글, 56 인용.

392) 이에 대해서는 앞서 논한 윌리엄스(B. Willams, 2008)의 탁월한 연구를 참조.

393) 수치의 감정을 촉발시키는 외재적 권위나 시각에 대한 반론들은—이는 당연히 예상할 수 있지만—다음과 같은 논변들을 토대로 구축될 수 있다. 그것은 다름 아니라 수치의 경우에도 도덕적 혹은 인륜적 정체성이 나름대로 내면화된 방식에 의거해서 이상화 (idealization)되는 과정을 보여 준다는 것이다.

394) 같은 맥락에서 우리는 자연에 대한 인식의 문화적 차이를 해석할 수 있다. 가령 세계 내의 존재들이 유기적으로 얽혀 있는 상호 의존적인 관계 속에 놓인 존재라는 인식에는 인간만이 아닌 자연도 포함되기에 자연 현상에 대한 규범적인 해석이 가능하고, 자연재해, 천재지변 등에 대한 도덕적인 해석 역시 가능해진다. 결국 개인들의 공동체에 대한 연대적 책임은 세계의 유기적 연결망에 대한 해석의 일관성하에서 설명될 수 있다.

395) 막스 셸러의 다음 언급 역시 수치 감정과 양심, 즉 내면적 도덕성으로의 전환을 가리키고 있다는 점에서 참고할 만하다. "수치는 … 성적 삶을 교정하는 '양심'을 표현해 줌으로써 그것은 양심의 탄생에 대한 최고의 의미 있는 단초로 성립한다." Scheler의 앞의 글, 141에서 인용.

396) Christoph Demmerling, Hilge Landweer, *Philosophie der Gefühle*, (Stuttgart : J.B. Metzler, 2007), 243에서 인용. 수치 현상과 문화적 맥락의 종속관계에 대한 더 자세한 분석은 Landweer(1999)에 의해 수행되었다.

397) W. H. Walsh, "Pride, Shame, and Responsibility", in : *The Philosophical Quarterly*, Volume 20, No.78 (Jan. 1970), pp. 1-13. 월시는 일반적인 수준에서 국가나 사회조직 등의 행위에 대한 언명이 기본적으로 '유명론적인' 전제들을 위배하지 않고서도 어떻게 가능한지를 묻고 있다. 이 같은 물음은 당연히 개인들의 행위와 심리적 태도들이 이미 타인들의 관념들에 의해 '침투되어(penetrated)' 있음을 인정할 수밖에 없기 때문에 더 실체적인 쟁점으로 부각되는 것이다. 특히 8 이하 참조.

398) 역시 Walsh의 앞의 글, 6 이하 참조.

399) 역시 Walsh의 앞의 글 참조.

400) 로크의 경우에 국가는 개인들의 반사실적 동의에 의해서 설명되고 정당화될 수 있는 사태로 설명되고 있는데, 월시는 그 같은 계약론적인 로크의 입장에 대한 흄의 비판을 소개함으로써 이 두 "영국적인" 철학자의 방법론적 분석이 근본적인 의미에서 원자론적인 전제 하에서 출발한다는 사실을 명확히 하고 있다. 그들은 인간의 의식이나 행위가 여러 차원에서 사회적으로 구성될 수 있다는 점에 대해 거의 고려하지 않았다는 것이다. 이 같은 비판을 토대로 월시(1970)는 개인의 존재를 구성하는 가능성의 조건들이 다원적이며 사회적으로 선행한다는 사실의 중요성을 일깨워 주고 있다. 방법론적인 측면에서 관심을 끄는 그의 분석은 인간의 행위와 자기실현의 방식과 관련된 더 포괄적인 인식과 연결될 수 있다. 자긍심과 수치심 혹은 집단적 책임의 감정 등에 대한 분석에 근거해서 우리는 현재 진행 중인 법

률화의 과정과 차별성을 보여 주는 도덕적 통합의 방식을 주목할 수 있게 된다. 이 점에서 그가 오늘날 거의 현대 영미철학에서도 송석을 감춘 신헤겔주의자(Neo-Hegelian)인 브래들리(Bradley)를 의미 있는 지점에서 언급한 것은 여러모로 시사적이다. 이에 대해서는 월시(1970: 2, 12) 참조.

401) 이는 칸트에 의해서 이론화된 자율성의 윤리에 근거한 규범체계의 확산을 지지해 주는 논거이기도 하다. 수치심에 근거한 도덕적 통합의 방식보다는 죄의식 혹은 광범위한 의미의 책임의식에 근거한 내면적 자기정체성을 중심으로 개인주의적 문화가 팽배한 사회체제의 규범적 통합성을 더 효과적으로 달성할 수 있다.

402) 비록 1930년대의 시도임에도 불구하고, 엘리아스의 연구는 현대 사회학에서 보기 드문 사례다. 그는 장구한 역사의 전개 과정, 즉 문명화의 과정을 탐구의 대상으로 설정한다. 그것은 사변적인 역사철학이나 자연주의적인 사회진화론과도 구별되는 기획이다. 오늘날 근시안적인 사회변동에 대한 이론이나 사회운동의 전망과 같은 주제에 골몰하고 있는 사회이론의 현실에서 엘리아스의 기획은 그 경험적인 적실성을 둘러싼 논란에도 불구하고 예외적이 아닐 수 없다. 실제로 엘리아스는 프랑스를 중심으로 형성된 아날학파의 영향하에 놓여 있다고 간주될 수 있다. Norbert Elias, *Über den Prozeß der Zivilisation: Soziogenetische und psychogenetische Untersuchungen, Erster Band: Wandlungen des Verhaltens in den westlichen Obersichten des Abendlandes,* (Frankfurt: Suhrkamp, 1997*)*. Norbert Elias, *Über den Prozeß der Zivilisation: Soziogenetische und psychogenetische Untersuchungen, Zweiter Band: Wandlungen der Gesellschaft, Entwurf zu einer Theorie der Zivilisation,* (Frankfurt: Suhrkamp, 1997). 앞으로 Erster Band는 (PZ I)로, Zweiter Band는 (PZ II)로 약함. 여기서 언급한 사회이론의 연구 대상이 시대적으로 현재에 머물거나, 제한되어 있다는 지적은 Elias(PZ I, 10 이하 참조).

403) 그런데 엘리아스의 문명화의 과정에 대한 방대한 탐색이 지니는 의미는 비단 서구문명에 속한 사회들에 국한되지 않는다. 사회의 기능적 분화와 심리적 기제의 변화는 근대화와 자본주의의 원리를 채택한 다른 비서구사회의 일반적 현상이라고 추정할 수 있다.

404) PZ I, 132 이하 참조.

405) Nietzsche KSA 5, GM, Zweite Abhandlung, §7, 302.

406) 니체의 "최후의 인간"(Nietzsche, KSA 4, *Also Sprach Zarathustra*, Vorrede, §5, 19)이란 메타포는 그 한 예일 뿐이다. 엘리아스 역시 이와 관련해서 니체의 관찰을 자신의 논거를 뒷받침하는 데 동원한다. 프랑스의 궁정문화에 의한 글쓰기와 언어문화에 대한 니체의 서술 역시 궁정문화에 흡수된 프랑스 '지식인 계층'의 상황에 주목하고 있다. Nietzsche KSA 3, FW, Zweites Buch Nr. 101. Elias (PZ I, 133-134). 현대철학에서 도덕주의적 해석의 문제에 대한 섬세한 탐색은 다음 문헌에서 수행되었다. Bernard Williams, *Ethics and the Limits*

of Philosophy, (Cambridge/Mass.: Harvard University Press, 1985).

407) 우리는 이미 이 지점에서 여러 형태의 질문을 제기할 수 있다. 문명화의 과정이 정서들의 통제와 조절이란 방식에 의존하더라도 그것이 직접적으로 수치심을 매개로 진행되어야 한다는 필연성이 있는가? 또한 자기강제나 자기조절이 기존의 이데올로기나 목적론적인 관념과 구별되는 사회의 장기적인 변화를 추적하기 위한 일종의 개념적 원리라면, 개별 인간들의 심리적 기제 내부에서 다른 정서들과의 관계는 어떻게 이해되어야 하는가? 이와 같은 물음들에 대해서는 뒤에 뒤르(Duerr)의 엘리아스의 비판과 함께 다루기로 한다.

408) 그러나 뒤르(Duerr)는 이에 대해 만약 계층적 위계질서가 낮은 사람만이 높은 계층에 속한 사람에게 수치심을 느껴야만 한다면, 결국 16세기 당시에 왕을 제외한 모든 사람은 수치의 감정을 느껴야만 할 것이며, 이 경우 엘리아스 자신이 주장하고 있는 것처럼 당시 남성과 여성 사이에 신체 수치 자체가 존재하지 않았다는 것을 설명할 길이 없다고 비판한다. Hans Peter Duerr, *Obszönität und Gewalt, Der Mythos von Zivilisationsprozess*, Band 3, (Frankfurt: Suhrkamp, 1993), 17 이하 참조.

409) PZ II, 347 이하 참조.

410) 우리 주제와 직접적인 관련성은 약하지만, 다음 인용문은 언급할 만하다. 왜냐하면 아래 인용에서 비판적으로 소개되고 있는 상투적인 문제 제기는 계속 반복되기 때문이다. "무엇보다 마르크스주의의 측면에서 엘리아스는 국가를 과대평가하고, 계급 갈등에 대한 이해가 부족했으며, 자본주의와 부르주아를 제대로 조명하지 못했다는 이유로 비난을 받아 왔다." Christoph Marx, "Staat und Zivilisation, Zu Hand Peter Duerrs Kritik an Norbert Elias", in: *Saeculum* 47 Jahrgang, (München: K. Alber, 1996), pp. 282-299 참조. 283에서 인용.

411) Christoph Marx, 앞의 글, 288.

412) 이에 대한 더 자세한 논의는 다음 문헌을 참조. Paul(2007), 80 이하 참조. 또한 마르크스(K. Marx)가 인간의 정서 충동과 같은 인간학적 계기들을 경제적인 생산관계로 환원한 것과 달리, 엘리아스는 정치적인 권력 구조가 더 근원적인 의식, 정서 등에 의해서 구성되는 것으로 이해한다. 수치 개념에 대한 뒤르(Duerr)의 입장은 다음 문헌을 참조. Hans Peter Duerr, *Nacktheit und Scham-Mythos vom Zivilisationsprozeß*, Band 1, (Frankfurt: Suhrkamp, 1988).

413) 이와 관련 다음 문헌을 참조. Anja Lietmann, *Theorie der Scham: Eine anthropologische Perspektive auf ein menschliches Charakteristikum*, (Tübingen: Dissertation, 2003), 191 이하 참조. 또한 다음 문헌은 엘리아스와 베네딕트를 하나의 이론적 전통의 맥락에서 검토하고 있다. Hans Peter Duerr, *Intimität-Der Mythos vom Zivilisationsprozeß*, Bd 2, (Frankfurt: Suhrkamp, 1990) 참조.

414) Ch. Marx의 앞의 글, 292 이하 참조.

415) 네이글(T. Nagel)의 다음 논문 참조. T. Nagel(2002), pp. 3-26.

416) 수치심의 인위적인 억제는 불가피하게 심리적인 상흔과 병리적인 증상으로 발전할 수 있으며 이는 앞서 논한 우름저(Wurmser: 1981)와 특히 자이들러(Seidler: 1995)에 의해서 분석되고 있다.

417) Duerr(Intimität, 1990)의 339 참조.

418) Neckel의 앞의 글, 178에서 인용.

419) H. P. Duerr, *Nachtheit und Scham, Band 1*, (Frankfurt: Suhrkamp, 1988), 12.

420) PZ II, 325 이하 참조.

421) PZ II, 330 이하 참조.

422) 이와 관련한 비판은 다음 문헌을 참조. H. P. Duerr, *Der erotische Leib,-Der Mythos vom Zivilisationsprozeß*, Band 4, (Frankfurt, Suhrkamp, 1988). 가슴의 노출에 대한 문화초월적 보편적 수치심은 특히 328쪽 참조. 1900년 촬영된 조선 여성의 노출된 가슴에 대한 해석은 같은 문헌의 290 이하 참조. 또한 Cas Wouters, "Duerr und Elias: Scham und Gewalt in Zivilisationsprozess", *Zeitschrift für Sexualforschung*, 7, 3, 1994, Sept, pp. 203-216. 단순하고 원시적인 사회는 역시 소위 '문명화된' 사회와 비교해 볼 때, 수치심과 관련해서 의미 있는 차이를 보이지 않는다고 뒤르는 주장한다. 중요한 것은 문화 간의 차이가 아닌 친밀성의 여부다.

423) Duerr, 위와 같은 문헌 13 이하 참조.

424) Duerr, 위와 같은 문헌 참조.

425) Schloßberger(2000)의 앞의 글 참조.

426) Rainer Funk, "Die Bedeutung von Ehre und Scham für das soziale Zusammenleben: Ein psychoanalytischer Beitrag zum Dialog der Kulturen", in: *Fromm Forum*, (Tübingen: Selbst Verlag, 2007), pp. 37-48.

427) Funk 11 이하 참조.

428) 여기서 다루지는 않았지만, 사적 영역에서 발현되는 수치 감정의 현상적 분석에 대해서는 다음 문헌들을 참조. Michael Raub, "Scham-ein obsoletes Gefühl?: Einleitende Bemerkungen zur Aktualität eines Begriffs", in: *Scham—ein menschliches Gefühl: Kulturelle, psychologische und philosophische Perspektiven*, Herausgegeben von Rolf Kühn, Michael Raub und Michael Titze, (Opladen: Westdeutscher Verlag, 1997), pp. 27-44. 특히 39 참조. 예컨대 친밀성과 타인에 대한 거리감을 존중하려는 의도 등은 긍정적인 맥락에서 이해되는 현상들이다. 수치의 병리학적 탐색은 앞서 거론한 Wurmser(1981), Hilgers(2006), Seidler(1995) 등을 참조.

429) Nietzsche, KSA 5, *Jenseits von Gut und Böse*, Fünftes Hauptstück, § 187.

430) 이 개념들에 대한 이해의 방식은 상당 부분 다음 문헌과 일치함을 밝힌다. Rochat의 앞의 글, 112 이하 참조.

431) René Descartes, *Die Leidenschaften der Seele*, Herausgegeben und übersetzt von Klaus Hammacher, Französisch-deutsch, (Hamburg: Felix Meiner, 1996) Article XXVII, pp. 46-47.

432) 위의 글 Article XXVIII 참조. pp. 46-49.

433) Klaus Hammacher, "Einleitung", in: René Descartes: *Die Leidenschaften der Seele, Herausgegeben und übersetzt von Klaus Hammacher, Französisch-deutsch*, (Hamburg, Felix Meiner, 1996) XXI에서 인용.

434) Zeit Online, Literatur, Philosoph Robert Spaemann, "Ich war ein Chaot", von Alexander Camman, 03. 05. 2012에서 인용.

435) Thomas Dixon, *From Passions to Emotions: The Creation of a Secular Psychological Category*, (Cambridge: Cambridge University Press, 2003).

436) 감정이론을 넘어서 정념의 문제가 지니는 지속적인 중요성에 대해서는 다음 문헌을 참조. Louis C. Charland, "Reinstating the Passions: Arguments from the History of Psychopathology", in : *The Oxford Handbook of Philosophy of Emotion*, edited by Peter Goldie, (Oxford: Oxford University Press, 2010), pp. 237-259.

437) Agnes Heller(2003), 1017에서 인용.

438) A. Heller(1985), 6에서 인용. "인지적 명칭(a cognitive label)"이란 개념과 그에 수반되는 문제에 대해서는 다음 문헌을 참조. Jon Elster, "Emotions and Economic Theory", in: *Journal of Economic Literature*, Vol. 6, No. 1, (Mar., 1998), pp. 47-74. 특히 48을 참조.

439) 이 점에서 드 수자(de Sousa)가 언급한 믿음에 의존하지 않는 감정들은 사실상 정서(affect)로 간주되는 것이 더 타당하다. Ronald de Sousa, *The Rationality of Emotion*, (Cambridge/Mass: Cambridge Unversity Press, 2001), pp. 107-139 참조. 특히 137 이하.

440) Heidegger SZ 134 이하.

441) 자연주의에 대해서는 다음 장 참조.

442) 엘스터(Elster) 역시 "두 가지 경향(수치와 죄를 가리킴: 논자의 첨언)은 당황스러움을 야기했던 사태의 평형상태를 회복하려는(to restore an equilibrium) 더 일반적인 경향의 표현들"이라고 규정함으로써, 그 역시 생물학적인 표현에 의존하고 있음을 보여 준다. Jon Elster, *Alchemies of the Mind: Rationality and the Emotions*, (Cambridge: Cambridge University Press, 1999), 153에서 인용. 죄와 수치의 연관에 대한 간략한 서술은 pp. 149-

156 참조.

443) Elster (1998)의 앞의 글, 49에서 인용.

444) Elster (1998)의 앞의 글, 49 참조.

445) Elster (1998)의 앞의 글, 57에서 인용. 그런데 그의 논거는 단순히 June Tangney의 인터뷰(《New York Times》 Jan. 16. 1997)에 의거하고 있을 뿐이다.

446) Léon Wurmser, "Identität, Scham und Schuld" in: *Scham-ein menschliches Gefühl*, Herausgegeben von Rolf Kühn, Michael Raub und Michael Titze, (Opladen: Westdeutscher Verlag, 1997), pp. 11-24. 특히 16. 카프카는 다음 문헌들을 참조. Franz Kafka, *Der Proceß, Roman* (1925), Mit Kommentaren von Detlef Kremer und Jörg Tenckhoff, BWV, (Berlin: Berliner Wissenschafts Verlag, 2006).

447) Wurmser(1997), 22에서 인용.

448) Wurmser(1997)의 앞의 글, 23에서 인용.

449) 앞의 글 같은 쪽 참조.

450) Marc Bekoff, "Animal Emotions, Exploring Passinate Natures", Oct. 2000/vol 50, No 10, BioScience, pp. 861-870. 또한 베코프는 데카르트와 스키너의 주장, 즉 '동물은 자동 로봇'이라는 견해와 판크세프(Panksepp)를 대비시키면서, 어떻게 전자의 행태가 엄격한 과학(hard science)의 '모방'하려는 의도하에 구축되었는지 논하고 있다.

451)자연주의적 관점에서 수행된 감정론은 그리피스(Griffiths)에 의해서도 수행되었다. Paul E. Griffiths, *What Emotions Really are: The Problems of Psychological Catgories*, (Chicago/London: University Chicago Press, 1997). Jaak Panskeep, *Affective Neuroscience: The Foundations of Human and Animal Emotions*, (Oxford/New York: Oxford University Press 1998).

452) William James, "What is Emotion?", *Mind*, Vol. 9, No. 34 (Apr., 1884), pp. 188-205. 심적인 지각이 아닌 "자극하는 사태 자체의 지각에서 직접적으로(논자의 강조) 신체상의 변화가 발생하며 동일한 변화의 느낌(feeling)이 곧 감정(emotion)"(189-190)이라는 것이다.

453) Paul MacLean, *The Triune Brain in Evolution. Role in Paleocerebral Function*, (New York: Plenum Press, 1990). 이와 관련된 다음 문헌도 참조. Joseph LeDoux, *The emotional Brain, The mysterious underpinnings of emotional life*, (New York: Touchstone, 1996). 또한 Damasio는 視床(Thalamus)에서 발생하는 마음의 세계에 대해 다음 문헌에서 간결하게 설명하고 있다. 이는 데카르트적인 심신이원론에 대한 철저한 비판으로 간주될 만하다. 한마디로 '생각하는 자'와 '생각'은 하나라는 것이다. Antonio Damasio, "How the brain creates the mind", in: *Scientific American* 281, 1999, 111-

117 참조. Damasio, *Descartes' Error: Emotion, Reason, and the Human Brain*, (New York: Putnam's Sons, 1994). DNicholaas Tinbergen, *The Study of Instinct*, Reprint: (Oxford: Clarendon Press, 1951). 역시 Nicholaas Tinbergen, "On Aims and Methods of Ethology", *Zeitschrift für Tierpsychologie 20*, 1963, pp. 410-433.

454) Paul Tinbergen(1951) 참조.

455) Tangney 등의 선구적인 작업들은 다음 문헌을 참조. June Price Tangney, Kurt W. Fisher, *Self-Conscious Emotions: The Psychology of Shame, Guilt, Embarassment, and Pride*, (New York/London: The Guilford Press, 1995).

456) George Williams, *Natural Selection: Domains, Levels, and Challenges*, (New York: Oxford University Press, 1992), 4 이하 참조.

457) Margaret Floy Washborn, *The animal mind: A Textbook of Comparative Psychology*, (London: MacMillan, 1936), 11 참조.

458) 후설과 브렌타노 이후 케니(A. Kenny)와 썰(J. Searle) 그리고 솔로몬(R. Solomon)에 이르기까지 의식의 지향성 개념을 근거로, 물리주의적이며 자연주의적인 감정이론에 대한 반론이 제기되었다. 인지주의에 대해서는 대표적으로 다음 문헌을 참조. Robert C. Solomon, "What is a 'Cognitive Theory' of the Emotions", in: *Philosophy and the Emotions*, ed. Anthony Hatzimoysis, (Cambridge: Cambridge University Press, 2003), 6 이하.

459) 뇌와 마음, 몸과 정신의 이원적 실체들에 대한 일반적인 통념의 비판은 다음 문헌을 참조. Antonio Damasio, *The Feelings of What happens*, (San Diego/New York/London: Harvest Books, 1999).

460) "정서적으로 내가 특정한 상태에(논자의 첨언) 처해 있다(affektives Betroffensein)" 는 표현에 대한 더 자세한 서술은 다음 문헌을 참조. Hermann Schmitz, *Der unerschöpflche Gegenstand: Grundzüge der Philosophie*, (Bonn: Bouvier, 1995), 6 이하 참조.

461) Hermann Schmitz, "Selbstbewußtsein und Selbsterfahrung", in: *Logos*, N.F. (1993), pp. 104-122 참조.

462) 란트베어와 달리 슐로스베르거는 "인격적 온전성의 파괴"가 피해자의 수치심-이는 능멸감이나 모멸감과 중첩된다.-을 불러일으키는 핵심적인 요인이라는 주장을 제기하는데, 이는 몸과 정신의 근원적 일체성에 근거한 주장이다.

463) Schloßberger(2000), 817 이하 참조. Landweer(1999), 45 이하, 125 이하 등 참조.

464) Landweer(1999) 신체성의 차이에 대한 명백한 주장은 이 글의 50 참조.

465) Antonio Damasio, "How the brain creates mind", in: *Scientific American* 281, 1999 December, pp. 112-117. (이하에서 Damasio 1999a로 인용), 위 본문의 인용은 117.

466) Damasio(1999a) 117 참조.

467) 위와 같은 곳에서 인용.

468) Schmitz(1995) 7에서 인용.

469) 자기준거(Selfreference)의 물음을 제기하는 방식은 다양하다. 헤겔의 사변적 변증법이 여기서 술어적 사유에 대해 비판하는 것도 이 때문이다. 술어의 문장 구조에 의거하고 있는 사유의 원칙적인 한계는 인간존재의 의미가 하나의 사건의 연관으로서 일상적인 문장들의 선형적인 질서로는 포착할 수 없다는 데서 발견된다. 우리는 그러나 별 큰 어려움 없이, 일상적인 통념에 상응하는 문장의 형식들에 대한 의심이 동서양의 지혜문학이나 분별지에 대한 불교적인 회의에서 중요한 전통으로 계승되고 있음을 부연할 수 있다. 불교나 도교가 그렇다고 언어와 로고스의 질서를 부정하는 회의주의나 신비주의로 분류될 수는 없다. 《금강경》의 경우를 들어서 콘체(Conze)는 이미 같은 사실에 대해 언급하고 있다. Edward Conze, *Der Buddhismus*, (Berlin: Kohlhammer 1995), 15 이하 참조.

470) Nietzsche, KSA 3, FW, Erstes Buch, § 1, 372에서 인용.

471) Nietzsche, KSA 1, Üeber Wahrheit und Lüge im aussermoralischen Sinne, 875에서 인용.

472) Arthur Schopenhauer, *Die Welt als Wille und Vorstellung II, Erster Teilband*, Kapitel I. Zürcher Ausgabe Werke in zehn Bänden, (Zürich: Diogenes, 1977), 9에서 인용.

473) Martin Heidegger, *Bremer und Freiburger Vorträge, Gesamtausgabe*, Band 79, (Frankfurt: Klosterman, 2005), 18에서 인용. 그러나 죽음 앞에서 현존재의 불안을 통해서 인간존재는 자신을 실존으로 이해하고 감지한다. 그러나 하이데거에 의거한다면 모든 사람이 인간의 고유한 본질에 상응하는 방식으로 자신의 실존을 살아가거나 죽어 가는 것은 아니다. 가령 기아나 고문 등과 같은 인간의 품위에 어긋나는 종말은 최소한 하이데거적인 의미에서의 죽음과는 거리가 멀다. 그것은 인간이 동물과 공유하는 생명체로서의 존재를 거부당하는 그야말로 종식되어 가는 것(verenden)으로 이해될 수 있다.

474) Hegel, Werke 6, *Wissenschaft der Logik II*, 571.

475) 원환적 사유의 존재론적 함축에 관한 서술은 다음 문헌을 대폭 수정, 확대한 것임을 밝힌다. Lim, Hong-Bin, "Die Zirkelstruktur der menschlichen Selbstbestimmungsversuche", in: Hong-Bin Lim, Georg Mohr, eds, *Menschsein: On Being Human*, (Frankfurt: P. Lang, 2011), pp. 11-20.

476) 만약 한 개인이 특정한 세계의 관점을 자신의 고유한 가치들의 표상과 함께 자신의 고유한 세계관으로 표방한다면, 여기에는 항상 자신의 문화공동체에 스며든 '객관정신'이 반영되기 마련이다. 문화 속에 뿌리내린 상징적인 질서와 독해의 방식들을 학습하지 않고서는 인간정신은 형성될 수 없다. 이 점에서 헤겔이나 비트겐슈타인, 기어츠(Geertz) 등은 같은 노

선에 서 있다. 가령 인간의 문화와 본성의 차이를 특정한 도덕적 규범의 기준으로 설정하는 것은 이미 프로이트나 레비스트로스가 일찍이 근친상간의 경우를 통해서 보여 준 것처럼 나름대로의 설명력을 지닌다. 유전공학의 윤리적 문제에 관한 최근의 논의는 이 같은 차이를 어떻게 설정하고 이해하는가의 물음으로부터 자유롭지 못하다.

477) 이에 대해서는 최근에 니체 해석의 연장선상에서 다음 문헌에서 자세히 논구되었다. Günter Abel, *Nietzsche: Die Dynamik der Willen zur Macht und die ewige Wiederkehr*, (Berlin: de Gruyter, 1998), 183 이하 참조. 특히 주석 Nr. 92.

478) Leszek Kolakowski, *Horror Metaphysicus*, (Müchen/Zürich: Piper, 1988), 121.

479) Nietzsche, Nachlass, WM 606: GA XVI, 97. 이는 다음 문헌에서 재인용한 것임. W. Mueller-Lauter, "Nietzsche's Lehre vom Willen zur Macht", in: *Nietzsche Studien*, V. 3, 1974, 49.

480) Martin Heidegger, *Identität und Differenz*, (Pfullingen: Günther Neske, 1978), 23.

481) M. Heidegger, *Platons Lehre von der Wahrheit mit einem Brief über den Humanismus*, (Bern und München: Franke, 1975), 65.

482) Martin Heidegger, *Gesamtausgabe, Band 55, Heraklit*, (Frankfurt: Klostermann, 1979), 296.

483) Abel(1998), 316.

484) 그러나 서구철학의 실제 역사에서 세계와 자아의 해석과 관련해서, 실체와 주체 그리고 상호주체의 구조들은 핵심적인 범주로서의 역할을 수행해 왔다. 우리는 오늘날 가령 '아나트만(anatman 혹은 팔리어로는 anatta)'과 같은 불교적인 규정이 얼마나 서구의 주체관으로부터 동떨어져 있는지 가늠하기 어렵다. 물론 흄(Hume)처럼 예외적으로 자아의 실체성을 부정하는 경우에도, 불교의 이와 필연적으로 연관된 표상들을 감안한다면 무아설과의 단순한 비교 자체는 적지 않은 오해에 직면하게 된다. 그럼에도 불구하고 현상적인 사태의 바탕에 깔린 그 무엇이 일종의 기체(Substratum)로서 주체의 표상에서도 전제되어야 한다는 것은 존재자의 변함없는 정체성에 대한 고정관념의 표현이기도 하다. 물론 불교의 내부에서도 무아론과 불성의 관계는 긴장을 형성하고 있는데, 이에 대해 콘체(Conze: 1995)는 이를 이해하는 데 한 번 태어나는 것으로는 부족하다고 단언하는데, 나는 이를 액면 그대로(face value)가 아니라 체험과 인식, 깨달음과 학습의 관계 속에서 파악되어야 한다고 생각한다. 이에 대해서는 다음 문헌 역시 참조. Steven Collins, *Selfless Persons: Imagery and thought in Theravada Buddhism*, (Cambridge: Cambridge University Press, 1982), pp. 87-115.

485) "그(Arhat를 가리킴: 역주)는 집요하게 노력하고 추구하며 투쟁했는데, 그 결과 그는 태어남과 죽음의 순환이 자신의 다섯 가지 요소(伍蘊, 즉 Skandhas를 가리킴)와 함께 항상 유동한다는 사실을 명확하게 인식하게 되었다." Conze(1995)의 앞의 글, 88에서 인용.

486) 이 같은 논의의 한 구체적인 경우는 영원의 철학(philosophia perennis)을 주제로 한 다음 작업에서 발견된다. "자유를 통해서 신적인 기획으로부터의 전락이라는 가능성이 열리게 되었다. 죄악을 통해서 불행해진 상태에서, 선과 악 사이에서 흔들리는 피조물은 구원이 필요함을 입증해 보인다." Wilhelm Schmidt-Biggermann, *Philosophia perennis: Historische Umrisse abendländischer Spiritualität in Antike, Mittelalter und Früher Neuzeit*, (Frankfurt: Suhrkamp, 1998), 12에서 인용.

487) 다음 문헌에서도 한국적 종교의식의 보편성에 대한 물음은 비극적 관점의 결여와 관련해서 분석되었다. Hong-Bin Lim, "The Irrelevance of Tragic in Korea's Religious Consciousness", in: *Philosophy and Culture*, Volume 4, Practical Philosophy, (Seoul: Korean Philosophical Association, 2008), pp. 53-60. 이 글은 이미 다음 문헌에 수록된 바 있음. Hans-Jörg Sankkühler/Hong-Bin Lim, eds., *Transculturality-Epistemology, Ethics, and Politics*, (Frankfurt: P. Lang, 2004), pp. 61-67. 우리 불교계의 기복신앙에 대해서는 다음 문헌을 참조. 김종만, "기복불교의 변화에 대한 문제", 《불교평론》(2003 봄호), pp. 231-251.

488) Karl Jaspers, *Von der Wahrheit*, (München: Piper, 1983), 915 이하 참조.

489) Timothy Reiss, *Against Autonomy: Global Dialectics of cultural Exchange*, (Stanford: Stanford University Press, 2002), 115에서 인용.

490) 우리는 최소한 서구 전통에서 동일한 실체적인 것에 대한 관심을 셰익스피어의 비극에서도 만나게 된다. 셰익스피어 역시 행위자 자신의 의지에 의해서 통제 가능한 등장인물들이 중심에 놓인다는 측면에서 소박하고도 통속적인 상당수 극작가의 도덕관념과 구별된다는 것이다. 셰익스피어의 작품은 무엇보다 주관적 개인의 성격적 결함이나 애증의 문제 혹은 권력에 대한 추악한 열망 등으로부터 연유하는 통속적인 비극작품들과 차원이 다른 '철학적인' 즉 '보편적인' 물음을 함축하고 있기 때문이다.

491) Hegel, Werke 15, *Vorlesungen über die Ästhetik*, 526.

492) 이 점에서 그리스의 고전 비극은 기독교의 운명적 필연성의 개념과도 확연히 구별된다. 예컨대 아브라함이 이삭을 희생시켜야 한다는 신의 명령이 대표적이다. 아브라함이 신의 명령을 확신한 순간, 그는 가장 아끼는 자식을 희생시켜야 한다는 비탄의 감정에 사로잡히거나 신의 명령 자체의 정당성에 대해서는 전혀 물음을 제기하지 않는다.

493) 그리스의 고전 비극과 함께 또 하나의 중요한 서구의 전통인 셰익스피어의 비극들은 신화나 역사와 마찬가지로 실재하는 공동체의 경험과 기억들에 의해서 비롯된다는 점은 다음 문헌에서 강조된다. Carl Schimidtt, *Hamlet oder Hekuba: Der Einbruch der Zeit in das Spiel*, (Stuttgart: Klett-Cotta, 1985), 33 이하 참조.

494) Hegel, Werke 15, Vorlesungen über die Ästhetik, 527에서 인용.

495) 인간의 정체성이 철두철미하게 사회적으로 구성된다는 점은 아리스토텔레스에서부터 헤겔과 하이데거, 비트겐슈타인 등의 현대철학에 이르기까지 다양하게 천착되었다. 현대 심리학의 연구 결과 역시 철학자들의 이 같은 추정을 뒷받침한다. 그 한 탁월한 사례는 다음 문헌을 참조. Rochat(2009).

496) 감정이나 정서의 역사성에 대한 통찰과 관련해서 니체의 '계보론' 역시—비록 완결된 이론은 아니지만—독보적인 위상을 지닌다고 볼 수 있다. 슬픔과 분노 등은 일반적으로 당사자에 의해 수행되는 '해석'의 과정을 전제하지 않는 한에서 기본적이며 일차적인 감정으로 간주될 수 있다. 수치심과 죄의 역사문화적 차원에 대해서는 이 글의 3부 참조.

497) 프로이트 역시 정서와 감정을 기본적으로 개인의 '충동의 억압'이라는 관점에서 분석한 결과 '자기 안의 타자'에 대한 온전한 인식에 도달하지 못한다. 프로이트가 정서를 충동이론과 관련해서 설명함으로써 직면하는 문제는 수치 감정의 사회성에 대한 몰이해를 통해서 드러난다. 그는 충동의 억압이 실패한 데에 따르는 죄의 감정을 거론하면서, 이는 곧 수치 감정으로 변환될 수 있다고 주장한다. 그러나 이는 근본적인 의미에서 사회적 타자관계를 전제하는 죄와 수치 감정에 개인심리학의 방법론적 모형을 적용함으로써 도출된 무리한 가설이다. 그리고 죄와 수치 감정에 대한 프로이트의 오류는 마가렛 미드와 루스 베네딕트 등의 문화인류학적 감정이론에서 증폭된다.

498) 뇌과학의 관점은 다음 문헌을 참조. Joseph LeDoux, *The Emotional Brain: The Mysterious Underpinnings of Emotional Life*, (New York: Touchstone Book, 1996). 주로 '공포(fear)'에 초점을 맞춘, LeDoux의 연구와 Solomon 등의 판단이론(The Judgement Theory)의 긴장에 대해서는 다음 문헌을 참조. Jenefer Robinson, "Emotion: Biological Fact or Social Construction?", in: Robert C. Solomon (ed.), *Thinking About Feeling*, (Oxford: Oxford University Press, 2004), pp. 28-43. 로빈슨은 철학적 감정이론들이 일반적으로 "'통속심리학'의 용어에 의존하고 있으며, 이미 전개된 감정의 전 과정에서 일부만을 사후에 인지적으로 평가"(앞의 논문 39)한다고 주장한다. 그러나 이 주장은 메타인지적이며 자기의식적인 감정의 경우에는 상당히 제한적으로만 타당하다.

499) 하이데거가 현존재의 존재 상황, 즉 처해있음(Befindlichkeit)으로 규정한 불안(Angst)은 정서의 대표적인 경우에 해당한다.

500) 가령 Lazarus는 죄의 감정은 "도덕적 명령의 위반"이 전제되나 수치 감정은 "자아의 이상에 미치지 못한 데 대한" 지각에 의해서 작동한다는 것이다. Larazus의 표현은 다음 문헌에서 인용. Jesse J. Prinz, *Gut Reactions: A Perceptual Theory of Emotion*, (Oxford: Oxford University Press, 2004), 16. Prinz는 이 두 가지 요소에 더해, 일종의 명령(Imperative)의 위상을 지니는 감정의 강화 내지 약화와 관련된 감정가(Valence of emotions)의 개념을 도입한다. 그에 의하면 감정은 모두 일정한 감정가에 의해 평가된 지각

(valenced perception)이다.

501) '정서경제'의 개념에 대해서는 3부 1장 참조.

502) 다윈의 전통을 계승하고 있는 다음 문헌을 참조. Carroll Izard, "Basic Emotions, Relations Among Emotions, and Emotion-Cognition Relations", in : *Psychological Review* 99, 1992, pp. 561-565. Paul Ekman and Richard J. Davidson, eds., *The Nature of Emotion*, (Oxford : Oxford University Press, 1994), pp. 5-47. 기본적 감정들의 설정에 따르는 방법적 난점들에 대해서는 다음 문헌을 참조. Robert C. Roberts, *Emotions: An Essay in Aid of Moral Psychology*, (Cambridge : Cambridge University Press, 2003), pp. 185-191. 기본적 감정들을 설정함으로써 오히려 사회적 행위의 탐구에 중요한 '자긍심', '존경심', '질투' 등에 대한 연구가 소홀해질 수 있다는 언급은 다음 문헌을 참조. Terence J. Turner and Andrew Ortony, "Basic Emotions : Can Conflicting Criteria Converge?", in : *Psychological Review* 1992, Vol. 99, No. 3, pp. 566-571.

503) 이와 관련한 선구적 연구는 다음 문헌을 참조. Helen B. Lewis, *Shame and Guilt in Neurosis*, (New York : International University Press, 1971). 다른 한편으로 이들과 달리 '죄의 문화'나 '명예사회'로 분류될 수 있는 사회, 즉 규범적 상징체계가 심리체계를 구조화하는 데 성공적인 사회일수록 이 같은 일반론이 한계에 직면한다는 점은 간과될 수 없다.

504) '수치의 가면(The Mask of Shame)'이란 표현은 다음 문헌의 제목에서 빌려 온 것임. Wurmser(1981).

505) 이에 대해서는 H. B. Lewis(1981), pp. 235-265 참조.

506) 이 사례는 다음 문헌에서도 등장하는데, 여기서 수치의 '형식적 대상(formal object)'은 "우리가 행한 무엇인가에 대한 죄의 감정"(114)이다. 그러나 A. Kenny 이후 회자되고 있는 '형식적 대상'이란 개념은 물리적 실체와 유사한 표상을 불러일으키는 한에서 감정의 원인(cause)과 구별되는 의식이나 감정의 지향적 내용을 표현하기에 부적절하다. William Lyons, *Emotion*, (Cambridge : Cambridge University Press, 1993), pp. 99-114.

507) St. Augustine(1952), Scheler(1933).

수치심과 죄책감
Shame and Sense of Guilt

초판 1쇄 발행 | 2013년 6월 28일
개정판(아카데미판) 1쇄 발행 | 2016년 9월 30일

지은이	임홍빈
책임편집	여미숙
아트디렉터	정계수
디자인	박은진 · 장혜림

펴낸곳	바다출판사
발행인	김인호
주소	서울시 마포구 어울마당로 5길 17(서교동, 5층)
전화	322-3885(편집), 322-3575(마케팅부)
팩스	322-3858
E-mail	badabooks@daum.net
홈페이지	www.badabooks.co.kr
출판등록일	1996년 5월 8일
등록번호	제 10-1288호

ISBN 978-89-5561-883-9 93100

* 이 저서는 2008년 정부(교육과학기술부)의 재원으로 한국학술진흥재단의
지원을 받아 수행된 연구임. (KRF-2008-812-A00078)
This work was supported by the Korea Research Foundation Grant funded
by the Korean Government.